Direitos da Personalidade

**DISPONIBILIDADE RELATIVA,
AUTONOMIA PRIVADA E
DIGNIDADE HUMANA**

C229d   Cantali, Fernanda Borghetti
      Direitos da personalidade: disponibilidade relativa, autonomia privada e dignidade humana / Fernanda Borghetti Cantali. – Porto Alegre: Livraria do Advogado Editora, 2009.
      267 p.; 23 cm.
      ISBN 978-85-7348-646-9

      1. Direitos da personalidade. 2. Direitos e garantias individuais. I. Título.

CDU – 347.152

Índices para catálogo sistemático:

Direitos e garantias individuais   342.7
Direitos da personalidade   347.152

(Bibliotecária responsável: Marta Roberto, CRB-10/652)

Fernanda Borghetti Cantali

Direitos da Personalidade

DISPONIBILIDADE RELATIVA, AUTONOMIA PRIVADA E DIGNIDADE HUMANA

Porto Alegre, 2009

© Fernanda Borghetti Cantali, 2009

Projeto gráfico e diagramação
Livraria do Advogado Editora

Pintura da Capa
Elizethe Lou Borghetti
Fotografada por F. Zago

Revisão
Rosane Marques Borba

Direitos desta edição reservados por
Livraria do Advogado Editora Ltda.
Rua Riachuelo, 1338
90010-273 Porto Alegre RS
Fone/fax: 0800-51-7522
editora@livrariadoadvogado.com.br
www.doadvogado.com.br

Impresso no Brasil / Printed in Brazil

Para os meus pais, Elizethe Lou Borghetti e Paulo Cantali, "por eu ser quem eu sou", com a personalidade que tenho.

Para o meu amor, Mauricio Martins Reis.

Agradecimentos

Ao professor Eugênio Facchini Neto, pela inestimável orientação, críticas construtivas, empréstimo de material para pesquisa, palavras afáveis sempre que a tarefa parecia impossível e, principalmente, por ter permitido o "livre desenvolvimento" desse trabalho, no meu tempo.

Ao professor Ingo Wolfgang Sarlet, pelo convívio durante o mestrado, pelas discussões travadas no "nosso" Grupo de Estudos de Direitos Fundamentais – GEDF –, por ter creditado confiança em mim nas diversas atividades acadêmicas.

Aos professores Luiz Edson Fachin e Gustavo Tepedino, por me receberem "de braços abertos" nos encontros semestrais dos grupos de pesquisa em Direito Civil das faculdades de Direito da UFPR e UERJ, de onde se puderam retirar variadas profícuas discussões, presentes em todos os recantos deste trabalho.

Novamente ao professor Luiz Edson Fachin, por ter me incentivado a desbravar a temática desafiante das limitações voluntárias aos direitos da personalidade, pelas indicações bibliográficas e por ter me sugerido caminhos de estruturação desta dissertação.

Ao professor Carlos Alberto Molinaro, quem primeiro lançou olhos ao texto e me incentivou.

À minha mãe amada, Elizethe Lou Borghetti, sempre presente, incentivando com amor e carinho, acreditando em mim e "botando limites".

Ao meu pai, Paulo Antônio Cantali, e meus avós, nem sempre fisicamente presentes, mas sempre presentes no espírito.

À minha "filha-gata" Mimosa, que, para não se afastar, dormiu em cima dos livros na minha mesa ao longo de toda a jornada.

Ao meu "novo-velho" amor, Maurício Martins Reis, por viver o amor comigo, dando-me carinho, apoio e incentivo, por estar sempre presente durante a minha "ausência" na parte final da elaboração do trabalho, por disponibilizar sua farta biblioteca e revisar o texto com sua lupa precisa.

À minha "amiga-irmã" Simone Tassinari Cardoso, companheira de todas as horas, por rirmos juntas, por emprestar-me o ombro sempre que o desespero bate à porta, pelo companheirismo nas andanças Brasil afora em busca da pesquisa e dos congressos, além de ter me despertado para a docência.

Por fim, a todos os professores, amigos e colegas, pelo convívio e proveitosa interlocução que está presente nesta obra.

Celebração das Contradições/2

Desamarrar as vozes, dessonhar os sonhos: escrevo querendo revelar o real maravilhoso, e descubro o real maravilhoso no exato centro do real horroroso da América.

Nessas terras, a cabeça do Deus Elegguá leva a morte na nuca e a vida na cara. Cada promessa é uma ameaça; cada perda, um encontro. Dos medos nascem as coragens; e das dúvidas, as certezas. Os sonhos anunciam outra realidade possível e os delírios, outra razão.

Somos, enfim, o que fazemos para transformar o que somos. A identidade não é uma peça de museu, quietinha na vitrine, mas a sempre assombrosa síntese das contradições nossas de cada dia.

Nessa fé, fugitiva, eu creio. Para mim, é a única fé digna de confiança, porque é parecida com o bicho humano, fodido mas sagrado, e à louca aventura de viver no mundo.

EDUARDO GALEANO
O livro dos abraços

Prefácio

A vida acadêmica, especialmente em nível de pós-graduação, costuma proporcionar não só uma grande satisfação intelectual, mas também pessoal. Aquela reside na contingência do estudo direcionado ao preparo das aulas e à redação de textos, bem como na convivência com pessoas dotadas de mentes brilhantes e com espírito crítico. Mas a satisfação pessoal sempre é a mais proveitosa, pois ocasionalmente encontramos pessoas que, além de intelectualmente privilegiadas, são seres humanos invulgares, pela sua sensibilidade, simplicidade, simpatia e bom humor. Fernanda é uma destas pessoas.

Durante sua trajetória acadêmica em seu curso de mestrado, Fernanda impressionou todos os seus mestres, por sua ativa e inteligente participação em sala de aula e em Grupos de Pesquisa, apresentando memoráveis seminários e sempre pousando um olhar crítico sobre os temas debatidos naquele instigante e estimulante ambiente que são os cursos de pós-graduação em Direito da PUC.

Insaciável em sua busca de conhecimento, frequentou também Grupos de Pesquisa afins, coordenados por grandes mestres do direito civil contemporâneo, que são Gustavo Tepedino e Luiz Edson Fachin, na UERJ e na UFPR, respectivamente.

Seu pendor para o magistério, sua natural vocação, já se materializou, pois leciona em prestigiada Faculdade de Direito de nossa capital.

Esta a razão pela qual sinto-me triplamente privilegiado: por tê-la tido como aluna no Mestrado em Direito da PUC/RS, pela honra de ter sido escolhido como orientador de sua dissertação e pela distinção do convite para prefaciar seu livro, que é a adaptação de sua dissertação de mestrado, aprovada com nota máxima e recomendação de publicação, por exigente e qualificada banca.

O texto, bem escrito, em linguagem clara e compreensível, conduz o leitor pelo ainda pouco desbravado tema dos direitos da personalidade. Depois de traçar a evolução histórica do instituto, desde suas mais distantes origens, que os autores costumam atribuir à *hybris* grega e à *actio iniuriarum* romana, passando pelo pensamento cristão medieval e pelo humanismo renascentista, a autora aprofunda sua análise sobre a real emergência do direito geral de personalidade, a partir do final do século XIX e principalmente ao longo do século XX.

Passando a uma abordagem mais dogmática, propriamente dita, a autora analisa as diversas concepções sobre direitos de personalidade, sua natureza jurídica, os debates existentes a seu respeito no direito comparado, para depois aprofundar a discussão no direito pátrio, especialmente a partir da Constituição Federal de 1988, esmiuçando o regramento dado à matéria pelo Código Reale.

Na parte mais nobre de seu trabalho, menos descritiva e mais crítica, que ocupa mais da metade de seu trabalho, a autora aprofunda a análise teórica do tema, a partir de uma leitura constitucionalizada do mesmo. Ao fazê-lo, identifica algumas inconsistências de certos lugares comuns que costumam ser reproduzidos nos livros, especialmente no que diz respeito aos atributos intrínsecos dos direitos de personalidade, com especial destaque à questão da (in)disponibilidade dos direitos de personalidade.

A respeito dessa característica – a alegada indisponibilidade dos direitos de personalidade –, a autora situa a discussão no mais amplo espectro de uma visão constitucionalizada do direito. Assim, a partir da percepção da eficácia dos direitos fundamentais no âmbito das relações particulares, levando em conta especialmente o princípio da autonomia privada, como um dos esteios da dignidade da pessoa humana, a autora identifica várias situações de legítima disponibilidade dos direitos de personalidade, como sendo uma das formas de seu próprio exercício.

Capítulo importante de sua obra é aquele em que a autora analisa o direito à morte digna, o direito ao próprio corpo e o "direito à privacidade em tempos de *internet* e *reality shows*", temas que colocam em xeque o alegado atributo da indisponibilidade dos direitos de personalidade.

Em seu derradeiro capítulo, a autora posiciona-se a respeito dessas questões mais difíceis dos direitos da personalidade, analisando o significado atual da autonomia privada e do direito fundamental ao livre desenvolvimento da personalidade, indicando critérios para a identificação dos limites dos atos de disposição.

Há sobradas razões para que este livro seja, mais do que simplesmente lido, estudado. Estamos vivendo uma era de transições. As mudanças sucedem-se em velocidade frenética. Os avanços tecnológicos exigem contínua adaptação de nossos estilos de vida, que mudaram radicalmente desde a "revolução" das comunicações virtuais, via e-mails, messengers, Orkut, celulares, torpedos, etc. Os ganhos são enormes, mas impõe-se que se comece a levar mais a sério as ameaças a que nossa esfera de intimidade passa a estar exposta.

Amitai Etzioni, em interessante obra intitulada *How Patriotic Is the Patriot Act? Freedom versus Security in the Age of Terrorism* (New York-London: Routledge, 2004), analisa os efeitos do *Patriot Act*, lei norte-americana editada como parte da resposta ao atentado terrorista de 11 de setembro de 2001, estabelecendo severas restrições ao direito à privacidade das pessoas e suas comunicações. Ele refere uma presente tensão entre as "técnicas liberalizantes" e "técnicas público-protetivas" a respeito do tema.

O fato é que do *Patriot Act* norte-americano à recente diretiva comunitária sobre comunicações eletrônicas, de 2006, passando pelo acordo firmado entre os Estados Unidos e a União Europeia, em julho de 2007, sobre o denominado regime *PNR* (*Passenger Name Record*), toda uma legislação mais recente vem restringindo o âmbito das garantias relativas à privacidade e ao controle dos dados pessoais.

Embora não se possa discordar do princípio regulador contido no art. 8 da Convenção Europeia dos Direitos do Homem, segundo o qual a tutela da *privacy* deve levar em conta as exigências da defesa nacional e pública, o fato é que, nas mãos de determinados agentes de segurança, tal ponderação entre interesses igualmente tutelados pode ser desvirtuada por um enfoque que, em nome da segurança nacional, toleraria abusos os mais diversos.

Num mundo virtual que já em 2006 armazenava 161 milhões de *gigabytes* de dados pessoais, com sistemas de *data mining* que permitem delinear o perfil de um indivíduo qualquer, a partir do cruzamento de informações aparentemente triviais ou insignificantes, já que todas as nossas interações comerciais são registradas em banco de dados, percebem-se os riscos a que estamos expostos.

Se pensarmos que, cada vez mais, estamos sendo vigiados por câmaras de segurança (em nossos prédios residenciais, bancos, elevadores, lojas, muitos ambientes de trabalho e de lazer, e, nos últimos anos, até mesmo em ruas e avenidas de nossas cidades), constata-se que estamos vivendo sob a era do *Grande Irmão*, de George Orwell, que tudo sabe e tudo vê. Note-se que todas essas ameaças estão nos rondando, dentro do marco legal. Não estamos sequer aludindo à patológica invasão da privacidade, por meios ilegais, como interceptações e escutas telefônicas ilícitas, gravações escusas, violação de correspondência virtual, como controle de e-mails de empregados ou terceiros.

Portanto, ainda que não se trate de um direito absoluto – até porque inexistem direitos absolutos, no sentido de irrestringíveis – é necessário que se erijam barreiras e trincheiras, atrás das quais se possa bradar, como *La Passionaria*: "*no pasarán!*".

Todavia, essa não é uma tarefa tão simples, pois a própria noção de *privacy* é objeto de controvérsias. Os primeiros a publicarem estudo sobre a *privacy* – Warren e Brandeis, em 1890 – entendiam-na como um direito à **"não intrusão"**, ou seja, o direito a não ser perturbado ou o direito a ser deixado só – *the right to be let alone*. Essa ideia fundamenta, por exemplo, o conhecido caso *Eisenstadt v. Baird*, julgado em 1972 pela Suprema Corte norte-americana, pela pena do *Justice* William Brennan. Para ele, a *privacy* consistiria "no direito do indivíduo de estar livre de intrusões públicas (*government*) não autorizadas".

Uma segunda noção de *privacy* a identifica como possibilidade de "**exclusão**", ou seja, o direito de excluir outros de nossa vida, e consequentemente de vivermos isolados, se o desejarmos, em paz e tranquilidade.

Outros autores, como Ruth Gavison (*Privacy and the Limits of the Law* – publicado na Yale Law Journal, 1980, 89), William A. Parent (*Privacy, Morality and the Law*, in: Philosophy and Public Affairs, 1983, 12, 4) e Anita Allen (*Uneasy Access: Privacy for Women in a Free Society* – Totowa/NJ: Rowman and Littlefield, 1988), definem *privacy* como "**limitação**". Seria a zona em que o acesso à informação pessoal poderia ser limitado ou restringido. A *privacy* perfeita ocorreria quando ninguém tivesse informações sobre um sujeito determinado.

Reagindo a essa última concepção, Charles Fried lança a ideia de *privacy* como "**controle**", segundo a qual a *privacy* não seria a simples ausência de informações sobre nós, por parte dos outros, mas sim o controle sobre a informação que temos sobre nós mesmos (*Privacy: A Rational Context*, in: *Computers, Ethics, and Society* (org. por M. D. Ermann, M. B. Williams e C. Gutierrez. New York: Oxford University Press, 1990, p. 54).

Depois de referir também as concepções de *privacy* como algo que ficaria **entre "acesso restrito" e "controle limitado"**, ou *privacy* como "**informação**", discorrendo também sobre a tese "**negacionista**", Ugo Pagallo, em recente e importante obra intitulada *La tutela della privacy negli Stati Uniti d'America e in Europa – Modelli giuridici a confronto* (Milano: Giuffrè, 2008), acentua a dificuldade de se chegar a um consenso universal sobre significado de *privacy*, em razão do fenômeno do *multiculturalismo*. Refere ele a inexistência de enfoques semelhantes sobre o significado, realidade, extensão e importância da *privacy* em culturas distintas como a norte-americana, a europeia, a chinesa, a japonesa e a islâmica.

Na casuística internacional, inúmeros são os precedentes envolvendo a proteção da *privacy*, de capital importância não só jurídica, como também social, diante de seu reflexo na vida dos cidadãos. Na jurisprudência norte-americana, são emblemáticos os casos *Griswold v. Connecticut* (1965), *Roe v. Wade* (1973), sobre *privacy* e procriação, julgados pela Suprema Corte norte-americana; os casos *Bowers v. Hardwick* (1986) e *Lawrence v. Texas* (2003), sobre *privacy* sexual, julgados pela mesma corte de justiça. Paradigmático também foi o caso *New York Times Co. v. Sullivan*, julgado em 1964 pelo mesmo tribunal, envolvendo *privacy* e liberdade de imprensa.

Enfim, é nesse cenário, repleto de controvérsias teóricas, divergências ideológicas, diversidade de resultado na ponderação de interesses e princípios contrapostos, tudo isso com enorme relevância prática na vida das pessoas, que se insere a presente obra, fruto de uma madura reflexão sobre tema importante, instigante e difícil. A nortear sua viagem intelectual, teve a autora presente, de forma permanente, o norte da dignidade da pessoa humana, como bússola segura que lhe conduziu a porto seguro, como o leitor, com enorme proveito, logo verá.

Prof. Doutor Eugênio Facchini Neto

Professor dos Cursos de Graduação, Mestrado e Doutorado da PUC/RS
e da Escola Superior da Magistratura/AJURIS
Doutor em Direito Comparado pela Universidade de Florença (Itália)
Mestre em Direito Civil pela Universidade de São Paulo
Magistrado no Rio Grande do Sul

Sumário

Apresentação – *Ingo Wolfgang Sarlet* 19

Introdução 21

1. A lenta trajetória da proteção da pessoa e da personalidade 27

   1.1. Marcos históricos importantes ao estudo dos direitos da personalidade 28

      1.1.1. A proteção da pessoa na antiguidade: o pensamento greco-romano 28

      1.1.2. O medievo e a importância do pensamento cristão para a proteção da pessoa 32

      1.1.3. O humanismo e a teoria do *ius in se ipsum* no período renascentista 33

   1.2. Da configuração dos direitos da personalidade na travessia do século XIX 37

      1.2.1. A proposta da modernidade 37

      1.2.2. A estagnação do desenvolvimento de um direito geral de personalidade: os negativistas da Escola Histórica e o fracionamento da tutela pelo Positivismo Jurídico 41

      1.2.3. A forte influência da proposta da modernidade e do movimento positivista nos ordenamentos jurídicos europeus 46

   1.3. A emergência do direito geral de personalidade no século XX 48

      1.3.1. A unidade do ordenamento jurídico, a dignidade da pessoa humana e a necessária proteção dos direitos da personalidade 48

      1.3.2. A revolução paradigmática em torno da proteção da pessoa para garantir o livre desenvolvimento de sua personalidade: a preocupação em âmbito nacional e internacional 55

2. Pessoa, personalidade e direitos da personalidade: a construção da teoria 61

   2.1. Algumas questões acerca dos direitos da personalidade: premissas a serem fixadas 61

      2.1.1. A personalidade como valor e as situações jurídicas existenciais: a necessária construção de noções ampliadas de personalidade, direitos da personalidade e direitos subjetivos 61

      2.1.2. Sobre a fonte dos direitos da personalidade: crítica às concepções jusnaturalistas .. 73

      2.1.3. Sobre o direito geral da personalidade: crítica às teorias atomísticas 77

   2.2. A tutela geral da personalidade no ordenamento civil-constitucional brasileiro 83

      2.2.1. A Constituição Federal de 1988: a dignidade humana como cláusula geral de tutela e promoção da personalidade 84

      2.2.2. A tímida disciplina dos direitos da personalidade no Código Civil de 2002 92

      2.2.3. Breves considerações sobre a eficácia dos direitos fundamentais nas relações entre particulares 101

   2.3. Considerações sobre formas relevantes de tutela dos direitos da personalidade 112

2.3.1. Da esfera ressarcitória quando da violação dos direitos de personalidade: a responsabilidade civil como mecanismo de proteção dos interesses da pessoa humana 112

2.3.2. Da esfera de prevenção e precaução de danos: efetiva proteção? 123

3. Direitos da personalidade: a (des)construção de parte da teoria 129

3.1. Dos atributos intrínsecos aos direitos da personalidade 129

3.1.1. Das características incontroversas dos direitos da personalidade 130

3.1.2. Direitos da personalidade como direitos absolutos 135

3.1.3. (In)disponibilidade, (in)transmissibilidade e (ir)renunciabilidade dos direitos da personalidade 139

3.2. Tutela positiva das situações jurídicas existenciais e pressupostos de admissibilidade dos atos de disposição 153

3.2.1. Dos atos de disposição voluntária como exercício do direito: tutela positiva das situações jurídicas existenciais 154

3.2.2. O consentimento livre e esclarecido como pressuposto para o ato de disposição sobre bem da personalidade 159

3.2.3. A revogabilidade a qualquer tempo como forma de proteção 167

3.3. Dos atos de disposição: análise casuística 172

3.3.1. Direito à morte digna: legitimação para a disposição da vida 173

3.3.2. Direito ao próprio corpo e a subjetividade dos bons costumes 185

3.3.3. Direito à privacidade em tempos de *internet* e *reality shows* 195

4. Direitos da personalidade e autodeterminação pessoal: a síntese necessária 201

4.1. O direito ao livre desenvolvimento da personalidade 202

4.1.1. Autonomia privada: fixação do contorno atual 202

4.1.2. O direito à liberdade: necessária releitura em função do direito à igualdade 209

4.1.3. O direito fundamental ao livre desenvolvimento da personalidade 217

4.2. Dos limites aos atos de disposição 224

4.2.1. O insuficiente critério dos bons costumes como limite ao livre desenvolvimento da personalidade e o conteúdo redesenhado da ordem pública 224

4.2.2. O temor da mercantilização dos direitos da personalidade e da objetificação da pessoa humana 230

4.2.3. Dignidade da pessoa humana como o "limite dos limites" 236

4.3. A solução nos casos concretos 240

4.3.1. A necessária atividade hermenêutica do intérprete no caso concreto 241

4.3.2. A necessária ponderação para a solução dos casos concretos 246

Conclusões 251

Obras consultadas 261

Apresentação

Os direitos de personalidade, outrora confinados ao âmbito do direito privado, foram ganhando espaço nas constituições e hoje não se podem mais conceber como desvinculados do contexto dos direitos humanos e dos direitos fundamentais. Aliás, assume cada vez mais ares de obviedade a afirmação de que todos os direitos de personalidade (ao menos os que, por sua vinculação com a dignidade da pessoa humana e a tutela integral dos traços essenciais da sua personalidade, merecem tal designação) são sempre fundamentais, ainda que não expressamente consagrados nos textos constitucionais, visto que até mesmo o direito geral de personalidade (e o direito ao livre desenvolvimento e proteção da personalidade), na condição de cláusula geral de tutela da pessoa, não encontrou, em diversas constituições, previsão expressa. No caso do direito constitucional brasileiro não foi diferente, assim como também nem todos os direitos "especiais" de personalidade foram objeto de expressa contemplação. Sem qualquer pretensão de explorar os diversos meandros que dizem respeito ao regime jurídico dos direitos de personalidade, o que nos move é a intenção de enfatizar que é na obra ora sumariamente apresentada, da lavra da Mestre e Professora Fernanda Borghetti Cantali, que o leitor irá encontrar orientação atualizada e segura sobre tema de tal envergadura e que integra a agenda de todos os que se ocupam do estudo dos direitos humanos e fundamentais e com o tema da proteção da pessoa pela ordem jurídica. O texto ora publicado corresponde, salvo alguns (mas importantes) ajustes, à dissertação apresentada pela autora no âmbito do Programa de Pós-Graduação em Direito da PUCRS, sob a orientação segura e talentosa do meu ilustre amigo e colega Eugênio Facchini Neto e aprovado com louvor pela banca examinadora da qual, além do orientador, tive o privilégio de participar, ladeado pelo eminente colega José Carlos Moreira da Silva Filho, que valorizou sobremaneira o momento com suas cultas e fecundas críticas e sugestões. Dentre os aspectos merecedores de destaque, assumem relevo a alentada pesquisa bibliográfica e a bem-sucedida sistematização, que permitirá ao leitor o acesso a um texto atualizado e sintonizado com as tendências mais expressivas e atuais, notadamente no que diz com o direito brasileiro. A linguagem é fluida, e a estrutura do texto, dotado da desejável organicidade e coordenação, surpreende positivamente, visto nem sempre estar presente mesmo em trabalhos oriundos da esfera acadêmica. Além disso, resulta digna de nota a capacidade revelada pela autora de explorar os diversos meandros de uma teoria geral dos direitos de personalidade, bem cuidando, ainda mais considerando não se tratar de tese doutoral, de incorporar as categorias constitucionais indispensáveis ao trato adequado do tema, mas sem descurar dos aportes relativos ao direito privado, já que os direitos de personalidade constituem precisamente um dos pontos de encontro mais importantes (se não o mais importante) entre constituição e direito privado. Sem prejuízo de outros aspectos que poderiam ser mencionados, vale consignar, ainda, o fato de que Fernanda não deixou de tomar posição ao longo do texto, que não se limita, como era de se esperar de uma exitosa dissertação de mestrado, a uma mera justaposição de citações e paráfrases, mas está impregnado da personalidade da autora.

Assim, sublinhando aqui a alegria pelo convite recebido, esperamos que as singelas palavras aqui lançadas auxiliem na merecida difusão da obra, que, a depender dos nossos votos, deverá contribuir para o desenvolvimento da discussão em torno do perfil e do regime jurídico-constitucional dos direitos de personalidade no Brasil.

Porto Alegre, junho de 2009.

Prof. Dr. Ingo Wolfgang Sarlet

Professor Titular da Faculdade de Direito e dos Programas de
Pós-Graduação em Direito e em Ciências Criminais da PUCRS.
Juiz de Direito no RS. Professor da Escola Superior da Magistratura – AJURIS

Introdução

A pessoa vale pelo que *é*, e não pelo que *tem*. Essa mudança de enfoque, mirada principalmente a partir da consagração da dignidade humana como valor que guia toda a ordem jurídica brasileira, impôs um repensar crítico da dogmática do Direito Civil. Em razão dessa viragem metodológica, imposta com fervor a partir da Constituição Federal de 1988, colocam-se os direitos fundamentais da personalidade na ordem do dia, merecendo ser repensados a partir da tutela primordial que deve ser conferida à pessoa e aos direitos inexoravelmente nela imbricados.

Esse trabalho, portanto, visa a contribuir especialmente no campo específico e fértil dos direitos da personalidade, fornecendo elementos para a formação da nova dogmática do Direito Civil, no horizonte de um Direito Civil que se liga diretamente aos valores constitucionais, formando a base para a construção do necessário Direito Civil-Constitucional. Diante dos fundamentos constitucionais do Direito Privado e da busca incessante pela eficácia e efetividade da Constituição e dos direitos fundamentais no Direito Privado é que se construiu a presente pesquisa.

A temática dos direitos fundamentais, diante de sua principal caminhada do século XIX aos tempos atuais, é hoje considerada como centro gravitacional de qualquer ordenamento jurídico que se pretende social e democrático. Assim, os direitos da personalidade, como direitos fundamentais que são, também se colocam neste centro, assumindo papel relevante e primordial na seara do Direito Civil-Constitucional.

Restaurar a primazia da pessoa humana é o principal dever da teoria do direito e é nessa perspectiva que emerge a importância fundamental do fenômeno da repersonalização do direito. Nessa perspectiva é que se busca a construção de uma dogmática que não desconhece a pessoa humana e suas vicissitudes e por isso com estas sempre aprende. O direito não pode ser concebido alheio à vida, mas rente à sua repercussão existencial. Somente com a aproximação da realidade normativa à realidade social se encontra a verdadeira justiça, tão almejada.

É inegável que há um entrançamento entre a realidade social e a realidade jurídica. Esta, mesmo que em muitos momentos apresente-se resistente às mudanças, apresenta construções, desconstruções e reconstruções, no intuito de acompanhar as transformações da realidade social. O direito, além de ser uma ciência jurídica, é também uma ciência social, e é por isso que o divórcio da dogmática clássica, principalmente da civilística, diante da realidade fática foi o gerador de grandes injustiças.

Na mitologia grega, o tempo é representado pelo deus Cronos, aquele que devorou seus próprios filhos. Todos os mitos da antiguidade são alegóricos e simbólicos e, portanto, a simbologia da investida contra os próprios filhos está na ideia de destruição de tudo aquilo que ele – Cronos ou o tempo – próprio criou. Não obstante a mitologia romana ter representado o deus Cronos através do deus Saturno, ao qual se ligou a ideia de prosperidade, o tempo ainda traz consigo uma carga pejorativa, um tempo violento ligado à ideia de morte, de velhice e de decadência.

Para além da ligação do tempo com a ideia negativa de degeneração, também ele está ligado à ideia de maturidade, experiência e crescimento. O tempo deve ser concebido como um aliado da vida e do homem, o que pode ser representado pela temperança: a sabedoria do tempo. O homem evolui no espaço temporal, buscando incessantemente o encontro de melhores caminhos e, por fim último, a prosperidade, como quiseram a mitologia romana e a felicidade já anunciada por Aristóteles.

Com o sistema jurídico não é diferente; existe, é válido e é eficaz em um determinado espaço e em um determinado tempo, marcando assim sua trajetória. É da análise dessa trajetória espaço-temporal que se extraem os fundamentos para uma melhor compreensão dos atuais contornos do direito e de sua perspectiva de futuro.

Apesar de a doutrina jurídica tratar a fundo os novos contornos assumidos pelo direito contemporâneo para a conformação de um direito mais humanista, ainda há muita disparidade entre a realidade jurídica e a realidade social, o que é prejudicial à aplicação do Direito. O direito tem sua existência vinculada ao tempo e ambos relacionam-se com a sociedade, até porque não existe tempo fora da história, e não existe direito e nem história sem sociedade.

Mesmo que muito do direito ainda esteja fora de seu tempo, já que a superação do paradigma dogmático clássico é um processo doloroso ainda em curso, não há como negar que o Direito evoluiu na sua caminhada histórica. Ao Direito necessariamente deve-se ligar a ideia de tempo como um aliado, na busca incansável de construção e reconstrução do novo.

Partindo das premissas de François Ost[1] de que o tempo é uma instituição social e que somente é possível "exprimir o direito dando tempo ao tempo", na medida em que o tempo é uma das principais apostas da capacidade instituinte do Direito, aliado ao fato de ser o direito, além de uma ciência jurídica, uma ciência social, não há como iniciar uma digressão acerca de um tema qualquer sem antes

---

[1] OST, François. *O tempo do direito*. Bauru: Edusc, 2005, p. 14.

uma breve reflexão histórico-evolutiva, a partir de uma compreensão sucessivo-cronológica de índole diacrônica.

Com efeito, em uma análise que se destina aos direitos da personalidade, direitos estes inerentes à pessoa, infinitas são as contribuições sobre a noção de pessoa e personalidade ao longo do tempo. Ademais, a ideia de pessoa e de personalidade é fundamental, na medida em que o direito somente é concebido tendo como destinatários os seres humanos em convivência. Desde sempre, vislumbrou-se a pessoa como ator do cenário jurídico, mas a valoração da pessoa é fruto de um processo histórico lento e de construção teórica relativamente recente.

A construção da presente pesquisa começa através de uma exposição analítica, esboçada no primeiro capítulo, acerca da lenta trajetória da proteção da pessoa e da personalidade, traçando marcos históricos importantes ao estudo do direito da personalidade. Ditos marcos iniciam-se na antiguidade, calcada no pensamento greco-romano, passando pelo medievo e pela correspondente importância do pensamento cristão para a proteção da pessoa, além do humanismo e da primeira teoria que buscou explicar os direitos ligados à pessoa, ou melhor, o direito sobre a própria pessoa: a teoria do *ius in se ipsum* do período renascentista, que pode ser apontada como o germe do direito geral de personalidade. Seguindo-se nesta trajetória, demonstra-se a configuração dos direitos da personalidade na travessia do século XIX, a partir da proposta da modernidade e a consequente estagnação do desenvolvimento de um direito geral de personalidade, levada a efeito pelas teorias negativistas da Escola Histórica, as quais negaram a existência dos direitos da personalidade, bem como pelo fracionamento da tutela dos direitos da personalidade em função do positivismo jurídico legalista.

Na evolução do Estado de Direito para um Estado Social e Democrático de Direito, juntamente com o processo de consagração e contínuo aperfeiçoamento dos direitos fundamentais, culmina o primeiro capítulo na emergência do direito geral de personalidade no século XX, a partir das noções de unidade do ordenamento jurídico, da dignidade da pessoa humana e a consequente necessidade da proteção dos direitos da personalidade, refletida tanto no âmbito internacional como no nacional, já apontando para a revolução paradigmática em torno da proteção do homem e da garantia do livre desenvolvimento de sua personalidade.

Os três capítulos subsequentes, em uma formulação dialética, buscam mostrar a construção atual da teoria dos direitos da personalidade, a desconstrução de parte dela denotando suas incongruências e, assim, o principal problema desenvolvido pela pesquisa, para, ao final, apresentar uma síntese necessária na busca da efetividade da proteção e da promoção da pessoa e de sua dignidade.

No segundo capítulo, a partir de uma exposição crítica sobre os contornos atuais da teoria dos direitos da personalidade, parte-se da fixação de algumas premissas, quais sejam: a consagração da personalidade como valor, já que inexoravelmente ligada à dignidade humana, valor fundante da ordem jurídica; a necessária compreensão de que os direitos da personalidade estão na base de uma infinidade de situações jurídicas existenciais, para além da noção restrita de direitos subjetivos; a crítica das concepções jusnaturalistas puras sobre as fontes dos direitos da personalidade, bem como a crítica às teorias atomísticas sobre os direitos da personalidade necessária para a consagração do direito geral de personalidade.

Impondo-se a tutela do direito geral da personalidade no ordenamento civil-constitucional brasileiro, neste capítulo busca-se demonstrar que da dignidade humana é de ser extraída a cláusula geral de tutela e promoção da pessoa humana, analisando-se também a disciplina dos direitos da personalidade no Código Civil de 2002, além de tecer breves comentários acerca da eficácia dos direitos fundamentais nas relações privadas. Ao final, traça-se o norte da tutela protetiva dos direitos da personalidade através das esferas ressarcitória e preventiva, diante das possíveis violações ou ameaças de agressão aos direitos da personalidade.

O terceiro capítulo, destinado a problematizar a temática, busca desconstruir as características de que os direitos da personalidade são direitos de conteúdo absoluto, indisponíveis, intransmissíveis e irrenunciáveis, para culminar na aceitação de que os direitos da personalidade contam com uma esfera de disponibilidade, já que se deve conferir também uma tutela positiva a tais direitos, uma tutela que privilegia o exercício cotidiano dos direitos da personalidade. Admitido o poder de disposição que o titular do direito tem sobre os bens ligados à personalidade, confere-se trânsito à autonomia privada nas situações jurídicas existenciais, redefine-se o papel da vontade nestas situações, a qual aparece através do consentimento livre e esclarecido como pressuposto de legitimidade para tal atuação particular, evidenciando-se que os direitos da personalidade podem estar na base de negócios jurídicos unilaterais ou mesmo contratuais. Para demonstrar que a teoria se liga à realidade fática, finaliza-se o capítulo através de uma análise fenomenológica, a partir de situações concretas que evidenciam a disponibilidade relativa do direito à vida, do direito ao próprio corpo e do direito à vida privada.

No derradeiro quarto capítulo, entrelaçando as temáticas anteriormente traçadas, a síntese necessária impõe um repensar sobre a autonomia privada e a liberdade, elementos necessários para a consagração de um direito fundamental ao livre desenvolvimento da personalidade na ordem jurídica brasileira.

A dignidade da pessoa humana se traduz, para além de outras dimensões, em uma dimensão dúplice, protetiva e promocional da pessoa humana. Na perspectiva promocional revela-se a autodeterminação dos interesses pessoais, expressão da autonomia e da liberdade, base da consagração do direito fundamental ao livre desenvolvimento da personalidade, o qual garante à pessoa humana a conformação de seus interesses pessoais que envolvem seu projeto espiritual.

Na perspectiva protetiva emergem os limites da atuação dos particulares, já que os atos de disposição sobre os direitos fundamentais da personalidade devem respeitar a ordem pública, na qual, na mais alta hierarquia, desponta o fundamento da República que é a dignidade humana, bem como atender ao chamado limite dos limites, que se traduz na preservação do núcleo essencial e irrenunciável da dignidade humana, já que o homem jamais poderá ser tratado como instrumento mercadológico, haja vista que a objetificação da pessoa é antagônica à noção de dignidade. A questão é que se deve tratar a pessoa humana como homem-sujeito e não como homem-objeto.

A derradeira análise, levando em consideração que a esfera de disponibilidade provoca a colisão de direitos fundamentais da mesma pessoa, ou seja, autonomia *versus* direito da personalidade que se pretende restringir, contempla a tese de não haver como escapar ao fato de a solução dos casos concretos merecer uma análise das circunstâncias e interesses contrapostos levada a efeito pela ponderação, como método mais adequado para a solução dos conflitos normativos. Nesta atividade hermenêutica, evidencia-se a necessária relativização de conceitos jurídicos, já que as soluções não são dadas, mas construídas à luz da unidade sistemática do ordenamento jurídico calcado na promoção e proteção da dignidade humana.

1. A lenta trajetória da proteção da pessoa e da personalidade

A ideia de pessoa e de personalidade é fundamental para a compreensão do fenômeno jurídico, na medida em que o Direito é concebido tendo como destinatários os seres humanos em convivência.[2] O Direito existe por causa do homem, sendo este o sujeito primário daquele. Por esta razão, sempre se vislumbrou a pessoa como protagonista do cenário jurídico, com a valoração da pessoa e a tutela dos direitos inerentes a ela constituindo fruto de um processo histórico longo, mas de construção teórica efetiva recente.

Tal é a fundamentalidade da temática para o Direito que Del Vecchio, em 1904, afirmou que as relações entre direito e personalidade humana configuram o principal problema da Filosofia do Direito.[3]

Pontes de Miranda, no seu *Tratado de Direito Privado*, anunciou que "com a teoria dos direitos de personalidade, começou para o mundo, nova manhã do direito".[4] Todavia, tal amanhecer iniciou-se nebuloso diante de muitas controvérsias, e os raios de sol apenas despontaram recentemente.

Gustavo Tepedino inicia digressão acerca da temática afirmando categoricamente que "poucos temas revelam maiores dificuldades conceituais quanto os chamados direitos da personalidade",[5] e Luiz Edson Fachin complementa dizendo que "refletir sobre esta seara é assumir grandes desafios".[6] Assumir compromisso com o desafio anunciado é o propósito da presente pesquisa que toma corpo nestas singelas linhas.

---

[2] "Não da vida, mas da vida em relação, nasce o Direito, pelo que só ao nível das relações inter-humanas pode o Direito correctamente compreender-se". CARVALHO, Orlando de. *A teoria geral da relação jurídica*: seu sentido e limites. 2.ed. atual. Coimbra: Centelha, 1981, p. 45.

[3] DEL VECCHIO, Giorgio. Diritto e personalità umana nella storia del pensiero. In: *Contributi allá storia del pensiero giuridico e filosófico*. Milano: Giufferè, 1963, p. 3 *apud* DONEDA, Danilo. *Os direitos da personalidade no novo Código Civil*. Rio de Janeiro: Renovar, 2006, p. 63. A assertiva foi trazida à baila na aula inaugural do curso de filosofia do direito na Universidade de Ferrara no dia 19 de janeiro de 1904.

[4] PONTES DE MIRANDA, Francisco Cavalcanti. *Tratado de Direito Privado*. Campinas: Bookseller, 2000, t. I., p. 30.

[5] TEPEDINO, Gustavo. A Tutela da Personalidade no Ordenamento Civil-constitucional Brasileiro. In: *Temas de direito civil*. 3.ed. Rio de Janeiro: Renovar, 2004, p. 23.

[6] FACHIN, Luiz Edson. *Direitos da Personalidade no Código Civil Brasileiro*: elementos para uma análise de índole constitucional da transmissibilidade. Texto gentilmente cedido pelo autor.

Os direitos da personalidade são os direitos atinentes à tutela da pessoa humana, os quais são considerados essenciais diante da necessária proteção da dignidade da pessoa humana e da sua integridade psicofísica. Essa categoria de direitos é construção teórica relativamente recente, cujas raízes são provenientes principalmente das elaborações doutrinárias germânica e francesa da segunda metade do século XIX.[7]

Não obstante a identificação de as raízes dessa tutela estarem fundamentalmente calcadas no pensamento doutrinário do século XIX, alguns antecedentes históricos merecem ser trazidos a lume, ainda que sucintamente, no intuito de contextualizar a temática na sua trajetória evolutiva.

1.1. Marcos históricos importantes ao estudo dos direitos da personalidade

1.1.1. A proteção da pessoa na antiguidade: o pensamento greco-romano

Já se afirmou que a construção da teoria dos direitos da personalidade é recente. No entanto, formas antigas de proteção da pessoa são identificadas na literatura jurídica. Na antiguidade havia manifestações isoladas da proteção da personalidade individual, mas tal proteção sequer se aproxima do que hoje se concebe a partir da tutela dos direitos da personalidade.

Conforme Elimar Szaniawski, "as origens mais remotas da existência de categorias jurídicas destinadas a tutelar a personalidade humana são encontradas na *hybris* grega e na *iniura* romana".[8]

A tutela da personalidade na Grécia antiga se concretizava através da *hybris* que se traduzia na ideia de injustiça, excesso, desequilíbrio em face da pessoa. Tratava-se de uma ação punitiva de caráter penal que vedava qualquer ato excessivo cometido por um cidadão contra outro, proibição de investidas ofensivas e de maus tratos contra a pessoa humana, bem como a rejeição de qualquer situação que caracterizasse alguma forma de injustiça.[9]

Embora já existente mecanismo de tutela da personalidade humana, a *hybris* grega era uma ação de natureza exclusivamente penal. Afora essa tutela na seara penal, a maior contribuição para a construção da teoria dos direitos da personalidade foi dada pela filosofia grega, na medida em que, aceitando a vida social e jurídica como um dado cósmico, abriu-se espaço para um pensamento reflexivo e crítico que autonomizou a natureza humana das demais contribuições realizadas.

---

[7] TEPEDINO, Gustavo. *A Tutela da Personalidade no Ordenamento Civil-constitucional Brasileiro*, p. 24.

[8] SZANIAWSKI, Elimar. *Direitos de personalidade e sua tutela*. 2.ed. rev., atual. e ampl. São Paulo: Editora Revista dos Tribunais, 2005, p. 23.

[9] SZANIAWSKI, Elimar. *Op. cit.*, p. 24.

Assim afirmou-se a capacidade do homem em refletir sobre si próprio, e escolher as finalidades de ação, emergindo daí as primeiras leis oriundas da vontade humana.[10]

Sócrates sustentou que a lei e a justiça decorrem da natureza do homem e emanam da razão. Esse pensamento de que há uma ordem jurídica superior à vontade do legislador embasa uma noção naturalística[11] que influenciou outros filósofos como Aristóteles. O pensamento aristotélico aprofundou o elemento razão baseado na ideia de que a natureza está adstrita a uma ordem racional. Sustentou o filósofo que há uma razão universal em cada homem onde se fundamentam a lei e a justiça, justiça esta que está calcada na ideia de igualdade entre os homens, a qual deveria ser respeitada por todos e pela lei, cujo objetivo primordial é a busca do bem comum quando da regulamentação das relações sociais.[12]

Como bem observa Capelo de Souza, o importante no que toca ao pensamento filosófico grego é que, "o homem passou a ser tido como a *origem* e a *finalidade* da lei e do direito".[13] Esta compreensão de que o homem é o destinatário primeiro e final da ordem jurídica conferiu um novo sentido à personalidade e seus inerentes direitos. O homem, na Grécia antiga, era o centro referencial do

---

[10] CAPELO DE SOUZA, Rabindranath Valentino Aleixo. *O direito geral de personalidade.* Coimbra: Coimbra, 1995, p. 44.

[11] A doutrina do Direito Natural é a mais antiga tentativa de compreensão teórica abrangente do fenômeno jurídico. Tal doutrina nasce na Grécia antiga envolvendo uma questão central: existe um direito superior à legislação positiva estabelecida pela vontade do soberano? Expressão desse questionamento é a obra de Sófocles: Antígona. Esta se negou a cumprir a ordem do soberano de não enterrar o corpo de seu irmão, sob o argumento de que a família tem o direito de enterrar os seus mortos, e este direito decorre de leis imutáveis, leis não escritas dos deuses lastreadas em um princípio de justiça, em um direito superior. Direito Natural numa doutrina jurídica que defende que o direito positivo deve ser objeto de uma valoração que tem como referência um sistema superior de normas ou de princípios (direito ideal) que lhe condiciona a validade. As principais características dessa doutrina são: a legislação em vigor deve ser analisada a partir de determinados conteúdos superiores, esses conteúdos possuem como fonte uma determinada categoria universal e imutável (ideal de justiça) e esses conteúdos devem sempre prevalecer sobre as disposições formais da legislação em vigor. O Direito Natural traz uma compreensão teórica do fenômeno jurídico que submete o fundamento de validade das normas jurídicas em vigor a uma concepção de justiça. Para esta doutrina, direito é direito justo, validado por um ideal de justiça. Nesta seara, emerge a pergunta: qual o referencial de justiça a ser utilizado? Essa resposta depende do período histórico a ser analisado. Uma referência de justiça própria da natureza, conforme o pensamento da antiguidade, uma referência de justiça em Deus, conforme o pensamento medieval e uma referência de justiça na natureza humana, conforme o pensamento moderno. A doutrina do Direito Natural atravessa os séculos e deve ser entendida em três perspectivas. O Direito Natural Cosmológico da Antiguidade, voltado para uma ordem natural descoberta na natureza das coisas através da observação racional dos homens, distinta das leis humanas. O Direito Natural Teológico voltado para as leis divinas – vontade de Deus – que governam o mundo, típico do pensamento medieval. O Direito Natural Antropológico voltado para o homem como centro do universo e como portador de um conjunto de direitos inatos. Essa é a visão moderna que rompe com a visão transcendente do mundo. Tais esclarecimentos se fazem importantes já que ao longo do texto é feita referência às três concepções, mas o leitor deve ter em mente as distinções, principalmente para não confundir a doutrina do Direito Natural com a Escola do Direito Natural que emerge na modernidade. BARRETO, Vicente de Paulo. (coord.) *Dicionário de Filosofia do Direito.* Rio de Janeiro: Renovar, 2006, p. 240/241. A referência a uma noção naturalística no pensamento grego, portanto, enquadra-se na noção de direito natural cosmológico.

[12] SZANIAWSKI, Elimar. *Direitos de personalidade e sua tutela,* p. 25, e CAPELO DE SOUZA, Rabindranath Valentino Aleixo. *Op. cit.,* p. 46.

[13] CAPELO DE SOUZA, Rabindranath Valentino Aleixo. *Op. cit.,* p. 47. (Grifos do original)

ordenamento, como hoje também o concebemos.[14] Todavia, não é demais lembrar que nem sempre foi assim, já que no século XIX, diante dos ideais burgueses, a primazia era dada à ordem patrimonial da pessoa.[15]

É flagrante a contribuição prestada pelo pensamento grego ao desenvolvimento da teoria jurídica da personalidade. Todavia, na doutrina tradicional, há quem desconsidere o pensamento grego, atribuindo a elaboração da teoria jurídica da personalidade ao Direito Romano.[16] Tal entendimento decorre da menção à proteção da pessoa desde o período antigo de Roma. A Lei das XII Tábuas, que tratava das normas que diziam respeito à esfera jurídica do cidadão individual, sancionava as ofensas aos bens da personalidade prevalentemente através da vingança privada autorizada por sentença pública.[17] É neste sentido que Diogo Leite de Campos afirma que a função da pessoa nesta época era diferenciada, era entendida como "a autora de seu próprio direito, da ordem a que se integra".[18]

Não obstante a proteção já conferida no período antigo romano, é no período clássico que parte da doutrina assenta o desenvolvimento da teoria jurídica da personalidade. O instrumento associado à tutela da personalidade humana é a *actio iniuriarum*[19] romana. Através desta ação protegiam-se as pessoas contra qualquer atitude injuriosa, abrangendo qualquer atentado à pessoa física ou moral do cidadão.[20] Em um primeiro momento, tal ação destinava-se à proteção da vida e da integridade física, mas evoluiu para a proteção contra qualquer prá-

---

[14] Atualmente, fala-se da superação da dicotomia entre o público e o privado e da tutela do ser humano como centro referencial do ordenamento, haja vista a eleição da dignidade da pessoa humana como valor máximo e fundamento do Estado Democrático de Direito. Todavia, há que se considerar, como o faz Eugênio Facchini Neto, que não houve uma evolução linear para a chegada do estado atual. Houve momentos do primado do público sobre o privado e do privado sobre o público, denotando um movimento cíclico ao longo da história. O autor afirma que na Grécia "havia uma certa interpenetração do público e do privado, pois os cidadãos, reunidos na ágora, participavam intensamente das grandes decisões envolvendo os interesses da comunidade, quer votando leis, quer julgando seus semelhantes em processos públicos de maior importância. Já em Roma ocorre uma separação mais nítida entre as duas esferas, havendo pouca participação *direta* dos cidadãos, enquanto tais, na esfera pública". FACCHINI NETO, Eugênio. *Reflexões histórico-evolutivas sobre a constitucionalização do direito privado.* In: SARLET, Ingo Wolfgang (org.). *Constituição, Direitos Fundamentais e Direito Privado.* Porto Alegre: Livraria do Advogado, 2003, p. 17.

[15] SZANIAWSKI, Elimar. *Direitos de personalidade e sua tutela*, p. 25.

[16] GIORDANI, M. C. *História de Roma.* 4.ed. Petrópolis: Vozes, 1976, p. 9 *apud* SZANIAWSKI, Elimar. *Direitos de personalidade e sua tutela,* p. 25.

[17] Na época antiga de Roma, que abrange o período arcaico, pré-monárquico e monárquico, bem como a República até o início de sua decadência, a Lei das XII Tábuas previa sanções contra ofensas à personalidade, tanto física quanto moral, mas as penas eram da ordem de Talião, por exemplo, a perda de algum membro do corpo. Todavia, já havia a possibilidade de penas pecuniárias para ofensas corporais leves, mas a indenização variava dependendo do *status* que o ofendido ocupasse na sociedade. CAPELO DE SOUZA, Rabindranath Valentino Aleixo. *O direito geral de personalidade*, p. 48/49.

[18] LEITE DE CAMPOS, Diogo. *Lições de Direitos da Personalidade.* Boletim da Faculdade de Direito da Universidade de Coimbra, V. LXVIII, 2.ed., Coimbra, 1992, p. 10.

[19] Esta ação é característica da época clássica romana que se iniciou no séc. II a.C. até 284 d.C., abrangendo o período pré-imperial até o Alto Império.

[20] TEPEDINO, Gustavo. *A Tutela da Personalidade no Ordenamento Civil-constitucional Brasileiro*, p. 24.

tica injuriosa.[21] Protegia, pois, a pessoa como tal, mas tutelava também a pessoa quando em relações jurídicas com outros que desprezassem seus direitos. Através da *actio iniuriarum*, o pretor tinha total liberdade para julgar a extensão da injúria graduando, assim, uma sanção em pecúnia. Foi exatamente através do direito pretoriano que se ultrapassaram as influências da Lei da XII Tábuas em matéria de direitos da personalidade, na medida em que o refinamento cultural do povo romano gerou um descontentamento em relação às penas taliônicas.[22]

Capelo de Souza afirma que a *hybris* grega e a *iniuria* romana constituíram o embrião do direito geral de personalidade,[23] e Elimar Szaniawiski sustenta que a tutela da personalidade humana através da *actio iniuriarum* assumiu a feição de uma verdadeira cláusula geral protetora da personalidade do ser humano.[24]

Muito embora o germe da proteção da personalidade seja atribuído ao pensamento greco-romano, grande parte da doutrina adverte que no direito romano não se cuidava da proteção aos direitos da personalidade.[25] Deve-se ter a clareza de que se trata de uma proteção totalmente diversa da dispensada atualmente, devendo ser levada em consideração no seu contexto histórico-social absolutamente diverso.[26] A tutela da personalidade no mundo antigo se dava através de manifestações isoladas, e não de forma sistemática como se concebe a proteção destes direitos na atualidade.[27] Danilo Doneda, no intuito de evitar distorções no entendimento da temática, traz a mesma advertência de "que a pessoa não era, na antiguidade clássica, protegida em perspectiva integrada, nem sequer havia uma categoria que pudesse ser relacionada com a atual noção de personalidade".[28] Gustavo Tepedino afirma, no mesmo sentido, que "o direito romano não tratou dos direitos da personalidade aos moldes hoje conhecidos",[29] até porque a *actio*

---

[21] IHERING, Rudolf Von. *Abreviatura de el espíritu del derecho romano*, p. 89 *apud* SZANIAWSKI, Elimar. *Direitos de personalidade e sua tutela*, p. 32.

[22] CAPELO DE SOUZA, Rabindranath Valentino Aleixo. *O direito geral de personalidade*, p. 52/53.

[23] Idem, p. 54.

[24] SZANIAWSKI, Elimar. *Op. cit.*, p. 32.

[25] Idem, ibidem, p. 31.

[26] Os romanistas afirmavam que a plena capacidade jurídica ou a personalidade era atribuída apenas aos indivíduos que detivessem três *status*: o *status libertatis* que era um atributo da pessoa livre e condição de cidadania, o *status civitatis* atribuído à classe dos cidadãos, não sendo atribuído, portanto, aos estrangeiros e escravos e o *status familiae*, ou seja, a qualidade de *pater-familias*. Muito embora o *status libertatis* fosse condição indispensável para a atribuição da personalidade, a capacidade jurídica plena somente era concedida aos cidadãos romanos (*civitas*), ou seja, àqueles que possuíssem o *status civitatis*. Os habitantes das colônias romanas (*latini*) e os estrangeiros (*peregrini*) inicialmente tinham capacidade jurídica reduzida, a qual foi sendo alargada até culminar, no período imperial, com a outorga do *status civitatis* para todos os habitantes do império. Embora o *status civitatis*, como já dito, tenha sido reconhecido a todos os cidadãos do império, o *status libertatis* e o *status familiae* continuavam a gerar estatutos jurídicos diversos. Para uma análise breve, mas consideravelmente detalhada sobre a tutela da personalidade em todos os momentos da história do direito romano, *vide:* CAPELO DE SOUZA, Rabindranath Valentino Aleixo. *Op. cit.*, p. 47/57.

[27] TOBEÑAS, José Castan. *Los Derechos de la Personalidad*. Madrid: Réus, 1952, p. 9.

[28] DONEDA, Danilo. *Da privacidade à proteção de dados pessoais*. Rio de Janeiro: Renovar, 2006, p. 67.

[29] TEPEDINO, Gustavo. *A Tutela da Personalidade no Ordenamento Civil-constitucional Brasileiro*, p. 24.

iniuriarum mostrava tão somente a forma como os romanos tutelavam os direitos da personalidade e não a forma como concebiam estes direitos.[30]

Da simples análise do contexto social e valorativo da antiguidade, onde muitas eram as diferenças sociais, as quais determinavam qual o tratamento que seria dispensado à pessoa, já se pode concluir claramente que não se tratava de uma tutela da pessoa com a mesma intensidade e mesmos moldes da atualidade.[31] Ingo Sarlet sustenta em sua pesquisa sobre a dignidade da pessoa humana que "no pensamento filosófico e político da antiguidade clássica, verifica-se que a dignidade (*dignitas*) da pessoa humana dizia, em regra, com a posição social ocupada pelo indivíduo e o seu grau de reconhecimento pelos demais membros da comunidade".[32] Na mesma seara, Perlingieri, referindo-se que a personalidade em Roma apenas era atribuída aos cidadãos. Tratando-se, pois, de uma sociedade baseada na desigualdade, afirma que não vale a pena o aprofundamento nesta sede.[33]

1.1.2. O medievo e a importância do pensamento cristão para a proteção da pessoa

Foi com o Cristianismo, através das ideias de fraternidade universal que implicam a igualdade de direitos e a inviolabilidade da pessoa, que o homem passa a ser inserido no campo da subjetividade, deixando de ser tratado apenas em perspectiva instrumental, passando a ser considerado sujeito portador de valores.[34] Juan Castan Tobeñas afirma que o Cristianismo fixou a base moral sobre a qual se assentaria o reconhecimento dos direitos da personalidade.[35] A doutrina cristã afirmou o indivíduo como um valor absoluto, exaltou o sentimento de dignidade da pessoa humana e proclamou uma organização social, calcada na igualdade dos homens perante Deus, o que veio a permitir o desenvolvimento da personalidade.[36]

---

[30] A lição de que o instituto romano apenas delimitava a forma de proteção dos direitos de personalidade, não explicitando como tais direitos eram concebidos, não é recente; há mais de cem anos doutrinadores já eram explícitos neste sentido, como se pode verificar na obra de Adolfo Ravà, "*I diritti sulla propria persona*". Torino: Bocca, 1901, p. 98 *apud* DONEDA, Danilo. *Da privacidade à proteção de dados pessoais*, p. 67/68.

[31] Qualquer consideração acerca do direito romano deve levar em conta sua época e sociedade para evitar distorções de compreensão. Nesta perspectiva, é de ser dito que não se pode negar a importância do direito romano para o jurista contemporâneo, até porque é ponto de referência de toda a tradição jurídica ocidental. Todavia, mesmo sendo o ponto de referência da tradição jurídica, seus instrumentos são inadequados se confrontados com a realidade atual composta de novas e complexas relações sociais.

[32] SARLET, Ingo Wolfgang. *Dignidade da pessoa humana e direitos fundamentais na Constituição Federal de 1988*. 3.ed. rev. atual. e ampl. Porto Alegre: Livraria do Advogado, 2004, p. 30.

[33] "L'eguaglianza, in quelle società antiche, era basata sul principio della deseguaglianza. Non si può dunque in quest'epoca discorrere di tutela della personalità com'è oggi intesa; tanto diverse ne sono le accezioni che non vale la pena accennarne in questa sede". PERLINGIERI, Pietro. *La Personalitá Umana nell Ordinamento Giurídico*. [s.l.]: Iovene, [s.d.], p. 28.

[34] "A partir do cristianismo, qualquer ser humano passou a ser pessoa (homens, mulheres, crianças, nascituros, escravos, estrangeiros, inimigos...)". LEITE DE CAMPOS, Diogo. *Lições de Direitos da Personalidade*, p. 14.

[35] TOBEÑAS, José Castan. *Los Derechos de la Personalidad*, p. 10.

[36] Idem. *Los Derechos del Hombre*. Madrid: Réus, 1969, p. 41.

É com a influência da Era Cristã que a noção de pessoa, na Idade Média, desvincula-se da força atrativa das instituições, adquirindo unicidade e individualidade, já que o homem passa a ser a personificação da imagem do criador. Essa alteração de perspectiva representa os primeiros passos para o desenvolvimento da noção de pessoa e dos direitos da personalidade, os quais irão se solidificar na modernidade.

Neste período histórico, por meio do pensamento de Santo Tomás de Aquino, é que o germe da ideia de dignidade da pessoa humana abrolhou. Foi ele quem pela primeira vez utilizou a expressão *dignitas humana*,[37] afirmando que a noção de dignidade encontra "fundamento na circunstância de que o ser humano foi feito à imagem e semelhança de Deus, mas também radica na capacidade de autodeterminação inerente à natureza humana".[38] Portanto, em razão da dignidade e da liberdade natural, afirmou-se que o ser humano existe em função da própria vontade.[39] Pode-se afirmar, portanto, como o faz Ingo Sarlet, que "o valor fundamental da dignidade humana assumiu particular relevo no pensamento tomista".[40]

Muito embora o pensamento medieval tenha lançado "as sementes de um conceito moderno de pessoa humana baseado na dignidade e na valorização do indivíduo como pessoa",[41] bem como reconhecia, ainda que implicitamente, que o fim do direito estava radicado no homem, e não no Estado,[42] nele ainda não se conferiu relevo aos direitos da pessoa.

1.1.3. O humanismo e a teoria do ius in se ipsum *no período renascentista*

Com o movimento Renascentista,[43] surgiram novas ideias geradoras de mudanças substanciais na ciência e na filosofia. Principalmente a partir do humanis-

---

[37] STERN, Klaus. *Das Staatsrect der Bundesrepublik Deutschland*, vol. III/1, p. 7, *apud* SARLET, Ingo Wolfgang. Dignidade da pessoa humana e direitos fundamentais na Constituição Federal de 1988, p. 31.

[38] SARLET, Ingo Wolfgang. *Dignidade da pessoa humana e direitos fundamentais na Constituição Federal de 1988*, p. 31.

[39] Neste tocante, cabe trazer novamente a ressalva sobre a compreensão do Direito Natural. No período medieval cristão, tem-se o Direito Natural Teológico, ou seja, aquele que se volta para uma visão teocêntrica do mundo e para a compreensão de supostas leis divinas que o governem. Reconhecia-se o mundo como algo organizado pela Divina Providência, sendo possível ao homem descobrir racionalmente quais são os desígnios de Deus que orientam as leis supremas. Um dos pensadores que refletem este entendimento é São Tomás de Aquino para quem a ordem geral do universo foi estabelecida pela ordem divina e ao homem cabe compreendê-la. A compreensão dessa ordem se dá pela Revelação, ou seja, através da Igreja, e pela reflexão racional dos homens. BARRETO, Vicente de Paulo. (coord.). *Dicionário de Filosofia do Direito*, p. 241.

[40] SARLET, Ingo Wolfgang. *A eficácia dos direitos fundamentais*. 4.ed. rev. atual. e ampl. Porto Alegre: Livraria do Advogado, 2005, p. 45.

[41] SZANIAWSKI, Elimar. *Direitos de personalidade e sua tutela*, p. 35.

[42] "No período mais intenso da era medieval, embora sobre outros pressupostos, houve uma certa absorção do público pelo privado, derivado, de certo modo, da primazia da propriedade territorial sobre os demais institutos econômico-político-jurídicos. Isto porque os senhores feudais exerciam verdadeira função pública sobre todos os habitantes de seus feudos (vassalos e servos da gleba), uma vez que estabeleciam regras obrigatórias, impunham e arrecadavam tributos, julgavam seus servos e executavam as decisões. Ou seja, de uma certa forma, do direito de propriedade derivava o poder político e o prestígio social". FACCHINI NETO, Eugênio. *Reflexões histórico-evolutivas sobre a constitucionalização do direito privado*, p. 16.

[43] Do século XIV ao XVI.

mo, imponente a partir do século XVI, em que se experimentava a conveniência de se afirmar a independência da pessoa e a intangibilidade dos direitos humanos.[44]

Neste período histórico, não se pode deixar de mencionar a contribuição do humanista Pico della Mirandola, o qual, fortemente influenciado pelo pensamento tomista, afirmou que a "personalidade humana se caracteriza por ser um valor próprio, inato, expresso justamente na sua ideia de dignidade do ser humano, que nasce na qualidade de valor natural, inalienável e incondicionado, como cerne da personalidade do homem".[45]

Essas novas ideias, como leciona Elimar Szaniawski, "conduziram os juristas da época à formulação do *direito geral de personalidade*, como um *ius in se ipsum*".[46] Tratava-se da teoria do direito sobre si mesmo.

Neste contexto, verificou-se também a emergência dos direitos subjetivos[47] como estruturas da vontade humana, ou a ela ligadas, em face do direito objetivo que, conforme Capelo de Souza, "com os contributos do Renascimento e do Humanismo, viria a construir a rampa de lançamento de um direito geral de personalidade, entendido como um *ius in se ipsum*, que não mais deixaria de estar presente na reflexão jurídica da tutela da personalidade humana".[48]

O *ius in se ipsum* teve defensores no século XVII,[49] através do qual o homem teria direito de fazer de si o que melhor lhe conviesse, ressalvadas apenas as proibições expressas em lei, como suicídio, automutilação e sujeição voluntária à tortura.[50] Havia, assim, uma forte característica de disponibilidade dos direitos sobre a própria pessoa, mas se tratava de uma disponibilidade relativa, já que havia certas restrições encaradas como uma forma de proteção mínima ao homem e à sua dignidade.

Outra construção que marca não mais o reconhecimento, mas sim, a exaltação dos direitos da personalidade, como afirma José Castan Tobeñas, são os chamados direitos naturais ou inatos trazidos à baila a partir do século XVII pela

---

[44] TOBEÑAS, José Castan. *Los Derechos de la Personalidad*, p. 11.

[45] SARLET, Ingo Wolfgang. *A eficácia dos direitos fundamentais*, p. 45.

[46] SZANIAWSKI, Elimar. *Direitos de personalidade e sua tutela*, p. 38. (grifos no original)

[47] "É no nominalismo do pensador cristão Guilherme de Occam que se busca a origem do individualismo que levou ao desenvolvimento da idéia de direito subjetivo, principalmente por Hugo Grócio, que, no limiar da Idade Moderna, o definiu como 'faculdade da pessoa que a torna apta para possuir ou fazer algo justamente'". Conforme: SARLET, Ingo Wolfgang. *Op. cit.,* p. 45.

[48] CAPELO DE SOUZA, Rabindranath Valentino Aleixo. *O direito geral de personalidade*, p. 61/62.

[49] É de ser mencionado o trabalho de Baldassarre Gomes de Amescua na obra *Tractatus de potestate in se ipsum*, onde defendia a tese de que todo homem por lei da natureza e pelo direito civil, canônico ou real, tem uma *potestas in se ipsum*. AMESCUA, Baldassarre Gomes. *Tractatus de potestate in se ipsum*. Milano: 1619 *apud* DONEDA, Danilo. *Os direitos da personalidade no novo Código Civil*, p. 82 e TOBEÑAS, José Castan. *Op. cit.,* p. 11.

[50] CAPELO DE SOUZA, Rabindranath Valentino Aleixo. *Op. cit.*, p. 124.

Escola do Direito Natural.[51] Afirmou-se a existência de direitos que nascem com o homem, estando assim indissoluvelmente ligados à pessoa e, portanto, preexistentes ao seu reconhecimento pelo Estado.[52]

Elimar Szaniawiski atribui à doutrina do Direito Natural, desenvolvida nos séculos XVII e XVIII, a moderna construção do direito geral de personalidade do século XX. Isso porque, dentre outras contribuições, desenvolveu tal vertente a ideia da tutela dos direitos individuais e a noção da dignidade da pessoa humana.[53]

No que toca ao pensamento jusnaturalista, importa destacar que "a concepção da dignidade da pessoa humana, assim como a ideia do direito natural em si, passou por um processo de racionalização e laicização, mantendo-se, todavia, a noção fundamental de igualdade de todos os homens em dignidade e liberdade", ensina Ingo Sarlet.[54]

A ideia de direitos naturais inalienáveis do homem e a noção da submissão das autoridades frente estes direitos aparecem no pensamento do século XVII através das obras de Hugo Grócio, Samuel Pufendorf, Thomas Hobbes e John Milton. Este último, ainda, reivindicou o reconhecimento dos direitos de autodeterminação do homem, de liberdade de manifestação e supressão da censura; já Hobbes, apesar de atribuir aos homens a titularidade de direitos naturais, submetia-os à disposição do soberano.[55] Independentemente das posições, neste século, conferiu-se relevância à ideia de direitos naturais do homem, o que está inexoravelmente ligado à ideia de personalidade e dignidade humanas.

Os pensadores do século XVIII sofreram as influências dos seus antecessores, mas desenvolveram suas ideias. Importante é o pensamento de John Locke, que reconheceu os direitos naturais e inalienáveis do homem, mas advogou pela sua oponibilidade frente aos detentores do poder, em face do contrato social, identificando o direito de resistência como um dos direitos naturais do homem. Ingo

---

[51] Neste momento histórico, a referência é da doutrina de Direito Natural Antropológico, ou seja, um direito natural que se volta para o homem como centro do universo e como portador de um conjunto de direitos naturais inatos. Há, neste momento, uma efetiva valorização do ser humano diante do poder da Igreja e do Estado. O pressuposto fundamental desta doutrina é o fato de que a legislação de um país, ou o Direito Positivo, somente será válida quando respeitar os direitos inatos dos homens, reconhecidos através de um contrato social oriundo da vontade dos homens. A concepção contratualista impõe a ressalva a um dos expoentes deste pensamento: John Locke, o qual defendia que os homens possuem um conjunto de direitos naturais inatos, como a vida, a liberdade e a propriedade, que são transferidos para o corpo político quando do estabelecimento do contrato social que dá origem ao Estado Moderno. Nesta percepção, o Direito Positivo está condicionado a uma ordem superior de justiça calcada nos direitos naturais inatos, não mais no cosmos ou em Deus. O jusnaturalismo aqui esposado é aquele que se diferencia do Direito Positivo, no sentido de que não se trata de um direito justo porque é ordenado, e sim, uma ordenação porque é justa. Trata-se de uma tábua de valores que deve sempre nortear o Direito Positivo. BARRETO, Vicente de Paulo. (coord.). *Dicionário de Filosofia do Direito*, p. 241/242.

[52] TOBEÑAS, José Castan. *Los Derechos de la Personalidad*, p. 11.

[53] SZANIAWSKI, Elimar. *Direitos de personalidade e sua tutela*, p. 39.

[54] SARLET, Ingo Wolfgang. *Dignidade da pessoa humana e direitos fundamentais na Constituição Federal de 1988*, p. 32 e *A eficácia dos direitos fundamentais*, p. 45.

[55] Idem. *A eficácia dos direitos fundamentais*, p. 46.

Sarlet ensina que o pensamento contratualista de Locke demonstrou que "a relação autoridade-liberdade se funda na autovinculação dos governados, lançando, assim, as bases do pensamento individualista e do jusnaturalismo iluminista do século XVIII", o que culminou no constitucionalismo e no reconhecimento de direitos aos indivíduos limitativos do poder estatal.[56]

Nesse contexto de reconhecimento dos direitos individuais inatos e de desenvolvimento da ideia de dignidade da pessoa humana também não há como escapar da obra de Immanuel Kant, para quem a dignidade tem como fundamento a autonomia ética do ser humano, que engloba a liberdade de que dispõe a pessoa humana de optar de acordo com a razão e de agir conforme o seu entendimento e opção. Para Kant, a dignidade é um atributo do homem o qual é concebido não somente como parte da natureza, mas também como sujeito de uma autonomia prática.[57] Como atributo do homem, a dignidade da pessoa humana não pode ser reduzida a mera criação constitucional, porque deve ser muito anterior a qualquer sistema constitucional. A dignidade seria, então, um dado *a priori*, anterior a qualquer experiência especulativa.[58] Kant, portanto, contribuiu para a construção de uma ideia de dignidade inerente, inata, a toda e qualquer pessoa humana.

A teoria dos direitos inatos também estava atrelada a um sentimento de reivindicações políticas. José Castan Tobeñas adverte que a teoria se transformou em uma doutrina de matriz político-revolucionária que culminou na Declaração Universal dos Direitos do Homem e do Cidadão pela Assembleia Constituinte francesa em 1789[59] que instituiu o Estado liberal com base no individualismo e afirmou a existência de direitos naturais. Direitos estes que são preexistentes ao Estado, devendo apenas ser reconhecidos por este. A doutrina dos direitos inatos, portanto, inspirou a Revolução Francesa, contribuindo, assim, para a conformação do constitucionalismo moderno e do Estado de Direito. A partir daí, os direitos naturais inatos acabaram sendo incorporados em diversas outras Constituições, como direitos fundamentais individuais.[60]

---

[56] SARLET, Ingo Wolfgang. *A eficácia dos direitos fundamentais*, p. 46/47.

[57] Idem. *Dignidade da pessoa humana e direitos fundamentais na Constituição Federal de 1988*, p. 32.

[58] Idem. *As dimensões da dignidade da pessoa humana:* construindo uma compreensão jurídico-constitucional necessária e possível. In: ——. *Dimensões da Dignidade:* ensaios de Filosofia do Direito e Direito Constitucional. Porto Alegre: Livraria do Advogado, 2005, p. 20.

[59] Vale a transcrição do preâmbulo da referida declaração: "Os representantes do povo francês, reunidos em Assembléia Nacional, tendo em vista que a ignorância, o esquecimento ou o desprezo dos direitos do homem são as únicas causas dos males públicos e da corrupção dos Governos, resolveram declarar solenemente os direitos naturais, inalienáveis e sagrados do homem, a fim de que esta declaração, sempre presente em todos os membros do corpo social, lhes lembre permanentemente seus direitos e seus deveres; a fim de que os atos do Poder Legislativo e do Poder Executivo, podendo ser a qualquer momento comparados com a finalidade de toda a instituição política, sejam por isso mais respeitados; a fim de que as reivindicações dos cidadãos, doravante fundadas em princípios simples e incontestáveis, se dirijam sempre à conservação da Constituição e à felicidade geral".

[60] TOBEÑAS, José Castan. *Los Derechos de la Personalidad*, p. 11/12.

Os antecedentes históricos trazidos a lume são de grande importância para a contextualização da temática, como já se referiu.[61] Todavia, como também já mencionado, a efetiva construção da categoria dos direitos da personalidade tem como marco a doutrina europeia, principalmente alemã, da segunda metade do século XIX, análise esta para a qual se passará a seguir.

1.2. A configuração dos direitos da personalidade na travessia do século XIX

1.2.1. A proposta da modernidade

Ainda nos séculos XVII e XVIII desenvolveu-se o capitalismo que propiciou a ascensão da burguesia como expressão do poder econômico, cuja ideologia estava calcada na ideia de que um Estado somente poderia ser rico se fosse forte internacionalmente. Para tanto, seria necessária a expansão das atividades mercantis e capitalistas, o que inexoravelmente levou à outorga de liberdade e poder político social aos burgueses.[62]

A emergência da burguesia caracterizou-se pela separação dos interesses econômico-privados dos interesses político-públicos. A estruturação e o funcionamento do Estado cabiam ao Direito Público, enquanto a sociedade civil era disciplinada pelo Direito Privado. Havia, pois, uma acirrada dicotomia entre as duas esferas. Os revolucionários se empenharam em traçar a distinção entre o público e o privado, para que nada do que fosse particular prejudicasse a vontade geral da nova nação.

Outra característica marcante desse momento histórico é a de que o Direito Privado passou a ser disciplinado ampla e sistematicamente pelo legislador. Este, fortemente influenciado pela ideologia burguesa,[63] construiu, após a Revolução Francesa, um direito jusracionalista e iluminista. A ampla sistematização do Direito Privado eclodiu em 1804 com o Código Civil Francês, o Código de Napoleão, seguindo-se, quase cem anos depois, o Código Civil alemão, o BGB. Tratava-se, pois, da era da codificação.

---

[61] Cumpre a explicitação de que o presente texto apenas tratou sucintamente dos elementos históricos que contextualizam a temática da personalidade e dos direitos a ela inerentes até o século XVIII. O contato com uma pesquisa mais detalhada e, portanto, aprofundada da temática pode partir das obras "O direito geral de personalidade" de Rabindranath Valentino Aleixo Capelo de Souza e "Direitos de personalidade e sua tutela" de Elimar Szaniawiski.

[62] COTRIM, Gilberto. *História geral*, p. 138 *apud* SZANIAWSKI, Elimar. *Direitos de personalidade e sua tutela*, p. 41.

[63] Nessa perspectiva, diz-se que o direito privado passou a ser um direito estatal e burguês, conforme: FACCHINI NETO, Eugênio. *Reflexões histórico-evolutivas sobre a constitucionalização do direito privado*, 2003, p. 16/18.

Franz Wieacker define com clareza o período das codificações que chama de "última imagem do conjunto coerente do direito privado", destacando que nesta época se enxergou o Direito, sobretudo o privado, como um sistema de esferas da liberdade e da personalidade autônomo do ponto de vista moral, eis que as normas baseavam-se na capacidade jurídica plena e igual de todos os cidadãos, no livre uso da propriedade e na liberdade contratual.[64]

O Direito Civil clássico identifica-se com o Direito inserto no Código de Napoleão, o qual teve conteúdo delimitado através da sistematização procedida por Jean Domat, que pela primeira vez separou as leis civis das públicas. Tal dicotomia acabou servindo também de alicerce para toda a codificação do século XIX.[65] Nascia, portanto, um universo jurídico capaz de atender aos interesses burgueses, pois com os fundamentos do liberalismo econômico[66] e a distinção clara das esferas pública e privada poder-se-ia obter, paulatinamente, o aniquilamento dos privilégios da nobreza.[67]

Os postulados fundamentais do Estado de Direito Liberal eram, a saber, o ideal de completude; a unicidade do Direito, já que o Estado, cujo poder ideologicamente emanava do povo, passou a ser fonte única; a neutralidade das normas em relação ao seu conteúdo; e, ainda, a concepção de homem abstratamente considerado como sujeito de direito.[68] O individualismo jurídico clássico considerava o homem como entidade abstrata, alheia ao meio social.[69]

---

[64] WIEACKER, Franz. *História do Direito Privado Moderno*. 3.ed. Lisboa: Calouste Gulbenkian, 1980, p. 717. Ressalte-se que, embora não se possa concordar com o pensamento do autor quando refere ser esta fase a "última imagem coerente do direito privado", tal assertiva remonta com clareza ao que se buscou, à época, em termos valorativos: a segurança de que a burguesia necessitava, fazendo com que a codificação fosse um sistema autosuficiente e fechado, embasado na "miragem da completude". Sobre o tema, vide também: BOBBIO, Norberto. *Teoria do Ordenamento Jurídico*. 10.ed. Brasília: Universidade de Brasília, 1999, p. 120/137 e TEPEDINO, Gustavo. *O Código Civil, os chamados microssistemas e a Constituição*: premissas para uma reforma legislativa. In: ——. (coord.) *Problemas de Direito Civil-constitucional*. Rio de Janeiro: Renovar, 2000.

[65] TEPEDINO, Maria Celina Bodin de Moraes. *A caminho de um Direito Civil Constitucional*. Revista de Direito Civil, São Paulo, nº 65, p. 21-32, jul.-set.1993, p. 21.

[66] Baseados no princípio do "*laissez faire lassez passer* – deixe fazer, deixe passar –, de Gournay", proposta a total liberdade para as atividades comerciais e industriais, "os economistas pregaram essencialmente a liberdade econômica e se opunham a toda e qualquer regulamentação. A natureza deveria dirigir a economia. O Estado somente interviria para garantir o livre curso da natureza". ARRUDA, José Nelson de; PILETTI, Nelson. *A crise do antigo Regime*: o iluminismo e o despotismo esclarecido. São Paulo: Ática, 1995, p. 182.

[67] Cumpre lembrar os ideais iluministas: "as leis naturais regulam as relações entre os homens, tal como regulam os fenômenos da natureza", "todos os homens são bons e iguais; e que as desigualdades seriam provocadas pelos próprios homens". Afirmavam, ainda, que "ao governo caberia garantir os *direitos naturais*: a liberdade individual e livre posse de bens; tolerância para a expressão de idéias; igualdade perante à lei" e a "justiça com base na punição de delitos". Ressalte-se, ainda, que tais ideais iam de encontro ao poder da nobreza, cuja condução do poder era altamente reguladora, pois detinham em suas mãos a tributação e a força das milícias. ARRUDA, José Nelson de; PILETTI, Nelson. *A crise do antigo Regime*: o iluminismo e o despotismo esclarecido, p. 110/112 e 181/182.

[68] Sobre a unidade, coerência e completude do ordenamento jurídico não há como escapar do estudo da já citada obra clássica *Teoria do Ordenamento Jurídico* de Norberto Bobbio.

[69] RAMOS, Carmem Lucia Silveira. *A constitucionalização do direito privado e o homem sem fronteira*. In: FACHIN, Luiz Edson. *Repensando Fundamentos do Direito Civil Contemporâneo*. Rio de Janeiro: 1998, p. 4.

Refletindo os ideais de completude e unicidade e consequente segurança, buscou-se construir um sistema que regulasse todo o espaço jurídico de uma nação em um Estado calcado na legalidade e na liberdade. Um Estado onde os indivíduos estavam livres para agir e eram considerados iguais, ainda que formalmente, porque suas relações eram reguladas por uma lei geral e abstrata que atingia todos. O ideal de liberdade era tal que as limitações existentes eram as mínimas necessárias para manter uma convivência social.[70]

Sob o signo da liberdade, as relações privadas foram estruturadas a partir de uma concepção de propriedade absoluta e plena liberdade contratual, searas estas onde o Estado não poderia intervir. Tratava-se da liberdade dos modernos que significava a livre movimentação no espaço econômico privado, que acabou por endeusar a autonomia privada.[71]

Além de todos os pressupostos que caracterizavam o Estado Liberal, Eugênio Facchini Neto[72] explica que o mais importante deles consistia na ideologia jurídica da "era das codificações". Tratava-se da "ideologia dos três c's". Os Códigos pretendiam ser completos, regulando aprioristicamente todas as relações em sociedade, sem que houvesse lacunas; claros, cujas disposições seriam facilmente interpretáveis e jamais ambíguas ou polissêmicas; bem como coerentes, ou seja, sem contradições, sem antinomias.

O reflexo mais significativo da ideologia da completude, clareza e coerência dos Códigos emanados pelo legislador incidiu sobre o Poder Judiciário. Aos juízes, na medida em que preexistente toda a solução para qualquer caso concreto, como se o Código fosse um prontuário infalível, no dizer de Norberto Bobbio,[73] apenas cabia aplicar o direito, não lhe sendo autorizado qualquer criação ou interpretação. Na célebre frase de Montesquieu, o juiz passou a ser *la bouche de la loi*.[74]

Os Códigos, completos, claros e coerentes se transformaram nos centros dos sistemas jurídicos o que, consequentemente, reduziu as Constituições dos Estados Liberais a simples leis reguladoras dos poderes políticos. Neste contexto, como já dito, verificou-se a mais acirrada dicotomia entre o público e o privado, com o primado do privado.

---

[70] Eugênio Facchini Neto refere que as parcas limitações existentes aos direitos subjetivos no intuito de permitir a convivência social tinham nítida inspiração kantiana calcada na ideia de que "minha liberdade irrestrita só encontra limitações na idêntica liberdade de meus semelhantes". FACCHINI NETO, Eugênio. *Reflexões histórico-evolutivas sobre a constitucionalização do direito privado*, p. 20.

[71] FACCHINI NETO, Eugênio. *Reflexões histórico-evolutivas sobre a constitucionalização do direito privado*, p. 19.

[72] Idem, ibidem, p. 20/21.

[73] BOBBIO, Norberto. *Teoria do Ordenamento Jurídico*, p. 121.

[74] Tal ideologia buscou transformar o jurista em simples técnico, operador de atividades meramente cognitivas (e não prático-valorativas), usando métodos lógico-formais e sem nenhuma responsabilidade política. Aliás, em tal sistema, ninguém tem responsabilidades diante de leis injustas – e todos podem olimpicamente lavar as mãos. O legislador afastaria sua responsabilidade sob o argumento de que não elabora leis para casos concretos e os juízes eximiam-se de responsabilidade, já que a decisão não era fruto de sua vontade por serem meros aplicadores da solução preestabelecida pelo ordenamento. Nesse sentido que o sistema apresentava-se como neutro. FACCHINI NETO, Eugênio. *Op. cit.*, p. 21.

Foi em resposta aos períodos históricos[75] anteriores, medievo e absolutismo monárquico, marcados pelo pluralismo jurídico,[76] que traziam consigo inúmeros conflitos e, por conseguinte, a insegurança, juntamente com a tentativa de eliminar as discriminações pessoais daquele tempo, que o Direito do Estado Liberal consagrou a igualdade formal de todos os indivíduos perante a lei. E mais, tal igualdade formal, calcada na ideia abstrata de pessoa, desprezando as reais desigualdades econômicas e sociais, baseava-se também nos pressupostos da autonomia de vontade e da iniciativa privada.[77]

A pessoa abstratamente considerada era identificada com o sujeito de direito definido como aquele que é capaz de adquirir direitos e contrair obrigações, ou seja, aquele indivíduo que voluntariamente compra, vende, contrata, testa, etc. Tal concepção revela nítida prevalência de valores relativos à apropriação de bens em detrimento dos valores existenciais.[78] Os sistemas jurídicos centrados nos valores liberais estavam voltados para a proteção do patrimônio do homem burguês, o que impossibilitou a proteção do ser simplesmente porque dotado de dignidade, o respeito à igualdade material[79] e à justiça distributiva.[80] Esse paradigma de legalidade, igualdade formal, individualismo e voluntarismo foi inaugurado e sedimentado através do *Code Napoléon,* o que culminou no distanciamento entre o Direito e as relações sociais fáticas que ficavam à margem do sistema.[81]

Concebeu-se, assim, uma nova ordem, uma nova sociedade que seria regida através de uma reordenação sistemática e inovadora do Direito, ditado pelo pensamento racional. Porém, esta nova ordem acabou gerando uma sistematização exagerada e consequentemente um fechamento do Direito em categorias estanques

---

[75] Para um estudo aprofundado da história do direito privado no período do medievo até a modernidade: WIEACKER, Franz. *História do direito privado moderno.*

[76] Eugênio Facchini Neto explicita o pluralismo jurídico na convivência entre as legislações régias com o direito canônico, com o direito costumeiro, com a *lex mercatoria,* com o direito das corporações de artes e ofícios, com o direito romano e com os direitos municipais. FACCHINI NETO, Eugênio. *Reflexões histórico-evolutivas sobre a constitucionalização do direito privado,* p. 18.

[77] RAMOS, Carmem Lucia Silveira. *A constitucionalização do direito privado e o homem sem fronteiras,* p. 5.

[78] MEIRELLES, Jussara. *O ser e o ter na codificação civil brasileira:* do sujeito virtual à clausura patrimonial. In: FACHIN, Luiz Edson. *Repensando Fundamentos do Direito Civil Contemporâneo.* Rio de Janeiro: 1998, p. 90/91.

[79] Igualdade material é a advinda do tratamento dos iguais de forma igual e dos desiguais de forma desigual, ideia esta contraposta a de igualdade formal que simplesmente tratava a todos de forma igual, ignorando as desigualdades existentes.

[80] RAMOS, Carmem Lucia Silveira. *Op. cit.,* p. 5.

[81] Nas duras palavras de Luis Edson Fachin "um sistema pretensamente neutro, calcado em abstratas categorias jurídicas, destinado a um ser impessoal, praticamente inatingível e com pretensões à perenidade, desenhou a formulação mais acabada do projeto ideológico de sustentação do direito civil dos últimos dois séculos. O direito do homem sozinho, centrado numa hipotética auto-regulamentação de seus interesses privados, e conduzido pela insustentável igualdade formal, serviu para emoldurar o bem acabado sistema jurídico privado. Conciliando liberdade formal e segurança, a base da teoria geral das relações privadas foi o que sustentou, no domínio econômico, o 'laisser faire' da Escola Liberal. Esse mecanismo se refletiu no distanciamento proposto entre o direito e as relações de fato excluídas do sistema". FACHIN, Luis Edson. *Limites e possibilidades da nova teoria geral do direito civil,* Revistas de Estudos Jurídicos, v. II, n. 1, p. 99/107, ago., 1995, p. 100. Na página 101 completa dizendo que "fica de fora do sistema o que ao sistema não interessa".

que, ao lado do voluntarismo, culminou com a absolutização excessiva da razão individual.[82] O Direito passou a ser um sistema fechado e pleno, já que negava a existência de lacunas no sistema.[83] Nesse sistema, as pessoas abstratamente consideradas passaram a ser um mero elemento das relações jurídicas, o que provocou uma "desumanização do jurídico"[84] cujas sequelas estão presentes até hoje.

1.2.2. A estagnação do desenvolvimento de um direito geral de personalidade: os negativistas da Escola Histórica e o fracionamento da tutela pelo Positivismo Jurídico

Muito embora o Jusnaturalismo Racionalista tenha grande mérito em ter recolocado o homem como elemento central da ordenação social, cometeu o excesso de fechá-lo demasiadamente sobre si mesmo em razão da absolutização da razão individual. Capelo de Souza explica que reflexo disso foi o entendimento do *ius in se ipsum* como um mero poder da vontade individual, reivindicado apenas em face do Estado e não em relação aos demais indivíduos, tornando-se, assim, uma inócua categoria lógico-formal.[85]

Neste contexto histórico surgem, reativamente, os posicionamentos da Escola Histórica[86] e, posteriormente, do Positivismo Jurídico acerca do direito geral de

---

[82] SZANIAWSKI, Elimar. *Direitos de personalidade e sua tutela*, p. 41/42.

[83] AMARAL, Francisco. *Direito civil*: introdução. 6.ed. rev., atual. e aum. Rio de Janeiro: Renovar, 2006, p. 47.

[84] CARVALHO, Orlando de. *A teoria geral da relação jurídica*: seu sentido e limites, p. 60.

[85] CAPELO DE SOUZA, Rabindranath Valentino Aleixo. *O direito geral de personalidade,* p. 80/81.

[86] O historicismo marca o pensamento alemão durante o fim do século XVIII e início do século XIX, configurando, no campo filosófico-jurídico, a denominada *escola histórica do Direito*, representada principalmente por Savigny. A *escola histórica do Direito* é, portanto, eminentemente anti-racionalista, opondo-se à filosofia iluminista através de uma *dessacralização do direito natural*, substituindo o abstrato e o universal pelo particular e pelo concreto. O contexto de seu advento era inspirado pela valorização da tradição e dos costumes, em reação ao exacerbado racionalismo da escola de direito natural, valorizando, assim, as manifestações espontâneas em função da individualidade do próprio homem e demonstrando a perspectiva histórica de desenvolvimento social, a qual possui um sentido irracional, pelo que não era possível compartilhar do otimismo iluminista, que vê na razão uma força propulsora e transformadora do mundo, capaz de sanar todos os males da humanidade. O Direito para a Escola Histórica é visto como um produto histórico e espontâneo peculiar a cada povo e não como um mero produto racional. Criticando a codificação, produto do iluminismo, afirmava-se que a ciência do Direito não apenas produz os mesmos efeitos de unidade e sistematização que a codificação, mas ainda tem vantagem sobre esta na medida em que não petrifica o Direito através de uma rigidez cega, tornando-o mais maleável e adaptável. O Direito para Savigny tem suas bases na tradição e no costume e, dessa forma, exprime o sentimento e o espírito do povo (*Volksgeist*). Não pode, pois, ser universal e imutável, tampouco criado arbitrariamente pelo legislador. Doravante, o papel sistematizador que a codificação exerce em outros países, na Alemanha, principalmente na primeira metade do século XIX, merece atenção. Esta função organizativa será incumbência da ciência do Direito, principalmente por meio da atividade dos pandectistas, que intentaram sistematizar cientificamente o direito comum então vigente naquele país. A noção de sistema é essencial para Savigny, principalmente no que diz respeito à interpretação das leis. Todavia, cabe ressaltar que existem dois momentos no pensamento deste autor: o de sua juventude, até aproximadamente 1814, e o de sua maturidade, após esta data, quando o elemento sistemático torna-se objeto de maior atenção. Embora Savigny defendesse a existência de um Direito espontâneo, baseado no *Volksgeist*, é interessante notar que, no que tange à influência exercida pelo autor no pensamento jurídico alemão subsequente, o fator sistemático e cientificista de sua teoria termina por prevalecer sobre o fator historicista, permitindo com isso o desenvolvimento do formalismo jurídico na Alemanha através da *jurisprudência dos conceitos*, representada por Puchta. BOBBIO, Norberto. *O Positivismo Jurídico*: Lições

personalidade que se delineava a partir do entendimento do *ius in se ipsum.*[87] Foi neste momento que iniciaram as hesitações da doutrina acerca da existência dos direitos da personalidade.[88]

A Escola Histórica do Direito concebeu o direito geral de personalidade como um direito que alguém possui sobre a sua própria pessoa na esteira da noção do antigo *ius in se ipsum.* Afirmavam os seus precursores que "o direito geral de personalidade deveria ser entendido como um direito que alguém possui sobre si mesmo e que teria por objeto a própria pessoa".[89]

Enneccerus, criticando a existência dos direitos de personalidade, sustentou que se a personalidade é identificada com a titularidade de direitos e obrigações, ela não poderia ser considerada ao mesmo tempo como objeto deles, sob pena de uma contradição lógica.[90] Para Savigny, a admissão dos direitos de personalidade, baseados na concepção de que qualquer indivíduo estaria autorizado a dispor de si livremente, levaria à legitimação do suicídio e da automutilação. Jellinek também objetou a adoção da categoria dos direitos de personalidade. Argumentou que "a vida, a saúde, a honra, etc., não se enquadram na categoria do *ter*, mas do *ser*, o que os tornaria incompatíveis com a noção de direito subjetivo, predisposto à tu-

---

de Filosofia do Direito. São Paulo: Ícone, 1999, p. 45 e LARENZ, Karl. *Metodologia da Ciência do Direito.* 4.ed. Lisboa: Calouste Gulbenkian, 2005, p. 9/29.

[87] Sobre esta temática, *vide:* CAPELO DE SOUZA, Rabindranath Valentino Aleixo. *O direito geral de personalidade,* p. 81/82; SZANIAWSKI, Elimar. *Direitos de personalidade e sua tutela,* p. 42/43; TOBEÑAS, José Castan. *Los Derechos de la Personalidad,* p. 12, TEPEDINO, Gustavo. *A Tutela da Personalidade no Ordenamento Civil-constitucional Brasileiro,* p. 25/26 e PINTO, Paulo Mota. *Notas sobre o direito ao livre desenvolvimento da personalidade e os direitos de personalidade no direito português.* In: SARLET, Ingo Wolfgang (org.), *A constituição concretizada:* construindo pontes com o público e o privado. Porto Alegre: Livraria do Advogado, 2000, p. 64/67.

[88] TEPEDINO, Gustavo. *A Tutela da Personalidade no Ordenamento Civil-constitucional Brasileiro,* p. 25. O referido professor destaca os seguintes juristas que negaram a existência dos direitos da personalidade: Roubier, Unger, Dabin, Savigny, Thon, Von Tuhr, Enneccerus, Zitelmann, Crome, Jellinek, Ravà, Simoncelli, dentre outros.

[89] SZANIAWSKI, Elimar. *Direitos de personalidade e sua tutela,* p. 42.

[90] Assim se manifesta o autor: "El poder de voluntad del hombre no se extiende solamente a lo exterior a él, sino también a su propia persona. Así, pues, no es inconcebible un poder jurídico sobre la propia persona. Pero se discute la existencia, el contenido y la extensión de tales derechos. Algunos reconocen un solo derecho general de la personalidad, como concepto global que abarca el derecho a la conservación, a la inviolabilidad en todas direcciones. Es indudable que hoy existe una cierta protección de la personalidad garantizada mediante la conminación de penas (contra el homicidio, lesiones, privación de la libertad, etc.). Pero en vano buscaríamos una disposición del derecho que caracterizase de derecho subjetivo a la esfera personal, sea mediante la aplicación de los principios sobre el nacimiento y la extinción de los derechos, sea mediante la concepción de una acción civil. Pero además no hay necesidad alguna de reconocer un derecho general de la personalidad, pues los bienes indisolublemente unidos a la persona, como la vida, el cuerpo, la salud y la libertad corporal tienen una protección absoluta general igual que los derechos subjetivos. En cuanto a otras irradiaciones de la personalidad, por ejemplo, la libre actuación de la individualidad espiritual, el honor, la potencia de trabajo, la libertad económica, la esfera privada secreta, etcétera, es suficiente la protección especial e ilimitada de estos bienes por el derecho penal, las normas de policía y el derecho civil. La inclusión de un derecho general de la personalidad entre los derechos subjetivos opondría graves entorpecimientos al desarrollo de otras personalidades y obstaculizaría el progreso". ENNECCERUS, Ludwig. *Tratado de Derecho Civil:* parte general. Barcelona: Bosch, 1947, v. I., p. 306/307.

tela das relações patrimoniais e, em particular, do domínio".[91] O direito subjetivo neste contexto era entendido tão somente como o poder jurídico de uma pessoa sobre um objeto.[92]

Elimar Szaniawski sustenta que se tratava de uma visão pessimista e distorcida dos atributos da personalidade, a partir da qual a eventual proteção da pessoa humana seria decorrente tão somente de reflexos do direito objetivo, o que afastou totalmente a noção do *ius in se ipsum*.

Em suma, emergia uma teoria negativista, uma corrente doutrinária que "negava a categoria de direitos da personalidade e não reconhecia aos eventuais atributos, arrolados na lei, a natureza de direitos subjetivos".[93]

Em reação à teoria que concebia os direitos de personalidade como o direito sobre a própria pessoa surgiu a "teoria dos direitos sem sujeito", através da qual se concebiam objetos de direito sem o respectivo sujeito. Nesta categoria estariam enquadrados os direitos de personalidade. Utilizou-se como fundamento para esta construção a natureza da herança jacente, a qual seria uma herança sem sujeito. Todavia, facilmente refutou-se a teoria sob o argumento de que somente o ser humano pode ser sujeito de direito, sendo inadmissível conceber direitos sem sujeito. Sustentou-se também que, mesmo no caso de morte, outro sujeito insere-se no local do falecido.[94]

Em verdade, o problema da teoria do direito sobre o próprio corpo resultou na identificação do sujeito com o objeto dos direitos da personalidade. Conforme Adriano de Cupis, o objeto dos direitos da personalidade encontra-se em um nexo estreitíssimo com a pessoa, a ponto de poder dizer-se orgânico; nessa medida, não é exterior ao sujeito como outros bens que são possíveis objetos de direito. Todavia, o jurista italiano explica que esta não-exterioridade não significa identidade, já que não se pode confundir o modo de ser da pessoa com a própria pessoa.[95] Nes-

---

[91] A análise e crítica sobre as concepções de Savigny e Jellinek acima trazidas são encontradas em FERRARA, Francesco. *Tratatto di diritto civile italiano*. Dottrine generali. Roma: Athenaeum, 1921, v.I., p. 395 *apud* TEPEDINO, Gustavo. *A Tutela da Personalidade no Ordenamento Civil-constitucional Brasileiro*, p. 25. (grifos do original)

[92] Objeto no sentido de algo externo ao sujeito, uma coisa. LARENZ, Karl. *Metodologia da Ciência do Direito*, p. 25.

[93] SZANIAWSKI, Elimar. *Op. cit.*, p. 42.

[94] Cita-se Windscheid, Kohler e Ihering como seguidores da "teoria dos direitos sem sujeito". Conforme: SZANIAWSKI, Elimar. *Direitos de personalidade e sua tutela*, p. 82.

[95] "Si trova colla persona in um nesso strettisimo, cosi da potersi dire orgânico. (...) Cosi, i beni della vita, dell'integrità física, della liberta, si presentano a prima vista come i beni massimi, senza dei quali tutti gli altri perdono ogni valore; ma bem s'intende che, in ogni civita sufficientemente elevata, un'importanza grandissima spetta anche ai beni dell'onore, della riservatezza, dell'integrità, della paternità intellettuale. Ora, questi che si configurano come i beni più preziosi che possano spettare allá persona, sono null'altro che modi di essere fisici o morali di essa – atti a soddisfare corrispondenti bisogni del medesimo ordine físico o morale –, cosi da potersi dire che sono in lei stessa. L'oggetto dei diritti della personalità non è, quindi, esteriore al soggetto, diversamente dagli altri beni che sono possibile oggetto di diritto. Questa «non esteriorità» non significa, peraltro, «identità», dato che « modo di essere della persona » non è la stessa cosa che la «persona»: non può pretermettersi impunemente la distanza che separa la non esteriorità, ovvero «interiorità», dalla identità. E nemmeno può accorciarsi tale distanza col contrapporre al soggetto, siccome oggetto del suo diritto, anzichè um suo particolare modo

sa medida, critica a teoria do *ius in se ipsum* sustentando que há nela um defeito de construção, mas isso não poderia significar a negativa de existência da categoria, principalmente quando se está falando justamente dos bens mais importantes da pessoa.[96]

Nesta perspectiva, já no final do século XIX, percebeu-se que deveria ser ampliada a noção de direitos subjetivos para atender este espaço desregulamentado, no âmbito do Estado de Direito. Isso motivou a formulação do conceito de direitos personalíssimos de caráter extrapatrimonial. Assim, passou-se a aceitar a noção de direitos da personalidade, reconhecendo neles o vínculo entre os indivíduos e os prolongamentos de sua personalidade, corpóreos ou incorpóreos, juridicamente definidos como bens da personalidade.[97]

O positivismo jurídico,[98] com a pretensão de tornar o Direito uma verdadeira ciência, acabou por separar os juízos de valor dos juízos de fato. Nessa medida, expurgou da jurisprudência qualquer juízo de valor e concebeu o Estado como a única fonte criadora do Direito. Com esta concepção, onde a tutela jurídica somente se dava a partir do direito posto, fragmentou-se o direito geral de personalidade em diversos direitos de personalidade autônomos, tipificados em lei. Se o sistema positivista concebia apenas o Estado como fonte de Direito, negou-se a

---

di essere, il *complesso* dei suoi modi di essere fisici e morali". CUPIS, Adriano de. *I diritti della personalità*. Milano: Giuffrè, 1950, p. 23.

[96] "Secondo la nostra opinione, um difetto di costruzione, e non già um'aprioristica inammissibilità lógica, viziava la teoria dello *ius in se ipsum*. (...) Se l'inammissibilità lógica non poteva essere addotta contro lo *ius in se ipsum*, tanto meno essa può addursi contro i diritti della personalità intesi come diritti aventi per oggetto i modi di essere, fisici o morali, della persona. La vita, l'integrità física, la liberta, e cosi via dicendo, costituiscono cio che noi *siamo*. Orbene, non si vede per quale ragione il legislatore dovrebbe limitarsi a proteggere la categoria dell'avere, lasciando fuori della própria sfera di considerazione quella dell'essere: tanto più quando quest'ultima abbraccia, come si è già detto, i beni più preziosi che possano spetarre allá persona". CUPIS, Adriano de. *Op. cit.*, p. 24/25.

[97] GEDIEL, José Antônio Peres. *Os transplantes de órgãos e a tutela da personalidade*. Curitiba: UFPR, 1997. Tese (Doutorado em Direito das Relações Sociais), Faculdade de Direito, Universidade Federal do Paraná, 1997, p. 35.

[98] A crítica ao jusnaturalismo anti-racionalista da Escola Histórica do Direito e o formalismo da jurisprudência dos conceitos abrem caminho para o desenvolvimento do positivismo jurídico na Alemanha. Para o positivismo jurídico o direito é produto da ação e da vontade humana refletido no direito posto, o direito positivo e não da imposição de Deus, da natureza ou da razão, como afirma o jusnaturalismo. O positivismo jurídico empenhou-se em banir toda a metafísica do mundo da ciência, restringindo esta rigorosamente aos fatos e às leis desses fatos, considerados empiricamente. Em outras palavras, para a concepção positivista são suscetíveis de conhecimento científico os fatos sensíveis, juntamente com as leis que neles se manifestam e se comprovam na experimentação. Os positivistas defendem também que não existe necessariamente uma relação entre o direito, a moral e a justiça, já que estas últimas são relativas, mutáveis no tempo e sem força política para se impor contra a vontade de quem cria as normas jurídicas. A doutrina positivista defende o estudo do direito como fato e não como valor, devendo ser excluída do estudo toda qualificação que seja fundada num juízo de valor e que faça a distinção entre bom e mau, justo e injusto. Constituiu-se, dessa forma, a definitiva alienação da ciência jurídica em face da realidade social, política e moral do Direito. LARENZ, Karl. *Metodologia da Ciência do Direito*, p. 29/49. Cumpre, neste tocante, fazer também a distinção entre o positivismo jurídico e o positivismo científico do século XIX. O positivismo científico foi elevado por Comte a uma filosofia geral, ou mesmo a uma religião, o qual limita as possibilidades de explicação do mundo à observação e organização científica dos fatos físicos, sociais e psicológicos. O positivismo científico apenas tem em comum com o positivismo jurídico a recusa de uma fundamentação metafísica do direito e o reconhecimento da autonomia absoluta da ciência especializada. Sobre a temática, *vide:* WIEACKER, Franz. *História do Direito Privado Moderno*, p. 491/524.

existência de um direito geral de personalidade, já que apenas tinham relevância alguns direitos especiais de personalidade tipificados em lei. Estes eram considerados os únicos e verdadeiros direitos subjetivos, merecedores de tutela do Estado nas relações interprivadas.[99]

Já se afirmou que nesta fase das grandes codificações havia uma acirrada dicotomia entre as searas do público e do privado. Também já se comentou sobre a Teoria dos Direitos Inatos consagrados na Declaração Universal dos Direitos do Homem e do Cidadão, a qual gerou a incorporação desses direitos nas Constituições de diversos países como direitos fundamentais individuais. Todavia, a consequência disso foi a bipartição da tutela do homem e de sua personalidade em direitos públicos da personalidade e direitos privados da personalidade, os primeiros destinados a tutelar as pessoas e a sociedade contra as ingerências do Estado e os segundos adstritos à tutela das relações entre os particulares.[100]

Em concludente síntese, constatou Elimar Szaniawski que

> (...) de um lado a Escola Histórica do Direito, negando a existência de uma categoria jurídica destinada à proteção da personalidade da pessoa, qualificada como um direito subjetivo e, de outra parte, o positivismo jurídico, que mediante o expurgo de tudo o que dizia respeito aos juízos de valor e de noções metafísicas da ciência jurídica e reconhecendo como fonte única do direito aquela dada pelo Estado, contribuíram decisivamente para a estagnação da evolução da tutela da personalidade humana e do declínio do *direito geral de personalidade*. A nova ordem constituída e a sistematização fechada do direito, conduziu *o direito geral de personalidade* a passar por um estado de dormência, até meados do século XX, havendo, neste curto período, a proteção do homem contra os atentados do poder público, através da atuação dos direitos fundamentais, contidos nas declarações internacionais, e positivados nas constituições. Sob o aspecto privado, a tutela se dava a partir de alguns poucos direitos de personalidade fracionados e tipificados em lei.[101]

Muito embora estivesse o direito geral de personalidade em estado de dormência em muitos países influenciados pela Escola Histórica e pelo Positivismo Jurídico, Capelo de Souza identifica um lado positivo nas críticas ao entendimento jusracionalista do *ius in se ipsum*. Afirma que a tipificação "solidificou a estrutura dos direitos especiais de personalidade e delimitaram-se as fronteiras de seus objetos, com o que tais direitos ganharam em credibilidade e eficácia". Além disso, sustenta que as críticas lançadas ao positivismo "contribuíram para que, reativamente, se circunscrevesse o objeto do direito geral de personalidade".[102] Por este motivo, embora neste período tenha-se verificado uma estagnação do desenvolvimento de um direito geral de personalidade, não se pode dizer que os resultados foram apenas negativos.

---

[99] CAPELO DE SOUZA, Rabindranath Valentino Aleixo. *O direito geral de personalidade*, p. 81.

[100] SZANIAWSKI, Elimar. *Direitos de personalidade e sua tutela*, p. 43/44.

[101] Idem, ibidem, p. 44.

[102] CAPELO DE SOUZA, Rabindranath Valentino Aleixo. *Op. cit.*, p. 82.

1.2.3. A forte influência da proposta da modernidade e do movimento positivista nos ordenamentos jurídicos europeus

O Direito alemão, austríaco e suíço, durante o século XIX, ainda alheios à influência da nova ordem jurídica instaurada após a Revolução Francesa, mantinham a tutela da personalidade humana através da aplicação do direito geral de personalidade. As teses defensoras da existência de um único e genérico direito de personalidade, em detrimento da ideia da existência de direitos da personalidade multifacetados em diversas codificações, foram desenvolvidas por Gierke, Koehler e Huber, na Alemanha. Fundamentou-se a posição no fato de que cada homem possui uma única personalidade e, portanto, somente existe um único e geral direito de personalidade.[103]

O Direito Português, cujo fundo jusnaturalista subjazia às disposições do Código Civil de Seabra de 1867, tendendo, assim, ao reconhecimento de um direito geral de personalidade, não ficou alheio à influência do positivismo. Tal influência acabou fazendo com que a jurisprudência e a doutrina reconhecessem apenas alguns direitos especiais de personalidade.[104]

Neste contexto, o Direito Francês, sedimentado com o Código de Napoleão, a partir dos postulados fundamentais da completude, clareza, coerência e unicidade do direito, dispensa comentários acerca da resistência ao direito geral de personalidade.

A Alemanha, como já dito, acatava a tese da existência de um único direito geral de personalidade, o que fora incorporado também na jurisprudência do Supremo Tribunal. Todavia, sob a influência da Escola Histórica e da pandectista,[105] elaborou-se um Código Civil, o BGB, que entrou em vigor em 1900, o qual não consagrou expressamente o direito geral de personalidade. Assim, passou-se a entender que a doutrina do direito geral de personalidade era demasiado ampla e, portanto, desencontrada do espírito do Código, rompendo drasticamente com a jurisprudência antes dominante, o que caracterizou um grande retrocesso.[106]

Houve tentativa de reação a essa ideia. O § 823, I, do BGB trazia, na época, a locução "outros direitos", o que permitia interpretação. Alguns doutrinadores tentaram sustentar que o direito geral de personalidade estaria subentendido nestes "outros direitos", mas esta possibilidade interpretativa não ganhou eco na juris-

---

[103] SZANIAWSKI, Elimar. *Direitos de personalidade e sua tutela*, p. 45.

[104] CAPELO DE SOUZA, Rabindranath Valentino Aleixo. *O direito geral de personalidade*, p. 83.

[105] A Escola Histórica do Direito aplicou a maior parte do seu vigor espiritual à construção de uma civilística sistemática; ela tornou-se uma pandectística ou ciência dos pandectas. A pandectista foi uma doutrina jurídica europeia que alcançou apogeu na Alemanha no século XIX. Tratava de analisar os textos de direito romano seguindo o método da dogmática jurídica, ou seja, buscando extrair princípios, assim como a dedução de novos conceitos, baseados na abstração a partir de conceitos anteriores. A designação "escola pandectista" relaciona-se com as pandectas de Justiniano, de onde se baseou essencialmente, desde a sua constituição. WIEACKER, Franz. *História do Direito Privado Moderno*, p. 491.

[106] SZANIAWSKI, Elimar. *Op. cit.*, p. 46/47; CAPELO DE SOUZA, Rabindranath Valentino Aleixo. *Op. cit.*, p. 83 e OLIVEIRA, José Lamartine Corrêa de; MUNIZ, Francisco José Ferreira. *O Estado de Direito e os Direitos da Personalidade*. Revista dos Tribunais, São Paulo, v. 532, p. 12/23, fev. 1980, p. 11.

prudência. Fato é que a referida norma permitiu um alargamento da tipificação da tutela da personalidade apenas enquanto fonte de obrigação de indenizar em caso de lesão a certos bens e interesses jurídicos da personalidade, como a vida, a integridade corporal, a saúde e a liberdade, compreendidos de forma ampla. Todavia, o referido alargamento não foi apto a solucionar o problema da insuficiência da tutela legislativa tipificadora.[107] Além disso, analisando a forma de tutela da personalidade do BGB que se restringia à indenização em caso de lesão, Perlingieri a considerou estranhamente patrimonial.[108]

A codificação na Alemanha acabou também fazendo com que o direito geral de personalidade adormecesse, limitando-se a proteção aos casos tipificados no Código e em leis esparsas. A ideia de um direito geral de personalidade em nível legislativo manteve-se no Código Civil austríaco, mas realmente se consagrou na Suíça que promulgou seu Código Civil em 1907 e expressamente regulou o direito geral de personalidade no seu artigo 28, protegendo-o e outorgando direito de ação a todos os que sofrerem algum atentado ilícito a sua personalidade.[109]

Afora os exemplos da Áustria e da Suíça, as codificações europeias calcavam posicionamento de consagração de direitos especiais de personalidade, já que substancialmente influenciadas pela Escola Histórica e pelo Positivismo Jurídico. Foi o caso da Itália e da França, onde a doutrina dominante admitia apenas a existência e a tutela dos direitos de personalidade positivados pelo ordenamento, distinguindo também os direitos públicos e privados da personalidade.[110]

Importa ressaltar ainda que desde a Declaração dos Direitos do Homem em 1789, mas principalmente no início do século XX, a tutela dos direitos de personalidade públicos, ou seja, os direitos fundamentais individuais, que se destinavam a proteger os indivíduos em face do Estado, tiveram uma evolução sensível, sendo incorporados nos textos de diversas Constituições. De outro lado, os direitos da personalidade privados, cuja posição dominante era a de tutelar somente aqueles positivados no ordenamento, não tiveram grandes avanços, ficando a tutela adstrita à construção jurisprudencial.[111]

---

[107] OLIVEIRA, José Lamartine Corrêa de; MUNIZ, Francisco José Ferreira. *O Estado de Direito e os Direitos da Personalidade*, p. 12.

[108] Nel códice civile tedesco (...), collegando i diritti tipici della personalità con la disposizione che concede l'azione di risarcimento per ogni atto lesivo della salute e della liberta (...), si può dedurre la possibilità di una piú ampia tutela della persona umana. Tutela, però, accordata in uma prospettiva squisitamente patrimoniale: allá violazione di un bene che appartiene allá categoria dell'essere ed all'essere, ma all'avere. PERLINGIERI, Pietro. *La Personalitá Umana nell Ordinamento Giurídico*, p. 42.

[109] PINTO, Paulo Mota. *Notas sobre o direito ao livre desenvolvimento da personalidade e os direitos de personalidade no direito português*, p. 70, SZANIAWSKI, Elimar. *Direitos de personalidade e sua tutela*, p. 48 e CAPELO DE SOUZA, Rabindranath Valentino *Aleixo. O direito geral de personalidade*, p. 83.

[110] SZANIAWSKI, Elimar. *Op. cit.*, p. 48. No que toca ao direito italiano, tem-se a obra clássica sobre direitos da personalidade, já citada neste trabalho, do jurista italiano Adriano de Cupis, o qual é um dos exemplos daqueles que admitiam apenas a tutela através dos direitos tipificados no ordenamento.

[111] Idem, ibidem, p. 49.

DIREITOS DA PERSONALIDADE

É certo que a tutela fragmentada da personalidade era insuficiente, deixando à margem do sistema muitas situações,[112] já que a tipologia que se pretendia exaustiva não abarcava a mutante realidade fática.[113] Nessa medida é que se pode afirmar que a jurisprudência teve um papel fundamental nesta época para a construção da categoria dos direitos de personalidade.

Tal estrutura normativa era a característica do período liberal, onde imperava a *summa divisio* entre o Direito Público e o Privado, o que importava em diversidade de ambientes de proteção. As cartas constitucionais conferiam alguns princípios fundamentais de proteção da pessoa frente ao Estado. Já na esfera privada, *locus* da autonomia privada e da proteção do patrimônio, do *ter*, não era dado ao homem, enquanto *ser*, proteção específica e individualizada pelo ordenamento. A partir daí, chegou-se a concluir que a proteção dispensada à pessoa humana cabia tão somente ao Direito Público, sendo impensável ao legislador de então a possibilidade de tutela da personalidade através do Direito Privado.[114]

1.3. A emergência do direito geral de personalidade no século XX

1.3.1. A unidade do ordenamento jurídico, a dignidade da pessoa humana e a necessária proteção dos direitos da personalidade

A trajetória dos direitos de personalidade e, por consequência, da proteção da pessoa no século XIX foi bastante conturbada e a estes percalços se deve a difícil assimilação da temática principalmente no campo privatístico.

A doutrina alemã se mostrava vacilante sobre a temática, mas alguns doutrinadores, ainda no final do século XIX, foram determinantes para que a proteção da pessoa ganhasse força, como Puchta e Carl Neuner. Estes reconheciam através dos direitos da personalidade o "direito da pessoa a ser o seu próprio fim, afirmarse e desenvolver-se com um fim em si mesma",[115] na esteira do *ius in se ipsum*. Tal posicionamento foi desenvolvido posteriormente por Joseph Kohler com a teoria do *Individualrecht* e Otto von Gierke que foi fundamental para o reconhecimento

---

[112] Exemplificativamente, se o Código apenas previsse tutela do direito à imagem, eventual dano à honra não seria tutelado, porque não positivado. Daí a insuficiência da tutela quando se pretendia uma tipologia exaustiva que evidentemente não acompanha a realidade fática.

[113] OLIVEIRA, José Lamartine Corrêa de; MUNIZ, Francisco José Ferreira. *O Estado de Direito e os Direitos da Personalidade*, p. 14.

[114] FERNANDES, Milton. *Os direitos de personalidade*. In: *Estudos jurídicos em homenagem ao Professor Caio Mário*. Rio de Janeiro: Forense, 1984, p. 135.

[115] NEUNER, Carl. *Wesen and Arten der Privatrechtsverhältnisse*. Kiel: Schwers'che Buchhandlung, 1866, p. 16 – ss *apud* LEITE DE CAMPOS, Diogo. *Lições de Direitos da Personalidade*, p. 165. Durante o século XIX, principalmente através da Pandectística, reduziu-se a personalidade à mera capacidade jurídica, como já se afirmou anteriormente. A pessoa, nesta concepção, era tida como simples material para a construção de relações jurídicas. Essa perspectiva começou a ser questionada na obra citada de Carl Neuner. Foi ele quem fez a primeira menção a um "direito da personalidade".

da categoria pelo Direito Civil, o qual, distinguindo a personalidade dos direitos da personalidade, sustentou que a primeira seria um *status*, e não um direito propriamente dito e que os direitos da personalidade são os "que garantem a seu sujeito o domínio sobre o setor da própria esfera da personalidade". Além disso, Gierke anunciava a existência de um direito geral de personalidade, o qual, ao se diferenciar dos direitos especiais da personalidade, "consiste numa reivindicação geral, garantida pelo ordenamento jurídico, de contar como pessoa".[116]

Mesmo já sendo utilizada a denominação "direitos da personalidade" em algumas manifestações no século XIX, o desenvolvimento da matéria ocorre mesmo no curso do século XX, durante o qual os direitos de personalidade passaram a afirmar-se como categoria autônoma.[117]

O primeiro passo[118] para uma efetiva mudança de perspectiva veio, de fato, com a promulgação da Constituição de Weimar em 1919, que, colocando-se conscientemente no centro do sistema, trouxe no seu corpo previsão de institutos característicos da seara privada. Esta centralização veio a influenciar sobremaneira as concepções atuais de constitucionalização do Direito Privado e superação da dicotomia do ordenamento jurídico.[119] Tal Constituição, propondo-se ao que definiu como socialismo democrático, foi responsável por uma mudança substancial na tutela da pessoa humana, consagrando que, nas situações concretas onde estivesse esgrimida a personalidade, impunha-se efetiva aplicação dos direitos pessoais.[120] A Constituição de Weimar ainda hoje repercute no constitucionalismo

---

[116] GIERKE, Otto von. *Deutsches Privatrecht.* v. I, 1895, p. 702 e ss. *apud* LUDWIG, Marcos de Campos. *O direito ao livre desenvolvimento da personalidade na Alemanha e possibilidades de sua aplicação no Direito Privado brasileiro.* In: MARTINS-COSTA, Judith. (org.). *A reconstrução do direito privado: reflexos dos princípios, diretrizes e direitos fundamentais constitucionais no direito privado.* São Paulo: Editora Revista dos Tribunais, 2002, p. 278. Afirmando que Otto Von Gierke é o responsável pela construção das premissas doutrinárias para um direito geral de personalidade, considerado como um marco unitário na referência para a livre atuação da personalidade em todas as suas direções, vide: PEREZ LUÑO, Antônio Henrique. *Derechos Humanos, Estado de Derecho y Constitución.* 6.ed. Madrid: Tecnos, 1999, p. 319.

[117] TEPEDINO, Gustavo. *A Tutela da Personalidade no Ordenamento Civil-constitucional Brasileiro,* p. 24 e PINTO, Paulo Mota. *Notas sobre o direito ao livre desenvolvimento da personalidade e os direitos de personalidade no direito português,* p. 62.

[118] Diz-se primeiro passo em função daquilo que a Constituição de Weimar representou para o século XX, ou seja, a ascensão do Estado Social que, nos dizeres de Paulo Bonavides, buscava "desesperadamente reconciliar o Estado com a Sociedade", os quais estavam completamente divorciados por força do Estado Liberal. BONAVIDES, Paulo. *Curso de Direito Constitucional.* 15.ed. atual. São Paulo: Malheiros, 2004, p. 231. Embora o marco histórico que consubstanciou um período subsequente de evolução constitucional tenha sido a Constituição de Weimar de 1919, não se pode deixar de mencionar um antecedente histórico, qual seja, a Constituição Mexicana de 1917, a qual, dois anos antes, já anunciava um Estado Social a partir da consagração de direitos fundamentais individuais e sociais. A importância desse precedente histórico deve ser salientada, pois na Europa a consciência de que os direitos humanos têm também uma dimensão social só veio a se firmar após a grande guerra (1914 a 1918), que encerrou de fato as características marcantes do constitucionalismo do século XIX.

[119] DONEDA, Danilo. *Os direitos da personalidade no novo Código Civil,* p. 40. In: TEPEDINO, Gustavo (org.). *A parte geral do novo Código Civil:* estudos na perspectiva civil-constitucional. 2.ed. Rio de Janeiro: Renovar, 2003, p. 40.

[120] PERLINGIERI, Pietro. *La personalità umana nell'ordinamento giuridico,* p. 36.

moderno e sempre está presente nos estudos destinados a analisar as relações entre a Constituição e o Direito Privado.

Esse debate, no entanto, tomou corpo a partir do segundo pós-guerra. As atrocidades cometidas contra a pessoa humana mostraram os "riscos da subalternização do indivíduo humano face aos desígnios da estrutura do poder detentora do aparelho do Estado".[121] Aliado a isso, neste período acelerou-se o desenvolvimento tecnológico onde a opressão da mídia, a pressão do consumismo, a utilização da informática e diversos outros fatores, como o acirramento da competitividade e a agressividade nas relações intersubjetivas, acabaram gerando uma severa interferência na vida privada dos cidadãos.

Essa nova perspectiva de mundo, diante de muitas situações complexas, levou o homem a reivindicar de forma mais contundente uma esfera de proteção pessoal, de resguardo e de ação, no intuito de se defender e de se afirmar no meio social.[122] A Constituição de Weimar, como já dito, foi a primeira a enfrentar esta problemática, na medida em que determinava ser legítima a tutela do patrimônio tão somente enquanto vinculada aos direitos da pessoa, protegendo a sua dignidade existencial.[123] A partir daí, valorizando a tutela da pessoa humana, iniciou-se o processo de proteção do homem por sua dignidade existencial e começou a se delinear o perfil apresentado hoje pelos direitos da personalidade.

O sentido de uma República lastreada na dignidade da pessoa humana acolhe a ideia de um indivíduo conformador de si próprio e de sua vida segundo o seu próprio projeto espiritual. Trata-se do reconhecimento do indivíduo como fundamento do domínio político da República, onde esta é tão somente "uma organização política que serve ao homem, não é o homem que serve os aparelhos político-organizatórios", como afirma Canotilho.[124]

A partir desta constatação, aliado ao fato de que a referida Constituição se colocou no vértice normativo inclusive para o Direito Privado, já que incorporou temáticas afetas a esta seara, iniciou-se o processo de "ofuscamento de fronteiras"[125] entre o público e o privado, segregação imposta pela *summa divisio*. A característica liberal de separação do público e do privado, onde aquele somente mantinha a coexistência das esferas individuais para que este atuasse livremente com base em suas próprias regras, veio a ruir na medida em que o Poder Público passou a assumir um caráter intervencionista e regulamentador que, comprimindo

---

[121] CAPELO DE SOUZA, Rabindranath Valentino Aleixo. *O direito geral de personalidade*, p. 84.

[122] Idem, ibidem..

[123] Perlingieri traz em sua obra o conteúdo do artigo 151 da Constituição de Weimar, o qual aqui se transcreve: "L'ordinamento della vita econômica deve corrispondere alle norme fondamentali della giustizia e tendere a garantire a tutti um'esistenza degna dell'uomo. In questi limite è da tutelar ela libertá econômica dei singoli". *La personsalità umana nell'ordinamento giuridico*, p. 80.

[124] CANOTILHO, Joaquim José Gomes. *Direito constitucional e teoria da constituição*. 7.ed. Coimbra: Almedina, 2003, p. 219 e 225.

[125] Nesse sentido: GIORGIANNI, Michele. *O direito privado e suas atuais fronteiras*. Revista dos Tribunais, São Paulo, v. 747, ano 87, p. 35-55, jan. 1998.

a autonomia individual, passou a intervir, pois, nas relações privadas, modificando as funções do Direito Civil, além de publicizar o privado.[126] Tratava-se do fenômeno da publicização do Direito Privado.[127] Tal processo de mudança social incentivou e posteriormente fortaleceu sobremaneira a elaboração hermenêutica que entende ultrapassado tal antagonismo, sustentando uma incidência direta dos valores constitucionais nas normas de Direito Privado.[128]

Danilo Doneda, em síntese conclusiva, afirma que

> (...) a relação entre direito civil e Constituição a partir desse momento passa a ser reavaliada. Não somente em torno de uma relação entre Código Civil e Constituição, porém a partir da conscientização da unidade do ordenamento jurídico, que passa por um processo de reestruturação em torno de uma tábua axiológica na qual desponta como valor fundamental a dignidade da pessoa humana.[129]

O reconhecimento da necessidade da tutela dos valores existenciais da pessoa humana é marca da transição, porque passou o atual Estado de característica social e democrática, outrora de caráter liberal, no qual a proteção à pessoa, quando existente, era relegada a segundo plano diante da marcante concepção patrimonialista oitocentista consequente dos ideais burgueses.[130]

Esta transição de um Estado Liberal para um Estado Social rompeu definitivamente com o sistema jurídico concebido nos séculos XVIII e XIX, pois o fim das ditaduras totalitárias no início do século XX e a instauração de uma nova ordem econômico-social demonstraram que o Direito Civil clássico era insuficiente para atender as novas necessidades do homem.

As Constituições, originariamente constituídas para serem meros estatutos de organização judiciária do Estado, no curso do século XX, seguindo a linha da Constituição de Weimar, passaram a trazer no seu corpo institutos característicos do Direito Privado, como o direito de propriedade, o direito de família

---

[126] O constitucionalismo moderno caracterizava-se pela limitação do poder estatal, afirmação dos direitos individuais, ainda que sua tutela fosse garantida em perspectiva meramente formal, bem como pela autonomia e liberdade irrestritas dos cidadãos para os atos da vida civil. Nesta perspectiva, havia uma forte separação entre o Direito Público, cuja Carta Política regulava apenas as relações ente o Estado e os indivíduos, e o Direito Privado, seara em que o código regulava "todas" as situações que emergissem das relações entre os particulares. O constitucionalismo social que se instaura no pós-guerra demarca o crescente processo de intervenção do Estado nas relações sociais, o que se tornou necessário diante das atrocidades cometidas contra o ser humano. Diante desse novo delineamento de Estado intervenor e promocional, vê-se a ampliação do elenco dos direitos fundamentais e a sua garantia de forma substancial. Essa maior intervenção estatal nas relações entre os particulares abranda a dicotomia entre o público e o privado, caracterizando o fenômeno que se costumou denominar publicização do direito privado.

[127] A diluição da dicotomia entre público e privado teve duas leituras que são o verso e o reverso da mesma moeda. Alguns chamavam a atenção para a publicização do direito privado, cuja pureza estava sendo temperada por inspirações de ordem publicista; outros apontavam para a privatização do direito público, já que havia uma incorporação pelo direito público de elementos do direito civil.

[128] TEPEDINO, Maria Celina Bodin de Morais. *A caminho de um direito civil constitucional*, p. 24.

[129] DONEDA, Danilo. *Da privacidade à proteção de dados pessoais*, p. 77.

[130] CORTIANO JUNIOR, Eroulths. *Alguns apontamentos sobre os chamados direitos da personalidade*. In: FACHIN, Luiz Edson (org.). *Repensando Fundamentos do Direito Civil Brasileiro Contemporâneo*. Rio de Janeiro: Renovar, 1999, p. 32.

e o direito contratual, limitando a atuação dos particulares e gerando a possibilidade de tutela de direitos que ficavam à margem do sistema fechado imposto pelos Códigos. Esse movimento denominou-se constitucionalização do Direito Privado.

Tal deslocamento normativo alterou radicalmente o sistema jurídico calcado na divisão estanque das searas do público e do privado, onde as duas esferas passaram a se comunicar, deixando a segmentação de lado para fazer prevalecer a ideia de unidade do ordenamento jurídico, calcado no princípio da dignidade humana e nos direitos fundamentais, em respeito à hierarquia das fontes normativas.[131] Todavia, não se pode dizer que houve tão somente um deslocamento normativo, o que poderia conferir um cunho meramente técnico a tal modificação. O importante é destacar que houve, principalmente, uma alteração de fundamentos ideológicos do sistema normativo.

As lacunas impostas pelos Códigos que se pretenderam completos e a emergência de muitas situações concretas diversas em função do desenvolvimento tecnológico e científico trouxeram outra consequência: a fragmentação da matéria civilística em diversas leis extravagantes, as quais acabaram constituindo novas disciplinas jurídicas autônomas. Nas palavras do professor Natalino Irti, iniciava-se a "era da descodificação",[132] substituindo-se o monossistema do Código Civil por um polissistema, formado por estatutos autônomos ou microssistemas do Direito Privado.

Todavia, como adverte Gustavo Tepedino, a existência de microssistemas que constituem diversos sistemas autônomos deve ser entendida com cautela, eis que podem representar a fragmentação do sistema em diversos universos normativos isolados sob a égide de princípios e valores que não raro são díspares em relação aos princípios e valores contidos nas Constituições. A ideia de um Estado intervenor, calcado em Constituições que regulam também matérias privadas e estejam no centro do ordenamento, no intuito de conferir unidade ao sistema, não pode se perder frente aos microssistemas que se apresentaram. Afirma o professor citado que, embora se reconheça a existência dos mencionados universos legislativos setoriais, é de se buscar a unidade do sistema, deslocando para a tábua axiológica da Constituição o ponto de referência antes localizado no Código Civil.[133]

Enfim, o importante é que tanto os Códigos Civis como as normas de especialização estejam subordinados aos princípios constitucionais. Essa leitura de todo o ordenamento privado conforme os valores e princípios constitucionais re-

---

[131] TEPEDINO, Maria Celina Bodin de Moraes. *A caminho de um Direito Civil Constitucional*, p. 24.

[132] Obra clássica sobre a "era da descodificação" é do professor citado Natalino Irti: *L'età della decodificazione*. Milano: Giuffrè, 1976.

[133] TEPEDINO, Gustavo. *Premissas Metodológicas para a Constitucionalização do Direito Civil*. In: ——. *Temas de direito civil*. 3.ed. Rio de Janeiro: Renovar, 2004, p. 11/13.

presenta outra faceta[134] do fenômeno da constitucionalização do Direito Privado.[135] A consequência mais evidente deste fenômeno é justamente a proteção dos direitos fundamentais, os quais são os direitos do homem jurídico institucionalmente garantidos.[136]

Além disso, tal mudança de perspectiva outorgou ao operador do direito o poder, ou o dever, de aplicar diretamente os princípios e os valores constitucionais não só nas relações entre os indivíduos e o Estado, mas também nas relações interprivadas, no âmbito dos seus interesses privados.[137]

Muitas foram as transformações. As Constituições do pós-guerra, até mesmo em função das reivindicações dos indivíduos, passaram a proteger primordialmente o ser humano enquanto dotado de dignidade. Por imposição de um Estado mais intervencionista, as Constituições passaram a regular institutos antes afeitos apenas ao Direito Privado, publicizando o privado. As Constituições colocadas no centro do sistema iluminam com seus valores e princípios todo o ordenamento infraconstitucional, no intuito de salvaguardar uma unidade sistemática, bem como autorizando a incidência direta destes valores e princípios nas relações entre os particulares. Efeito disso foi a extensão do poder de atuação da normativa privada para além da regulação dos valores patrimoniais, no sentido de abarcar a efetivação dos valores existenciais e de justiça social. Em outras palavras, funcionalizou-se a tutela do patrimônio à tutela da pessoa dotada de dignidade.

A valorização da pessoa humana como ser dotado de dignidade recoloca o indivíduo como primeiro e principal destinatário da ordem jurídica. Assim, em sendo o homem e os valores que traz em si mesmo a *ultima ratio* do ordenamento, reconhece-se a inexorável repersonalização do Direito Privado, abandonando-se a ideia de simples protetor dos interesses patrimoniais para tutelar o patrimônio apenas como um suporte ao livre desenvolvimento da pessoa.[138] Neste contexto, afirma-se que o Direito Civil passou também por um processo de despatrimonialização.[139]

---

[134] Outra faceta porque a constitucionalização do direito privado não se reflete apenas na necessária interpretação da legislação infraconstitucional através da ótica constitucional, mas também quando se percebe o deslocamento normativo de matéria antes afeta ao Direito Privado para o corpo da Constituição. Na verdade, a constitucionalização do direito envolve uma mudança de paradigma, o emprego de um novo sentido e alcance do sistema jurídico conforme o projeto constitucional.

[135] Sobre a Constitucionalização do Direito Privado, *vide:* FACCHINI NETO, Eugênio. *Reflexões histórico-evolutivas sobre a constitucionalização do direito privado*, p. 29/33.

[136] CANOTILHO, Joaquim José Gomes. *Direito constitucional e teoria da constituição*, p. 378 e 393.

[137] Sobre a incidência direta das normas constitucionais nas relações entre particulares, *vide:* SARLET, Ingo Wolfgang. *Direitos Fundamentais e Direito Privado:* algumas considerações em torno da vinculação dos particulares aos direitos fundamentais. In: ——. (org.). *A constituição concretizada:* construindo pontes com o público e o privado. Porto Alegre: Livraria do Advogado, 2000.

[138] CORTIANO JUNIOR, Eroulths. *Alguns apontamentos sobre os chamados direitos da personalidade*, p. 33.

[139] Nesse sentido a construção de FACHIN, Luiz Edson. *Teoria Crítica do Direito Civil*. 2.ed. rev. e atual. Rio de Janeiro: Renovar, 2003 e *Estatuto Jurídico do Patrimônio Mínimo*. Rio de Janeiro: Renovar, 2001. Na *Teoria Crítica do Direito Civil*, Fachin explicita à fl. 78 o movimento de repersonalização e despatrimonialização do Direito Privado diante da influência dos princípios que carregam os valores constitucionais no processo de valorização da pessoa e sua posição de centralidade no ordenamento: "Os princípios aparecem em outro movimento

A repersonalização do direito é, portanto, decorrente da preocupação com a valorização do ser humano protegendo sua dignidade existencial, dignidade esta que, elevada a fundamento da República, colocou o indivíduo como o centro do ordenamento, como principal destinatário da ordem jurídica.

Esta tendência de repersonalização que coloca o ser humano como centro referencial do ordenamento, como sendo o valor da pessoa e de sua dignidade o primeiro e o mais importante dos valores, caracteriza o sistema jurídico como um sistema axiológico e ético. Orlando de Carvalho conclui neste sentido dizendo que a repersonalização do Direito Civil é oportuna já que acentua a sua raiz antropocêntrica, mostrando sua ligação visceral com a pessoa e seus direitos e, a partir daí, o Direito deixa de ser um sistema lógico, como pretendiam os sistemas novecentistas, para ser um sistema axiológico, um sistema ético em que o homem figura como o primeiro e mais imprescindível de seus valores.[140]

Constata-se, portanto, que o Direito está em fase de mutação, libertando-se das amarras do formalismo e do patrimonialismo exacerbado, para dar lugar a um Direito que valorize a dignidade da pessoa humana, que valorize o ser humano pelo que ele é e não pelo que possui, o que proporciona a toda a pessoa o livre desenvolvimento de sua personalidade.

Os fenômenos da constitucionalização do Direito Privado, bem como o seu processo de repersonalização e despatrimonialização, orientam, inexoravelmente, o estudo dos direitos de personalidade, que nada mais são do que direitos fundamentais,[141] consagrados pelas Constituições. Inclusive, pode-se dizer que os direitos de personalidade representam a expressão máxima da repersonalização do direito, uma vez que trata da tutela dos próprios atributos inerentes à condição humana.

Assim, a magnitude da tutela dos direitos da personalidade, os quais representam aquilo que é intrínseco à condição humana, não pode estar adstrita à regulação civilística, devendo encontrar abrigo primeiramente na Constituição, já que são direitos indissociáveis da categoria dos direitos do homem. A tutela deve ser a mais ampla possível e sempre orientada pelos valores e princípios constitucionais, haja vista que a releitura do Direito Privado à luz da Constituição privilegia os valores existenciais e principalmente a dignidade da pessoa humana e o livre desenvolvimento da personalidade.

---

que o Direito Privado começa a sofrer, o da "repersonalização", que significa discutir os valores que o sistema jurídico colocou em seu centro e em sua periferia. O Código Civil brasileiro, efetivamente, tem o seu núcleo na noção de patrimônio, o que acaba por promover uma alteração espacial no interior da disciplina jurídica atinente às relações entre as pessoas. Esse movimento coloca no centro as pessoas e as suas necessidades fundamentais, tais como a habitação minimamente digna. Essa situação conduz, também, a uma certa "despatrimonialização", que também possui um sentido de "desmaterialização" da riqueza".

[140] CARVALHO, Orlando de. *A teoria geral da relação jurídica*: seu sentido e limites, p. 90/91.

[141] Apenas para que não pairem dúvidas, os direitos de personalidade são direitos fundamentais, mas nem todos os direitos fundamentais são direitos de personalidade como, por exemplo, os direitos fundamentais políticos e os direitos a prestações, eis que não são atinentes ao ser como pessoa, consoante explicita CANOTILHO, Joaquim José Gomes. *Direito constitucional e teoria da constituição*, p. 396.

1.3.2. A revolução paradigmática em torno da proteção da pessoa para garantir o livre desenvolvimento de sua personalidade: a preocupação em âmbito nacional e internacional

O privilégio dos valores existenciais diante da dignidade da pessoa humana e do livre desenvolvimento da personalidade se impôs em nível nacional em diversos países, bem como em abrangência internacional, promovendo uma verdadeira alteração paradigmática nos sistemas jurídicos. No âmbito internacional, muitas foram as declarações e convenções no sentido de dar maior resguardo ao homem enquanto ser humano dotado de dignidade.[142] Logo após o término da segunda guerra mundial, em 1948, a ONU enunciou, através da Declaração Universal dos Direitos Humanos, que "todas as pessoas nascem livres e iguais em dignidade e direitos". Em 1950, considerando a declaração da ONU precedente, promulgou-se a Convenção Europeia dos Direitos do Homem e das Liberdades Fundamentais, solidificando os princípios de respeito à vida, à vida privada e familiar, à liberdade, dentre outros. Posteriormente, em 1966, foi promulgado o Pacto Internacional sobre Direitos Humanos e Civis.

Cita-se ainda a Conferência Internacional dos Direitos do Homem realizada em 1968, em Teerã, que tinha como objetivo a discussão sobre a problemática decorrente da ingerência na vida privada em função da utilização de aparelhos eletrônicos. Neste mesmo ano, realizou-se sessão da Assembleia Geral das Nações Unidas, bem como a sessão da Conferência Geral da UNESCO, concluindo ambas no sentido de que algumas inovações tecnológicas e científicas estavam pondo em risco os direitos do homem em geral, principalmente o respeito à vida privada. Propôs-se, neste sentido, que os países adotassem legislações destinadas a controlar e coibir as intervenções na esfera privada das pessoas em função do desenvolvimento tecnocientífico.

A preocupação internacional sobre as violações dos direitos inerentes à condição humana acabou provocando intensa modificação nas legislações nacionais de diversos países, muitos dos quais já tratavam da problemática desde o final da segunda guerra mundial.

A primeira disciplina sistemática acerca dos direitos de personalidade no âmbito do Direito Civil, ainda que muito sucinta e na esteira da consagração de direitos da personalidade fracionados e tipificados em lei, se deu no Código Civil italiano de 1942, que trouxe no texto a tutela do nome, do sobrenome, de disposição do corpo e da imagem.[143]

---

[142] Estudo sintético, mas detalhado, sobre as convenções internacionais como instrumento da tutela da personalidade humana pode ser encontrado em obra aqui muito citada: SZANIAWSKI, Elimar. *Direitos de personalidade e sua tutela*, p. 49/55.

[143] FACCHINI NETO, Eugênio. *Da responsabilidade civil no novo Código*. In: SARLET, Ingo Wolfgang (org.). *O novo Código Civil e a Constituição*. Porto Alegre: Livraria do Advogado, 2003, p. 152.

Mais fundamental foi a imposição de respeito à dignidade da pessoa humana como um comando jurídico a partir das Constituições, o que possibilitava o resgate do direito geral de personalidade.

Em 1949, a Constituição da República Federal da Alemanha ou Lei Fundamental de Bonn consagrou de forma contundente o princípio da dignidade da pessoa humana no seu primeiro artigo, afirmando ser esta intangível e merecedora de respeito e proteção por todos, bem como determinou que são invioláveis e inalienáveis os direitos do homem. Mais, o nº 1 do artigo 2º trouxe expressamente que "todos têm o direito ao livre desenvolvimento da personalidade, desde que não violem os direitos de outrem e não atentem contra a ordem constitucional ou a lei moral". Assim, tanto a jurisprudência como a doutrina passaram a admitir a existência de um direito geral de personalidade como um direito subjetivo, o que possibilitou a efetiva resolução de múltiplas situações conflitivas da vida real, através da tutela preventiva e ressarcitória.

Esta proteção de forma ampla e expressa é uma resposta dada à sociedade que, após a segunda guerra, pleiteava uma proteção efetiva para o homem e seus direitos inerentes à condição humana. Além disso, em um contexto de Estado Social interventor, a Constituição e seus princípios passam a assumir uma aplicabilidade mais ampla, não só contra os atentados advindos do Estado, mas também perpetrados pelos particulares. Não há mais como negar que as normas constitucionais possuem eficácia direta nas relações interprivadas, sob pena de a Constituição perder o seu caráter de centro unificador do sistema.

No que toca ao BGB, passou-se, diante da Constituição, a admitir o direito geral de personalidade a partir da expressão "outros direitos" contida na alínea I do § 823. Claro que críticas surgiram. Algumas manifestações da doutrina vieram no sentido de que o direito geral seria ilimitado e, portanto, não seria segura a sua aplicação. A reação foi determinante, eis que a própria Constituição impõe limites para este direito geral. Os limites encontram-se na ordem pública, na moralidade e na idêntica liberdade que possui a parte contrária na relação jurídica, aplicando-se, em casos de conflito, a proporcionalidade e a ponderação dos bens postos em litígio.[144]

Na Áustria e na Suíça, a consagração do direito geral de personalidade criou raízes legislativas muito mais cedo. No limiar do final do século XIX e início do século XX, também durante o intercurso deste, em face das exigências da vida moderna, a doutrina e a jurisprudência alargaram sensivelmente o âmbito de apli-

---

[144] Para estudo aprofundado sobre o direito alemão no que toca ao direito geral de personalidade e sua evolução, *vide:* PERLINGIERI, Pietro. *La Personalitá Umana nell Ordinamento Giurídico,* p. 80/92, CAPELO DE SOUZA, Rabindranath Valentino Aleixo. *O direito geral de personalidade,* p. 129/137, SZANIAWSKI, Elimar. *Direitos de personalidade e sua tutela,* p. 99/108 e OLIVEIRA, José Lamartine Corrêa de; MUNIZ, Francisco José Ferreira. *O Estado de Direito e os Direitos da Personalidade,* p. 11/13.

cação desse direito, através das tutelas preventiva e ressarcitória, tornando-se ambas um mecanismo indispensável nestes países.[145]

Na Itália, nada obstante o Código Civil de 1942 ter sido o primeiro a sistematizar alguns direitos de personalidade, não repercutia eco na doutrina em prol do direito geral de personalidade. A posição doutrinária majoritária, fortemente presa ao positivismo legal, era no sentido da tipificação de direitos de personalidade incidentes sobre diversos bens ou modos de ser da pessoa. Adriano de Cupis, autor fundamental para quem interessa o estudo dos direitos da personalidade, perfila-se a esse posicionamento de que os direitos da personalidade são direitos essenciais ao homem, e esta essencialidade repercute no ordenamento jurídico somente quando estes direitos adquirem uma figura positiva tipificadora.[146]

Perlingieri identifica que parte da doutrina italiana, mesmo com o advento da Constituição de 1947, que abria novos horizontes, já que representativa da redemocratização do país, continuava a sustentar que os direitos de personalidade atendiam a um *numerus clausus*. Utilizam para fundamentar a sua oposição ao direito geral de personalidade a visão dicotômica entre o Direito Público e o Direito Privado. Entretanto, para ele, tal posição não se sustenta frente ao artigo 2º da Constituição, que tutela os direitos invioláveis do homem, exprimindo uma cláusula geral de tutela da pessoa humana, através da qual o seu conteúdo não se limita aos direitos tipicamente previstos, permitindo, assim, estender a tutela a situações atípicas.[147] Perlingieri desenvolveu a categoria do direito geral de personalidade para o direito italiano inspirado no direito alemão, concluindo assim que a bipartição dos direitos da personalidade em públicos e privados não mais se sustenta, porque o Direito Civil é insuficiente para a tutela, sendo indispensável a vinculação da temática aos direitos fundamentais, para que se possa efetivamente proteger e respeitar a dignidade humana, suprindo as lacunas deixadas pela ausência de previsão legal de novos tipos, que, caso violados, deixariam os indivíduos desprotegidos.[148]

Outra voz de peso que criticou a tipificação dos direitos de personalidade na Itália foi Gianpiccollo. O jurista sustentou que o entendimento por uma pluralidade de direitos da personalidade conduz a uma divisão da própria utilidade do ser em fragmentos, o que também importa em uma limitação injustificada da proteção do ser humano, já que uma enumeração de direitos sempre será incompleta e in-

---

[145] Para estudo aprofundado sobre o direito suíço no que toca ao direito geral de personalidade e sua evolução, *vide:* SZANIAWSKI, Elimar. *Direitos de personalidade e sua tutela*, p. 93/99.

[146] "(...) s'intende che solo allora l'attributo della essencialità assume un integrale valore giuridico positivo, quando i diritti che di esso si fregiano non solo prendono il proprio posto nel sistema dell'ordinamento positivo, ma vengono altresì muniti di una disciplina adeguata ed atta ad assicurarne la preminenza rispetto a tutti gli altri diritti nei confronti della persona a cui spettano. Per tal verso, i diritti della pernonalità sono vincolati all'ordinamento positivo non meno degli altri diritti soggettivi (...)". CUPIS, Adriano de. *I diritti della personalità*, p. 19.

[147] PERLINGIERI, Pietro. *Perfis do Direito Civil.* 2.ed. Rio de Janeiro: Renovar, 2002, p. 154/155.

[148] Idem. *La Personalitá Umana nell Ordinamento Giurídico*, p. 116/117.

satisfatória diante das necessidades da vida, problema este que somente encontra solução na adoção de uma categoria geral de direitos da personalidade.[149] [150]

Os civilistas franceses, ainda nas primeiras décadas do século XX, sustentavam a inexistência dos direitos de personalidade, argumentando que estes não se enquadrariam na definição clássica de direitos subjetivos. Principal expoente que negava a categoria dos direitos da personalidade foi Paul Roubier, para quem tais direitos tratavam de situações jurídicas nas quais se faz presente a responsabilidade civil do autor do dano.[151] Isso porque o Código Civil francês nasceu sem conter qualquer referência aos direitos de personalidade. Não obstante estas vozes na França, onde a influência do positivismo legalista foi muito forte, também se deu preferência à especialização dos direitos de personalidade, repudiando-se a teoria de um direito geral. Sustentava-se que a tutela geral é indeterminável, abrangendo categorias diversas de direitos, além de que a multiplicidade dos direitos resultantes de um determinado princípio não se coadunaria com as necessidades práticas.[152] Apesar desta preferência, ao longo do século XX, a atuação jurisprudencial possibilitou o progressivo alargamento do leque de direitos especiais de personalidade, utilizando-se como fundamento a ampla tutela da responsabilidade civil[153] geradora de dever indenizatório, já que, como dito, no Código Civil não havia regulação específica sobre o tema. A jurisprudência foi determinante no que toca à proteção da pessoa e dos bens da personalidade na França.

Mas o sinal dos tempos modernos e as novas situações fáticas que reclamam tutela atingiram este país e, em 1951, através de uma proposta de reforma do Código Civil francês, começou-se a discutir, com maior veemência, a questão dos direitos da personalidade, propondo-se a inserção de uma cláusula geral de proteção da personalidade em razão da dificuldade de regulamentar com detalhes os referidos direitos. Propunha-se um artigo com o seguinte teor: "qualquer ofensa ilícita aos direitos da personalidade importa responsabilidade ao seu autor".[154] Evidencia-se, pois, que a preocupação existia, mas ainda presa às amarras dos valores patrimoniais de característica liberal. Críticas surgiram. Alguns sustentaram que a temática era afeta ao direito constitucional, interno e externo, consagrados através da Declaração Universal dos Direitos do Homem e do Cidadão e da Declaração Universal dos Direitos Humanos. Todavia, a força civilística destas decla-

---

[149] SZANIAWSKI, Elimar. *Direitos de personalidade e sua tutela*, p. 109.

[150] Sobre a tutela da personalidade no direito italiano, além dos próprios juristas italianos já comentados, encontram-se subsídios para estudo mais aprofundado em: CAPELO DE SOUZA, Rabindranath Valentino Aleixo. *O direito geral de personalidade*, p. 128/129, SZANIAWSKI, Elimar. *Op. cit.,* p. 108/114 e OLIVEIRA, José Lamartine Corrêa de; MUNIZ, Francisco José Ferreira. *O Estado de Direito e os Direitos da Personalidade*, p. 13/14.

[151] GEDIEL, José Antônio Peres. *Os transplantes de órgãos e a tutela da personalidade*, p. 34.

[152] PINTO, Paulo Mota. *Notas sobre o direito ao livre desenvolvimento da personalidade e os direitos de personalidade no direito português*, p. 71.

[153] O artigo 1382 do Código Civil francês destina-se à generalidade dos casos de responsabilidade extracontratual.

[154] Artigo 6º do Projeto de Reforma do Código Civil Francês de 1951.

rações era discutida. Outros afirmavam que tal tutela já era abarcada no instituto da responsabilidade civil. Diante das controvérsias, foi aprovado o seguinte texto: "toda a ofensa ilícita à personalidade dá ao ofendido o direito de requerer que a ela seja posto fim, sem prejuízo da responsabilidade que dela pode resultar para o ofendido". Inseriu-se, assim, no Código Civil francês uma cláusula de tutela geral da personalidade, cuja inovação mais importante foi a previsão de uma tutela preventiva de cessação da ofensa.[155]

Mais expressiva ainda foi a Constituição de 1958 que, no seu preâmbulo, aderiu aos princípios da Declaração dos Direitos do Homem de 1789, o que culminou em 1971 com a decisão do Conselho Constitucional, que vinculou o legislador aos princípios da referida declaração. Por fim, e em função da aceitação pela jurisprudência da proteção devida aos direitos de personalidade, em 1970, reformulou-se o Código Civil, introduzindo novo texto no artigo 9º, o qual consagrou o direito ao respeito à vida privada.[156]

Em Portugal o artigo 70º, nº 1, do Código Civil de 1966 determina que "a lei protege os indivíduos contra qualquer ofensa ilícita ou ameaça de ofensa à sua personalidade física ou moral", o que exprime uma cláusula geral de proteção da personalidade, cuja tutela se dá tanto na forma preventiva como ressarcitória em caso de lesão. Além da consagração a nível ordinário, a Constituição portuguesa de 1976, além de trazer no seu artigo 1º a garantia da dignidade da pessoa humana como valor social básico e regulamentar a proteção e incidência direta dos direitos fundamentais, muitos dos quais relativos aos direitos da personalidade, consagrou expressamente no artigo 26, nº 1, o direito ao livre desenvolvimento da personalidade, seguindo a linha da Constituição alemã. Diante da regulamentação, tanto constitucional como infraconstitucional, em Portugal, praticamente não há vozes discordantes quanto à existência de um direito geral de personalidade.[157]

Os exemplos acima citados são de grande relevância para o estudo da tutela da pessoa, da personalidade e dos direitos da personalidade no Direito brasileiro e mostram, inexoravelmente, que a tutela geral é uma tendência mundial.[158] Da análise comparativa e histórica realizada, conclui-se junto com Elimar Szaniawski que:

---

[155] CAPELO DE SOUZA, Rabindranath Valentino Aleixo. *O direito geral de personalidade*, p. 87/90.

[156] OLIVEIRA, José Lamartine Corrêa de; MUNIZ, Francisco José Ferreira. *O Estado de Direito e os Direitos da Personalidade*, p. 15.

[157] Sobre a cláusula geral de proteção da personalidade no direito português, *vide*: PINTO, Paulo Mota. *Notas sobre o direito ao livre desenvolvimento da personalidade e os direitos de personalidade no direito português*, p. 67/79, CAPELO DE SOUZA, Rabindranath Valentino Aleixo. *Op. cit.*, p. 90/91, 95/106 e 137139 e OLIVEIRA, José Lamartine Corrêa de; MUNIZ, Francisco José Ferreira. *Op. cit.*, p. 15.

[158] O foco do presente trabalho aponta para os sistemas jurídicos da família romano-germânica, por ser o Direito brasileiro integrante da mesma. Todavia, é de ser ressaltado que não só nos sistemas jurídicos da família romano-germânica é que a tendência de consagração de um direito geral de personalidade se apresenta. Como ensina Capelo de Souza, a extensão a tipos de situações cada vez mais amplas, das subsistentes *actions* inglesas por ilícitos civis extracontratuais – *torts* – contra a personalidade, bem como a contínua aplicação do *right of privacy* norte-americano, reflete a necessidade do caminhar para uma tutela geral da personalidade humana também nos sistemas jurídicos da *common law*. CAPELO DE SOUZA, Rabindranath Valentino Aleixo. *Op. cit.*, p. 86/87.

(...) constata-se, assim, que foi tendência do final do século XX, e torna-se realidade no século XXI, a afirmação do direito geral de personalidade, mediante a inserção na Constituição e em normas infraconstitucionais, da cláusula geral de tutela da personalidade humana, uma vez que a estreita visão privatística dos direitos de personalidade, que não estejam vinculados à categoria ampla de direitos do homem, se mostra insuficiente para a tutela da personalidade. A ordem jurídica deve ser entendida como um todo, onde, dentro de uma hierarquia de valores, tenha um local primacial a noção de que o homem é pessoa dotada de inalienável e inviolável dignidade. Somente a leitura da norma civil à luz da Constituição e de seus princípios superiores é que revelará, à noção de direito de personalidade, a sua verdadeira dimensão.[159]

É inegável, portanto, a emergência do direito geral de personalidade no século XX, que é extraído diretamente das Constituições, seja expressamente, seja através do valor da dignidade humana, bem como em nível ordinário sempre informado pelos valores e princípios constitucionais, o que aponta para uma consagração no século XXI sem que haja vozes discordantes, fazendo com que a realidade normativa atenda à realidade fática e vice-versa. Até porque, o Direito, para ser Direito, deve estar inserto na "totalidade do real", como afirma Perlingieri.[160]

Resgatando a memória da evolução dos direitos da personalidade até a atualidade, parte-se para o estudo da temática na realidade brasileira, propondo, também, possíveis caminhos para a superação de algumas das tormentosas controvérsias pendentes no que toca à teoria dos direitos da personalidade.

---

[159] SZANIAWSKI, Elimar. *Direitos de personalidade e sua tutela*, p. 62.
[160] PERLINGIERI, Pietro. *Perfis de Direito Civil*, p. 2.

2. Pessoa, personalidade e direitos da personalidade: a construção da teoria

2.1. Algumas questões acerca dos direitos da personalidade: premissas a serem fixadas

A breve exposição sobre a evolução histórica para a consagração dos direitos da personalidade é importante para que possa contextualizar a temática. No entanto, há algumas constatações que devem ser internalizadas com maior vigor. A primeira é a de que, muito embora já existissem muitos institutos que trataram da tutela da pessoa ao longo dos séculos, o marco da sua consagração é a modificação que se operou nos sistemas jurídicos do pós-guerra na metade do século XX, razão pela qual se diz que a construção desta categoria é recente.

Pode-se dizer, assim, que a construção da teoria dos direitos de personalidade se confunde com a construção relativa aos direitos fundamentais, mas adquire força a partir da consagração da dignidade da pessoa humana como valor fundante dos Estados Democráticos, o que coloca o ser humano como centro referencial dos ordenamentos jurídicos. Gustavo Tepedino manifesta-se nesse sentido, afirmando que a lógica fundante dos direitos de personalidade é a tutela da dignidade da pessoa humana.[161] Assim, se o valor máximo do ordenamento é a proteção da pessoa, ao Direito Civil, cujas raízes liberais demonstram uma preocupação primordial com a proteção do patrimônio, deve-se impor uma revisão de todas as categorias e conceitos jurídicos, no intuito de adequar-se aos projetos constitucionais.[162]

2.1.1. A personalidade como valor e as situações jurídicas existenciais: a necessária construção de noções ampliadas de personalidade, direitos da personalidade e direitos subjetivos

O individualismo burguês aliado à ascensão do capitalismo logrou impor à sociedade uma lógica proprietária que envolvia a própria ideia de pessoa humana.

---

[161] TEPEDINO, Gustavo. *A Tutela da Personalidade no Ordenamento Civil-constitucional Brasileiro*, p. 56.

[162] Nesse sentido a já citada obra *Teoria Crítica do Direito Civil* de Luiz Edson Fachin.

Dizia-se: "eu sou dono de meu próprio corpo". Nessa perspectiva, o corpo humano passou a ser entendido como objeto de um direito de propriedade, e a ideia de pessoa foi substituída pela de indivíduo, no sentido egoístico do termo, o qual, para ser pessoa, deveria ser sujeito de direito, ou seja, capaz de adquirir direitos e contrair obrigações. Portanto, para o Direito Civil clássico, personalidade é entendida como a possibilidade de ser sujeito de direito, ou melhor, como a aptidão do sujeito para atuar como titular de direitos e obrigações no cenário jurídico. Nessa medida, a personalidade acabou reduzida à ideia de capacidade de direito,[163] fato que espelhava a lógica do mercado a culminar com a desvalorização existencial da ideia jurídica de pessoa, tornando-a mero instrumento da técnica do Direito.[164]

Atualmente, boa parte da doutrina, pelo menos a mais atenta, faz a distinção entre personalidade e capacidade. Todavia, o que legitima a referência é a dificuldade de mudança de perspectiva diante de uma sobreposição conceitual que se manteve dominante no pensamento jurídico por muitos anos e se desfez muito recentemente.

Clóvis Beviláqua afirma que "personalidade é a aptidão reconhecida pela ordem jurídica a alguém para exercer direitos e contrair obrigações".[165] Orlando Gomes, por sua vez, afirma que "a personalidade é um atributo jurídico" e suscita que "todo homem, atualmente, tem aptidão para desempenhar na sociedade um papel jurídico, como sujeito de direito e obrigações".[166] Eduardo Espínola afirmava categoricamente que "personalidade e capacidade jurídica são expressões idênticas",[167] bem como para Pontes de Miranda a "capacidade de direitos e personalidade são o mesmo".[168] No mesmo sentido Silvio Rodrigues e Maria Helena Diniz.[169]

Muitas são as vozes neste sentido. Todavia, impõe-se uma ampliação desse entendimento que reduz a personalidade à capacidade de direito.[170] Tal concepção

---

[163] A capacidade subdivide-se em capacidade de direito e capacidade de fato. A primeira, também chamada de capacidade de gozo ou jurídica, é aquela atribuída a todas as pessoas naturais em atendimento ao princípio da igualdade. Já a capacidade de fato, também chamada de capacidade de exercício, é o poder de pôr em movimento os direitos por atuação própria. Isso significa dizer que todos temos capacidade de direito, mas de fato nem todos a temos. Os incapazes são os que não possuem capacidade de fato, necessitando de representação ou assistência para pôr os direitos em movimento. PINTO, Carlos Alberto da Mota. *Teoria Geral do Direito Civil*. 3.ed. atual. 12. reimpr. Coimbra: Coimbra, 1985, p. 191/194 e CANOTILHO, Joaquim José Gomes. *Direito constitucional e teoria da constituição*, p. 424.

[164] Conforme Judith Martins-Costa, no artigo intitulado *As interfaces entre a Bioética e o Direito*. In: CLOTET, Joaquim (org.). *Bioética*. Porto Alegre: EDIPUCRS, 2001, p. 73.

[165] BEVILÁQUA, Clóvis. *Teoria Geral do Direito Civil*. Campinas: Red Livros, 2001, p. 116.

[166] GOMES, Orlando. *Introdução ao direito civil*. Rio de Janeiro: Forense, 2001, p. 141.

[167] ESPÍNOLA, Eduardo. *Sistema do Direito Civil*. Rio de Janeiro: Editora Rio, 1977, p. 350.

[168] PONTES DE MIRANDA, Francisco Cavalcanti. *Tratado de Direito Privado*, p. 209.

[169] RODRIGUES, Silvio. *Direito Civil*: Parte Geral. 32.ed. atual. de acordo com o novo Código Civil. São Paulo: Saraiva, 2002, p. 35 e DINIZ, Maria Helena. *Curso de Direito Civil Brasileiro*. 18.ed. São Paulo: Saraiva, 2002, v. I., p. 115.

[170] Sobre este aspecto problemático, *vide:* PERLINGIERI, Pietro. *La Personalitá Umana nell Ordinamento Giurídico*, p. 137/142.

reflete um determinado momento histórico que não mais pode subsistir. Identificar a personalidade com a titularidade das relações jurídicas, tão somente para assegurar a livre apropriação de bens é fruto da postura civilística clássica de caráter patrimonialista, que protege o *ter* em detrimento do *ser*,[171] e que considera a pessoa como um conceito jurídico abstrato, desprovido de valor.[172]

Jussara Meirelles, tratando da personalidade e da titularidade contratual e patrimonial afirma que

> (...) a redução da ordem jurídica a verdadeiro estatuto patrimonial e a categorização da pessoa como sujeito que contrata, que constituiu formalmente uma família, que tem um patrimônio e que se apresenta, enfim, como sujeito dos direitos estabelecidos pelo sistema, faz com que a personalidade civil se distancie mais e mais da dignidade humana em razão da qual os indivíduos merecem proteção e amparo; e aproxime-se, de maneira a sinonimizar-se da titularidade contratual e patrimonial. Em suma é pessoa quem é titular; e só é titular quem a lei define como tal.[173]

Tal entendimento não mais pode prosperar diante da valorização da pessoa humana, a qual foi elevada à posição de centralidade no ordenamento, refletindo o já comentado fenômeno da repersonalização do Direito Privado. Tanto é assim que Jussara Meirelles conclui, afirmando que

> (...) é preciso analisar a personalidade humana e todas as suas emanações sob enfoque diverso. O ser humano não tem uma personalidade, ele é a expressão viva da sua própria personalidade. Assim, ainda que a ordem jurídica lance sobre o homem o olhar ideologizado da titularidade, todo o conjunto de múltiplas emanações em que se resume a personalidade humana deve ser visto como o ser humano mesmo, considerado em sua própria estrutura fundamental na qual se assentam todos os direitos de que é titular.[174]

Reconhecer a personalidade também como um valor, e não somente identificada com a capacidade de ter direitos e obrigações, é "postulado axiológico do jurídico"[175] que hoje se impõe, inclusive para afastar de todo as correntes doutrinárias que, no século XIX, negaram a existência dos direitos de personalidade. Esbarrava-se justamente nesta confusão de conceitos, eis que caracterizava o sujeito como a pertença de alguma coisa e não como poder.[176]

Pietro Perlingieri explicita que tradicionalmente a personalidade é considerada como sendo a possibilidade de ser titular de direito subjetivo, o que significa ter capacidade jurídica. Tal posição se fragiliza pelo simples fato da possibilidade

---

[171] Sobre a transição da proteção do ser pelo que se é simplesmente e não apenas pelo que se tem, sempre merece ressalva o já citado texto de Jussara Meirelles: *"O ser e o ter na codificação civil brasileira:* do sujeito virtual à clausura patrimonial".

[172] TEPEDINO, Gustavo. *A Tutela da Personalidade no Ordenamento Civil-constitucional Brasileiro*, p. 27.

[173] MEIRELLES, Jussara. *O ser e o ter na codificação civil brasileira:* do sujeito virtual à clausura patrimonial, p. 98.

[174] Idem, ibidem. p. 99.

[175] A expressão é de PINTO, Paulo Mota. *Notas sobre o direito ao livre desenvolvimento da personalidade e os direitos de personalidade no direito português*, p. 61.

[176] SZANIAWSKI, Elimar. *Direitos de personalidade e sua tutela*, p. 83.

DIREITOS DA PERSONALIDADE

de proteção de direitos da personalidade do nascituro e do falecido, os quais não possuem capacidade jurídica. E não é somente isso, já que personalidade é anterior e muito mais do que a simples capacidade, é valor objetivo, interesse e bem juridicamente tutelado.[177]

Personalidade e capacidade são conceitos conexos e interpenetrados,[178] mas não podem ser confundidos. Isso significa dizer que a personalidade,[179] além de significar a possibilidade de ser sujeito de direito, deve ser encarada como um valor ético que emana do próprio indivíduo.[180] A personalidade é, portanto, valor inerente à condição humana, sendo que o vínculo existente entre a personalidade e a pessoa é orgânico;[181] já a capacidade é a medida jurídica da personalidade, atribuída pelo ordenamento para a realização desse valor.[182] A identificação da personalidade com a capacidade é uma perspectiva de entendimento rigorosamente técnico-jurídica, mas a personalidade não pode ser assim reduzida, já que também reflete um valor inerente ao ser merecedor de tutela jurídica específica.

Nessa medida que Adriano de Cupis inicia sua obra clássica sobre direitos da personalidade afirmando que a personalidade, ou capacidade jurídica, é geralmente definida como sendo uma suscetibilidade de ser titular de direitos e obrigações jurídicas, ao completar dizendo que a personalidade também é precondição para esta suscetibilidade, eis que além de pressuposto é também fundamento, sem o qual tais direitos e obrigações sequer poderiam subsistir.[183]

San Tiago Dantas afirmou que direitos de personalidade não podem ter relação exclusiva com a personalidade definida como capacidade de ter direitos e obrigações. Personalidade, diante dos direitos de personalidade, deve ser conce-

---

[177] PERLINGIERI, Pietro. *La Personalitá Umana nell Ordinamento Giurídico*, p. 137/138.

[178] CAPELO DE SOUZA, Rabindranath Valentino Aleixo. *O direito geral de personalidade*, p. 106/107.

[179] Ainda sobre a personalidade, deve-se fazer referência à questão do seu termo inicial e final. Há duas teorias sobre o termo inicial: a natalista, que entende que a personalidade começa com o nascimento com vida e a concepcionista, que entende a personalidade desde a concepção. Embora o artigo 4ª do Código Civil brasileiro pareça filiar-se à concepção natalista, permite-se uma interpretação de que, se a lei põe a salvo os direitos do nascituro, este é sujeito de direito e portador de personalidade. Além disso, o artigo 1798 legitima as pessoas concebidas a suceder no direito sucessório. A partir daí, a maior parte da doutrina brasileira filia-se à teoria concepcionista, identificando o nascituro, bem como o concepturo, como sujeitos de direito portadores de personalidade. O termo final seria a morte, mas se discute o prolongamento da personalidade após a morte para proteger os respectivos direitos da personalidade. Em verdade é a capacidade que se extingue com a morte. A personalidade humana existe, portanto, desde antes do nascimento e projeta-se para além do óbito. LEITE DE CAMPOS, Diogo. *A vida, a morte e a sua indenização*. Revista de Direito Comparado Luso-brasileiro, n° 7, Rio de Janeiro: Forense, 1985, p. 94. Sobre esta temática vide também: AMARAL, Francisco. *Direito civil*: introdução, p. 220/224 e SZANIAWSKI, Elimar. *Direitos de personalidade e sua tutela*, p. 63/70.

[180] PERLINGIERI, Pietro. *Op. cit.,* p. 137/142. Na página 137 o autor afirma "(...) personalità come valore e non come capacità giuridica (...)".

[181] Sobre a titularidade institucional ou orgânica das situações subjetivas, explicita Perlingieri que nas "situações ligadas organicamente ao titular, ditas situações *intuito personae*, estabelecem um liame tão estreito com o sujeito, que encontram exclusivamente naquele liame a sua razão de ser, a sua função. A titularidade orgânica encontra aplicação sobretudo no setor das situações existenciais, principalmente nos direitos fundamentais da pessoa. Idem. *Perfis de Direito Civil*, p. 109.

[182] AMARAL, Francisco. *Op. cit.*, p. 218/219.

[183] CUPIS, Adriano de. *I diritti della personalità*, p. 15/16.

bida como um fato natural, como "um conjunto de atributos inerentes à condição humana", como a honra, a vida, a integridade e a liberdade.[184] Assim, distinguia as duas acepções que devem estar vinculadas ao conceito de personalidade para que se possa dar coerência aos direitos de personalidade.

Os direitos da personalidade são posições jurídicas fundamentais do homem, as quais lhes são inerentes, já que os homens as têm pelo simples fato de existir, são "condições essenciais do seu ser e devir".[185] Por isso também são chamados de direitos personalíssimos.

Nas palavras de Orlando Gomes,

> (...) sob a denominação de direitos da personalidade, compreendem-se os direitos personalíssimos e os direitos essenciais ao desenvolvimento da pessoa humana que a doutrina moderna preconiza e disciplina no corpo do Código Civil como direitos absolutos, desprovidos, porém, da faculdade de disposição. Destinam-se a resguardar a eminente dignidade da pessoa humana, preservando-a dos atentados que pode sofrer por parte dos outros indivíduos.[186]

Carlos Alberto da Mota Pinto afirma que a pessoa sempre "é titular de um certo número de direitos absolutos[187] que se impõem ao respeito de todos os outros, incidindo sobre os vários modos de ser físicos ou morais da sua personalidade". Para o autor, os direitos da personalidade constituem "um círculo de direitos necessários; um conteúdo mínimo e imprescindível da esfera jurídica de cada pessoa".[188]

A afirmação dos direitos de personalidade é fundamental em razão das práticas abusivas e atentatórias principalmente em função dos progressos científicos e tecnológicos mais evidentes na atualidade. Hoje não mais se discute a existência ou não dos direitos da personalidade. O simples fato de os substanciais direitos subjetivos de personalidade terem sido consagrados legislativamente faz caírem por terra todos os argumentos contrários.[189]

Todavia, os civilistas esbarraram em um problema de adequação desta nova categoria de direitos ao Direito Civil clássico estruturado nos moldes do Código de Napoleão, cuja preocupação central era a proteção do patrimônio. Assim, o principal argumento para a negativa[190] do reconhecimento de tutela aos direitos

---

[184] DANTAS, San Tiago. *Programa de Direito Civil*: teoria geral. 3.ed. Rio de Janeiro: Forense, 2001, p. 152.

[185] A expressão é de MIRANDA, Jorge. *Manual de Direito Constitucional*. 2.ed. Coimbra: Coimbra Editora, 1998, t. IV., p. 55.

[186] GOMES, Orlando. *Introdução ao direito civil*. 11.ed. Rio de Janeiro: Forense, 1996, p. 132.

[187] Direitos absolutos no sentido de sua oponibilidade *erga omnes*, um direito que se estabelece em face de qualquer pessoa. Nesse sentido, os direitos da personalidade são direitos absolutos por excelência, assim como o direito de propriedade, os quais se diferenciam dos direitos tidos como relativos, como os direitos de crédito, que se estabelecem contra alguém em particular.

[188] PINTO, Carlos Alberto da Mota. *Teoria Geral do Direito Civil*, p. 87.

[189] GOMES, Orlando. *Introdução ao direito civil*, p. 149.

[190] Análise detalhada das teorias negativistas trazendo síntese dos pensamentos dos autores pode ser encontrada em: SZANIAWSKI, Elimar. *Direitos de personalidade e sua tutela*, p. 71/87. Mais sinteticamente, *vide*:

de personalidade era o fato de que não seria possível utilizar institutos do Direito Civil devido a uma impossibilidade lógica de o titular do direito subjetivo ser ao mesmo tempo objeto desse direito.[191] Os opositores à categoria dos direitos de personalidade sustentavam que havia uma contradição entre estes e a personalidade. Argumentava-se no sentido de que a personalidade, sendo a capacidade que todos os homens têm para terem direitos e obrigações, é um pressuposto de todos os direitos, não podendo ser, portanto, o objeto de uma categoria especial deles. Nesta perspectiva, seria um ponto de partida, e não de chegada na construção dos direitos subjetivos.[192]

Deve-se ter em mente que, quando se está falando de direitos da personalidade, não se está identificando esta com a capacidade, mas referindo-se ao entendimento de personalidade para além de uma perspectiva técnico-jurídica, ou seja, como valor que é inerente à condição humana, cujo vínculo com a pessoa é orgânico, que traz encerrado em si um conjunto de atributos, como a vida, a honra, a liberdade, dentre outros.

San Tiago Dantas também esclarece a problemática, afirmando que a personalidade possui duas acepções: uma puramente técnico-jurídica que a identifica com a capacidade de ter direitos e obrigações, a qual também é o pressuposto dos direitos subjetivos, e outra acepção que denomina de natural, a partir da qual a personalidade traz em si um conjunto de atributos humanos, ou seja, os direitos de personalidade, os quais perfeitamente podem ser objetos de relações jurídicas.[193]

A dificuldade em aplicar a categoria dos direitos subjetivos aos direitos da personalidade sob o argumento de que o homem não poderia ser considerado sujeito e objeto da relação jurídica era, portanto, um entrave teórico, solucionado pelo alargamento da noção de personalidade enquanto valor.[194]

Pietro Perlingieri é concludente quando refuta a concepção que negava a existência dos direitos da personalidade sob o argumento de que a personalidade não poderia ser objeto de direito porque se identificava com a titularidade de direitos. Afirma que

> (...) onde o objeto de tutela é a pessoa, a perspectiva deve mudar, torna-se necessidade lógica reconhecer, pela especial natureza do interesse protegido, que é justamente a pessoa

---

TEPEDINO, Gustavo. *A Tutela da Personalidade no Ordenamento Civil-constitucional Brasileiro*, p. 25/26, PINTO, Paulo Mota. *Notas sobre o direito ao livre desenvolvimento da personalidade e os direitos de personalidade no direito português*, p. 64/67, MATTIA, Fabio Maria de. *Direitos da Personalidade*: aspectos gerais. In: CHAVES, Antonio (coord.). *Estudos de Direito Civil*. São Paulo: Revista dos Tribunais, 1979, p. 105/107 e PERLINGIERI, Pietro. *Perfis de Direito Civil*, p. 155.

[191] DONEDA, Danilo. *Os direitos da personalidade no novo Código Civil*, p. 42.

[192] UNGER. *Sistema de Direito Privado Histórico, apud* DANTAS, San Tiago. *Programa de Direito Civil*: teoria geral, p. 152.

[193] DANTAS, San Tiago. *Programa de Direito Civil*: teoria geral, p. 152.

[194] DONEDA, Danilo. *Op. cit.*, p. 44.

a constituir ao mesmo tempo o sujeito titular do direito e o ponto de referência objetivo de relação.[195]

No mesmo sentido, Daniel Sarmento salienta que, na perspectiva atual de proteção e promoção dos valores existenciais, não há impedimento algum para a concepção da personalidade em uma dupla perspectiva: como centro de imputação e pressuposto para a aquisição de direitos e como objeto dos direitos de personalidade, merecedora, portanto, de tutela jurídica. Essa dupla perspectiva é fundamental para a compreensão das relações jurídicas de caráter extrapatrimonial, já que recaem sobre interesses e bens que não são externos aos sujeitos.[196]

A aplicação da categoria dos direitos subjetivos aos direitos de personalidade encontrou objeção no fato de o instituto do direito subjetivo ter sido elaborado, tradicionalmente, para a categoria do *ter,* e não do *ser*, ou seja, para a tutela do patrimônio, cujos bens objetos eram exteriores ao sujeito, refletindo, assim, a ideologia novecentista.[197] No caso dos direitos da personalidade, os bens objetos de tutela são indissociáveis de seu titular. Sustentava-se que tutelar os interesses existenciais através de uma categoria cujo campo tradicional de aplicação é a tutela dos interesses patrimoniais seria, à primeira vista, um fator limitador de sua atuação.[198] Esta situação foi alterando-se paulatinamente.

Com a afirmação da dignidade da pessoa humana como valor fundante da ordem jurídica e social e com a valorização dos interesses existenciais, em detrimento dos meramente patrimoniais, no curso do século XX, mereceu ser repensada a categoria dos direitos subjetivos, para ocupar-se também das relações que envolvem interesses extrapatrimoniais. O direito subjetivo passa a ser compreendido como "o poder reconhecido pelo ordenamento a um sujeito para a realização de um interesse próprio de sujeito".[199]

Nessa medida, para a definição dos direitos de personalidade, além da releitura da perspectiva clássica sobre o direito subjetivo, reclamou-se também o alargamento do conceito jurídico de bem.[200] O direito subjetivo, conforme Caio Mário

---

[195] PERLINGIERI, Pietro. *Perfis de Direito Civil,* p. 155.

[196] SARMENTO, Daniel. *Direitos Fundamentais e Relações Privadas.* Rio de Janeiro: Lúmen Júris, 2004, p. 123.

[197] O direito subjetivo, tradicionalmente, traduzia o poder (*facultas* ou *potestas*) de agir juridicamente, sendo reconhecido ao indivíduo pelo direito constituído, nas relações horizontais com os demais sujeitos, na defesa de interesses patrimoniais. GEDIEL, José Antônio Peres. *Os transplantes de órgãos e a tutela da personalidade,* p. 16.

[198] DONEDA, Danilo. *Os direitos da personalidade no novo Código Civil,* p. 45.

[199] "Contrapõem-se, tradicionalmente, duas definições de direito subjetivo: direito subjetivo como poder da vontade e direito subjetivo como interesse protegido. A disputa entre os defensores das duas teorias submetem diversas avaliações e diversas ideologias; nela se espelha a diversidade entre as concepções liberalistas e as primeiras tentativas de entender o direito de um ponto de vista teleológico. A definição corrente salda os dois aspectos: o direito subjetivo é, afirma-se usualmente, o poder reconhecido pelo ordenamento a um sujeito para a realização de um interesse próprio de sujeito". PERLINGIERI, Pietro. *Op. cit.,* p. 120.

[200] "A assim denominada teoria geral do Direito Civil, como se depreende dessa biografia, tradicionalmente se assentou em algumas categorias fundamentais, como a do sujeito de direito, de objeto, de dever jurídico; conceitos estes que podem abrir a perspectiva de um aprofundamento crítico acerca do Direito Civil, num arco que sai do clássico e alcança o contemporâneo". FACHIN, Luiz Edson. *Teoria Crítica do Direito Civil,* p. 56.

da Silva Pereira, se decompõe em três elementos: o sujeito, o objeto e a relação jurídica.[201] Como a categoria foi originalmente concebida para tutelar as interesses patrimoniais, o objeto desta relação era reduzido aos bens patrimoniais, bens que refletissem conteúdo econômico.[202] Mas, admitindo-se a tutela dos interesses existenciais, o objeto da relação pode ser um bem extrapatrimonial.

A ampliação da noção de bem jurídico impôs-se, passando a compreender a totalidade dos bens corpóreos ou incorpóreos, vinculados à esfera jurídica do sujeito, independentemente de expressão monetária, para posteriormente se chegar à noção de bens da personalidade. A partir daí que se iniciou a superação da identificação entre objeto da relação jurídica e coisa, em sentido puramente material e patrimonial.[203]

O objeto da relação jurídica pode ser uma coisa nas relações de direitos reais, pode ser uma ação humana nas relações de direitos obrigacionais e pode ser também um atributo da própria pessoa que são os direitos de personalidade.[204] Como explica Caio Mário, pode ser objeto de direito tudo que tenha existência fora do homem ainda que independente de materialização, e esse bem jurídico pode ter valor econômico, traduzido em expressão pecuniária, mas também pode representar apenas um valor moral para o titular, inapreciável economicamente.[205] Exemplo disso são os bens da personalidade, os quais não possuem valor econômico em si, apenas a ofensa ilícita a qualquer deles faz nascer a obrigação de indenizar, ainda que se trate apenas de dano moral.

Capelo de Souza define o bem da personalidade humana, juridicamente tutelado, como "o real e o potencial físico e espiritual de cada homem em concreto, ou seja, o conjunto autônomo, unificado, dinâmico e evolutivo dos bens integrantes da sua materialidade física e do seu espírito reflexivo, sócio-ambientalmente integrados".[206]

A releitura ou ampliação do conceito de bem, já que não se confunde com o conceito de coisa, toma relevância na medida em que outro impedimento levantado para o reconhecimento dos direitos de personalidade como objeto a ser tutelado

---

[201] O sujeito que é o titular do direito, que tem o poder de exigir; o objeto, que é o bem jurídico sobre o qual o sujeito exerce o referido poder; e a relação jurídica que traduz o poder de realização do direito subjetivo, sendo o meio técnico para a integração efetiva do poder de vontade; estes são os elementos essenciais ao direito subjetivo conforme PEREIRA, Caio Mário da Silva. *Instituições de Direito Civil*. 9.ed. Rio de Janeiro: Forense, 1998, p. 39/46.

[202] Silvio Rodrigues é exemplo de civilista que apenas compreende o bem jurídico como bem econômico. Assim se manifesta o autor: "O Direito Civil só se interessa pelas coisas suscetíveis de apropriação e tem por um de seus fins disciplinar as relações entre homens, concernindo tais bens econômicos". Posteriormente, afirma que "há valores preciosos aos homens que escapam à alçada do direito privado, porque não tem conteúdo econômico". Refiro-me àqueles direitos personalíssimos, tais como a vida a honra, a liberdade, etc. RODRIGUES, Silvio. *Direito Civil*: parte geral, p. 116.

[203] GEDIEL, José Antônio Peres. *Os transplantes de órgãos e a tutela da personalidade*, p. 30.

[204] AMARAL, Francisco. *Direito civil*: introdução, p. 308.

[205] PEREIRA, Caio Mário da Silva. *Op. cit.*, p. 42.

[206] CAPELO DE SOUZA, Rabindranath Valentino Aleixo. *O direito geral de personalidade*, p. 117.

pelo direito embasava-se, exatamente, em repelir a ideia de sua existência porque não havia como traduzi-los em valores pecuniários. Alegações como a impossibilidade de quantificar-se, por exemplo, a ofensa à honra, ou mesmo o reconhecimento da mesma como bem de valor inestimável, acabaram por inviabilizar a tutela protetiva. Tal posicionamento estava em perfeita sintonia com as convicções do século XIX, uma vez que o vínculo patrimonial representava expressão da própria personalidade do ser humano e não se admitiria que o direito pudesse ter por objeto valores ou bens sem expressão patrimonial, não sendo a tutela da pessoa em si o suficiente.[207]

Adriano de Cupis arremata a discussão dizendo que se não se pode admitir uma impossibilidade lógica de que os direitos da personalidade constituem verdadeiros direitos subjetivos, menos ainda se poderia não admitir que os direitos de personalidade tenham como objeto os modos de ser físicos ou morais da pessoa, concluindo que não se pode admitir que o sistema jurídico limite-se a tutelar a categoria do *ter* deixando de fora a categoria do *ser*, já que esta categoria abraça os bens mais preciosos relacionados à pessoa.[208] Entender o bem tão somente como algo que possui existência objetiva fora do sujeito representa uma restrição injustificada do seu conceito.[209]

Considerando a alteração paradigmática havida em função da elevação da dignidade humana ao cerne dos ordenamentos jurídicos, possibilitou-se o divórcio ao paradigma patrimonialista dos séculos XVIII e XIX e, assim, sem a necessidade de os bens exprimirem valores econômicos, afirmaram-se os direitos de personalidade como direitos subjetivos.

Previstos e tutelados pelo direito objetivo, os direitos de personalidade são também direitos subjetivos não patrimoniais, vinculados à ideia de proteção do homem naquilo que lhe é de mais íntimo, ou seja, seu livre desenvolvimento enquanto ser. Sendo assim, é possível concluir que os direitos subjetivos que não te-

---

[207] Conforme clara exposição de CARDOSO, Simone Tassinari. *Do contrato parental à socio-afetividade*. In: ARONNE, Ricardo (org.). *Estudos de direito civil-constitucional*. Porto Alegre: Livraria do Advogado, 2004: "Os códigos de feição liberal elegeram a propriedade como instituto central, concebida como o direito de gozar e dispor dos bens da maneira mais absoluta. Tratava da proteção do patrimônio individual e familiar, bem como a autonomia de vontade do ser dotado de bens. Não havia espaço para o indivíduo enquanto pessoa, ao contrário, a tutela do ser humano se dá através de uma visão abstrata deste enquanto titular. A apropriação representava o meio destinado à satisfação das necessidades humanas, e a aquisição de bens caracterizava a expansão da inteligência e da personalidade do homem, como se ser e ter fossem verso e reverso da mesma moeda, – o indivíduo. Por este motivo, a propriedade deveria ser tutelada sem restrições".

[208] "Se l'inammissibilità lógica non poteva essere addotta contro lo *ius in se ipsum*, tanto meno essa può addursi contro i diritti della personalità intesi come diritti aventi per oggetto i modi di essere, fisici o morali, della persona. La vita, l'integrità física, la liberta, e così via dicendo, constituscono cio che noi *siamo*. Orbene, non si vede per quale ragione il legislatore dovrebbe limitarsi a proteggere la categoria dell'avere, lasciando fuori della propria sfera di considerazione quella dell'essere: tanto più quando quest'ultima abbraccia, come si è già detto, i beni più quando che possano spettare allá persona". CUPIS, Adriano de. *I diritti della personalità*, p. 24/25.

[209] "Non possiamo comprendere perchè il bene, secondo quanto sostiene Barassi, debba essere qualcosa avente una própria oggettiva esistenza all'infuori del soggetto. Ci sembra, questa, ingiustificata restrizione del concetto di «bene»". BARASSI, *I diritti reali nel nuovo códice civile*, 1943, p. 119 *apud* CUPIS, Adriano de. *Op. cit.*, p. 25:

nham objeto exclusivamente econômico e sejam essenciais à realização da pessoa são direitos de personalidade.

A personalidade que consiste na parte intrínseca do ser humano é, pois, um bem. É o primeiro bem pertencente à pessoa, o mais importante, já que somente através dele se poderá adquirir e defender os demais bens. Além do próprio bem da personalidade, há também os demais bens inerentes à condição humana, como por exemplo, a vida, a privacidade, a imagem, a liberdade e tantos outros. Conforme Elimar Szaniawski, a proteção conferida a estes bens inerentes ao indivíduo se efetiva a partir dos direitos da personalidade. Tais bens são, tradicionalmente, defendidos tanto pelo direito objetivo como pelo direito subjetivo.[210]

Embora ainda seja necessário abordar esta temática no intuito de evitar entendimentos distorcidos, até porque a ideia de primazia da dignidade humana e privilégio dos interesses existenciais é relativamente recente no Brasil, considerando como uma das primeiras expressões desta tendência o artigo publicado em 1991 por Maria Celina Bodin de Morais, intitulado "A caminho de um direito civil constitucional", já é consenso considerar os direitos da personalidade como efetivos direitos subjetivos.[211]

Nesse sentido, Francisco Amaral conclui que

> (...) embora se reconheça nos direitos da personalidade uma certa imprecisão, o que torna difícil integrá-los nas categorias dogmáticas estabelecidas, é de consenso considerá-los direito subjetivo que tem, como particularidade inata e original, um objeto inerente ao titular, que é a sua própria pessoa, considerada nos seus aspectos essenciais e constitutivos, pertinente à sua integridade física, moral e intelectual. Da natureza do próprio objeto, vale dizer, da sua importância, decorre uma tutela jurídica "mais reforçada" do que a generalidade dos demais direitos subjetivos, já que se distribui nas esferas de ordem constitucional, civil e penal.[212]

Assim, junto com a maioria da doutrina, podem-se definir os direitos da personalidade como direitos subjetivos que têm por objeto os bens e valores essenciais da pessoa, no seu aspecto físico, moral e intelectual.[213] Adriano De Cupis já dizia que os direitos de personalidade são direitos que se traduzem como um mínimo necessário e imprescindível, sem os quais a personalidade seria algo ca-

---

[210] SZANIAWSKI, Elimar. *Direitos de personalidade e sua tutela*, p. 70.

[211] Em 1979, Fabio de Mattia sustentava que "os direitos da personalidade constituem uma categoria autônoma entre os direitos subjetivos, sendo certo que essa autonomia provém do caráter essencial que apresentam por causa especialmente do seu objeto e da singularidade de seu conteúdo". MATTIA, Fabio Maria de. *Direitos da Personalidade*: aspectos gerais, p. 105.

[212] AMARAL, Francisco. *Direito civil*: introdução, p. 249.

[213] FRANÇA, Rubens Limongi. Direitos da Personalidade. *Revista dos Tribunais*, nº 567, p. 9/16, jan. 1979, p. 9, BITTAR, Carlos Alberto. *Os Direitos da Personalidade*. 7.ed. Rio de Janeiro: Forense Universitária, 2004, p. 7, DANTAS, San Tiago. *Programa de Direito Civil*: teoria geral, p. 151, FERNANDES, Milton. *Os direitos de personalidade*, p. 131, CAPELO DE SOUZA, Rabindranath Valentino Aleixo. *O direito geral de personalidade*, p. 106, CUPIS, Adriano de. *Os Direitos da Personalidade*, p. 17 e ss. e LEITE DE CAMPOS, Diogo. *Lições de Direitos da Personalidade*, p. 52 e ss.

rente de conteúdo.[214] Gustavo Tepedino, de forma mais ampla, compreende "sob a denominação de direitos de personalidade os direitos atinentes à tutela da pessoa humana, considerados essenciais à sua dignidade e integridade".[215]

Luiz Edson Fachin, nesse sentido, afirma que com a repersonalização do direito, uma noção de direito subjetivo ampliada assume relevo e diante disso é que a negação da existência de direitos subjetivos da personalidade se mostra inconsistente. Afirma o autor que não existem no ordenamento apenas situações jurídicas às quais as pessoas se amoldam ou simplesmente não existem para o direito, eis que o sujeito extrapola e precede à previsão normativa. Nessa medida, o direito subjetivo apresenta-se em diferente configuração: alguns tidos como impróprios, também chamados de potestativos, e outros personalíssimos, mas ambos devem estar ligados à condição humana. Suscita que, assim, o direito subjetivo implica a coexistência de direitos e deveres.[216]

Por outro lado, tampouco se pode falar apenas em realização da personalidade através de direitos subjetivos, mesmo que atípicos. A valorização da pessoa humana, que reclama tutela em qualquer situação juridicamente relevante, faz emergir uma pluralidade de situações jurídicas existenciais que devem estar abarcadas nesta tutela geral, na medida em que a pessoa não se realiza apenas através do direito subjetivo. Pietro Perlingieri sustenta que

> (...) afirmada a natureza necessariamente aberta da normativa, é da máxima importância constatar que a pessoa se realiza não através de um único esquema de situações subjetivas, mas com uma complexidade de situações que ora se apresentam como poder jurídico (*potestà*), ora como interesse legitimo, ora como direito subjetivo, faculdade, poderes. Devem ser superadas as discussões dogmáticas sobre a categoria do direito (ou dos direitos) da personalidade. Nestas discussões controvertia-se principalmente sobre a possibilidade de assimilar a personalidade à categoria (em aparência "geral" e, portanto, vista – sem razão – como "universal") do direito subjetivo, como tinha sido elaborado pela tradição pratrimonialística. Não parece fundada, portanto, a opinião de quem nega uma tutela jurídica, ainda que na fase patológica, a tais situações porque não qualificáveis como direitos, ou no pressuposto de que elas não representariam interesses substanciais. A essa matéria não se pode aplicar o direito subjetivo elaborado sobre a categoria do "ter". Na categoria do "ser" não existe a dualidade entre sujeito e objeto, porque ambos representam o ser, e a titularidade é institucional, orgânica.[217]

As situações subjetivas, entendidas como a posição do indivíduo frente ao direito, com a consequente atribuição de capacidade de ação, podem se exprimir através de várias formas, sendo que uma dessas formas é o direito subjetivo. Na

---

[214] CUPIS, Adriano de. *I diritti della personalità*, p. 18. Também trazendo à baila tal conhecida fórmula, CORTIANO JUNIOR, Eroulths. *Alguns apontamentos sobre os chamados direitos da personalidade*, p. 35 e PINTO, Paulo Mota. *Notas sobre o direito ao livre desenvolvimento da personalidade e os direitos de personalidade no direito português*, p. 62.

[215] TEPEDINO, Gustavo. *A Tutela da Personalidade no Ordenamento Civil-constitucional Brasileiro*, p. 24.

[216] FACHIN, Luiz Edson. *Teoria Crítica do Direito Civil*, p. 104/106.

[217] PERLINGIERI, Pietro. *Perfis de Direito Civil*, p. 155.

esteira do pensamento de Perlingieri, Maria Celina Bodin de Moraes afirma que não se pode falar apenas em direitos subjetivos da personalidade, já que a personalidade humana se realiza através de uma complexidade de situações que podem se apresentar de diversas formas: como um poder jurídico, como direito potestativo, como interesse legítimo, como faculdade, como ônus, ou seja, em qualquer circunstância jurídica que se afigure relevante.[218]

A personalidade não é um direito, é um valor, o valor fundamental do ordenamento que está na base de uma série aberta, porque mutável, de situações existenciais que reclamam tutela.[219] Pode-se afirmar, portanto, que, além da necessária releitura do conceito de direito subjetivo, é de se ter em mente que a realização da personalidade extrapola a noção de direito subjetivo, relevando-se também na pluralidade de situações jurídicas existenciais[220] merecedoras de tutela.

As objeções formalistas aos direitos da personalidade foram, portanto, superadas. E mais, originariamente, os direitos de personalidade foram concebidos para consistirem basicamente em um direito geral de abstenção, em que os demais sujeitos ficariam adstritos ao dever de não violar estes bens jurídicos que integram a personalidade. Nestes casos, ficava-se também adstrito à ressarcibilidade dos danos porventura causados. Mas, como já dito, operou-se uma modificação ampliando as possibilidades de realização da personalidade em uma vasta gama de situações jurídicas existenciais, estendendo-se à tutela também para proteger o direito de agir da pessoa humana. Diante disso, é clarividente a impossibilidade de conceber os direitos da personalidade apenas como direitos subjetivos, já superada a negação nesse sentido, seria insuficiente para atender às possíveis situações subjetivas em que a personalidade humana reclame tutela.[221]

A partir da análise realizada que conduziu a uma inexorável releitura das categorias de direito subjetivo e de bem, além da necessária compreensão de que a personalidade é também um valor, o valor fundamental do ordenamento, e que a sua realização se dá através de uma complexidade de situações jurídicas existenciais, no intuito de lhe garantir a tutela mais ampla possível, pode-se afirmar que

---

[218] MORAES, Maria Celina Bodin de. *Danos à pessoa humana:* uma leitura civil-constitucional dos danos morais. Rio de Janeiro: Renovar, 2003, p. 118.

[219] PERLINGIERI, Pietro. *Perfis de Direito Civil,* p. 157/158.

[220] Na modernidade, somente as situações subjetivas patrimoniais eram merecedoras de tutela, mas adquirindo relevância o interesse existencial, passando-se a caracterizar a situação subjetiva a partir da posição do indivíduo frente ao direito, tornou-se fundamental a proteção à personalidade humana. A partir da valorização dos interesses existenciais, se pode concluir que o que caracteriza a situação subjetiva como existencial ou patrimonial é o interesse que constitui seu núcleo. Logo, reconhece-se que as situações subjetivas podem portar vinculação com a existência, exigindo especial proteção à personalidade do sujeito, ou constituírem-se em situação meramente patrimonial, quando o interesse que constitui seu núcleo tem apenas relevância econômica. Importa destacar que o interesse final de qualquer proteção do direito é o homem, fato que desautoriza qualquer vinculação extremada a determinada caracterização. Entretanto, ainda assim se podem identificar as situações subjetivas conforme mencionado, uma vez que cada situação concreta expressará maior relevância na proteção existencial ou patrimonial. Sobre as situações jurídicas, existenciais e patrimoniais, *vide:* PERLINGIERI, Pietro. *Perfis de Direito Civil,* 89/242. Mais brevemente, *vide:* CORTIANO JUNIOR, Eroulths. *Alguns apontamentos sobre os chamados direitos da personalidade,* p. 33/4.

[221] TEPEDINO, Gustavo. *A Tutela da Personalidade no Ordenamento Civil-constitucional Brasileiro,* p. 45.

os direitos de personalidade constituem uma categoria autônoma, eis que cheia de especificidades, e de fundamental importância, já que destinada à proteção dos bens e interesses mais caros da pessoa.

2.1.2. Sobre a fonte dos direitos da personalidade: crítica às concepções jusnaturalistas

Merecem atenção também a controvérsia no que tange às fontes dos direitos de personalidade e a necessidade de sua positivação, eis que as vozes divergentes são de grande peso tanto na doutrina nacional como na estrangeira.[222]

Parte da doutrina, partindo da premissa de que os direitos de personalidade são direitos inatos, impostos através da natureza das coisas, sustenta que se trata de direitos naturais que existem antes e independentemente do direito positivo. Nessa medida, afirmam que as fontes de legitimação dos direitos inerentes ao homem são supralegislativas, fato que impõe ao jurista tão somente a tarefa de reconhecer e descrever tais direitos, já que a pessoa humana, que é anterior e superior à sociedade, impõe-se ao direito.[223]

Eroulths Cortiano Junior, compartilhando dessa posição, afirma que a noção de pessoa não é construída pelo ordenamento, mas sim recebida, com toda a carga valorativa que lhe é dotada.[224] Justifica a posição argumentando que não se sustenta, dentro de uma visão personalista do direito onde o conceito fundamental é a pessoa humana, posição de que os direitos da personalidade são exercitáveis apenas quando previstos. Ressalta que "a pessoa humana é um dado pré-jurídico e, por conseqüência, a proteção de seu núcleo fundamental, sua personalidade e dignidade, desnecessita de expressa previsão legal".[225]

Gustavo Tepedino, juntamente com os juristas italianos Pietro Perlingieri e Adriano de Cupis, critica as concepções jusnaturalistas sustentando ser posicionamento que se justificava historicamente, mas não tem razão de ser nos dias de hoje, já que a concepção dos direitos de personalidade, cuja gênese é jusnaturalista, porque inatos e invulneráveis ao arbítrio do Estado, não justifica a imposição

---

[222] Gustavo Tepedino, criticando a posição de que o fundamento primeiro dos direitos da personalidade está no direito natural, afirma que tal posição, provavelmente, é adotada na tentativa de ampliação do espectro de tutela da pessoa humana. Afirma o autor que grande parte da doutrina, incluindo-se aí os autores brasileiros em larga maioria, nega a primazia do direito positivo, buscando em fontes supralegislativas a legitimação dos direitos inerentes à pessoa humana. Diante disso, acirra-se o debate sobre as fontes dos direitos de personalidade. TEPEDINO, Gustavo. *A Tutela da Personalidade no Ordenamento Civil-constitucional Brasileiro*, p. 38/39.

[223] Na doutrina nacional: FRANÇA, Rubens Limongi. *Direitos da Personalidade*, p. 11, MATTIA, Fabio Maria de. *Direitos da Personalidade:* aspectos gerais, p. 110 e BITTAR, Carlos Alberto. *Os Direitos da Personalidade*, 7/8. Na doutrina alienígena: LEITE DE CAMPOS, Diogo. *Lições de Direitos da Personalidade*, p. 38.

[224] O ser preexistente à ordem legislativa não é somente um dado ontológico, mas também um dado axiológico, portanto ser e valer são indissociáveis. O homem vale porque é, motivo pelo qual se afirma que a personalidade não comporta gradações ou restrições. Tal lição é de OLIVEIRA, José Lamartine Corrêa e MUNIZ, Francisco José Ferreira. *O estado de direitos e os direitos da personalidade*, p. 16.

[225] CORTIANO JUNIOR, Eroulths. *Alguns apontamentos sobre os chamados direitos da personalidade*, p. 44.

de direitos à sociedade independente da formação social, cultural e política.[226] Nessa medida, de Cupis afirma que a titularidade de direitos de personalidade não está menos ligada ao ordenamento do que os demais direitos e obrigações,[227] e Perlingieri sustenta que o direito natural (dever ser) é sempre condicionado pela experiência do direito positivo (ser), na medida em que são noções historicamente condicionadas e que, para terem uma efetiva tutela, devem encontrar seu fundamento na norma positiva, sendo esta o fundamento jurídico da tutela da personalidade.[228]

À primeira vista, as concepções jusnaturalistas, que entendem ser a fonte dos direitos de personalidade supralegislativa, bastando o reconhecimento pelo sistema por se tratarem de direitos inatos, parecem ser a posição mais convincente. Entretanto, como ensina Tepedino, a dificuldade está na definição do que são estes direitos inatos diante da diversidade de consciência social e cultural dos povos. Ademais, a concepção jusnaturalista racionalista embalou a codificação oitocentista.[229]

Nem mesmo a dignidade é considerada apenas um atributo intrínseco ao ser humano ou um valor inato e natural. A dignidade como valor e princípio fundamental foi delineada a partir da evolução histórica da humanidade, levando em consideração aspectos espaciais e temporais e, nessa medida, afastam-se as concepções jusnaturalistas que concebiam a dignidade como um valor superior, como um modelo abstrato ou ideal.[230] Ademais, a dignidade comporta diferentes dimensões e, reconhecendo a sua dimensão cultural, é de ser reconhecida como "valor intangível de cada pessoa no âmbito da reciprocidade das relações humanas".[231]

Neste cenário, resta compreensível a tentativa de afastamento da fundamentação metafísica dos direitos de personalidade. Os rituais religiosos muçulmanos de mutilação de mulheres e penas corporais, a existência de pena de morte em muitos países cristãos e até mesmo a escravidão em países que se dizem civilizados, servem para mostrar que não se sustenta a tese de que a consciência universal estabelece os direitos da personalidade, cumprindo ao sistema tão somente o seu

---

[226] TEPEDINO, Gustavo. *A Tutela da Personalidade no Ordenamento Civil-constitucional Brasileiro*, p. 40/41. Nesse sentido também Luis Edson Fachin, sustentando que o sujeito no contrato social e na Declaração dos Direitos do Homem era o produto mais acabado da razão humana que se encerrava em si mesmo. Tratava-se de um sujeito hipoteticamente livre e senhor de suas circunstâncias que gozava de uma formal dignidade jurídica. Sob seu jugo, o objeto, as coisas e a própria Natureza. Nessa percepção foram excluídos todos os que não tiveram acesso a tal dignidade jurídica, bem como o conjunto das condições da própria natureza humana, suas restrições globais de renascimento ou de extinção. FACHIN, Luis Edson. *Limites e possibilidades da nova teoria geral do direito civil*, p. 102.

[227] CUPIS, Adriano de. *I diritti della personalità*, p. 19.

[228] PERLINGIERI, Pietro. *La personsalità umana nell'ordinamento giuridico*, p. 131/133.

[229] TEPEDINO, Gustavo. *Op. cit.*, p. 42.

[230] FACHIN, Luiz Edson. *Direitos da Personalidade no Código Civil Brasileiro*: elementos para uma análise de índole constitucional da transmissibilidade, p. 8.

[231] SARLET, Ingo Wolfgang. *Dignidade da pessoa humana e direitos fundamentais na Constituição Federal de 1988*, p. 49/50, nota de rodapé 86, citando também a concepção de Habermas.

reconhecimento.[232] Afirmar que os direitos da personalidade são direitos naturais que apenas são reconhecidos pelo ordenamento seria deixar à consciência social universal a responsabilidade pela tutela desses direitos, mas é bem de ver que foi esta consciência que possibilitou as maiores atrocidades cometidas contra as próprias pessoas.[233]

Gustavo Tepedino conclui que

> (...) no Estado de Direito, a ordem jurídica serve exatamente para evitar os abusos cometidos por quem, com base em valores supralegislativos, ainda que em nome de interesses aparentemente humanistas, viesse a violar garantias individuais e sociais estabelecidas, através da representação popular, pelo direito positivo.[234]

Entretanto, é de ser feita a ressalva de que adotar a concepção positivista pura implicaria ignorar a dimensão valorativa que este tema envolve. Para que se possa garantir uma efetiva tutela da pessoa humana é necessário encontrar seu fundamento na norma positiva permeada pelos valores ali também estabelecidos, já que os valores "adquirem positividade na medida em que são consagrados normativamente sob a forma de princípios".[235] Até porque, no contexto atual, dito pós-positivista, se os valores incorporados no texto constitucional devem conformar todo o sistema jurídico, o respeito das normas infraconstitucionais à Constituição perpassa pela análise da correspondência substancial dos valores incorporados ao texto constitucional e não mais através de uma análise puramente formal.[236]

Nesta perspectiva, Perlingieri explicita que o direito positivo[237] deve ser também direito interpretado. Afirma que

> (...) a positividade não deriva de um universo transcendente, mas da circunstância de que o direito é "cognoscível para o observador". Portanto, o direito é positivo "se, mas também

---

[232] Os exemplos citados também são trazidos por: TEPEDINO, Gustavo. *A Tutela da Personalidade no Ordenamento Civil-constitucional Brasileiro,* p. 42.

[233] PERLINGIERI, Pietro. *La personalità umana nell'ordinamento giuridico,* p. 127.

[234] TEPEDINO, Gustavo. *A Tutela da Personalidade no Ordenamento Civil-constitucional Brasileiro,* p. 42.

[235] MORAES, Maria Celina Bodin de. *A constitucionalização do direito civil e seus efeitos sobre a responsabilidade civil.* In: Souza Neto, Cláudio Pereira de; Sarmento, Daniel (orgs.). *A constitucionalização do direito:* fundamentos teóricos e aplicações específicas. Rio de Janeiro: Lumen Juris, 2007, p. 234. A expressão utilizada é de Maria Celina, mas faz-se a ressalva de que seu posicionamento está calcado no entendimento de Perlingieri no sentido de que "Il 'principio' è nomra che impone la massima realizzazione di un valore". PERLINGIERI, Pietro. *Manuale di diritto civile.* Napoli: ESI, 2004, p. 9.

[236] Idem, ibidem, p. 234. Conforme Paulo Bonavides, se numa fase jusnaturalista os princípios eram entendidos como emanações de um direito ideal, de cunho abstrato e metafísico, e no contexto positivista eram considerados fontes subsidiárias, na fase contemporânea, dita pós-positivista, os princípios ganham hegemonia axiológica sobre a qual se assenta todo o sistema jurídico. BONAVIDES, Paulo. *Curso de Direito Constitucional,* p. 232/238.

[237] "É preciso estabelecer o significado a ser atribuído à "positividade" do direito. O objetivo do dar (o texto) é "dado" (o conteúdo do texto) porque "dado" ao destinatário, não como sujeito passivo da entrega, mas pra que ele o possa aferrar. O conteúdo não se forma no momento da produção do texto por parte do legislador: a produção é uma fase à qual é preciso flanquear uma outra, ou seja, a recepção do texto por parte do destinatário, isto é, o intérprete". PERLINGIERI, Pietro. *Perfis de Direito Civil,* p. 67.

somente se, ele é interpretado, e é positivo só na medida em que for interpretado": a positividade do direito é a sua interpretabilidade.[238]

Demonstrando a impossibilidade de vincular-se tanto ao abolicionismo quanto à vinculação clássica à concepção positivista, Tepedino esclarece que tais direitos de personalidade são inatos na medida em que nascem com a pessoa humana, despindo-os, pois, apenas da conotação jusnaturalista.[239] Nesse sentido, Pontes de Miranda considera o direito de personalidade como um direito nato, por ser um direito que nasce com o indivíduo.[240] Nascendo com o indivíduo, é, pois, inerente à condição humana, o vínculo é orgânico.

Desnecessário, portanto, o apego a argumentos jusnaturalistas ou políticos, na medida em que a história dos direitos de personalidade se confunde com a dos direitos fundamentais e das declarações de direitos humanos no processo progressivo de exaltação do ser afirmando sua dignidade. Hoje, tanto os direitos fundamentais como os direitos de personalidade estão firmemente assentados em sistemas jurídicos positivos e nestes devem ser localizados. E isso não quer dizer que apenas os direitos de personalidade devidamente tipificados merecem tutela; não se está falando aqui em positivismo jurídico radical ou normativista, porque não existe um número fechado de hipóteses tuteladas na medida em que é tutelado o valor da pessoa sem limites, o que se dá através do princípio da dignidade humana que funciona como verdadeira cláusula geral promocional e protetiva da pessoa humana.[241]

Em um ordenamento aberto, as normas positivadas não podem ser compreendidas como exaustivas em si mesmas, na medida em que devem ser axiologicamente interpretadas, ou seja, devem ser compreendidas conforme a tábua de valores que forma a base do ordenamento. "A interpretação axiológica representa a superação histórica e cultural da interpretação literal".[242]

---

[238] PERLINGIERI, Pietro. *Perfis de Direito Civil*, p. 67.

[239] TEPEDINO, Gustavo. *A Tutela da Personalidade no Ordenamento Civil-constitucional Brasileiro*, p. 44.

[240] PONTES DE MIRANDA, Francisco Cavalcanti. *Tratado de Direito Privado*. Rio de Janeiro: Borsoi, 1971, v. 7, t. II., p. 2 e 13.

[241] PERLINGIERI, Pietro. *Op. cit.*, p. 156.

[242] Idem, ibidem, p. 73. À página 68 o autor critica o método da subsunção da interpretação literal afirmando que "a superação, assim proposta, do positivismo (simplesmente) lingüístico evidencia a contínua remissão do direito positivo a elementos extrapositivos: são eles, seja o elemento social (a necessária correlação entre norma e fato, a consideração do contexto, do direito como elemento de uma realidade global), seja o 'direito natural' ou, nos sistemas jurídicos modernos, as exigências de justiça racionalmente individuadas, mas não adequadamente traduzidas em textos legislativos. A ampliação da norma de direito positivo e a sua abertura para noções e valores não literalmente e não explicitamente subsuntos nos textos jurídicos permite a superação da técnica da subsunção e a prospectação mais realística da relação dialética e de integração fato-norma, em uma acepção unitária da realidade. (Por técnica da subsunção – que num tempo representava a única técnica possível correta de interpretação normativa – entende-se o procedimento de recondução do caso concreto à *fatispecie* abstrata prevista na norma, como operação puramente lógico-formal). A ideologia da subsunção consentiu mascarar escolhas neutras, necessariamente impostas pela lógica, as escolhas interpretativas do jurista, desresponsabilizando a doutrina".

Com efeito, não obstante as controvérsias que suscita a temática, é, por sorte, pacífica a posição de que os direitos de personalidade são integrantes dos ordenamentos jurídicos de uma forma unitária, eis que a personalidade, indissociável da dignidade humana, é o próprio fundamento desses ordenamentos. É o valor fundante, o valor-guia.[243]

2.1.3. Sobre o direito geral da personalidade: crítica às teorias atomísticas

Os direitos de personalidade devem ser concebidos como uma pluralidade de direitos, onde cada um incidiria sobre um aspecto da personalidade, ou existe um único direito de personalidade que se refere à personalidade no seu todo, um direito geral? Estas posições foram outrora muito controvertidas, mas hoje não há discordâncias na doutrina contemporânea mais atenta, apesar de a doutrina clássica ainda gerar dificuldades para a compreensão da matéria na atualidade.

A concepção pluralista, que defende a existência de múltiplos direitos de personalidade, aponta duas teorias, também chamadas de atomísticas. A primeira, que considera a existência de uma série fechada de direitos, em outras palavras, tipificados ou *numerus clausus*, e a segunda, que sustenta uma série aberta, ou seja, uma atipicidade de direitos de personalidade. Em oposição, a teoria monista, cujos adeptos entendem os direitos de personalidade na forma de um direito único e esgotante, originário e geral, que engloba direitos singulares que desenvolvem e concretizam a tutela geral da personalidade. Defendem tal posição apoiados na concepção do valor unitário da pessoa humana e da sua dignidade.[244]

A classificação de Adriano de Cupis é uma das mais conhecidas e reflete o posicionamento de que a tutela dos direitos da personalidade restringe-se àqueles que são tipificados em lei. Classifica-os em: direito à vida e à integridade física; direito sobre as partes destacadas do corpo e direito sobre o cadáver; direito à liberdade; direito ao resguardo que integra o direito à honra, ao resguardo e ao segredo; direito à identidade pessoal que integra o direito ao nome, ao título e ao sinal pessoal e direito moral do autor. O autor adverte, no entanto, que o Código Civil Italiano, por não abarcar todos os direitos acima sistematizados, possui uma disciplina parcial. Como não admite outros direitos que não estejam tipificados em lei, sustenta que alguns deles são tutelados reflexamente pelas normas penais.[245]

A majoritária doutrina italiana defende a exclusividade da existência de direitos privados da personalidade; todavia, acabam admitindo, junto com a juris-

---

[243] "(...) na qualidade de princípio fundamental, a dignidade da pessoa humana constitui valor-guia não apenas dos direitos fundamentais mas de toda a ordem jurídica (constitucional e infraconstitucional), razão pela qual, para muitos, se justifica plenamente sua caracterização como princípio constitucional de maior hierarquia axiológico-valorativa". SARLET, Ingo Wolfgang. *Dignidade da pessoa humana e direitos fundamentais na Constituição Federal de 1988*, p. 72.

[244] Sobre as teorias monista e pluralistas, *vide:* PERLINGIERI, Pietro. *Perfis do Direito Civil*, p. 153/154 e TEPEDINO, Gustavo. *A Tutela da Personalidade no Ordenamento Civil-constitucional Brasileiro*, p. 44/46.

[245] CUPIS, Adriano de. *I diritti della personalità*, p. 30/36.

prudência, um leque amplo de direitos da personalidade decorrentes do direito penal, bem como a partir da cláusula geral de tutela da pessoa contida no artigo 2º da Constituição de 1947.[246]

A teoria atomística tipificadora não mais encontra muitos adeptos diante da evolução da teoria dos direitos de personalidade, já que a admissão de uma tutela geral vem sendo amplamente difundida e representa uma tendência mundial.[247]

Todavia, a teoria atomística que admite uma séria atípica de direitos de personalidade ainda encontra muitos adeptos. A doutrina francesa é um exemplo, a qual reconhece uma série ampla de direitos isolados da personalidade a partir da aplicação da norma que gera o dever indenizatório em caso de lesão a algum bem da personalidade, sustentando o caráter não taxativo das listas de direitos da personalidade.[248]

Castan Tobeñas, exemplo da doutrina espanhola, também adepto da teoria atomística, admite uma série de direitos dos quais decorrem outros atípicos, e os distribui em duas categorias: os direitos relativos à existência física ou inviolabilidade corporal que integram o direito à vida e à integridade física, à disposição do corpo, no todo em partes separadas e ao cadáver; e os do tipo moral que se referem à liberdade pessoal; à honra, ao segredo e ao direito moral do autor.[249]

José de Oliveira Ascensão, embora larga doutrina portuguesa seja adepta à formulação de um direito geral de personalidade, chega a dizer que o tal direito geral continua a ser uma figura germânica,[250] do que se discorda veementemente.

No Direito brasileiro, a exemplo da doutrina alienígena, muito autores formularam as suas classificações. Pontes de Miranda classifica os direitos da personalidade em: direito à vida, à integridade física, à integridade psíquica, à liberdade, à verdade, à honra, à imagem, à igualdade, ao nome, à intimidade e direito autoral.[251]

---

[246] CAPELO DE SOUZA, Rabindranath Valentino Aleixo. *O direito geral de personalidade*, p. 128/129. Nas páginas citadas, o autor traz em sua obra, além da sistematização de Adriano de Cupis, o posicionamento de: Campogrande, Del Vecchio, Coviello, Carnelutti e Ravà.

[247] Sobre a divisão e classificação dos direitos de personalidade segundo a teoria tipificadora, *vide:* SZANIAWSKI, Elimar. *Direitos de personalidade e sua tutela*, p. 87/93. O autor, nas páginas 88/90, além de trazer a classificação de Adriano de Cupis, faz referência às sistematizações de Gangi e de Martin Ballestero, para demonstrar que nestas classificações os direitos de personalidade são fracionados e tipificados de forma muito ampla, incluindo situações que sequer constituem direitos subjetivos, chegando Ballestero ao exagero de incluir entre os direitos de personalidade as liberdades públicas. A par destas classificações e sensível à problemática causada pela inclusão de direitos que se afastam da noção de direito subjetivo, o autor traz a classificação de Kayser (p. 90/93), também combatida, que elabora uma lista provisória de direitos da personalidade em dois grandes grupos: os comparáveis aos direitos reais e os comparáveis aos direitos de crédito, aos quais vão se integrando os novos direitos que irão surgindo.

[248] CAPELO DE SOUZA, Rabindranath Valentino Aleixo. *Op. cit.*, p. 124/128. Nas páginas citadas, o autor traz em sua obra as sistematizações de Colin, Capitant, La Morandière, Marty, Raynaud, Mazeaud, Delestraint e Carbonnier.

[249] TOBEÑAS, José Castan. *Los Derechos de la Personalidad,* p. 34/60.

[250] ASCENSÃO, José de Oliveira. *Direito civil teoria geral*: introdução, as pessoas, os bens. Coimbra: Coimbra, 1997. v.1, p. 78.

[251] PONTES DE MIRANDA, Francisco Cavalcanti. *Tratado de Direito Privado*, p. 37/190.

Limongi França, o qual justificou a necessidade da classificação na falta de critério na distribuição da matéria, o que dificultaria o seu desenvolvimento, realizou uma divisão tripartite. Partiu da premissa de que, a despeito do traço comum dos direitos da personalidade, já que todos são direitos privados, devem ser agrupados de acordo com os aspectos que cada um concerne, ou seja, a integridade física,[252] a integridade intelectual[253] e a integridade moral.[254] O autor, na tentativa de solucionar a discussão sobre se o direito de personalidade é único ou se são vários, sustentou que em sentido estrito há o direito geral e único da pessoa sobre si mesma, mas em sentido lato, tem-se os direitos tutelados por seus diferentes aspectos.[255]

Orlando Gomes classifica os direitos da personalidade em dois grandes grupos: os direitos à integridade física[256] e os direitos à integridade moral.[257] Afirma que os direitos da personalidade sempre cabem em uma destas duas categorias. Traça os direitos nestes dois grandes grupos, argumentando que as classificações normalmente são hipertrofiadas, ultrapassando os limites dos direitos privados da personalidade, ou são deficientes, as quais deixam de abarcar todos os tipos tutelados pelo direito. Justifica tal falha na falta de elaboração de uma teoria geral dos direitos da personalidade.[258]

Para referir mais um autor brasileiro, Carlos Alberto Bittar distribui os direitos da personalidade em direitos físicos,[259] que se referem aos componentes materiais da estrutura humana; direitos psíquicos,[260] que são relativos aos elementos intrínsecos à personalidade e direitos morais[261] em relação aos atributos valorativos da pessoa na sociedade.[262]

Alguns doutrinadores ainda buscam classificar os direitos da personalidade dentro de séries abertas sob o argumento de que somente a positivação libertaria os direitos de personalidade de incertezas e imprecisões. Sustentam que a admis-

---

[252] O direito à integridade física integra o direito à vida e aos alimentos, o direito sobre o próprio corpo vivo e morto, sobre o corpo alheio vivo e morto, sobre partes separadas do corpo vivo ou morto.

[253] O direito à integridade intelectual que engloba o direito à liberdade de pensamento, o direito pessoal de autor científico e artístico e de inventor.

[254] O direito à integridade moral que se subdivide em direito à liberdade civil, política e religiosa; à honra; à honorificência; ao recato; ao segredo pessoal, doméstico e profissional; à imagem e à identidade pessoal, familiar e social.

[255] FRANÇA, Rubens Limongi. *Direitos da Personalidade*, p. 13.

[256] O direito à integridade física engloba, aprioristicamente, o direito à vida, sobre o próprio corpo inteiro e sobre as partes separadas.

[257] O direito à integridade moral engloba, aprioristicamente, o direito à honra, à liberdade, ao recato, à imagem, ao nome e o direito moral do autor.

[258] GOMES, Orlando. *Introdução ao direito civil*, p. 153/154.

[259] Os direitos físicos, ou de integridade corporal, compreendem o corpo, como um todo; os órgãos; os membros; a imagem ou à efígie.

[260] Os direitos psíquicos, ou de integridade psíquica, compreendem a liberdade, a intimidade e o sigilo.

[261] Os direitos morais, ou patrimônio moral, que representam o modo de ser da pessoa e suas projeções na coletividade, ou seja, na sua atuação como um ente social.

[262] BITTAR, Carlos Alberto. *Os Direitos da Personalidade*, p. 17.

são de um direito geral de personalidade oferece desvantagens específicas, já que por ser um direito de desmesurada extensão, põe em causa a segurança jurídica.[263] Todavia, as teorias atomísticas estão em franca decadência, já que não subsistem frente às críticas que lhes são lançadas.

A primeira crítica que se faz às teorias tipificadoras e fracionárias é o fato de que nem mesmo seus adeptos lograram aclarar a matéria a partir de suas classificações, já que não há como traçar uma classificação verdadeiramente científica que abarque todos os direitos existentes ou possíveis e, dessa forma, as lacunas inexoravelmente impediriam a plena tutela da personalidade, deixando um grande número de situações sem a devida tutela.[264]

Além disso, o que realmente levou tais teorias ao fracasso foi o fato de estarem atreladas à distinção entre os direitos públicos e privados da personalidade, os quais seriam os mesmos, mas em ambientes protetivos diversos; bem como pela exigência de que tais direitos estejam devidamente positivados no Código Civil, o que remonta ao forte apego aos sistemas fechados dos códigos do século XIX sob influência do positivismo jurídico radical e da Escola Histórica do Direito.[265]

Ocorre que, diante dos fenômenos da publicização, constitucionalização e repersonalização do Direito Privado, a partir da uma maior intervenção estatal nas relações interprivadas, da inserção de matérias de Direito Privado no corpo das Constituições, da necessária leitura da legislação privada à luz dos ditames constitucionais, bem como diante da eleição da dignidade humana como valor fundante dos Estados de Direito, o que recolocou o ser humano no centro da preocupação do sistema, não há que se falar mais em dicotomia entre o público e o privado e sequer em enclausuramento de qualquer disciplina em sistemas fechados.

As consequências desses fenômenos nos sistemas jurídicos provocaram, assim, a afirmação do direito geral de personalidade. Até porque somente uma cláusula geral de promoção e proteção permitirá o desenvolvimento de uma atuante e dinâmica jurisprudência que abarque as infinitas modalidades de lesão à personalidade, tutelando também a sua livre realização e desenvolvimento, adequando-se à sua complexidade.[266]

---

[263] Defendendo essa posição, *vide:* ASCENSÃO, José de Oliveira. *Direito civil:* teoria geral, p. 78/81. Na página 78, o autor português refere que o direito geral de personalidade é formulação aceita na Faculdade de Direito de Coimbra e rejeitada na faculdade de Direito de Lisboa.

[264] "Verifica-se a insuficiência das técnicas de proteção da pessoa humana elaboradas pelo direito privado, consubstanciadas na doutrina dos direitos de personalidade. Afinal, a tipificação dos direitos da personalidade, concebida sob o paradigma dos direitos patrimoniais, com sua meticulosa taxionomia, a definição de poderes do titular e os mecanismos previamente definidos para a sua proteção, mostra-se inteiramente aquém das inúmeras e crescentes demandas da pessoa humana, inseridas em situações que se multiplicam e se diversificam ao sabor dos avanços tecnológicos, sendo insuscetíveis de se ajustarem à rígida previsão normativa, muito embora merecedoras de tutela pelo ordenamento jurídico". TEPEDINO, Gustavo. *Direitos Humanos e Relações Jurídicas Privadas.* Revista do Ministério Público, Rio de Janeiro, v. 4, n. 7, p. 103-116, 1998, p. 105.

[265] SZANIAWSKI, Elimar. *Direitos de personalidade e sua tutela*, p. 123/124.

[266] Ao lado da técnica de legislar com normas regulamentares, coloca-se a técnica de legislar com cláusulas gerais, através das quais se permite ao juiz, ao intérprete, uma maior possibilidade de adaptar a norma às situações de fato. PERLINGIERI, Pietro. *Perfis de Direito Civil*, p. 27.

O direito geral de personalidade seria, então, um direito único cujo conteúdo é indefinido e diversificado, e este é o ponto de partida das críticas dessa concepção, as quais sustentam que assim não seria possível bem definir os contornos dos direitos de personalidade.[267] Ora, são efetivamente estes contornos definidos que se pretende evitar com o direito geral de personalidade, na medida em que este deve ter como objeto a personalidade humana em todas as suas facetas, atuais e futuras, previsíveis e imprevisíveis, a tutelar seu livre desenvolvimento.[268]

A insegurança não emerge da adoção de uma cláusula geral promocional e protetiva que permite a tutela nas mais variadas situações, mas sim da fragmentação que possibilita a existência de lacunas na tutela da personalidade em face da ausência de previsão legal específica.

Paulo Mota Pinto é contundente quando afirma que somente a tutela geral dos direitos de personalidade tem como abarcar a "irredutível complexidade da personalidade humana". Sob esse enfoque, o autor sustenta que o direito geral de personalidade é "um direito aberto, sincrônica e diacronicamente, permitindo a tutela de novos bens, face às renovadas ameaças à pessoa humana, respeitando a personalidade na sua perspectiva estática e dinâmica de realização e desenvolvimento"[269] em cada pessoa e na vida em relação. O direito geral de personalidade é o único capaz de tutelar adequadamente a personalidade humana, pois é a única forma de se conferir tutela em perspectiva globalizante, abrangendo todos os bens da personalidade, mesmo os não previstos em lei.

Com efeito, como se salientou inicialmente, não há atualmente maiores controvérsias a esse respeito, sendo que a tutela geral da personalidade prevaleceu perante as teorias pluralistas, principalmente diante daquela que sustentava serem os direitos de personalidade *numerus clausus*.

Pietro Perlingieri, sempre contribuindo brilhantemente, afasta a ideia de que a personalidade humana poderia ser tutelada apenas através de direitos subjetivos típicos, eis que a personalidade é um valor, não só um valor, como o valor fundamental do ordenamento, devendo ser tutelada nas mais variadas situações em que o homem possa se encontrar. A personalidade "está na base de uma série aberta de situações existenciais, nas quais se traduz a sua incessante mutável exigência de tutela".[270]

Não há como tutelar apenas um número determinado de hipóteses na medida em que o tutelado é o valor da pessoa quase sem limites, até porque se assim o fosse certamente ficariam à margem da tutela muitas situações e exigências da

---

[267] TEPEDINO, Gustavo. *A Tutela da Personalidade no Ordenamento Civil-constitucional Brasileiro*, p. 45.

[268] CARVALHO, Orlando. *Teoria geral do direito civil*. Sumários desenvolvidos. Coimbra, 1981, *apud* PINTO, Paulo Mota. *Notas sobre o direito ao livre desenvolvimento da personalidade e os direitos de personalidade no direito português*, p. 68.

[269] PINTO, Paulo Mota. *Op. cit.*, p. 68.

[270] PERLINGIERI, Pietro. *Perfis do Direito Civil*, p. 156.

pessoa. Ademais, o fato de a personalidade ser tutelada de forma geral não impede que sejam previstos na legislação alguns direitos mais importantes, mas isso não pode autorizar a ausência de tutela sobre algum aspecto da existência humana pelo simples fato de não contar com previsão específica.[271]

A cláusula geral de proteção e promoção da personalidade convive harmonicamente com alguns direitos que por sua importância recebem positivação típica. Os direitos de personalidade que merecem especial atenção são tipificados em lei para que tenham sua tutela garantida expressamente. Estes direitos tipificados que surgem ao lado da cláusula geral são os chamados direitos especiais da personalidade.[272]

Em síntese, o direito geral de personalidade tem como objetivo salvaguardar a pessoa humana em qualquer circunstância, tanto mediante os especiais direitos da personalidade consagrados pela legislação constitucional e infraconstitucional, como também diante de qualquer situação que não atenda à realização da personalidade, eis que o projeto constitucional em vigor de valorização e proteção da dignidade da pessoa humana não se coaduna com a tipificação de situações previamente determinadas pelo simples fato de que não exaure as possibilidades oferecidas pela realidade.[273]

Pode-se dizer, portanto, que a tutela da personalidade é dotada de uma elasticidade que significa abrangência não só das hipóteses previstas em lei como também as não previstas, no sentido de preservação total e irrestrita da dignidade humana, eis que valor máximo do ordenamento.[274]

Neste panorama de garantia dos valores essenciais do ser humano não se pode pensar que o ordenamento positivo possa, sem violar seu próprio fundamento, lesar a dignidade da pessoa humana.[275] Assim, reconhecendo-se a plena vinculação de todo o ordenamento jurídico ao valor máximo que é a própria pessoa humana, donde se extrai a cláusula geral de proteção e promoção da personalidade, mostra-se desnecessária a discussão em torno da tipificação ou não dos direitos inerentes ao ser. Não se pode restringir os direitos da personalidade ao tímido elenco de direitos especiais consagrados expressamente na legislação civil, até porque a cláusula geral de proteção da personalidade constante da Constituição impõe a tutela de hipóteses ainda que não expressamente previstas.

---

[271] PERLINGIERI, Pietro. *Perfis do Direito Civil*, p. 156.

[272] SZANIAWSKI, Elimar. *Direitos de personalidade e sua tutela*, p. 127/128.

[273] TEPEDINO, Gustavo. *A Tutela da Personalidade no Ordenamento Civil-constitucional Brasileiro*, p. 48/49.

[274] PERLINGIERI, Pietro. *La personsalità umana nell'ordinamento giuridico*, p. 185/186.

[275] Idem, ibidem, p. 61.

2.2. A tutela geral da personalidade no ordenamento civil-constitucional brasileiro[276]

Grande parte da literatura brasileira destinada a analisar os direitos da personalidade, ainda muito conservadora, não enfrenta profundamente as temáticas tormentosas a seu respeito como se houvesse um receio em reconstruir a temática no intuito de atender à realidade que se apresenta. Afirmam apenas a existência de direitos subjetivos da personalidade, mas os analisam levando em consideração os fragmentados direitos de personalidade tipificados e positivados, o que não mais se sustenta após a promulgação da Constituição Federal de 1988, a qual elegeu a dignidade da pessoa humana como fundamento da República, dando a todas as situações jurídicas subjetivas um papel primário.[277] Em razão dessa deficiência doutrinária, tratar desta temática é, realmente, assumir grandes desafios.

Para citar um grande desafio assumido tem-se o pioneirismo dos professores paranaenses José Lamartine Corrêa de Oliveira e Francisco José Ferreira Muniz, os quais em 1980 apresentaram, na VII Conferência Nacional da OAB, tese revolucionária para os contornos do Direito da época. Os professores, em plena ditadura militar, ousaram sustentar a construção de um direito geral de personalidade à semelhança do que ocorria no direito alemão e italiano, calcado, assim, na dignidade da pessoa humana. Como a Constituição vigente à época não consagrava o princípio da dignidade humana e o Código Civil de 1916 não mencionava a existência de direitos da personalidade, defenderam uma noção personalista do Direito baseado na categoria dos Direitos do Homem, ou seja, afirmaram que a noção de dignidade da pessoa humana decorria de sua natureza, sendo dado anterior e superior à ordem legislada. Decorrente desta dignidade, a noção de personalidade como valor, que deveria ser protegida em perspectiva integrada, ou seja, não puramente privatística, mas aliada à categoria dos Direitos do Homem, sob pena de uma proteção fracionada que não exaure a realidade.

---

[276] Adota-se a expressão "tutela geral da personalidade", e não "direito geral de personalidade", como se utilizou no capítulo antecedente, porque utilizar "direito geral" pode gerar um entendimento de que apenas estão abarcados aí os direitos subjetivos. Todavia, como já se logrou demonstrar, a personalidade se realiza através de múltiplas e complexas situações jurídicas. Nessa medida, Gustavo Tepedino e Maria Celina Bodin de Moraes, expoentes na temática, preferem utilizar a fórmula da "cláusula geral de tutela e promoção da pessoa humana". Assim como Ingo Sarlet e Paulo Mota Pinto, em razão da dicção dos textos constitucionais alemães e portugueses, preferem falar de um direito ao livre desenvolvimento da personalidade. Não obstante as diferentes designações adotadas, importa que com elas se identifique o mesmo instituto, ou melhor, que se tenha presente que o direito fundamental em questão não assume apenas feição de direito subjetivo, abarcando todas as situações jurídicas subjetivas em que a personalidade se realiza e se manifesta. Sobre a tutela geral da personalidade, *vide*: CANTALI, Fernanda Borghetti; CARDOSO, Simone Tassinari. *Por uma tutela geral dos direitos da personalidade*: breve ensaio. Revista da Escola Superior da Advocacia da OAB/RS, Porto Alegre, a. 2, n. 2, p. 75/101, jul.-set., 2005.

[277] A expressão é de PERLINGIERI, Pietro. *Perfis de Direito Civil,* p. 106.

Conforme os professores, os exemplos do direito Alemão e Italiano demonstraram

(...) a impossibilidade de uma construção doutrinária que busque construir esta cláusula geral e se feche dentro do campo do Direito Civil, ignorando os fundamentais princípios que asseguram o respeito à dignidade da pessoa humana. No plano doutrinário, isso significa que só através do entendimento da ordem jurídica como um todo, que tem por base uma hierarquia de valores, dentro da qual ocupa lugar primacial a noção de que o ser humano é pessoa, dotada de inalienável e inviolável dignidade, é possível dar a noção de direitos da personalidade toda a sua real amplitude. Para tal, é necessário vincular a noção de direitos da personalidade à noção de direitos do homem.[278]

Em que pese a essência jusnaturalista presente no texto, o que se justifica em razão de uma relatividade histórica,[279] antes mesmo da Constituição de 1988, já se anunciava ali a adoção de um direito geral de personalidade no Brasil, ou de uma tutela geral, no intuito de proteger a pessoa enquanto ser dotado de dignidade.

2.2.1. A Constituição Federal de 1988: a dignidade humana como cláusula geral de tutela e promoção da personalidade

A Constituição Federal de 1988 trouxe em seu corpo diversos valores e princípios através dos quais se instaurou uma nova ordem jurídica que impôs um repensar de todo o sistema,[280] na medida em que o ser humano, diante da eleição da dignidade da pessoa humana como fundamento do próprio Estado Democrático de Direito, passou a ocupar o centro referencial do ordenamento.[281]

O respeito à dignidade humana tornou-se um comando jurídico no Brasil após duas décadas de ditadura militar,[282] assim como já havia ocorrido em outras partes do mundo, essencialmente, nas constituições europeias do pós-guerra, as

---

[278] OLIVEIRA, José Lamartine Corrêa de; MUNIZ, Francisco José Ferreira. *O Estado de Direito e os Direitos da Personalidade*, p. 14.

[279] Justamente em razão desta relatividade histórica que Tepedino afirma que os autores sustentavam uma espécie de neonaturalismo que não pode ser considerado contrastante com a doutrina atual que critica as fontes jusnaturalistas dos direitos de personalidade, como já se analisou anteriormente neste trabalho. TEPEDINO, Gustavo. *Premissas Metodológicas para a Constitucionalização do Direito Civil*, p. 40.

[280] Maria Celina Bodin de Moraes afirma que nos quase vinte anos que se passaram desde a promulgação da Constituição, uma verdadeira reviravolta ocorreu no âmbito do direito civil. MORAES, Maria Celina Bodin de. *A constitucionalização do direito civil e seus efeitos sobre a responsabilidade civil*, p. 233.

[281] Artigo 1º, CF/88: A República Federativa do Brasil, formada pela união indissolúvel dos Estados e Municípios e do Distrito Federal, constitui-se em Estado Democrático de Direito e tem como fundamentos: (...) III – a dignidade da pessoa humana; (...)

[282] "Pouco importa tenha o texto da Carta outorgada em 1969 consagrado longa lista de direitos individuais e sociais: tudo isso se reduz a cinzas com a simultânea vigência do AI-5. Um Estado onde o Congresso vivia sob a ameaça permanente das cassações, um Poder Legislativo e constituinte que existem enquanto consintam os titulares dos poderes absolutos emanados do AI-5 e onde a magistratura não tem as suas tradicionais garantias, é um Estado absolutista. Tratava-se de um Estado-governo que não se subordinava ao Direito, ao contrário, produzia e mantinha o anti-direito. Nessa perspectiva, certo é que em época de ditadura militar no Brasil não havia Estado de Direito; conseqüência disso é que não existia nem a efetiva consagração, nem a efetiva tutela dos direitos da personalidade". OLIVEIRA, José Lamartine Corrêa de; MUNIZ, Francisco José Ferreira. *O Estado de Direito e os Direitos da Personalidade*, p. 20/21.

quais passaram a adotar uma perspectiva de proteção integral da pessoa humana, o que, inexoravelmente abarca a personalidade.

Iniciou-se, pois, conforme Luiz Edson Fachin, "um sistema constitucional consentâneo com a pauta valorativa afeta a proteção do ser humano em suas mais vastas dimensões, em tom nitidamente principiológico, a partir do reconhecimento de sua dignidade intrínseca".[283]

A proteção dispensada ao homem face aos desmandos do poder constituído foi recepcionada pelas Constituições dos Estados Democráticos, mas a partir do pós-guerra tal proteção caracterizou-se como um compromisso político, no sentido de garantir os valores que são indispensáveis, para o que se consagrou a dignidade da pessoa humana como princípio informador de todo o ordenamento jurídico. Tal movimento transformador deve ser analisado sob duas óticas: a constitucionalização da proteção da personalidade, o que nos conduz à questão dos limites do Direito Privado, e a efetividade da norma constitucional de proteção da personalidade.[284]

A constitucionalização da proteção da personalidade se deve ao fato de os Códigos de feição liberal não se ocuparem desta temática, eis que seu enfoque principal era a proteção dos interesses patrimoniais da pessoa. Essa lacuna foi, então, preenchida pela proteção constitucional.[285] Já a efetividade da norma constitucional de proteção da personalidade se dá na medida em que a Constituição passou a ser o centro de integração do sistema jurídico de Direito Privado, o que impõe uma atitude hermenêutica de análise, interpretação e aplicação de qualquer norma infraconstitucional de acordo com o preceito constitucional.[286]

Desde o preâmbulo e os artigos 1º e 2º da Constituição da República constata-se o delineamento de um Estado garantidor dos direitos individuais e sociais, cujos principais fundamentos são a dignidade humana e os valores sociais, objetivando ainda a construção de uma sociedade pautada na liberdade, na justiça, na solidariedade e na igualdade formal e material para, assim, promover o bem de todos, já que o fim último é a tutela da pessoa humana em todas as suas dimensões.

A proteção primordial da pessoa apenas enquanto ser dotado de dignidade impôs uma verdadeira alteração paradigmática, a partir da qual não mais se admite relegar ao segundo plano a tutela dos interesses existenciais[287] posto que a digni-

---

[283] FACHIN, Luiz Edson. *Direitos da Personalidade no Código Civil Brasileiro*: elementos para uma análise de índole constitucional da transmissibilidade, p.7.

[284] CORTIANO JÚNIOR, Eroulths. *Alguns apontamentos sobre os chamados direitos da personalidade*, p. 36.

[285] Idem, ibidem, p. 36.

[286] TEPEDINO, Maria Celina Bodin de Moraes. *A caminho de um Direito Civil Constitucional,* p. 21.

[287] "O Direito, na contemporaneidade, é marcado pelo reconhecimento da necessidade de tutela dos valores essenciais para o ser humano, que outrora foram relegados a uma proteção indireta, quando existente. (...) No âmbito do direito privado, deixa-se atrás a velha concepção do patrimonialismo, marcante nas codificações que praticamente atravessaram este século. (...) Revolta-se o direito contra as concepções que o colocavam como mero protetor de interesses patrimoniais, para postar-se agora como protetor direto da pessoa humana. Ao proteger (ou regular) o patrimônio, se deve fazê-lo apenas e de acordo com o que ele significa: suporte ao livre desenvolvimento da pessoa". CORTIANO JÚNIOR, Eroulths. *Op. cit.,* p. 31/33.

dade humana, enquanto valor constitucional, é princípio fundamental do Estado Democrático de Direito, devendo ser o *telos* de todo o sistema.

A dignidade da pessoa humana é valor fundante que serve de alicerce à ordem jurídica democrática. Tal assertiva indica que o valor da dignidade humana alcança todos os setores da ordem jurídica, fato que traz em si a dificuldade de se estabelecerem os limites e o alcance de tal princípio.[288] Na busca destes limites, necessário foi um retorno aos postulados filosóficos que nortearam o conceito de dignidade como valor intrínseco às pessoas humanas.[289]

A ideia de uma dignidade própria ao homem remonta à filosofia de Immanuel Kant, o qual afirmava que "no reino dos fins tudo tem um preço ou uma dignidade" ou "quando uma coisa tem um preço, pode-se pôr em vez dela qualquer outra como equivalente; mas quando uma coisa está acima de todo o preço, e, portanto, não permite equivalente, então tem ela dignidade".[290] Todavia, ainda que antiga a ideia de dignidade humana, a efetiva proteção jurídica apenas tomou relevância no pós-guerra e diante da revolução tecnocientífica.

A construção científica acerca da dignidade da pessoa humana é de tal sofisticação que se fala hoje nas suas diferentes dimensões. Ingo Sarlet explicita estas múltiplas dimensões da dignidade. Há uma dimensão ontológica que, seguindo a doutrina clássica, entende a dignidade como algo inerente a qualquer pessoa, ligada à condição humana. Há uma dimensão comunitária ou social, que leva em consideração a dignidade de cada uma e de todas as pessoas, já que todas as pessoas são iguais em dignidade e direitos. Tal dimensão atende à inerente intersubjetividade que marca todas as relações humanas. A dimensão histórico-cultural também é inequívoca, eis que um conceito aberto e vago como o de dignidade da pessoa humana está em permanente processo de construção e desenvolvimento, inclusive para atender às necessidades sociais.[291]

---

[288] Para o estudo aprofundado da matéria, *vide*: SARLET, Ingo Wolfgang. *Dignidade da Pessoa Humana e Direitos Fundamentais*.

[289] MORAES, Maria Celina Bodin de. *Danos à pessoa humana:* uma leitura civil-constitucional dos danos morais. Rio de Janeiro: Renovar, 2003, p. 76/86.

[290] KANT, Immanuel. *Fundamentação da Metafísica dos Costumes*. Traduzido por Paulo Quintela. Lisboa: Ed. 70, 1986, p. 77. Retomando os ensinamentos de Kant, para uma fundamentação filosófica da dignidade da pessoa humana, Maria Celina Bodin de Moraes é esclarecedora: "De acordo com Kant, no mundo social existem duas categorias de valores: o preço (*preis*) e a dignidade (*würden*). Enquanto o preço representa um valor exterior (de mercado) e manifesta interesses particulares, a dignidade representa um valor interior (moral) e é de interesse geral. As coisas têm preço; as pessoas, dignidade. O valor moral se encontra infinitamente acima do valor de mercadoria, porque, ao contrário deste, não admite ser substituído por equivalente. Daí a exigência de jamais transformar o homem e meio de alcançar quaisquer fins. Em consequência, a legislação elaborada pela razão prática, a vigorar no mundo social, deve levar em conta, como sua finalidade máxima, a realização do valor intrínseco da dignidade humana". MORAES, Maria Celina Bodin de. *O conceito de dignidade humana:* substrato axiológico e conteúdo normativo. In: SARLET, Ingo Wolfgang (org.). *Constituição, Direitos Fundamentais e Direito Privado*. Porto Alegre: Livraria do Advogado, 2003, p. 113/114.

[291] SARLET, Ingo Wolfgang. *As dimensões da dignidade da pessoa humana*: construindo uma compreensão jurídico-constitucional necessária e possível. In: ——. (org.). *Dimensões da Dignidade*: ensaios de Filosofia do Direito e Direito Constitucional. Porto Alegre: Livraria do Advogado, 2005, p. 18/30.

Há, ainda, uma dupla dimensão: a negativa e a prestacional. Isso significa que a dignidade se manifesta simultaneamente como a expressão da autonomia da pessoa, ou seja, o direito de autodeterminação que cada pessoa tem para tomar decisões que digam com a sua própria existência, bem como a necessidade de o Estado prestar assistência, protegendo-a. Trata-se da própria dignidade impondo dever de proteção e de assistência, principalmente quando a capacidade de autodeterminação encontra-se restringida, situação em que, mesmo assim, resta o direito de ser tratado com dignidade.[292]

Por certo que as múltiplas dimensões em que se manifesta a dignidade humana importam em dificuldade para uma compreensão jurídica acerca dela. O conceito de dignidade é vago e indeterminado. A única certeza é a de que o respeito à dignidade humana, além de ser valor inerente à condição humana, é também fundamento imperativo na maioria dos sistemas jurídicos.

Mesmo frente à dificuldade de estabelecer uma conceituação jurídica da dignidade, Ingo Sarlet propõe um possível conceito analítico, que, como ele próprio afirma, é necessariamente aberto e complexo. Para o autor, dignidade da pessoa humana é

(...) a qualidade intrínseca e distintiva reconhecida em cada ser humano que o faz merecedor do mesmo respeito e consideração por parte do Estado e da comunidade, implicando, nesse sentido, um complexo de direitos e deveres fundamentais que assegurem a pessoa tanto contra todo e qualquer ato de cunho degradante e desumano, como venha lhe garantir as condições existenciais mínimas para uma vida saudável, além de propiciar e promover sua participação ativa e co-responsável nos destinos da própria existência e da vida em comunhão com os demais seres humanos.[293]

Como já se disse anteriormente, a dignidade humana como princípio fundamental, da qual derivam os demais princípios e responsável por nortear todas as regras jurídicas, é valor que se edificou no curso da evolução histórica da humanidade. Tal concepção afasta-se do entendimento jusnaturalista de que a dignidade é um valor superior, abstrato ou ideal, e que possui validade independentemente da conjuntura espaço-temporal, eis que a dignidade como norma elevada acima dos demais princípios e regras tem sua eficácia e validade derivadas da necessidade própria da sua integração e sua proteção nos sistemas normativos.[294]

Como adverte Luiz Edson Fachin

(...) essa perspectiva principiológica da dignidade humana informa e conforma todo o ordenamento jurídico, servindo de substrato normativo e axiológico para todos os demais direitos

---

[292] SARLET, Ingo Wolfgang. *As dimensões da dignidade da pessoa humana*: construindo uma compreensão jurídico-constitucional necessária e possível, p. 30/33.

[293] Idem. *Dignidade da Pessoa Humana e Direitos Fundamentais*, p. 59/60.

[294] FACHIN, Luiz Edson. *Direitos da Personalidade no Código Civil Brasileiro*: elementos para uma análise de índole constitucional da transmissibilidade, p. 8.

não patrimoniais, como os direitos da personalidade. O que permite, assim, afastar as concepções jusnaturalistas sobre as fontes dos direitos da personalidade.[295] [296]

A dignidade humana tem fundamento material, devendo-se desprender de uma concepção meramente abstrata. Ademais, a dignidade da pessoa humana é o centro da personalidade humana e, por isso, merece larga proteção normativa. A ligação entre dignidade e personalidade é de tal forma indissolúvel e forte que se constata que boa parte dos autores que trata da proteção à personalidade refere-se diretamente à proteção da dignidade do homem.[297]

Com efeito, não há como refutar o reconhecimento e a consagração de uma tutela geral de personalidade através do princípio da dignidade da pessoa humana, o qual consiste em uma cláusula geral de concreção da proteção e do livre desenvolvimento da personalidade.

Embora a Constituição de 1988 não contenha um princípio que consagre expressamente o livre desenvolvimento da personalidade ao lado da consagração da dignidade, como ocorre, por exemplo, no direito Alemão,[298] a tutela geral, inequivocamente, decorre do princípio da dignidade da pessoa humana.

Nesta linha de pensamento, sustenta-se que o princípio da dignidade, considerado como princípio fundamental diretor através do qual todo o ordenamento jurídico deve ser lido e interpretado, constitui a cláusula geral de proteção e promoção da personalidade, na medida em que a pessoa natural é a primeira e a última destinatária da ordem jurídica.[299]

E mais, o princípio da dignidade da pessoa humana é considerado um princípio matriz, do qual irradiam todos os direitos fundamentais do ser humano. Nessa linha, Rizzatto Nunes afirma que a dignidade da pessoa, que nasce com ela, é o

---

[295] FACHIN, Luiz Edson. *Direitos da Personalidade no Código Civil Brasileiro*: elementos para uma análise de índole constitucional da transmissibilidade, p. 9.

[296] Sobre isso já se refletiu anteriormente, onde se criticou a concepção jusnaturalista dos direitos de personalidade. Quando se afirma que estes direitos são inerentes à condição humana, se está dizendo que nascem com o indivíduo, sendo indissociáveis da pessoa. Não se trata de um direito natural ideal constituído previamente ao ordenamento jurídico, cuja validade é perene. Neste diapasão, é bem de ver que a afirmação dos diretos da personalidade como direitos inatos pode gerar confusão no entendimento da matéria, não sendo, portanto, uma expressão muito adequada.

[297] CORTIANO JUNIOR, Eroulths. *Alguns apontamentos sobre os chamados direitos da personalidade*, p. 42.

[298] Artigo 2º, alínea 1, da Constituição de Bonn: "Todos têm direito ao livre desenvolvimento da sua personalidade, nos limites dos direitos de outrem, da ordem constitucional e da ordem moral".

[299] Quando se faz a afirmação de que a pessoa natural é a primeira e última destinatária da ordem jurídica se faz necessário um esclarecimento utilizando as ideias de Luiz Edson Fachin: "a categoria do sujeito de direito, em verdade só teria sentido jurídico a partir do nascimento com vida. Porém, os direitos subjetivos de quem ainda não nasceu estão protegidos. E é por isso que não teria sentido dizer que o nascituro tem personalidade jurídica condicional. No sistema desse Direito, a personalidade civil plena principia no nascimento com vida. O nascimento é o marco do início da personalidade, e a proteção dos direitos antecede a este início. O Direito se preocupa com aqueles cuja personificação ainda não se deu (...). E essa proteção que vai da vida, ou da pré-vida, até a morte, em verdade não se extingue quando a vida se acaba. O Direito, então se projeta para além da terminação biológica desse sujeito". FACHIN, Luiz Edson. *Teoria Crítica do Direito Civil*, p. 60/61.

primeiro e o mais importante fundamento de todo o sistema constitucional brasileiro, primeiro fundamento e estrutura de proteção dos direitos individuais.[300]

A magnitude do princípio da dignidade humana justamente está refletida no fato de que, em sendo um fundamento da República, é um verdadeiro supraprincípio, o qual orienta e conduz toda a leitura e interpretação dos demais princípios, garantias e direitos contidos na Constituição, vinculando, além do Poder Público como um todo, os particulares.

Tal valorização da pessoa humana também conferiu destaque à tutela dos direitos que são inerentes ao ser humano e que se destinam a tutelar justamente os interesses existenciais dos indivíduos, quais sejam, os direitos fundamentais consagrados na Constituição Federal, os quais representam desdobramentos do princípio da dignidade humana; muitos deles, em perspectiva privatista, constituem os direitos especiais da personalidade.[301]

O princípio da dignidade da pessoa humana, além de ser a expressão da essência da pessoa humana, é de ser vislumbrado como o fundamento da ordem política e social, o que o revela como uma fonte de direitos. Em outras palavras, o princípio da dignidade é "um princípio fundamental matriz, gerador de outros direitos fundamentais, um princípio absoluto e um direito subjetivo",[302] cuja atuação possui eficácia vinculante em relação ao poder público e aos particulares.

Não há como negar que há uma interdependência entre a ideia de dignidade humana e a proteção dos direitos individuais fundamentais desde a formação do Estado de Direito, mesmo que tal relação somente tenha se explicitado com maior clareza na segunda metade do século XX.[303] Assim como há essa interdependência

---

[300] NUNES, Luiz Antonio Rizzatto. *O princípio constitucional da dignidade da pessoa humana*. São Paulo: Saraiva, 2002, p. 45.

[301] Ainda que se fale em direitos da personalidade no âmbito da civilística e direitos fundamentais no âmbito constitucional, não se está fazendo nenhuma distinção estanque, eis que a dignidade da pessoa humana é o centro da personalidade. Não há dicotomia entre direitos fundamentais e direitos da personalidade; estes são aqueles na seara privatista. A perspectiva sugerida no texto segue o espírito do direito civil-constitucional, em que toda a normativa civil deve ser lida através da ótica constitucional, até porque as normas constitucionais possuem eficácia direta e imediata nas relações entre particulares, muito em função da superação da dicotomia entre Direito Público e Direito Privado.

[302] MATHIEU, Bertrand. *Génome Humain et droits fundamentaux*. Paris: Econômica, 2000, p. 67/69 *apud* SZANIAWSKI, Elimar. *Direitos de personalidade e sua tutela*, p. 143. Novamente aqui se faz a ressalva sobre a posição do autor no tratamento da dignidade como princípio absoluto. Absoluto no sentido de ser o fundamento de toda a ordem jurídica e, por isso, merecedor da mais abrangente tutela e preservação. Mas isso não significa que não possa ser relativizada, principalmente tendo em vista que todos têm dignidade e, assim, a dignidade de um encontra limite, pelo menos, na dignidade do outro. Também novamente se faz ressalva quanto à questão dos direitos subjetivos, eis que não só a partir deles se realiza a personalidade, mas sim, através de uma complexidade de situações jurídicas subjetivas.

[303] Como leciona Luis Edson Fachin, "merece relevo o fato de que as bandeiras do movimento constitucionalista europeu, levantadas no final do século XIII, coincidem exatamente com a limitação do poder do Estado e a preservação de direitos individuais. Não obstante, somente cerca de duzentos (200) anos após esses direitos vieram a ser positivamente albergados, sendo que sua efetivação ainda pode ser questionada". *Direitos da Personalidade no Código Civil Brasileiro*: elementos para uma análise de índole constitucional da transmissibilidade, p. 7.

DIREITOS DA PERSONALIDADE

89

entre a dignidade humana e os direitos individuais fundamentais, há também entre estes e a personalidade humana, haja vista que o preferencial objeto de tutela dos direitos fundamentais são os aspectos centrais da subjetividade humana.

Nesse sentido, Elimar Szaniawski afirma que o ordenamento jurídico brasileiro adotou um sistema de proteção misto no que toca à tutela da pessoa humana: traz um sistema geral de proteção da personalidade extraído do princípio da dignidade humana e, ao lado, protege alguns direitos especiais de personalidade tipificados na Carta Magna enquanto direitos fundamentais, os quais convivem e atuam harmonicamente,[304] e cujo fim último é permitir o livre desenvolvimento da personalidade.

A Constituição brasileira de 1988 acatou a tendência mundial de reconhecimento de um direito geral de personalidade. Consagra, já no primeiro artigo, a dignidade da pessoa humana que, por si só, traz todos os atributos inerentes à personalidade humana, bem como tutela no *caput* e em muitos incisos do quinto artigo, rol dos direitos individuais fundamentais, diversos direitos de personalidade, como vida, liberdade, igualdade, integridade psicofísica, privacidade, intimidade, honra, imagem, dentre outros.

Certo é que muitos dos direitos de personalidade estão expressos no rol de direitos fundamentais, entretanto, a eles não se limitam. Há outros direitos fundamentais no texto constitucional que também se referem à tutela da personalidade humana.[305] E mais, por força da cláusula de abertura material do sistema

---

[304] SZANIAWSKI, Elimar. *Direitos de personalidade e sua tutela*, p. 137.

[305] O constituinte cuidou da tutela da personalidade humana através de uma cláusula geral insculpida no artigo 1º, III, ou seja, a dignidade da pessoa humana como princípio informador matriz, mas também especializou no artigo 5º alguns direitos especiais de personalidade no intuito de fortalecer a tutela da personalidade. O *caput* do artigo 5º protege a vida, a liberdade, a igualdade, a segurança e a propriedade; o inciso III protege a integridade psicofísica; o inciso V garante o direito de resposta e a proteção da imagem; o inciso IV garante a livre manifestação do pensamento; o inciso IX garante o direito à livre expressão da atividade intelectual, artística, científica e de comunicação; o inciso X garante o direito à intimidade, à vida privada, à honra e à própria imagem; o inciso XI garante a inviolabilidade da moradia; o inciso XII garante o segredo epistolar, das comunicações telegráficas, telefônicas e de dados; os incisos XIII, XV, XVI e XVII tutelam diversas manifestações de liberdade, já garantida no *caput*; os incisos XXVII, XXVII, alíneas *a* e *b*, e XXIX asseguram os direitos do autor e do inventor e o inciso XXXV assegura o acesso à justiça, através do princípio da inafastabilidade. Além dos direitos fundamentais consagrados no artigo 5º, a tutela da personalidade alcança outros direitos especiais tutelados no texto constitucional: o artigo 170 trata da ordem econômica, com o escopo de assegurar a todos uma existência digna, conforme os preceitos da justiça social; os artigos 194 a 201 estabelecem o sistema de seguridade social, através do qual é garantido aos cidadãos o direito à assistência social, à previdência social e à saúde; artigo 226, § 7º, traz a dignidade como princípio essencial da família; o artigo 227 prevê a dignidade como direito fundamental da criança e do adolescente e o artigo 231 ao ressalvar o tema dos direitos indígenas com o objetivo de preservar a sua identidade cultural e a sua personalidade. Para este último caso, *vide*: SILVA FILHO, José Carlos Moreira da. *A repersonalização do direito civil em uma sociedade de indivíduos*: o exemplo da questão indígena no Brasil. In: MORAES, José Luiz Bolzan de; STRECK, Lenio Luiz (orgs.). *Constituição, sistemas sociais e hermenêutica*: programa de pós-graduação em direito da UNISINOS: Mestrado e Doutorado: Anuário 2007. Porto Alegre: Livraria do Advogado, 2008, p. 253/270. Para ilustrar a problemática envolvida quanto ao tema de respeito à tradição indígena, o jornal Folha de São Paulo, em reportagem datada de 06 de abril de 2008 (p. A14), abordou a prática do infanticídio enraizada nas tribos do parque do Xingu – MT. Estes são alguns exemplos que evidenciam que a tutela da personalidade está especializada em diversos outros artigos além do artigo 5º. Além dos artigos que tutelam a personalidade expressamente, há a cláusula de abertura material contida no § 2º do artigo 5º: Os direitos e garantias expressos nesta Constituição não excluem outros decorrentes do regime e dos

de direitos fundamentais, consagrada no § 2º do artigo 5º, é, além de possível, juridicamente necessário fundamentar diversos outros direitos de personalidade no próprio sistema normativo constitucional.[306] A tutela efetiva da personalidade admite proteção à eventual direito de personalidade que possa vir reclamar tutela. Não se poderá negar tutela a quem peça em relação a algum aspecto de sua existência sob o argumento de que não há previsão específica, eis que o interesse existencial já tem relevância ao nível de ordenamento em função do princípio da dignidade; por conseguinte, tem relevância sua tutela judicial.[307] Nesse sentido é que se afirma que a tutela da personalidade é dotada de elasticidade.[308] Elasticidade no sentido de abrangência de tutela que faz incidir a salvaguarda da dignidade em todas as situações, previstas ou não, em que esgrimida a personalidade tida como valor máximo do ordenamento.[309]

Nesta perspectiva ampliada, Gustavo Tepedino conclui que a prioridade conferida à cidadania e à dignidade da pessoa humana (artigo 1º, I e III, CF/88) como fundamentos da República, aliados à garantia da igualdade substancial (artigo 3º, III, CF/88) e formal (artigo 5º, CF/88), bem como a garantia residual consagrada no § 2º do artigo 5º da CF/88, no sentido da não exclusão de garantias e direitos que mesmo não expressos decorram dos princípios do texto maior, além de condicionarem o intérprete e o legislador ordinário, modelando todo o tecido normativo infraconstitucional com a tábua axiológica eleita pelo constituinte,[310] configuram uma verdadeira cláusula geral de tutela e promoção da personalidade humana, tomada como valor máximo do ordenamento.[311]

Tal cláusula geral abarca todas as situações jurídicas em que a personalidade e seus desdobramentos estejam em jogo, personalidade esta que, tomada como valor fundamental do ordenamento, está, no dizer de Perlingieri, "na base de uma série aberta de situações existenciais, nas quais se traduz a sua incessante mutável exigência de tutela".[312]

---

princípios por ela adotados, ou dos tratados internacionais em que a República Federativa do Brasil seja parte. Ampla é a tutela da personalidade humana, portanto, no ordenamento constitucional vigente.

[306] SARLET, Ingo Wolfgang. *A eficácia dos direitos fundamentais*, p. 90/94.

[307] PERLINGIERI, Pietro. *Perfis de Direito Civil*, p. 156.

[308] A expressão elasticidade da tutela dos direitos de personalidade, no sentido de que não há como tutelar a personalidade em isoladas *fattispecie* concretas, porque se apresenta como um valor unitário, sem limites, estendida, assim, às hipóteses juridicamente relevantes, não previstas no ordenamento, é de PERLINGIERI, Pietro. *La Personalitá Umana nell Ordinamento Giurídico,* p. 185/186.

[309] TEPEDINO, Gustavo. *A Tutela da Personalidade no Ordenamento Civil-constitucional Brasileiro*, p. 51.

[310] Tal perspectiva metodológica de unidade do sistema conforme a axiologia constitucional foi anunciada no Brasil por Maria Celina Bodin de Moraes no memorável artigo "A Caminho de um Direito Civil Constitucional", já amplamente citado.

[311] TEPEDINO, Gustavo. *Op. cit.*, p. 49/50.

[312] PERLINGIERI, Pietro. *Op. cit.,* p. 155.

DIREITOS DA PERSONALIDADE

2.2.2. A tímida disciplina dos direitos de personalidade no Código Civil de 2002

Claro está que a dignidade humana é o centro da personalidade, esta se relacionando com aquela indissoluvelmente. Elucidando tal ligação tem-se que, no Direito Privado, a tábua sistemática de proteção à dignidade humana configura-se justamente nos chamados direitos de personalidade.[313] A teoria dos direitos de personalidade se construiu, ou se reconstruiu, com a superação do caráter patrimonial impingido ao sistema no Estado Liberal, com a finalidade de proteger o que a pessoa tem de mais essencial, qual seja, a sua personalidade.

O reconhecimento dos direitos de personalidade no âmbito do Direito Privado é bem posterior à proteção jurídica dispensada aos direitos fundamentais. Tal reconhecimento, assim como a consagração da dignidade da pessoa humana nas Constituições pós-modernas, se deu também a partir da segunda metade do século XX, quando o mundo inteiro, revoltado com a desumanidade provocada pelos regimes totalitários e pelas guerras, voltou-se para dentro do homem na tentativa de reverter o patrimonialismo da civilística clássica em direção à repersonalização do direito.[314]

O Direito Civil da codificação liberal foi omisso na sistematização dos direitos de personalidade, mas não ignorava de todo a personalidade humana. Em dispositivos esparsos do Código Civil brasileiro de 1916 era possível identificar certa proteção, como nas hipóteses de indenização por lesão ao direito à integridade física e psicológica, de reparação do dano à honra em casos de injúria e difamação, de indenização por dano à honra da mulher ou por danos causados por violência sexual.

O Código Civil de 1916 trazia no seu corpo a tutela de alguns direitos de personalidade de forma assistemática, e as previsões eram absolutamente específicas, não havendo nenhuma regra da qual se pudesse extrair uma fonte básica da proteção desses direitos, ou seja, uma previsão que insinuasse uma tutela geral. Nesta perspectiva é que se afirma que o Código de 1916 não disciplinava os direitos de personalidade,[315] até porque, em razão da ideologia liberal que o subjazia, as raras hipóteses de proteção da personalidade destinavam-se a tutelá-los apenas através do binômio dano-reparação, denotando forte apego ao caráter patrimonialista característico das codificações liberais.

---

[313] CORTIANO JUNIOR, Eroulths. *Alguns apontamentos sobre os chamados direitos da personalidade*, p. 42.

[314] Orlando de Carvalho explica que a repersonalização, responsável pela centralização do regime em torno do homem e dos seus imediatos interesses, torna o Direito Civil o *foyer* da pessoa, do cidadão puro e simples. CARVALHO, Orlando de. *A teoria geral da relação jurídica*: seu sentido e limites, p. 92. Nesse sentido, também: CORTIANO JÚNIOR, Eroulths. *Op. cit.*, p. 32/33.

[315] MARINHO, Josaphat. *Os direitos da personalidade no projeto de novo Código Civil brasileiro.* In: Portugal-Brasil Ano 2000. Coimbra: Coimbra Editora, 1999, p. 247 e SZANIAWSKI, Elimar. *Direitos de personalidade e sua tutela*, p. 177.

Entretanto, não obstante a clarividência das disposições do Código que permitiam a compreensão literal do mais conservador intérprete no que tange à indenizabilidade do dano exclusivamente moral, houve resistência de efetivação até a promulgação da Constituição de 1988, que previu expressamente no rol dos direitos fundamentais a indenização por danos morais independentemente dos danos patrimoniais.[316]

O Código Civil de 2002, diferentemente do anterior, trouxe, no início do seu corpo, um capítulo destinado à proteção dos direitos da personalidade, o que representou uma inovação bastante importante, mesmo sendo a regulação tímida e lacunosa, principalmente porque o anteprojeto do Código elaborado por Orlando Gomes, que inspirou o anteprojeto de 1975, data de 1963.[317] Todavia, mesmo que afirmados os direitos da personalidade no novo Código, este entrou em vigor após a promulgação constitucional de 1988, através da qual os direitos de personalidade passaram a integrar a ordem positiva brasileira contando com uma cláusula geral de concreção e proteção da personalidade humana. Em verdade, o Código nasceu velho[318] e, mesmo que merecedor de saudação o reconhecimento da pessoa e dos direitos da personalidade, não se pode descurar que devemos encarar a nova codificação a partir de uma racionalidade centrada na visão unitária do Direito, pautada na principiologia de índole constitucional. É nesta perspectiva que Luiz Edson Fachin sustenta uma reconstitucionalização do Direito Civil Brasileiro.[319]

Ainda que a inserção do capítulo destinado a tutelar os direitos da personalidade no Código Civil não seja algo inovador diante do sistema constitucional vigente, de ressaltar o caráter pedagógico da previsão, como forma de orientar o intérprete sobre a opção axiológica atual do sistema jurídico, bem como para

---

[316] Tal resistência é facilmente comprovada a partir da análise da jurisprudência anterior a 1988, mas há que se ressaltar que a promulgação da Constituição não alterou de logo o pensamento doutrinário e jurisprudencial, uma vez que alguns intérpretes permaneceram, e isto ainda hoje, vinculados às estruturas de pensamento concebidas no Direito Civil clássico, amarras estas que se busca libertar.

[317] Orlando Gomes, justificando o projeto apresentado, sustentou que seria imperdoável um Código hodierno que, imbuído do propósito de dignificar o homem, não emprestasse relevo aos direitos da personalidade, sejam eles tradicionais como a vida, a honra, a liberdade, sejam aqueles que surgissem diante das novas exigências da vida. GOMES, Orlando. *A reforma do Código Civil*. Bahia: Publicações da Universidade da Bahia, 1965, p. 39.

[318] Gustavo Tepedino chega a afirmar que o Novo Código é retrógrado e demagógico. Retrógrado "não tanto por deixar de regular os novos direitos, as relações de consumo, as questões da bioética, da engenharia genética e da cibernética que estão na ordem do dia e que dizem respeito ao direito privado. E não apenas por ter como paradigmas os códigos civis do passado (da Alemanha, de 1896, da Itália, de 1942, de Portugal, de 1966), ao invés de buscar apoio em recentes e bem-sucedidas experiências (como, por exemplo, os Códigos Civis do Quebec e da Holanda, promulgados nos anos noventa). O novo Código nascerá velho por não levar em conta a história constitucional brasileira e a corajosa experiência jurisprudencial, que protegem a personalidade humana mais do que a propriedade, o ser mais do que o ter, os valores existenciais mais do que os patrimoniais. É demagógico porque, engenheiro de obras feitas, pretende consagrar direitos que, na verdade, estão tutelados em nossa cultura jurídica pelo menos desde o pacto político de outubro de 1988". TEPEDINO, Gustavo. *O Novo Código Civil:* duro golpe na recente experiência constitucional brasileira. In: ——. *Temas de direito civil*. Rio de Janeiro: Renovar, 2006, t. II., p. 358.

[319] FACHIN, Luiz Edson. *A "reconstitucionalização" do direito civil brasileiro*: lei nova e velhos problemas à luz de dez desafios. Revista Jurídica, a. 52, n. 324, p. 16-19, out-2004 e mais atualmente na obra FACHIN, Luiz Edson. *Questões do Direito Civil Brasileiro Contemporâneo*, Rio de Janeiro: Renovar, 2008, p. 11/20.

demonstrar a atenuação da característica patrimonialista do Direito Civil clássico, apontando para a sua repersonalização, como adverte Eugênio Facchini Neto.[320] Embora reconhecido tal caráter pedagógico, há que se ter em mente, como adverte Gustavo Tepedino, que do ponto de vista técnico o novo Código nasce obsoleto, e um dos exemplos é a própria disciplina dos direitos de personalidade, os quais foram regulados de maneira tímida e tipificadora conforme a doutrina da década de sessenta que não conhecia a cláusula geral de proteção da pessoa, que veio a ser consagrada na Constituição de 1988.[321] Portanto, para driblar esta postura tipificadora, deve-se reconhecer que o novo Código apenas trouxe os princípios fundamentais da temática, não pretendendo, portanto, ser exaustivo.[322] [323]

Os artigos 11 a 21 do Código Civil de 2002 destinam-se aos direitos da personalidade.[324] O artigo 11 trata da natureza desses direitos, e o 12, da sua tutela. Os artigos 13 a 15 enunciam o direito à integridade psicofísica;[325] os artigos 16 a 18 referem-se ao direito ao nome, e o 19, ao pseudônimo; o artigo 20 regula o direito à imagem e à honra; e por fim, o artigo 21, onde se consagra o direito à privacidade, à vida privada.

O primeiro artigo caracteriza os direitos da personalidade como intransmissíveis, irrenunciáveis, vedada também a limitação voluntária do seu exercício, salvo se autorizado por lei.[326]

O artigo 12[327] é o mais festejado pela doutrina, muito embora sua existência não tenha alterado a tutela que já era concedida a estes direitos através dos preceitos constitucionais. Tal norma prevê a tutela preventiva dos direitos de perso-

---

[320] FACCHINI NETO, Eugênio. *Da responsabilidade civil no novo Código*, p. 152.

[321] TEPEDINO, Gustavo. *O Novo Código Civil:* duro golpe na recente experiência constitucional brasileira, p. 358.

[322] O autor da parte geral do projeto que corporificou o texto atual do Código Civil, justificando o projeto, assim se manifestou: "Também se abriu um capítulo para os direitos da personalidade, estabelecendo-se não uma disciplina completa, mas os seus princípios fundamentais". Sustentou ainda o autor que tal temática não havia constado no Código Civil de 1916, justamente porque na época em que foi elaborado, ainda se discutia se, realmente, havia direitos subjetivos da personalidade, problemática esta já tratada acima. MOREIRA ALVES, José Carlos. *A parte Geral do Projeto do Código Civil Brasileiro*. Disponível em: http://www.cjf.gov.br/revista/numero9/artigo1.htm, acesso em 20 de fevereiro de 2007.

[323] Esse entendimento está também refletido em um dos Enunciados da IV Jornada de Direito Civil realizada em outubro de 2006 sobre a parte geral do Código Civil, que tem o seguinte teor: "os direitos da personalidade, regulados de maneira não exaustiva pelo Código Civil, são expressões da cláusula geral de tutela da pessoa humana contida no artigo 1º, III, da Constituição (princípio da dignidade da pessoa humana). Em caso de colisão entre eles, como nenhum pode sobrelevar os demais, deve-se aplicar a técnica da ponderação".

[324] Assemelham-se aos artigos 5 a 10 do Código Civil Italiano de 1942, primeiro texto que sistematizou a matéria.

[325] Embora parte da doutrina trabalhe com a integridade física e psíquica em separado, tal atitude não se apresenta mais possível diante da impossibilidade de dissociação do corpo e do espírito, eis que não há como fragmentar aspectos da condição humana. Conforme Perlingieri "a pessoa é uma indissolúvel unidade psicofísica". PERLINGIERI, Pietro. *Perfis de Direito Civil*, p. 158.

[326] A temática das características dos direitos de personalidade será retomada posteriormente, até porque a temática central do objetivo desta investigação está centrada em algumas dessas características.

[327] Artigo 12, *caput*, CCB/02: Pode-se exigir que cesse a ameaça, ou a lesão, a direito de personalidade, e reclamar perdas e danos, sem prejuízos de outras sanções previstas em lei.

nalidade, permitindo que cesse a ameaça de lesão, bem como albergando a tutela ressarcitória para os casos de ocorrência de danos. Nessa medida, certo é que essa norma foi concebida para ser a cláusula geral de proteção e promoção dos direitos de personalidade do Código Civil e assim é reconhecida pela doutrina civilística.[328]

Importa ressaltar que a cláusula geral veiculada no artigo 12 do Código está de acordo com a intenção de ampliação da tutela dos direitos de personalidade para garantir uma tutela integral que determina a proteção destes direitos em qualquer situação jurídica. Nesse sentido, a norma prevê, ao lado da tradicional tutela ressarcitória,[329] a tutela inibitória.[330] E mais, prevê também a possibilidade de utilização de outras sanções previstas em lei. Mostra-se bastante importante a utilização de novos instrumentos de proteção diante da dificuldade e insuficiência dos instrumentos tradicionais em oferecer uma tutela realmente eficaz aos direitos de personalidade, principalmente frente às novas demandas que podem surgir na complexa sociedade atual, pós revolução tecnocientífica.

O parágrafo único do artigo 12 põe termo à discussão que inquietava acerca da legitimidade para requerer a tutela de direitos da personalidade de pessoa falecida. Antes da entrada em vigor do Código Civil de 2002, a jurisprudência já fixava a legitimidade dos parentes próximos na busca da tutela dos direitos.[331] Hoje já não há dúvidas sobre a legitimidade de o cônjuge, qualquer parente em linha reta e colaterais até o quarto grau, almejarem tutela de direitos de personalidade de pessoa falecida. Ressalte-se o fato de que o direito se ocupou de estender a personalidade da pessoa para além de sua morte, no intuito de protegê-la da forma mais ampla possível, mantendo-se perene a sua dignidade.[332]

Quanto ao direito sobre o próprio corpo, depreende-se do artigo 13 a permissão para os atos de disposição de partes renováveis do corpo, mas sujeitos à regulamentação, como por exemplo, a doação de sangue ou de esperma. Portanto, são vedados quando importarem em diminuição permanente da integridade física ou se contrariarem os bons costumes, salvo se por recomendação médica. Gize-se que a lei autoriza hipóteses de limitação do direito ao próprio corpo, permitindo

---

[328] SZANIAWSKI, Elimar. *Direitos de personalidade e sua tutela*, p. 178/179 e TEPEDINO, Gustavo. *A Tutela da Personalidade no Ordenamento Civil-constitucional Brasileiro*, p. 37.

[329] Sobre os danos à pessoa remete-se à obra que realizou, com maestria, a releitura do conceito de dano moral, demonstrando que qualquer lesão que afete a dignidade humana, em um de seus quatro substratos (liberdade, igualdade, integridade e solidariedade), configura dano moral passível de ressarcimento: MORAES, Maria Celina Bodin de. *Danos à pessoa humana*: uma leitura civil-constitucional dos danos morais.

[330] Sobre a tutela inibitória, *vide:* ARENHART, Sérgio Cruz. *A tutela inibitória da vida privada*. São Paulo: Revista dos Tribunais, 2000 e MARINONI, Luiz Guilherme. *Tutela inibitória*: individual e coletiva. 3.ed. São Paulo: Revista dos Tribunais, 2003.

[331] PROCESSUAL CIVIL. DIREITO CIVIL. INDENIZAÇÃO. DANOS MORAIS. HERDEIROS. LEGITIMI-DADE. 1. Os pais estão legitimados, por terem interesse jurídico, para acionarem o Estado na busca de indenização por danos morais, sofridos por seu filho, em razão de atos administrativos praticados por agentes públicos que deram publicidade ao fato de a vítima ser portadora do vírus HIV. (REsp 324886/PR, Primeira Turma, Relator Ministro José Delgado, DJ 03.09.2001)

[332] SZANIAWSKI, Elimar. *Op. cit.*, p. 183.

DIREITOS DA PERSONALIDADE

a diminuição permanente de alguma de suas partes se por necessidade médica, como por exemplo, as cirurgias de transgenitalização.[333]

O parágrafo único excepciona a regra admitindo o ato de disposição do próprio corpo, nos casos de doações de órgãos duplos, tecidos ou partes do corpo, de acordo com o disposto no artigo 9° da Lei 9.434/97. Já o artigo 14 permite a disposição gratuita do próprio corpo para após a morte, desde que com finalidade científica ou altruística, esta última entendida para fins de transplante.[334] Veda-se, portanto, a exploração econômica das partes do corpo.[335]

O artigo 15 reflete o respeito a autonomia e liberdade do paciente em submeter-se ou não a tratamento médico ou intervenção cirúrgica que lhe traga risco de vida, nos termos da exigência do consentimento informado. Submeter-se a determinada terapia perpassa necessariamente pelo ato volitivo e livre do paciente após o devido esclarecimento de todas as circunstâncias que envolvem o quadro clínico, o tratamento possível, os riscos e a possibilidade de sucesso.[336] Importante aqui é evidenciar que o artigo peca ao exigir o consentimento do paciente apenas quando o tratamento importar em risco de vida.[337] A interpretação literal do artigo acaba por gerar uma violação da própria dignidade na medida em que esta também se revela no direito de autodeterminação pessoal. Dessa forma, a interpretação que se deve emprestar ao artigo, consentânea com os princípios de índole constitucional, é a de que, sempre, seja qual for o tratamento a que deva se submeter o paciente, com ou sem risco de vida, necessário é o seu consentimento.

---

[333] Questão outrora muito controvertida, mas hoje apaziguada, é a da cirurgia de transgenitalização, ou de mudança de sexo, que é realizada em transexuais com a finalidade terapêutica de corrigir uma patologia: a disforia de gênero, ou seja, quando seu sexo psicológico não é condizente com o seu fenótipo, conforme a resolução n. 1652/2002 do Conselho Federal de Medicina. Sobre o tema, *vide:* SZANIAWSKI, Elimar. *Limites e Possibilidades do Direito de Redesignação do Estado Sexual:* estudo sobre o transexualismo: aspectos médicos e jurídicos. São Paulo: Revista dos Tribunais, 1998. De ser ressaltado também o enunciado número 6 da Jornada de Direito Civil promovida pelo Centro de Estudos Judiciários da Justiça Federal, no período de 11 a 13 de setembro de 2002, sob a coordenação do Min. Ruy Rosado de Aguiar que determina que "A expressão 'exigência médica', contida no artigo 13, refere-se tanto ao bem estar físico quanto ao bem estar psíquico do disponente".

[334] Caso o falecido não tenha disposto em vida sobre sua intenção de dispor de seu corpo após a morte, caberá o consentimento expresso do cônjuge ou de parentes em linha reta ou colateral até o 2° grau, conforme disposto no artigo 4° da Lei 9.434/97, com redação dada pela Lei 10.211/01.

[335] Sobre a temática, *vide:* GEDIEL, José Antônio Peres. Tecnociência, dissociação e patrimonialização jurídica do corpo humano. In: FACHIN, Luiz Edson (coord.). Repensando Fundamentos do Direito Civil Brasileiro Contemporâneo. Rio de Janeiro: Renovar, 1998, p. 57/85 e sua tese apresentada para obtenção de grau de doutor, Os transplantes de órgãos e a tutela da personalidade, já citada, bem como BERLINGUER, Giovanni; GARRAFA, Volnei. *O mercado humano:* estudo bioético da compra e venda de partes do corpo. Brasília: Editora Universidade de Brasília, 1996.

[336] SZANIAWSKI, Elimar. *Direitos de personalidade e sua tutela,* p. 187/188.

[337] Artigo 15, CCB/02: Ninguém pode ser constrangido a submeter-se, com risco de vida, a tratamento médico ou a intervenção cirúrgica.

O direito ao nome, temática que há muito preocupa os juristas, desde antes da consagração dos direitos de personalidade, está contido no artigo 18 do Código e é instrumentalizado pela Lei 6.015/73. O artigo 19 estende ao pseudônimo a proteção destinada ao nome. Ressalte-se que a proteção dispensada ao nome deve ser compreendida de forma mais ampla, como o direito à identidade pessoal.[338] A interpretação conforme a Constituição importa no entendimento de que do simples direito ao nome consagrado no Código pode-se chegar à proteção da identidade pessoal.[339] Todavia, a crítica de que o Código Civil foi acanhado neste tópico é pertinente, já que uma interpretação literal pode gerar entendimento reducionista, já que se limitou a tutelar o direito ao nome, apegado que é à doutrina tipificadora e fracionária que se busca superar, ao invés de tutelar o direito à identidade pessoal que se revela mais abrangente por abarcar todos os elementos identificadores de uma pessoa, como a voz, a caligrafia e até a atual temática da identidade genética.[340] [341]

O texto dos artigos 17 e 18 reflete doutrina que tutelava a honra e a imagem através do direito ao nome. Veja-se que o artigo 17 permite a publicação de nome alheio, desde que não o exponham ao desprezo público, resguardando assim uma esfera de liberdade de expressão e informação, bem como a honra. O artigo 18 determina que o nome alheio somente poderá ser utilizado em propaganda comercial se devidamente autorizado pelo interessado. Novamente a ideia de consentimento como legitimadora do ato de disposição. O complicador nesta regra é o termo "propaganda comercial" utilizado com a intenção de impedir utilização do nome alheio, sem o consentimento, em situações que visem ao lucro.[342] Ora, o consentimento para a utilização do nome alheio é necessário mesmo que não se verifique intuito lucrativo. O nome é direito de personalidade e sua utilização indevida, independentemente do intuito, é vedada. Não fosse assim, estaria legitimada a utilização do nome alheio, independentemente de autorização, quando a finalidade fosse exclusivamente humanitária ou assistencial. De outra banda, é permitida a utilização do nome mesmo quando o intuito é lucrativo, desde que devidamente autorizada pelo titular do direito de personalidade. Exemplo típico é o dos esportistas que emprestam seus nomes para campanhas publicitárias em torno de marcas de produtos esportivos.

O artigo 20 regula o direito à imagem e à honra. Gustavo Tepedino adverte que tal tratamento em conjunto revela-se inoportuno, contrariando doutrina

---

[338] Sobre o direito à identidade pessoal, *vide*: MORAES, Maria Celina Bodin de. *A tutela do nome da pessoa humana*. Revista Forense, v. 364, p. 217 e ss., 2002.

[339] Conforme TEPEDINO, Gustavo. *A Tutela da Personalidade no Ordenamento Civil-constitucional Brasileiro*, p. 36 e DONEDA, Danilo. *Os direitos da personalidade no novo Código Civil*, p. 52.

[340] Sobre a identidade genética como um direito fundamental, *vide:* PETTERLE, Selma Rodrigues. *O Direito Fundamental à identidade genética na Constituição brasileira*. Porto Alegre: Livraria do Advogado, 2006.

[341] A mesma crítica é feita por: SZANIAWSKI, Elimar. *Direitos de personalidade e sua tutela*, p. 189/190.

[342] DONEDA, Danilo. *Op. cit.*, p. 52.

e jurisprudência nesse sentido.[343] O abalo à honra invariavelmente é ofensivo.[344] Todavia, o uso indevido da imagem é gerador de dano independentemente de ter causado ofensa moral, eis que o dano é a própria utilização indevida da imagem.[345] O artigo também incorre no problema já comentado da permissão de utilização da imagem não consentida se o intuito não for lucrativo. Mesmo que a utilização da imagem alheia não intente lucro, o consentimento do titular é a base legitimadora do ato restritivo do direito. Mais problemática ainda é a regra quando permite a utilização da imagem alheia, independente do consentimento, se necessária para a mantença da ordem pública e da justiça. Gustavo Tepedino sustenta que não existe amparo constitucional para estes requisitos e, para evitar a declaração formal de inconstitucionalidade do artigo, é necessário utilizá-lo, excepcionalmente, apenas quando o interesse público, aliado à liberdade de expressão,[346] for de extrema relevância.[347] Por fim, também se interpreta a disposição permitindo a utilização da imagem daqueles que são figuras notórias, em função do cargo ou função que desempenhem, por exigência da polícia ou da justiça, quando houver finalidade científica, artística ou cultural, ou quando houver interesse público.[348] Neste tocante, há que se entender pela utilização da imagem sem o consentimento de pessoa notória tão somente sobre fatos que se relacionam com a posição que lhe gera notoriedade, não sendo permitida invasão da vida privada sob o argumento de que se trata de pessoa pública em local público.[349]

---

[343] "O direito à imagem e o direito à honra forma misturados na confusa redação do artigo 20, contra a tendência doutrinária e jurisprudencial de reconhecer a autonomia do direito à imagem". TEPEDINO, Gustavo. *A Tutela da Personalidade no Ordenamento Civil-constitucional Brasileiro*, p. 36. O autor cita o Recurso Especial nº 230268, o qual firmou a tendência em autonomizar o direito à imagem do da honra, eis que o dano é verificável na própria utilização indevida da imagem, mesmo que o uso não macule a honra do titular.

[344] Sobre atos ilícitos contra honra, *vide*: MIRAGEM, Bruno. *Responsabilidade civil da imprensa por dano à honra*. Porto Alegre: Livraria do Advogado, 2005.

[345] Nesse sentido, REsp 267529: DIREITO À IMAGEM. CORRETOR DE SEGUROS. NOME E FOTO. UTILIZAÇÃO SEM AUTORIZAÇÃO. PROVEITO ECONÔMICO. DIREITOS PATRIMONIAL E EXTRA-PATRIMONIAL. LOCUPLETAMENTO. DANO. PROVA. DESNECESSIDADE. ENUNCIADO N. 7 DA SÚMULA/STJ. INDENIZAÇÃO. QUANTUM. REDUÇÃO. CIRCUNSTÂNCIAS DA CAUSA. HONORÁRIOS. CONDENAÇÃO. ART. 21, CPC. PRECEDENTES. RECURSO PROVIDO PARCIALMENTE. I – O direito à imagem reveste-se de duplo conteúdo: moral, porque direito de personalidade; patrimonial, porque assentado no princípio segundo o qual é lícito locupletar-se à custa alheia. II – A utilização da imagem de cidadão, com fins econômicos, sem a sua devida autorização, constitui locupletamento indevido, ensejando a indenização. III – O direito à imagem qualifica-se como direito de personalidade, extrapatrimonial, de caráter personalíssimo, por proteger o interesse que tem a pessoa de opor-se à divulgação dessa imagem, em circunstâncias concernentes à sua vida privada. IV – Em se tratando de direito à imagem, a obrigação da reparação decorre do próprio uso indevido do direito personalíssimo, não havendo de cogitar-se da prova da existência de prejuízo ou dano. O dano é a própria utilização indevida da imagem, não sendo necessária a demonstração do prejuízo material ou moral.

[346] Sobre esta temática, *vide:* BARROSO, Luis Roberto. Colisão entre liberdade de expressão e direitos da personalidade. *Revista trimestral de direito civil*. Rio de Janeiro, v.16, p. 59-102, out.-dez., 2003.

[347] TEPEDINO, Gustavo. *Op. cit.*, p. 36/37.

[348] DONEDA, Danilo. *Os direitos da personalidade no novo Código Civil*, p. 52. O autor refere que o entendimento abrandado concedido à disposição tem inspiração no artigo 79°, 3 do Código Civil português.

[349] "Para além da manipulação do argumento do local público, é de se rejeitar, em segundo lugar, a qualificação de qualquer pessoa como pública, a sugerir que nenhum aspecto de sua vida privada permanece a salvo de lentes indiscretas. A taxação de atrizes, atletas, políticos, como "pessoas públicas", a autorizar uma espécie de

A tutela do direito à privacidade, contida no artigo 21, é tema bastante delicado, principalmente diante do crescente potencial ofensivo por força do desenvolvimento tecnológico, bem como diante da dificuldade de realização dessa tutela através dos instrumentos tradicionais do direito. Até porque são os casos de maior dificuldade de demonstração. Sensível a esta debilidade, o legislador facultou ao juiz tomar as providências necessárias, considerando o sistema de forma unitária, para impedir a violação da privacidade ou fazer cessar o ato lesivo. Bem de ver que a tutela da privacidade se dá através de uma cláusula geral.[350]

Percebe-se que o legislador ainda sofre a influência das teorias tipificadoras que pretendiam classificar exaustivamente os direitos da personalidade, inovando de forma muito sutil apenas quanto à veiculação das cláusulas gerais contidas nos artigos 12 e 21. Estas, todavia, se lidas isoladamente no âmbito codificado, não geram grande novidade, haja vista a suficiência da previsão de tutela geral contida na Constituição. Mas, como leciona Gustavo Tepedino, se a análise partir da compreensão do sistema jurídico unitário informado pela normativa constitucional, os preceitos ganham significado, passando a ser entendidos como especificações analíticas da tutela geral da personalidade, consubstanciada no princípio da dignidade humana. A partir daí é possível afastar-se da ótica tipificadora e casuísta, ampliando a tutela da personalidade para além dos direitos subjetivos previstos expressamente.[351]

Elimar Szaniawski critica o texto do Código, salvo o do artigo 12, argumentando que as previsões casuístas contrariam posição da moderna doutrina sobre a matéria, que entende que os direitos especiais de personalidade também devem ser tutelados através de cláusulas gerais; cláusulas gerais menores ao lado da cláusula geral de tutela e promoção da personalidade humana.[352] Importante é a crítica feita, mas tal argumento não pode servir para restringir a proteção dos direitos da personalidade. Assim, a norma que concede tutela geral de proteção da personalidade humana deve ser associada à série de direitos especiais da personalidade previstos nos artigos 13 a 21, na medida em que incide sobre todos os direitos tipificados e sequer a eles se limita, já que somente a tutela geral se presta a abarcar as irradiações da personalidade em todas as suas possíveis manifestações.

---

presunção de autorização à divulgação de suas imagens, ou a suscitar, ainda, o perverso argumento de que a veiculação na mídia mais beneficia do que prejudica aqueles que dependem da exposição ao público, representa a ingerência alheia em seara atinente apenas ao próprio retratado". SCHREIBER, Anderson. *Os Direitos da Personalidade e o Código Civil de 2002.* In: FACHIN, Luiz; TEPEDINO, Gustavo (orgs.). *Diálogos sobre direito civil.* Rio de Janeiro: Renovar, 2008. v.2, p. 248. Exemplo atual foi o caso ocorrido com a atriz Juliana Paes que, durante a divulgação de um produto de beleza, foi fotografada, mas o vestido esvoaçante permitiu que a imagem captasse que a atriz estava sem calcinha. A foto foi parar na internet sob o *slogan* "flagrada sem calcinha". Trata-se de uma evidente violação de um direito de personalidade, não só da imagem, como também da privacidade. Reportagem pode ser acessada no *site*: http://exclusivo.terra.com.br/interna/0,,OI1124243-EI1118,00.html, acesso em 22 de novembro de 2007.

[350] TEPEDINO, Gustavo. *A Tutela da Personalidade no Ordenamento Civil-constitucional Brasileiro,* p. 37. Sobre a temática, *vide*: DONEDA, Danilo. *Da privacidade à proteção de dados pessoais,* obra já citada.

[351] TEPEDINO, Gustavo. *A Tutela da Personalidade no Ordenamento Civil-constitucional Brasileiro,* p. 37.

[352] SZANIAWSKI, Elimar. *Direitos de personalidade e sua tutela,* p. 178/179.

A proteção especial destinada aos direitos da personalidade expressos, seja na própria Constituição, seja no Código Civil ou em outras leis esparsas, deve ser entendida e operacionalizada em conjunto com a cláusula geral de tutela e promoção da personalidade. Uma e outra se complementam; onde não houver previsão específica, o operador do direito deve levar em consideração a proteção genérica garantida através do princípio da dignidade humana.[353]

O Código Civil de 2002 consagrou os direitos da personalidade, mas não renovou a temática, não evoluiu, principalmente tendo em vista que tais direitos fazem parte da cultura jurídica, no mínimo, desde 1988. Em sendo tímida a disciplina dos direitos da personalidade no Código Civil, ainda muito permeada pela lógica patrimonialista da "era da codificação", dispensando proteção basicamente no que toca ao binômio dano-reparação, importante é a atualização metodológica com base nos princípios constitucionais para enfatizar também a função promocional destes direitos. Só assim se conseguirá manter o movimento de personalização do direito que vem sendo sedimentado tanto na doutrina como na jurisprudência.

Lograram-se muitas conquistas a partir da metodologia civil-constitucional que propõe a releitura do Direito Civil à luz dos princípios constitucionais, e muitas outras ainda estão por se concretizar. O desafio permanece, principalmente levando em consideração que muitos civilistas chegaram a anunciar o ocaso do Direito Civil-Constitucional diante do novo diploma que, por ser posterior à Constituição, teria restaurado a unidade do Direito Privado, tornando desnecessária a interpretação constitucionalizada dos institutos do Direito Civil, já que o diploma teria nascido constitucionalizado.[354] Essa posição é falaciosa pelo simples fato de que o Código Civil de 2002, muito embora tenha sido promulgado após a Constituição de 1988, foi elaborado na década de setenta e, assim, seu texto carrega muitos anacronismos e deficiências que se opõem ao movimento de personalização. Ademais, traduz grave erro metodológico, já que ressuscitaria a dicotomia entre o público e o privado que há muito se vem tentando abrandar.[355]

Neste contexto, pode-se dizer que, no caminhar do século XXI, mais firmemente do que antes, deve-se persistir no esforço de conferir aos institutos civilísticos uma interpretação conforme a tábua axiológica da Constituição. Assim, quanto à civilística, importa considerar não apenas o capítulo destinado ao tema constante no Código,[356] mas reconhecer a publicização, constitucionalização e repersonalização do Direito como fenômenos informadores de toda a ordem cons-

---

[353] CORTIANO JUNIOR, Eroulths. *Alguns apontamentos sobre os chamados direitos da personalidade*, p. 47.

[354] Rechaçando este entendimento, Luiz Edson Fachin chega a anunciar a necessária reconstitucionalização do Direito Civil brasileiro. Anunciou esta necessidade em 2004 com o texto "A *"reconstitucionalização" do direito civil brasileiro*: lei nova e velhos problemas à luz de dez desafios", p. 16/19.

[355] A advertência é de: TEPEDINO, Gustavo. *O Código Civil e o Direito Civil Constitucional*. In: ——. *Temas de direito civil*. Rio de Janeiro: Renovar, 2006, t. II., p. 377.

[356] Ademais, a proliferação da legislação esparsa também corrobora para a afirmação de que a outrora centralidade do Código é insustentável. Atualmente, estamos diante de um verdadeiro polissistema que encontra sua unidade sistemática e axiológica na Constituição Federal. Para a visão unitária do Direito a partir da Constituição, evitando-se a fragmentação do sistema em razão da "orgia legiferante" que resulta nos mais variados estatutos

titucional, devendo o operador interpretar as normas privadas em conformidade com valores, princípios e regras constitucionais, tópico e sistematicamente,[357] no intuito de preservar a integridade do sistema uno e aberto.[358]

2.2.3. Breves considerações sobre a eficácia dos direitos fundamentais nas relações entre particulares[359]

É bem verdade que a temática da eficácia dos direitos fundamentais nas relações entre particulares foi evitada por muito tempo na ciência do direito,[360] mas

especializados, chamados microssistemas, *vide:* TEPEDINO, Gustavo. *Premissas Metodológicas para a Constitucionalização do Direito Civil,* p. 1/22.

[357] FREITAS, Juarez. *A interpretação sistemática do Direito.* 4.ed. São Paulo: Malheiros, 2004. Cumpre ressaltar que a compreensão de sistema como ordem axiológica, a partir de ideias de adequação valorativa e de unidade, atribuindo aos princípios um sentido decorrente de restrições recíprocas, advém do conceito de sistema apresentado por Claus-Wilhelm Canaris na obra *Pensamento Sistemático e Conceito de Sistema na Ciência do Direito.* 3.ed. Lisboa: Calouste Gulbenkian, 2002. Entretanto, como sustenta Juarez Freitas, p. 53 da obra *A Interpretação Sistemática do Direito,* o conceito de Canaris não é plenamente satisfatório na medida em que não faz qualquer alusão à distinção entre princípios, regras e valores, não incorpora a vinculação aos objetivos do Estado Democrático, bem como não introduz o elemento de hierarquização material, topicamente produzido, no círculo hermenêutico, não estabelecido previamente. A diferença substancial é a de que Canaris relega à tópica um papel apenas auxiliar; já Juarez Freitas sustenta a constituição mútua e identidade essencial entre o pensamento tópico e o sistemático.

[358] Sobre a unidade, abertura e mobilidade do sistema jurídico obra clássica é a já citada de CANARIS, Claus-Wilhelm: *Pensamento Sistemático e Conceito de Sistema na Ciência do Direito.*

[359] Bem de ver que se está utilizando a expressão "eficácia dos direitos fundamentais nas relações entre particulares", independentemente de ser ela direta ou indireta, conforme diferentes posições doutrinárias, já adiantando que se tem como mais adequada a posição da eficácia direta. Optou-se, portanto, por utilizar simplesmente a expressão "eficácia dos direitos fundamentais nas relações entre particulares" por entender ser esta a mais adequada, como também afirmam Ingo Sarlet e Juan María Bilbao Ubillos. Isso porque há uma controvérsia de ordem terminológica ou conceitual, que à primeira vista pode parecer irrelevante, mas não o é, como adverte Ingo Sarlet. O professor explica que se verifica um dissenso quanto à terminologia adequada, sendo cada vez mais acirradas as críticas em torno das expressões mais conhecidas como "eficácia privada", *"Drittwirkung"* ("eficácia em relação a terceiros" ou "eficácia externa") dos alemães ou mesmo o termo "eficácia horizontal". Eficácia privada é termo que deve ser afastado porque muito genérico e não reflete o ponto central da problemática. Eficácia em relação a terceiros também se revela inapropriada porque não se trata de um terceiro nível eficacial, ou melhor, uma terceira classe de destinatários. Trata-se sim de um segundo nível, já que os direitos fundamentais ou se operam no nível das relações entre os indivíduos e o Estado ou nas relações entre particulares. Por fim, o termo eficácia horizontal (eficácia na esfera das relações entre atores privados), que se convencionou utilizar em contraponto ao termo eficácia vertical (em relação aos agentes estatais) dos direitos fundamentais, também deve ser rejeitado na medida em que as relações entre particulares são cada vez mais marcadas pelo exercício de poder econômico e social, portanto, não afastam situações de evidente desequilíbrio de poder entre os atores sociais e uma verticalidade similar e por vezes até mesmo mais evidente do que a encontrada nas relações entre os particulares e o Estado. Além disso, a aplicação efetiva dos direitos fundamentais acaba sendo habitualmente implementada por meio de um agente estatal e, portanto, guarda conexão com uma ação estatal, a qual ocorre mesmo no âmbito da assim designada eficácia direta dos direitos fundamentais nas relações entre particulares, onde cabe ao Poder Judiciário a solução da controvérsia. SARLET, Ingo Wolfgang. *Direitos Fundamentais e Direito Privado:* algumas considerações em torno da vinculação dos particulares aos direitos fundamentais. In: ——. (org.). *A constituição concretizada:* construindo pontes com o público e o privado. Porto Alegre: Livraria do Advogado, 2000, p. 112/117 e, mais recentemente, *"A influência dos direitos fundamentais no Direito Privado:* o caso brasileiro. In: MONTEIRO, António Pinto; NEUNER, Jörg; SARLET, Ingo Wolfgang. (orgs). *Direitos Fundamentais e Direito Privado:* uma perspectiva de direito comparado. Coimbra: Almedina, 2007, p. 124/126.

[360] Tanto é assim que, quando Canaris, em 1984, anunciou no simpósio da Associação dos Professores de Direito Civil que sua conferência versaria sobre as relações entre direitos fundamentais e o Direito Privado, foi criticado

tornou-se impossível ignorar os efeitos das tais normas no âmbito das relações privadas. A discussão em torno desse tema é relativamente recente, principalmente no Brasil, efetivamente tomando corpo apenas após a promulgação da Constituição de 1988.[361]

A função precípua da Constituição era regular as relações dos indivíduos com o Poder Público, reflexo da separação entre o Estado e a sociedade característica do Estado Liberal. A partir da instauração do Estado Social e o consequente progressivo intervencionismo estatal nas relações privadas, aliados à participação ativa da sociedade no exercício do poder, tornou-se necessária a incidência das normas constitucionais, não só nas relações entre os indivíduos e o Poder Público, mas também sobre os conflitos provenientes do âmbito privado.

O desenvolvimento da noção de vinculação dos particulares aos direitos fundamentais está ligado, portanto, à superação do paradigma liberal da modernidade e ao reconhecimento da dimensão objetiva dos direitos fundamentais (não somente geradores de direitos subjetivos públicos, dos cidadãos em face do Estado), a partir dos quais tais direitos exprimem valores que o Estado, além do dever de respeitar, tem o dever de promover e proteger, valores estes que se irradiam por todo o ordenamento, atingindo as searas do público e do privado, ofuscando as antigas fronteiras que os separavam. Tal fato, inexoravelmente, conduz a uma vinculação dos direitos fundamentais também nas relações privadas. Em função da necessária unidade do ordenamento jurídico é de ser levado em consideração que os direitos fundamentais devem incidir em toda a ordem jurídica, inclusive, privada. Assim, protegem-se os indivíduos contra as ingerências do Estado, bem como quando os atos atentatórios forem provenientes de outros indivíduos ou entidades privadas.[362]

Ademais, não há como negar que a Constituição prevê uma série de direitos fundamentais que tem por destinatários, inequivocamente, sujeitos privados. Essa migração de diversos institutos que outrora eram somente regulados pela legislação ordinária, porque concernentes às relações privadas, para o conteúdo normativo constitucional revela uma das possíveis compreensões do fenômeno da

---

ferozmente por alguns de seus colegas que entendiam completamente esgotadas quaisquer controvérsias sobre este tema. No entanto, como diz o autor, "a problemática encontra-se hoje virtualmente em todas as bocas". A palestra em 1984 deu origem a um primeiro ensaio, o qual foi o embrião para o desenvolvimento do texto publicado em 1999 que dá conta do desenvolvimento doutrinário e jurisprudencial sobre o tema no Direito Alemão, dialogando também com as posições divergentes que emergiram no Direito Europeu. CANARIS, Claus-Wilhelm. *Direitos Fundamentais e Direito Privado*. Coimbra: Almedina, 2003, p. 19.

[361] Aponta-se que a discussão em torno das relações entre os direitos fundamentais e o Direito Privado vem sendo travada há pelo menos meio século na Europa, mas no Brasil o debate a esse respeito conta com não mais do que quinze anos. Atribui-se o recente debate ao fato de que o Brasil vivia período de ditadura militar e somente com a redemocratização que culminou com a Constituição de 1988 se passaram a levar novamente a sério a Constituição e os direitos fundamentais como fonte primeira e vinculativa dos direitos, reconhecimento este que também não foi absolutamente tranquilo, encontrando certa resistência. SARLET, Ingo Wolfgang. *A influência dos direitos fundamentais no Direito Privado:* o caso brasileiro, p. 111/112.

[362] Idem. *Direitos Fundamentais e Direito Privado:* algumas considerações em torno da vinculação dos particulares aos direitos fundamentais, p. 118/119.

constitucionalização do Direito Privado. Esse fenômeno modificou as estruturas de compreensão e aplicação do direito, denotando cabalmente a influência recíproca que existe entre as relações de direitos fundamentais e de Direito Privado, mostrando também seu fundamental papel na construção ou reconstrução da teoria dos direitos de personalidade.

A referida constitucionalização também é responsável pela conformação do princípio da interpretação conforme a Constituição.[363] Interpretar toda a normativa de Direito Privado a partir dos princípios de índole constitucional, os quais carregam os valores fundantes da ordem democrática, cujo intuito último é manter a coerência e integridade de um sistema uno e aberto, permitiu a concepção de um Direito Civil-Constitucional responsável por uma importante revolução paradigmática havida no Direito brasileiro.

Para a construção do Direito Privado contemporâneo à luz dos pressupostos e do fio condutor do Direito Civil-Constitucional, abriu-se o debate profícuo em torno da aplicação direta das normas constitucionais nos diversos campos das relações jurídicas privadas.[364] Nessa medida, Ingo Sarlet afirma que os primeiros esforços para o tratamento do tema "Direitos Fundamentais e Direito Privado" foram empreendidos por autores do Direito Privado a partir da ampla perspectiva de "um Direito Civil-Constitucional, engendrado no âmbito de uma interpretação conforme a Constituição",[365] juntamente com o destaque que se deve aos aspectos existenciais da pessoa a partir da consagração da dignidade da pessoa humana como valor-guia de toda a ordem jurídica.

Analisando justamente a tutela dos direitos de personalidade em perspectiva de Direito Civil-Constitucional, Gustavo Tepedino adverte que, a partir da técnica constitucional de enumeração introdutória[366] dos princípios fundamentais, não se

---

[363] FACHIN, Luiz Edson. *Questões do Direito Civil Brasileiro Contemporâneo*, 2008, p. 8. Sobre o tema da interpretação conforme, *vide* específica abordagem em COLNAGO, Cláudio de Oliveira Santos. *Interpretação conforme a Constituição:* decisões interpretativas do STF em sede de controle de constitucionalidade. São Paulo: Editora Método, 2007 e REIS, Mauricio Martins. *Para uma compreensão hermenêutica do controle de constitucionalidade:* A Resposta Correta no Caso x Única resposta Correta. Repertório de Jurisprudência n. 24. São Paulo: Informações Objetivas Publicações Jurídicas Ltda. – IOB, 2007.

[364] Os pioneiros na construção de um Direito em perspectiva Civil-Constitucional e no consequente debate sobre a aplicabilidade direta e imediata da normativa constitucional no direito privado são, inequivocamente, os professores Luiz Edson Fachin, Maria Celina Bodin de Moraes e Gustavo Tepedino, os quais inicialmente foram fortemente influenciados pelo brilhantismo do professor italiano Pietro Perlingieri, mas provocaram, com maestria, um verdadeiro repensar crítico dos fundamentos do Direito Privado brasileiro. Para utilizar a expressão do Prof. Fachin, a eficácia direta e imediata dos direitos fundamentais nas relações entre particulares representa uma verdadeira "virada de Copérnico". Sobre essa revolução paradigmática, todos os pioneiros textos que integram as obras já amplamente citadas *"Repensando Fundamentos do Direito Civil Brasileiro Contemporâneo"* e *"Temas de Direito Civil"*. Também merecem ressalva os professores Eugênio Facchini Neto, Carmen Lúcia Antunes Rocha, Elimar Szaniawski, Anderson Schreiber, Teresa Negreiros, Danilo Doneda, Carlos Eduardo Pianovski Ruzyk, os quais também advogam em favor de uma eficácia direta dos direitos fundamentais nas relações privadas.

[365] SARLET, Ingo Wolfgang. *A influência dos direitos fundamentais no Direito Privado*: o caso brasileiro, p. 112/113.

[366] Introdutória, levando-se em consideração principalmente os princípios veiculados nos primeiros artigos da Constituição.

pode supor alheia toda a gama de relações de Direito Privado. Portanto, a tutela da personalidade "não pode se conter em setores estanques, de um lado os direitos humanos e de outro as chamadas situações jurídicas de direito privado". Continua dizendo, "a pessoa, à luz do sistema constitucional, requer proteção integrada", suprindo com isso a separação do público e do privado, em atendimento ao princípio estruturante de proteção à dignidade da pessoa humana.[367]

Luiz Edson Fachin, tratando os direitos da personalidade como direitos fundamentais que são, afirma sua eficácia direta e imediata na medida em que

> (...) nada obstante a inserção na legislação infraconstitucional dos direitos da personalidade no capítulo 2 da parte geral do Código Civil de 2002, não se pode descurar de que, desde a promulgação da Constituição de 1988, já existia uma sistemática de proteção integral dos direitos de personalidade erigida a partir, como antes sustentado, da cláusula geral de tutela da dignidade da pessoa humana, cujos direitos correlatos, tidos por fundamentais, espraiam sua eficácia direta e imediatamente sobre todo o ordenamento jurídico.[368]

Constatado que os direitos fundamentais, por força da unidade do ordenamento jurídico, aplicam-se a toda ordem jurídica, inclusive no âmbito privado,[369] bem como evidenciado que os direitos fundamentais são objeto da mais profícua pesquisa, poder-se-ia questionar a necessidade de a normativa civilística regular direitos cujo conteúdo normativo foi deslocado para o texto constitucional. Essa inquietação perde relevância diante da superação da divisão clássica entre o público e o privado; um não pode evitar a contaminação pelo outro, bem como diante de um Direito Civil constitucionalizado, ou seja, um Direito Civil efetivamente transformado pela normativa constitucional.[370] Necessário é, pois, interpretar as normas de Direito Civil à luz dos princípios e valores insculpidos na Constituição Federal, compreendendo, assim, os institutos jurídicos em uma verdadeira perspectiva Civil-Constitucional.

Ademais, no plano dos direitos da personalidade, inequívoca é a dependência das normas constitucionais para a garantia de uma tutela protetiva e promocional. Como adverte Hesse, que sustenta a influência recíproca entre o Direito Constitucional e o Direito Privado, os direitos da personalidade, como forma de assegurar o livre desenvolvimento humano, exigem uma proteção jurídica tal que só os direitos fundamentais podem lhes conferir,[371] até porque tais direitos constituem questão essencial dos tempos atuais.[372] A proteção conferida pelos direitos

---

[367] TEPEDINO, Gustavo. *A Tutela da Personalidade no Ordenamento Civil-constitucional Brasileiro*, p. 52/53.

[368] FACHIN, Luiz Edson. *Direitos da Personalidade no Código Civil Brasileiro*: elementos para uma análise de índole constitucional da transmissibilidade, p. 14.

[369] SARLET, Ingo Wolfgang. *Direitos Fundamentais e Direito Privado:* algumas considerações em torno da vinculação dos particulares aos direitos fundamentais, p. 119.

[370] TEPEDINO, Maria Celina Bodin de Moraes. *A caminho de um Direito Civil Constitucional,* p. 29.

[371] HESSE, Konrad. *Derecho constitucional e derecho privado.* Madrid: Civitas, 1995, p. 84.

[372] BENDA, Ernst. *Privatsphare und Personlichkeitsprofit, apud* HESSE, Konrad. *Derecho constitucional e derecho privado,* p. 83.

fundamentais é a mais efetiva e robusta. Além disso, o significado do Direito Constitucional para o Direito Privado consiste em funções de garantia, orientação e impulso, eis que aquele, justamente pela abertura e amplitude de suas normas, assimila com maior facilidade e rapidez as mudanças sociais, mediando, assim, o desenvolvimento do Direito Privado e atuando como mola propulsora de modificação legislativa e jurisprudencial.[373]

Não obstante a assente posição acerca da eficácia direta e imediata dos direitos fundamentais nas relações entre particulares na doutrina privatista contemporânea, há que se considerar o debate travado sobre o tema entre os constitucionalistas,[374] não só brasileiros[375] como também estrangeiros,[376] os quais praticamente não divergem[377] quanto ao fato de que os direitos fundamentais, além

---

[373] HESSE, Konrad. *Derecho constitucional e derecho privado*, p. 83/85.

[374] Ingo Sarlet afirma que a eficácia dos direitos fundamentais nas relações privadas constitui um dos mais controversos temas da dogmática dos direitos fundamentais. SARLET, Ingo Wolfgang. *A eficácia dos direitos fundamentais*, p. 363.

[375] Sobre a eficácia dos direitos fundamentais nas relações privadas, entre os brasileiros, *vide* principalmente: Ingo Wolfgang Sarlet no texto "Direitos Fundamentais e Direito Privado: algumas considerações em torno da vinculação dos particulares aos direitos fundamentais" que compõe obra por ele organizada *A constituição concretizada: Construindo pontes com o público e o privado* e o texto mais recente *A influência dos direitos fundamentais no Direito Privado: o caso brasileiro*, na obra *Direitos fundamentais e Direito Privado: uma perspectiva de direito comparado*, Daniel Sarmento na sua obra *Direitos Fundamentais e Relações Privadas*, obras estas já amplamente citadas, além de MENDES, Gilmar Ferreira. *Direitos Fundamentais e Controle de Constitucionalidade*. São Paulo: Saraiva, 2004, STEINMETZ, Wilson. *Direitos fundamentais e relações entre particulares*: anotações sobre a teoria dos imperativos de tutela. Revista de Direito Privado, n. 23, p. 291-303, jul.-set. 2005, BARROSO, Luis Roberto. *Interpretação e Aplicação da Constituição*. São Paulo: Saraiva, 2006 e SILVA, Virgílio Afonso da. *A Constitucionalização do Direito:* os direitos fundamentais nas relações entre particulares. São Paulo: Malheiros, 2005.

[376] No direito alemão, principalmente: Konrad Hesse na obra traduzida para o espanhol *Derecho constitucional e derecho privado*, Robert Alexy, na sua *Teoria dos Direitos Fundamentais*, Claus-Wilhelm Canaris, na obra traduzida para o português *Direitos Fundamentais e Direito Privado* e no texto "A influência dos direitos fundamentais sobre o direito privado na Alemanha" na obra *Constituição, Direitos Fundamentais e Direito Privado* e Jörg Neuner, no recente artigo publicado na coletânea *Direitos fundamentais e Direito Privado: uma perspectiva de direito comparado*. No direito espanhol, expoente é Juan María Bilbao Ubillos no texto "¿En qué medida vinculan a los particulares los derechos fundamentales?" na obra "Constituição, Direitos Fundamentais e Direito Privado" e mais recentemente "La eficacia frente a terceros de los derechos fundamentales en el ordenamiento español", na obra *Direitos fundamentais e Direito Privado: uma perspectiva de direito comparado*, além da clássica obra *La Eficacia de los Derechos Fundamentales frente a Particulares*. No direito português, cuja aproximação linguística causa maior influência, cita-se, dentre outros, Joaquim José Gomes Canotilho, no seu *Direito Constitucional e Teoria da Constituição*, bem como no texto "Dogmática de direitos fundamentais e direito privado", na obra *Constituição, Direitos Fundamentais e Direito Privado*; nesta obra também José Carlos Vieira de Andrade no texto "Os direitos, liberdades e garantias no âmbito das relações entre particulares"; Paulo Mota Pinto, no texto "A influência dos direitos fundamentais sobre o direito privado português" na obra *Direitos fundamentais e Direito Privado: uma perspectiva de direito comparado*, Jorge Reis Novais no texto "Renúncia a direitos fundamentais", na obra *Perspectivas Constitucionais* e Jorge Miranda no tomo IV do seu *Manual de Direito Constitucional*.

[377] Diz-se praticamente consensual na medida em que não se pode negar a existência de algumas correntes que negaram a eficácia dos direitos fundamentais nas relações entre particulares. No direito alemão, berço da discussão, onde na década de 50 nascia a teoria da eficácia direta dos direitos fundamentais nas relações privadas *(Drittwirkung)* desenvolvida por Hans Carl Nipperdey, bem como a teoria da eficácia indireta *(Mittelbare Drittwirkung)* sustentada primeiramente por Günter Dürig, alguns autores como Mangoldt e Forsthoff, em reação, negaram tal eficácia, calcados no paradigma liberal clássico de que os direitos fundamentais representavam apenas direitos de defesa em face do Estado, além de que a eficácia horizontal fulminaria a autonomia individual,

de vincularem os órgãos do Poder Público, possuem eficácia vinculante também no âmbito das relações jurídicas travadas entre particulares.[378] A controvérsia, fonte de diferentes teorias que se destinam a apontar soluções, se dá no âmbito da forma e abrangência dessa incidência, oscilando a doutrina, basicamente, entre aqueles que advogam pela eficácia direta e imediata e aqueles que sustentam uma eficácia indireta e mediata dos direitos fundamentais nas relações interprivadas, além de outras formulações que refletem posições intermediárias.

A teoria da eficácia indireta ou mediata[379] parte da premissa de que os direitos fundamentais integram uma ordem objetiva de valores com reflexo em todo o ordenamento jurídico, mas os direitos fundamentais não ingressam no cenário jurídico privado como direitos subjetivos que podem ser invocados a partir da Constituição. A eficácia destes direitos se dá de forma indireta, ou seja, através da interpretação e integração de cláusulas gerais e conceitos indeterminados do Direito Privado à luz dos direitos fundamentais. Os adeptos dessa teoria[380] entendem

---

destruindo a identidade do Direito Privado que acabaria completamente absorvido pelo Direito Constitucional. Essa corrente negativista não tomou corpo diante das reiteradas decisões do Tribunal Constitucional Alemão acatando a tese da eficácia dos direitos fundamentais nas relações privadas. A maior difusão da teoria negativista se dá no âmbito do Direito norte-americano através da doutrina da "State Action". Com base na literalidade do texto constitucional que apenas se refere aos Poderes Públicos, afirma-se, quase de forma universal, que apenas em face deles é que os direitos fundamentais impõem limitações. Além disso, há também um argumento liberal defendido ferozmente por Laurence Tribe de que é necessário imunizar o Direito Privado das proibições constitucionais sob pena de um aniquilamento da liberdade se os indivíduos tiverem que conformar sua conduta às exigências constitucionais. Além disso, nos Estados Unidos cumpre aos Estados legislar sobre Direito Privado, assim preserva-se a autonomia dos Estados impedindo que as cortes federais intervenham nas relações privadas no intuito de aplicar a Constituição. Estes argumentos sofreram abrandamentos tanto pela doutrina como pela jurisprudência, mas não se aprofunda a temática aqui, já que o intuito é apenas suscitar a existência de teorias negativistas. Para aprofundamento da temática, *vide:* SARMENTO, Daniel. *Direitos Fundamentais e Relações Privadas,* p. 226/238 e SARLET, Ingo Wolfgang. *Direitos Fundamentais e Direito Privado:* algumas considerações em torno da vinculação dos particulares aos direitos fundamentais, p. 134/135.

[378] SARLET, Ingo Wolfgang. *A eficácia dos direitos fundamentais,* p. 362 e *Direitos Fundamentais e Direito Privado:* algumas considerações em torno da vinculação dos particulares aos direitos fundamentais, p. 117. Ressalte-se também o parágrafo 1º do artigo 5º da CF/88 que determina a aplicação imediata das normas que definem direitos e garantias fundamentais, muito embora não faça referência expressa dessa vinculação ao Poder Público, nem mesmo entre os particulares. Não obstante, trata-se de um consenso a eficácia dos direitos fundamentais sobre toda a ordem jurídica, pelo menos na doutrina majoritária, por todas as razões já expostas nesta pesquisa que envolve a superação do paradigma liberal da modernidade. Como melhor modelo tem-se a Constituição Portuguesa que traz expressa a vinculação do Poder Público e dos particulares à aplicação imediata dos direitos fundamentais; já na Lei Fundamental da Alemanha a vinculação expressa direciona-se apenas ao Poder Público, o que justifica posições que serão analisadas. SARLET, Ingo Wolfgang. *Direitos Fundamentais e Direito Privado:* algumas considerações em torno da vinculação dos particulares aos direitos fundamentais, p. 120.

[379] A teoria da eficácia indireta ou mediata dos direitos fundamentais na esfera privada *(Mittelbare Drittwirkung)* foi desenvolvida na Alemanha, na década de 50, por Günter Dürig e ainda hoje é adotada pela maioria dos juristas germânicos e também pela Corte Constitucional Alemã. Daniel Sarmento, realizando ampla análise comparativa sobre a aceitação das teorias, afirma que a teoria da eficácia imediata, além de ser posição dominante no Direito Alemão, é também na Áustria e na França. Detalhes sobre os posicionamentos na França e na Áustria, *vide:* SARMENTO, Daniel. *Op. cit.,* p. 242/244.

[380] Cumpre salientar que, no Direito Brasileiro, baseado na formulação da doutrina Alemã, raras são as vozes que sustentam a eficácia indireta dos direitos fundamentais nas relações interprivadas, podendo-se apontar: HECK, Luís Afonso. *Direitos Fundamentais e a sua influência no Direito Civil.* Revista da faculdade de Direito da UFRGS, n. 16, p. 111-125, 1999; DIMOULIS, Dimitri; MARTINS, Leonardo. *Teoria Geral dos Direitos Fundamentais.* São Paulo: Revista dos Tribunais, 2007.

que, à primeira vista, é tarefa do legislador privado a transposição dos direitos fundamentais para a seara do Direito Privado, ou seja, o legislador tem o dever de mediar esta relação estabelecendo uma disciplina das relações privadas compatível com os valores constitucionais. Mas, diante da ausência de normativa privada, cabe ao Judiciário, no processo interpretativo, a tarefa de preencher as cláusulas gerais e os conceitos indeterminados levando em consideração os direitos fundamentais. Apenas em situação excepcional onde se verificasse uma lacuna no Direito Privado, bem como a ausência de cláusulas gerais e conceitos indeterminados que pudessem ser preenchidos em harmonia com os direitos fundamentais, estes poderiam ser diretamente aplicados pelo juiz nas relações privadas, independentemente da mediação do legislador.[381]

Nesta linha de pensamento, a Constituição contém normas objetivas cujos efeitos são irradiados para a seara privada, impregnando as normas privadas de valores constitucionais, mas não investe os particulares de direitos subjetivos privados. A eficácia indireta dos direitos fundamentais é justificada a partir da ideia de que uma eficácia direta exterminaria a autonomia da vontade e converteria o Direito Privado em uma mera concretização do Direito Constitucional.[382]

Pode-se dizer que a teoria da eficácia indireta foi desenvolvida para ser uma construção intermediária entre aqueles que negavam a vinculação dos particulares aos direitos fundamentais e aqueles que sustentavam a eficácia direta desses direitos na esfera privada.

Os defensores de uma eficácia direta e imediata sustentam que há direitos fundamentais que podem ser invocados diretamente nas relações que envolvem apenas particulares,[383] independentemente da mediação do legislador, já que os poderes sociais e os próprios particulares em relação com os demais também podem

---

[381] Sobre a teoria da eficácia indireta e mediata, *vide:* SARLET, Ingo Wolfgang. *Direitos Fundamentais e Direito Privado:* algumas considerações em torno da vinculação dos particulares aos direitos fundamentais, p. 123/125 e SARMENTO, Daniel. *Direitos Fundamentais e Relações Privadas,* p. 238/245.

[382] Konrad Hesse defende esta posição afirmando que um recurso mediato aos direitos fundamentais evita o perigo da invasão do Direito Privado pelo Direito Constitucional, com o que o primeiro teria pouco a ganhar e o verdadeiro significado dos direitos fundamentais, muito a perder. HESSE, Konrad. *Derecho constitucional e derecho privado,* p. 65/67. Às páginas 60/61, Hesse afirma que "mediante el recurso inmediato a los derechos fundamentales amenaza con perderse la identidad del Derecho Privado, acuñada por la larga historia sobre la que descansa, en perjuicio de la adecuación a su propia materia de la regulación y de su desarrollo ulterior, para lo cual depende de especiales circunstancias materiales que no cabe procesar sin más con criterios de derechos fundamentales. Aparte de ello, correría peligro el principio fundamental de nuestro Derecho Privado, la autonomía privada, si las personas en sus relaciones recíprocas no pudieran renunciar a las normas de derechos fundamentales que son indisponibles para la acción estatal".

[383] Há direitos fundamentais cuja própria estrutura pressupõe uma incidência direta nas relações entre particulares, até porque são direitos fundamentais que expressamente se destinam aos particulares como já se salientou. O direito à honra, à imagem e à privacidade são exemplos de direitos fundamentais da personalidade cujos destinatários são os particulares. Por outro lado, existem direitos fundamentais que, por sua natureza, vinculam apenas o Estado. Como explicita Juan María Bilbao Ubillos, não existe uma homogeneidade entre todos os direitos fundamentais e, portanto, é necessária uma análise de cada um deles para verificar a existência e extensão da vinculação direta nas relações entre particulares. UBILLOS, Juan María Bilbao. *La Eficacia de los Derechos Fundamentales frente a Particulares.* Madrid: Centro de Estudios Constitucionales, 1997.

ser autores de ofensas aos direitos fundamentais.[384] Exemplo é a vinculação direta da dignidade humana e mesmo do direito ao livre desenvolvimento da personalidade decorrente daquela. Fundamenta-se esta posição no princípio da unidade da ordem jurídica e na força normativa da Constituição, ou seja, se os direitos fundamentais são normas de valor que são válidos para toda a ordem jurídica, não se pode aceitar que o Direito Privado fique à margem da ordem constitucional.[385] A Constituição é norma que fundamenta a unidade do ordenamento jurídico e, por isso, não se pode negar a vinculação direta dos direitos fundamentais nas relações interprivadas, também operando influência sobre o Direito Privado através da interpretação conforme a Constituição.[386]

Ademais, não se pode desconsiderar o princípio da máxima efetividade dos direitos fundamentais, mesmo nas relações interprivadas onde todos são igualmente titulares desses direitos,[387] situação em que se deverá levar em consideração, para a solução dos casos concretos, a ponderação dos interesses em jogo, sempre preservando, pelo menos, o núcleo essencial dos direitos em colisão.[388] Assim, se o legislador deixa de implementar o programa constitucional, os juízes poderão voltar-se à Constituição, aplicando diretamente seus princípios para a solução dos casos concretos. A Constituição, nesta medida, é ordem de valores que deve orientar qualquer atividade estatal, inclusive a jurisdicional.[389]

---

[384] Sobre a teoria da eficácia direta e imediata ver: SARLET, Ingo Wolfgang. *Direitos Fundamentais e Direito Privado:* algumas considerações em torno da vinculação dos particulares aos direitos fundamentais, p. 121/123 e SARMENTO, Daniel. *Direitos Fundamentais e Relações Privadas,* p. 245/258.

[385] A teoria da eficácia direta e imediata dos direitos fundamentais na esfera privada *(Drittwirkung)* foi desenvolvida na Alemanha, no início da década de 50, por Hans Carl Nipperdey e depois reforçada por Walter Leisner. Apesar de ser teoria originariamente formulada na doutrina alemã, como já dito, não é posição que lá impera, mas influenciando os doutrinadores europeus, acabou sendo posição majoritariamente aceita na Espanha, sendo expoentes na sua defesa Juan María Bilbao Ubillos, Pedro de Veja Garcia, Rafael Naranjo de la Cruz; em Portugal, onde sobressaem os posicionamentos de Joaquim José Gomes Canotilho, Vital Moreira e Ana Prata e também na Itália, sendo o principal defensor Pietro Perlingieri. Detalhes sobre os posicionamentos na Espanha, em Portugal e na Itália, tanto na doutrina como na jurisprudência, *vide:* SARMENTO, Daniel. *Op. cit.,* p. 250/258.

[386] Nesse sentido: UBILLOS, Juan María Bilbao. *¿En qué medida vinculan a los particulares los derechos fundamentales?* In: SARLET, Ingo Wolfgang (org.). *Constituição, Direitos Fundamentais e Direito Privado.* Porto Alegre: Livraria do Advogado, 2003, p. 304.

[387] SARLET, Ingo Wolfgang. *Op. cit.,* p. 122.

[388] Ressalte-se que não se está adentrando especificamente na temática da colisão dos direitos fundamentais e a solução dos casos concretos neste momento da análise, porque tal temática será retomada no quarto capítulo.

[389] "Do ponto de vista dos operadores jurídicos, trata-se de afirmar que o jurista, especialmente o juiz, deve firmemente orientar sua atividade jurisdicional – quer quando julga litígios de natureza pública, quer quando decide conflitos intersubjetivos de natureza privada – no sentido do horizonte traçado pela Constituição, qual seja, repita-se, a edificação de uma sociedade mais justa, livre e solidária, construída sobre o fundamentalíssimo pilar da dignidade de todos os seus cidadãos. Isso significa que a magistratura necessariamente deve ser co-participe de uma política de inclusão social, não podendo aplicar acriticamente institutos que possam representar formas excludentes de cidadania". FACCHINI NETO, Eugênio. *Reflexões histórico-evolutivas sobre a constitucionalização do direito privado,* p. 55.

A ponderação que será necessária para a solução dos casos concretos denota também que a teoria da eficácia imediata não importa em resultados radicais de supressão da autonomia e liberdade dos particulares. Há especificidades nesta incidência direta dos direitos fundamentais nas relações interprivadas, já que inexoravelmente dever-se-á ponderar o direito fundamental em questão com a autonomia privada dos particulares envolvidos na situação concreta.[390]

Assim, ao contrário do que pressupõe a teoria da eficácia mediata, com a vinculação direta

> (...) os direitos fundamentais não carecem de qualquer transformação para serem aplicados no âmbito das relações jurídico-privadas, assumindo diretamente o significado de vedações de ingerências no trafico jurídico-privado e a função de direitos de defesa oponíveis a outros particulares, acarretando uma proibição de qualquer limitação aos direitos fundamentais contratualmente avençada, ou mesmo gerando direito subjetivo à indenização no caso de uma ofensa oriunda de particulares.[391]

Ao lado destas duas concepções, importa mencionar a teoria dos deveres de proteção desenvolvida principalmente por Canaris.[392] Trata-se de uma construção intermediária, mas que se aproxima mais da teoria da eficácia indireta. Para ele, os direitos fundamentais vinculam imediatamente o legislador privado, sob pena de inconstitucionalidade das leis, bem como o Poder Judiciário quando da interpretação e aplicação nos casos concretos, já que se somente a lei, e não a sua aplicação e desenvolvimento, estivesse sujeita à vinculação, os direitos fundamentais perderiam efetividade. Todavia, entende que os particulares não estão sujeitos a esta vinculação imediata e que os direitos fundamentais exercem efeitos nas relações privadas porque funcionam como imperativos de tutela. Assim, é dever do Estado proteger um cidadão perante o outro.[393] Se as normas de direitos fundamentais impõem, ao Estado, o dever de proteção dos particulares contra agressões a qualquer bem jurídico fundamental, não se podem excluir do âmbito de proteção as situações em que a ofensa decorra de comportamento de outro particular. Trata-se de uma ação positiva do Estado, o qual deve intervir, para prevenir ou reprimir, qualquer ofensa a direito fundamental. Tal concepção, portanto, pressupõe o Es-

---

[390] SARMENTO, Daniel. *Direitos Fundamentais e Relações Privadas*, p. 246.

[391] SARLET, Ingo Wolfgang. *Direitos Fundamentais e Direito Privado:* algumas considerações em torno da vinculação dos particulares aos direitos fundamentais, p. 122/123.

[392] Sobre a teoria dos deveres de proteção, originalmente, *vide* a já citada obra de CANARIS, Claus-Wilhelm. *Direitos Fundamentais e Direito Privado.* Sobre ela também: SARLET, Ingo Wolfgang. *Op. cit.*, p. 126/127 e SARMENTO, Daniel. *Op. cit.*, p. 259/262.

[393] "Em contraposição às leis do direito privado, bem como à sua aplicação e desenvolvimento pela jurisprudência, os sujeitos de direito privado e o seu comportamento não estão, em princípio, sujeitos à vinculação imediata aos direitos fundamentais. Estes desenvolvem, porém, os seus efeitos nesta direção, por intermédio da sua função como imperativos de tutela". CANARIS, Claus-Wilhelm. *Op. cit.*, p. 132.

DIREITOS DA PERSONALIDADE

tado como principal destinatário dos direitos fundamentais e, assim, a proteção se dá de forma mediata,[394] ou seja, através dos Poderes Legislativo e Judiciário.[395]

A teoria dos deveres de proteção concilia a autonomia privada e os demais direitos fundamentais contrapostos incumbindo primeiramente ao legislador disciplinar as relações privadas através de regras de Direito Privado, adequadas ao espírito da Constituição, sejam elas regras com alto grau de densificação ou então através de cláusulas gerais que ampliam o espaço de valoração na jurisdição.[396] [397]

Daniel Sarmento sustenta que a principal crítica que se pode dispensar tanto à teoria dos deveres de proteção como à da eficácia mediata é que a proteção dos direitos fundamentais, nestas concepções, fica refém da vontade incerta do legislador ordinário, negando a proteção que sua fundamentalidade impõe.[398]

No Brasil prevalece o entendimento de que os direitos fundamentais são imediatamente aplicados nas relações entre particulares,[399] não ficando sujeitos à

---

[394] Exigindo a mediação do legislador e do Poder Judiciário para a eficácia dos direitos fundamentais nas relações entre particulares, mesmo que imposta através dos deveres de proteção decorrentes das normas definidoras fundamentais, a teoria dos deveres de proteção aproxima-se muito da teoria da eficácia indireta.

[395] SARLET, Ingo Wolfgang. *Direitos Fundamentais e Direito Privado:* algumas considerações em torno da vinculação dos particulares aos direitos fundamentais, p. 126/127.

[396] SARMENTO, Daniel. *Direitos Fundamentais e Relações Privadas*, p. 260.

[397] Apresentadas as três correntes mais significativas, quais sejam: a da eficácia indireta, a da eficácia direta e a que liga a eficácia dos direitos fundamentais aos deveres de proteção do Estado, cumpre mencionar a posição de Robert Alexy. Em formulação própria, Alexy buscou conciliar as correntes, sustentando basicamente que as três teorias conduzem a resultados equivalentes já que comungam da ideia de que nas relações particulares ambas as partes são titulares de direitos fundamentais e que a gradação dessa eficácia decorre de uma ponderação de interesses. Propõe um modelo de três níveis de efeitos: o nível dos deveres do Estado, onde estaria situada a teoria do efeito mediato, já que é dever dos juízes, como órgãos estatais, levar em consideração os direitos fundamentais como valores objetivos quando da interpretação e aplicação do Direito Privado; o nível dos direitos frente ao Estado, onde operaria a teoria dos deveres de proteção, em que o Judiciário, quando não levar em consideração os direitos fundamentais para a solução dos conflitos entre privados, estaria violando um direito fundamental do cidadão frente ao Estado; e, por fim, o nível da relação entre sujeitos privados, em que incide a teoria da eficácia imediata. Alexy também contesta o argumento de que o reconhecimento de uma eficácia direta dos direitos fundamentais nas relações privadas exterminaria a autonomia privada e descaracterizaria o Direito Privado. Sustenta que na colisão entre a autonomia privada e outro direito fundamental a questão é de ponderação, ou seja, analisando-se a dimensão de importância de cada um, impõe-se a restrição de um deles no caso concreto, justificando o maior grau de importância que se deu ao outro. Nessa medida, as normas de direitos fundamentais não estabelecem uma única solução possível, mas sim várias soluções possíveis para o caso concreto, que pressupõem a ponderação dos interesses contrapostos e a justificação argumentativa para a restrição de um e privilégio de outro direito. ALEXY, Robert. *Teoria de los derechos fundamentales*. Madrid: Centro de Estudios Constitucionales, 1997, p. 503/524. Analisando a formulação de Alexy, Daniel Sarmento sustenta que no último nível, ao fim e ao cabo, o jurista alemão defende a teoria da eficácia direta dos direitos fundamentais nas relações interprivadas, no entanto, diante dos demais níveis de efeitos, trata-se de uma teoria alternativa ou, pelo menos, mista. SARMENTO, Daniel. *Op. cit.,* p. 264/266. Por fim, ainda cumpre salientar que, no Brasil, tem-se a posição de Virgílio Afonso da Silva, na obra "A Constitucionalização do Direito: os direitos fundamentais nas relações entre particulares" que se aproxima do modelo de três níveis formulado por Alexy.

[398] SARMENTO, Daniel. Op. cit., p. 261/262.

[399] A teoria da eficácia direta é também bastante evidente na jurisprudência brasileira. Exemplo é o julgamento do Recurso Extraordinário 201819: SOCIEDADE CIVIL SEM FINS LUCRATIVOS. UNIÃO BRASILEIRA DE COMPOSITORES. EXCLUSÃO DE SÓCIO SEM GARANTIA DA AMPLA DEFESA E DO CONTRADITÓRIO. EFICÁCIA DOS DIREITOS FUNDAMENTAIS NAS RELAÇÕES PRIVADAS. RECURSO DES-

mediação legislativa e sequer se exaurindo na interpretação de cláusulas gerais. A Constituição de 1988, no seu artigo 5º, § 1º,[400] determina a aplicação imediata das normas definidoras de direitos fundamentais impondo vinculação ao legislador ordinário e aos órgãos jurisdicionais que devem solucionar os conflitos entre os particulares.[401] Além disso, é marcadamente intervencionista e social e define como objetivo da República a construção de uma sociedade livre, justa e solidária,[402] voltada também para a promoção da igualdade substancial. Assim, a Constituição é incompatível com a tese que exige interferência legislativa e se restringe à interpretação de cláusulas gerais para a aplicação dos direitos fundamentais nas relações privadas.[403] Ademais, "em atendimento à função promocional do direito, o princípio da democracia impõe a máxima eficácia ao texto constitucional, expressão mais sincera das profundas aspirações de transformação social".[404]

Compartilhando da posição que afirma a eficácia direta dos direitos fundamentais nas relações interprivadas, muitos dos quais são também direitos da personalidade, cumpre, ao final, mencionar que tal eficácia não é absoluta, mas sim flexível e gradual, já que somente no caso concreto, analisando-se os direitos fundamentais contrapostos e utilizando-se dos métodos de interpretação e solução de conflitos, para o que se utiliza o princípio da proporcionalidade e a ponderação dos interesses postos em causa, é que se poderá assegurar soluções constitucio-

---

PROVIDO. I. EFICÁCIA DOS DIREITOS FUNDAMENTAIS NAS RELAÇÕES PRIVADAS. As violações a direitos fundamentais não ocorrem somente no âmbito das relações entre o cidadão e o Estado, mas igualmente nas relações travadas entre pessoas físicas e jurídicas de direito privado. Assim, os direitos fundamentais assegurados pela Constituição vinculam diretamente não apenas os poderes públicos, estando direcionados também à proteção dos particulares em face dos poderes privados. II. OS PRINCÍPIOS CONSTITUCIONAIS COMO LIMITES À AUTONOMIA PRIVADA DAS ASSOCIAÇÕES. A ordem jurídico-constitucional brasileira não conferiu a qualquer associação civil a possibilidade de agir à revelia dos princípios inscritos nas leis e, em especial, dos postulados que têm por fundamento direto o próprio texto da Constituição da República, notadamente em tema de proteção às liberdades e garantias fundamentais. O espaço de autonomia privada garantido pela Constituição às associações não está imune à incidência dos princípios constitucionais que asseguram o respeito aos direitos fundamentais de seus associados. A autonomia privada, que encontra claras limitações de ordem jurídica, não pode ser exercida em detrimento ou com desrespeito aos direitos e garantias de terceiros, especialmente aqueles positivados em sede constitucional, pois a autonomia da vontade não confere aos particulares, no domínio de sua incidência e atuação, o poder de transgredir ou de ignorar as restrições postas e definidas pela própria Constituição, cuja eficácia e força normativa também se impõem, aos particulares, no âmbito de suas relações privadas, em tema de liberdades fundamentais. III. (...) IV. RECURSO EXTRAORDINÁRIO DESPROVIDO. (RE 201819/RJ, 2ª Turma do Supremo Tribunal Federal, Relatora Min. Ellen Gracie e Relator para o acórdão Min. Gilmar Mendes, j. 11/10/2005).

[400] Artigo 5º, §1º, CF/88: As normas definidoras dos direitos e garantias fundamentais têm aplicação imediata.

[401] SARLET, Ingo Wolfgang. *Direitos Fundamentais e Direito Privado:* algumas considerações em torno da vinculação dos particulares aos direitos fundamentais, p. 140.

[402] Artigo 3º, *caput* e inciso I, CF/88: Constituem objetivos fundamentais da República Federativa do Brasil: I – construir uma sociedade livre, justa e solidária.

[403] SARMENTO, Daniel. *Direitos Fundamentais e Relações Privadas,* p. 279. Na página 281, Sarmento ainda reforça a necessidade da eficácia direta dos direitos fundamentais diante da opressão e violência que impera no Brasil, o que justifica um reforço dos direitos humanos no campo privado.

[404] MORAES, Maria Celina Bodin de. *A constitucionalização do direito civil e seus efeitos sobre a responsabilidade civil.* In: SOUZA NETO, Cláudio Pereira de; SARMENTO, Daniel. *A constitucionalização do direito:* fundamentos teóricos e aplicações específicas. Rio de Janeiro: Lumen Juris, 2007, p. 235.

nalmente adequadas,[405] que irão justificar a restrição e a prevalência de um direito sobre o outro, sempre buscando preservá-los o máximo possível, pelo menos, seu núcleo essencial.

2.3. Considerações sobre formas relevantes de tutela dos direitos da personalidade

2.3.1. Da esfera ressarcitória quando da violação dos direitos de personalidade: a responsabilidade civil como mecanismo de proteção dos interesses da pessoa humana

Inequívoco que a temática aqui desenvolvida perpassa sempre pela necessidade de releitura de todo o sistema normativo a partir da viragem metodológica imposta pela Constituição Federal de 1988. Esta, valorando a pessoa por si só em sua subjetividade e dignidade, causou uma verdadeira "reviravolta no âmbito do direito civil".[406]

Os efeitos desta reviravolta atingiram a responsabilidade civil. Para abarcar a dimensão existencial, diante do privilégio necessário das situações jurídicas existenciais sobre as patrimoniais, onde a pessoa, dotada de personalidade singular e de atributos não mensuráveis economicamente, impôs-se uma leitura em perspectiva Civil-Constitucional dos tradicionais mecanismos da responsabilidade civil.[407]

---

[405] É neste sentido que Ingo Sarlet defende, pioneiramente, a formulação de uma eficácia direta *prima facie* sustentando que "em princípio, podem e devem ser extraídos efeitos jurídicos diretamente das normas de direitos fundamentais também em relação aos atores privados, não resultando obstaculizada pela falta ou insuficiência de regulação legal. Que somente as circunstâncias de cada caso concreto, as peculiaridades de cada direito fundamental e do seu âmbito de proteção, as disposições legais vigentes e a observância de métodos de interpretação e solução de conflitos entre direitos fundamentais (como é o caso da proporcionalidade e da concordância prática) podem assegurar uma solução constitucionalmente adequada, resulta evidente e não está em contradição com a concepção aqui sustentada e, ainda que com alguma variação, majoritariamente defendida e praticada no Brasil. Por outro lado, ao se afirmar uma eficácia direta *prima facie* não se está a sustentar uma eficácia necessariamente forte ou mesmo absoluta, mas uma eficácia e vinculação flexível e gradual. Neste contexto e ressalvados outros argumentos que poderiam ser colacionados, convém aduzir que o próprio dever de conferir máxima eficácia e efetividade às normas de direitos fundamentais há de ser compreendido no sentido de um mandado de otimização, uma vez que a eficácia e efetividade dos direitos fundamentais de um modo geral (e não apenas na esfera das relações entre particulares) não se encontra sujeita, em princípio, a uma lógica do tipo "tudo ou nada". SARLET, Ingo Wolfgang. *A influência dos direitos fundamentais no Direito Privado*: o caso brasileiro, p. 133. A citação foi extraída do texto publicado em 2007, mas não se pode descurar que tal posição já vem sendo sustentada desde 2000 com o texto "Direitos Fundamentais e Direito Privado: algumas considerações em torno da vinculação dos particulares aos direitos fundamentais".

[406] A expressão é de Maria Celina Bodin de Moraes, a qual, assim, iniciou texto que se destina a analisar os efeitos da constitucionalização do direito civil sobre a responsabilidade civil. MORAES, Maria Celina Bodin de. *A constitucionalização do direito civil e seus efeitos sobre a responsabilidade civil*, p. 233.

[407] Sobre esse tema, principalmente Maria Celina Bodin de Moraes na obra *Danos à pessoa humana: uma leitura civil-constitucional dos danos morais* e no texto *A constitucionalização do direito civil e seus efeitos sobre a responsabilidade civil*, ambos já citados. Também: SCHREIBER, Anderson. *Novas tendências da Responsabilidade Civil brasileira*. Revista Trimestral de Direito Civil, Rio de Janeiro, v.22, p. 45-69, abr.-jun., 2000 e *Novos Paradigmas da Responsabilidade Civil*: da erosão dos filtros da reparação à diluição dos danos. São Paulo: Atlas, 2007, obra esta resultante de sua tese de doutoramento.

Analisando o paradigma dominante na época das luzes, com sua marca patrimonialista que fez das regras tutelares de seu patrimônio a dimensão privilegiada da própria personalidade, não fazia sentido falar em danos extrapatrimoniais.[408] A alteração na forma de interpretação e aplicação dos institutos civilísticos ainda está se processando, já que a influência do contexto liberal vem sendo superada lentamente.[409] Ademais, como questiona Judith Martins-Costa, será que antes do desenvolvimento da psicanálise era possível falar em danos psíquicos, ou antes da tecnologia avançada se poderia cogitar, por exemplo, de danos por manipulação de embriões?[410]

Maria Celina Bodin de Moraes afirma que o Direito ou é humano ou não é Direito.[411] Portanto, é pleno de dúvidas, incertezas e sempre é colocado em xeque com novas situações advindas do desenvolvimento da própria sociedade.[412] No passado, questionava-se a indenizabilidade ou não dos danos extrapatrimoniais, a partir da ideia de que o "preço da dor" era inadmissível.[413] Admitido o dano extrapatrimonial, a dúvida passou a ser a possibilidade de cumulação com os danos patrimoniais.[414] Tais questões, já pacificamente solucionadas, não ocupam mais o cenário jurídico. Atualmente, diante do sistema solidarista, garantidor da igualda-

---

[408] "Esta classificação que separa danos à pessoa e a coisas não era feita nas análises tradicionais da responsabilidade civil. Até tempos relativamente recentes, em que a preocupação fundamental do ordenamento jurídico era com a atividade econômica, os danos à pessoa humana, considerada em si mesma, passavam quase que despercebidos. (...) Se a pessoa humana é um dos valores fundamentais a ser tutelado pelo ordenamento jurídico, é plenamente justificado que se dê especial relevância aos danos pessoais". NORONHA, Fernando. *Os danos à pessoa, corporais (ou biológicos) e anímicos (ou morais em sentido estrito), e suas relações com os danos patrimoniais e extrapatrimoniais.* Revista de Direito Privado, n.22, p. 81-95, abr.-jun., 2005, p. 85.

[409] "Claramente, o efeito desta alteração na interpretação-aplicação dos institutos civilísticos tem sido notável e, deve-se mesmo afirmar, ainda não está completamente realizada. As influências do contexto histórico burguês e liberal em que o direito civil era concebido, como a regulação mínima necessária para garantir o livre jogo dos negócios, voltado unicamente para a proteção do patrimônio, fundado exclusivamente na tutela da propriedade e da autonomia privada de cunho econômico e que erigia o Código Civil como centro do sistema, vão porém se dissipando paulatinamente". MORAES, Maria Celina Bodin de. *A constitucionalização do direito civil e seus efeitos sobre a responsabilidade civil,* p. 234.

[410] MARTINS-COSTA, Judith. *Os danos à pessoa no direito brasileiro e a natureza da sua reparação.* In: ——— (org.). *A reconstrução do direito privado:* reflexos dos princípios, diretrizes e direitos fundamentais constitucionais no direito privado. São Paulo: Editora Revista dos Tribunais, 2002, p. 408.

[411] MORAES, Maria Celina Bodin de. *Danos à pessoa humana:* uma leitura civil-constitucional dos danos morais, p. 67.

[412] "O sentimento de angústia aprofunda-se diante do descompasso existente entre a velocidade do progresso tecnológico e a lentidão com a qual amadurece a capacidade de organizar, social e juridicamente, os processos que acompanham o progresso. A todo o momento, de fato, percebe-se a obsolescência das soluções jurídicas para fazer frente a um novo dado técnico ou a uma nova situação conflituosa". Idem. *A constitucionalização do direito civil e seus efeitos sobre a responsabilidade civil,* p. 237.

[413] Além da ideia de imoralidade associada à atribuição de valor pecuniário a um bem que não era um objeto e sim o próprio sujeito, resistia-se à reparabilidade do dano moral sob o argumento de que este é inestimável, que não é possível mensurar sentimentos. Entretanto, tal situação beneficiava a impunidade, deixando muitas vitimas irressarcidas. Isso gerou um desequilíbrio na ordem jurídica, na medida em que havia situações caracterizadas por atos ilícitos violadores de direitos de personalidade balizados pela impunidade. Esse desequilíbrio foi solucionado pela Constituição que não deixou dúvidas quanto à reparabilidade do dano moral puro.

[414] Os defensores da não cumulatividade argumentavam que o dano material absorvia o moral, afastando, portanto a sua reparação. Tal posição não poderia prosperar, na medida em que os distintos danos provocam efeitos diversos, com o que não se pode cogitar de absorção. Controvérsia esta que findou com a súmula 37 do STJ, que

DIREITOS DA PERSONALIDADE

de substancial e dos valores existenciais, imposto pela Constituição, o tradicional modelo da responsabilidade civil foi profundamente abalado, o que se percebe através das transformações que atingem seus conceitos mais básicos e elementos fundamentais.

Em verdade a discussão vai além da reconstrução do instituto da responsabilidade civil, na medida em que hoje todo o sistema de valores e crenças é posto em causa. É o próprio sistema de Direito Civil que vive um momento de profundas indefinições, haja vista o descompasso entre seus conceitos essenciais clássicos, que ainda são invocados dentro de um contexto cujos valores são totalmente opostos. Isso "gera uma verdadeira crise de identidade, o que, para alguns, melhor se define como a crise de paradigma".[415]

O movimento da publicização e da constitucionalização do Direito Civil no contexto de um polissistema que encontra sua unidade sistemática e axiológica na Constituição Federal é responsável pelas transformações ocorridas na responsabilidade civil,[416] modificando sua função primordial. Hoje, diante do princípio fundamental de proteção da pessoa, mais do que responsabilizar o ofensor, o que se busca é reparar a vítima. O instituto da responsabilidade civil era tradicionalmente concebido para a tutela do patrimônio, em que o foco era a punição do responsável, cuja conduta era reprovável, ilícita; diante do princípio da proteção da pessoa humana, passou a tutelar a vítima do dano injusto, a qual merece ser reparada em função da conduta do ofensor que, mesmo lícita, tenha causado ofensa a interesse juridicamente protegido.[417]

A teoria do interesse, que concebe o dano ressarcível como a lesão a interesse juridicamente protegido, ligada à noção de dano injusto, superou, portanto, a visão de dano ressarcível como a violação a um direito subjetivo, vinculado à noção de ato ilícito, de antijuridicidade.[418] Ademais, já se logrou demonstrar que a tutela dos interesses existenciais não pode se restringir à categoria dos direitos

---

consagrou a chamada cumulação objetiva. Nesse sentido: ALEMIDA NETO, Amaro Alves de. *Dano existencial a tutela da dignidade humana*. Revista de Direito Privado, n. 24, p. 21-53, out.-dez., 2005, p. 21/23.

[415] MORAES, Maria Celina Bodin de. *Danos à pessoa humana:* uma leitura civil-constitucional dos danos morais, p. 64.

[416] "As profundas transformações ocorridas na responsabilidade civil, ramo do direito civil que apresenta atualmente grandes desafios aos juristas, devem ser enfrentadas a partir da perspectiva da aplicação direta e imediata das normas constitucionais. De fato, somente a perspectiva constitucionalizada é capaz de oferecer respostas às complexas indagações presentes no direito dos danos contemporâneo". MORAES, Maria Celina Bodin de. *A constitucionalização do direito civil e seus efeitos sobre a responsabilidade civil*, p. 244/245.

[417] Importante considerar a opção pelo termo dano injusto em substituição ao ato ilícito, eis que este não é suficientemente amplo para abranger todas as hipóteses que são merecedoras de tutela. O foco atual da responsabilidade civil é a reparação da vítima; portanto, sofrido um dano, este merece reparos, mesmo que não seja proveniente de ato ilícito. Esta tendência substitui o débito ressarcitório oriundo do ato ilícito a cargo do ofensor pelo crédito a uma indenização em favor da vítima. FACCHINI NETO, Eugênio. *Da responsabilidade civil no novo Código*, p. 155/156.

[418] O debate acerca da noção de dano ressarcível divide-se basicamente em duas correntes doutrinárias: de um lado, os que identificam o dano com a antijuridicidade, ou seja, com a violação culposa de um direito ou de uma norma; e, de outro, os defensores da chamada teoria do interesse, hoje majoritária, que o vinculam à lesão de um interesse (ou bem) juridicamente protegido. MORAES, Maria Celina Bodin de. *Op. cit.,* p. 240.

subjetivos, já que qualquer situação jurídica subjetiva é capaz de tutelar os múltiplos aspectos extrapatrimoniais da personalidade. Não se tutelam apenas direitos, mas sim qualquer interesse juridicamente relevante. A vinculação exclusiva ao modelo do direito subjetivo é insuficiente para a tutela abrangente que a cláusula geral da tutela da personalidade, decorrente do princípio constitucional da dignidade da pessoa humana, exige.[419]

Essa perspectiva constitucionalizada permite que se conceitue o dano moral como o dano oriundo de qualquer lesão à dignidade.[420] Assim, qualquer ofensa injusta aos aspectos extrapatrimoniais da personalidade, grave o bastante para atingir a esfera da dignidade humana, mesmo que não enquadrada em uma situação típica de direito subjetivo, é geradora de dano moral.[421]

Na medida em que qualquer lesão à dignidade provoca dano moral, supera-se também a sua conotação histórica, vinculada simplesmente à moralidade da conduta que acabou por consagrar na jurisprudência o dano moral como aquele que provoca sentimentos de dor, humilhação, sofrimento, que provoque um mal evidente e não somente um aborrecimento comum da vida cotidiana. Ligar o dano moral apenas aos sentimentos humanos implica uma conotação redutora do ins-

---

[419] A dignidade da pessoa humana, já que valor máximo do ordenamento, impõe que a personalidade seja tutelada em todas as situações juridicamente relevantes, sejam elas previstas ou não. Se a tutela deve abarcar as hipóteses mesmo que não previstas em lei ordinária, não há como se restringir aos modelos típicos e específicos dos direitos subjetivos. Por isso que se deve sempre recorrer à cláusula geral de tutela da personalidade, já que a valorização da pessoa humana faz emergir uma pluralidade de situações jurídicas existenciais que devem estar abarcadas nesta tutela geral. TEPEDINO, Gustavo. *A Tutela da Personalidade no Ordenamento Civil-constitucional Brasileiro*, p. 51.

[420] Ressalva-se que a presente pesquisa restringe-se aos danos causados às pessoas naturais. Todavia, os direitos da personalidade são estendidos às pessoas jurídicas no que couber, conforme a legislação civil. Neste tocante, merece breve ressalva a controvérsia em razão do problema conceitual que se dá quando da verificação da possibilidade ou não de a pessoa jurídica sofrer dano moral. A reparabilidade do dano sem conteúdo patrimonial causado à pessoa jurídica sofria resistência porque a ideia de dano era conceituada a partir das suas consequências. O dano era associado à dor, sofrimento, humilhação, e é óbvio que as pessoas jurídicas não sofrem esse tipo de sensações. Entretanto, a súmula 227 do STJ encerrou a controvérsia estabelecendo que a pessoa jurídica pode sofrer dano moral. Antes do enunciado sumular pôr fim à discussão, para que fosse possível enfrentar o problema conceitual e propiciar a reparação dos danos extrapatrimoniais às pessoas jurídicas, que não podem sentir a subjetividade da dor, a doutrina e jurisprudência acabaram tendo que distinguir entre honra objetiva (externa) e honra subjetiva (interna). É óbvio que alguns dos direitos de personalidade dizem respeito tão somente à pessoa humana, como a vida ou a integridade psicofísica. Outros, no entanto, são exercitáveis pela pessoa jurídica, e sua violação proporciona compensação por danos morais. O direito à reputação, que corresponde à honra, é o mais atingido já que o respeito adquirido na sociedade é próprio da sua personalidade. A difamação acarreta não só prejuízos morais como materiais, que devem ser compensados. Pode também ocorrer lesão à imagem com a exposição indevida de seus estabelecimentos. A privacidade, por sua vez, pode ser invadida quando o sigilo de suas correspondências é violado. Diferente não pode ser quanto ao nome, que merece proteção. Nesse sentido deve ser entendido o artigo 52 do Código Civil que determina a aplicação às pessoas jurídicas da proteção conferida aos direitos de personalidade no que couber. Mais importante ainda é ressaltar o fato de como o termo dano moral acaba gerando confusão, com o que novamente se conclui que o ideal seria a utilização do termo dano extrapatrimonial. Sobre a temática, *vide:* CAVALIERI FILHO, Sergio. *Programa de Responsabilidade Civil*, p 118 e MARTINS-COSTA, Judith. *Os danos à pessoa no direito brasileiro e a natureza da sua reparação*, p. 425.

[421] Atente-se novamente ao fato de que a proteção contra qualquer violação injusta de interesse juridicamente protegido ligado à pessoa humana se dá, primeiramente, através da cláusula geral de tutela da dignidade humana e, em se tratando especificamente de lesões aos direitos de personalidade, além da proteção constitucional, há também proteção na legislação civil através da cláusula geral de tutela da personalidade contida no artigo 12, CCB/02.

tituto que vem impedindo a adequada apreensão de novas espécies de danos em concreto "que poderiam ser mais livremente desenvolvidas não fossem as amarras pré-compreensivas".[422] Tal concepção estava ligada ao conceito de dano moral desenvolvido por René Savatier na década de quarenta, segundo o qual "dano moral é todo o sofrimento humano que não é causado por uma perda pecuniária". Nesta época justificava-se tal entendimento, na medida em que ainda estavam em formação os sistemas jurídicos calcados na valorização da dimensão existencial da pessoa humana e sua dignidade. Todavia, hoje deve ser superada esta concepção. O sofrimento que extrapola os meros dissabores da vida, provocando um dano injusto, deve ser indenizado, mas isso não pode ser utilizado para conceituar o dano moral a partir de vocábulos que se destinam a descrever sentimentos. Com isso se está confundindo o dano com a sua eventual consequência.[423]

A violação a qualquer atributo que individualiza a pessoa, tanto na sua dimensão subjetiva como na dimensão social, além da estrita situação de sentimentos que trazem sensações e emoções negativas em intensidade suficiente para caracterizar uma lesão à dignidade humana, gera o dano moral. Nessa medida, uma situação que viole um direito de personalidade, por exemplo, a utilização indevida da imagem, mesmo que ela não gere sofrimento,[424] deve ser indenizada.

Para além da dimensão subjetiva do dano moral puro, ou seja, aquele que cause frustração suficiente para gerar a reparação, há também uma dimensão objetiva do dano moral, na qual se enquadra qualquer lesão a direito da personalidade. Por isso, buscando adequar a técnica jurídica, a doutrina e a jurisprudência passaram a distinguir o "dano moral subjetivo" do "dano moral objetivo". Isso significa que o dano moral não pode limitar-se à esfera subjetiva, aquela relacionada com o mal sofrido pela pessoa em sua subjetividade, sujeita à dor ou sofrimento intransferíveis, porque ligados a valores do seu ser subjetivo, sob pena de não se possi-

---

[422] MARTINS-COSTA, Judith. *Os danos à pessoa no direito brasileiro e a natureza da sua reparação*, p. 427.

[423] MORAES, Maria Celina Bodin de. *Danos à pessoa humana:* uma leitura civil-constitucional dos danos morais, p. 130/131. Como exemplo, a situação de fornecimento de energia elétrica que é fundamental para o desfrute de uma vida digna. A interrupção do fornecimento da energia é, por si só, ou seja, mesmo que não represente ato ilícito, causadora de dano injusto, porque viola o princípio da proteção da pessoa humana. Nasce, portanto, o dever de indenizar a vítima. Embora seja esta a compreensão adequada dentro da perspectiva constitucionalizada, ainda há quem provoque uma deficiência na tutela dos direitos inerentes à dimensão existencial da pessoa humana, vinculando o dano moral aos sentimentos humanos que são provocados pelo dano: APELAÇÃO CÍVEL. DIREITO PÚBLICO NÃO ESPECIFICADO. FORNECIMENTO DE ENERGIA ELÉTRICA. DANO MORAL INEXISTENTE. Inexistência de dano em face da regularidade do ato. A necessidade de deduzir pretensão perante o Judiciário, bem como eventual incômodo e frustração de expectativa particular quanto ao fornecimento de energia elétrica, não configura dano moral. Este exige para sua configuração efetivo sofrimento, angústia, abalo psíquico. APELO IMPROVIDO. (AC nº 70021451844, 1ª Câmara Cível do TJRS, Relator Luiz Felipe Silveira Difini, julgado em 21/11/2007)

[424] Neste contexto, abre-se a possibilidade de reconhecimento do dano moral por violação à dignidade de pessoas que não possuem discernimento para sentir dor ou sofrimento. Doentes mentais, pessoas em estado vegetativo ou comatoso e até mesmo crianças de tenra idade podem sim sofrer danos que atinjam sua dimensão existencial, mas não são passíveis de detrimento anímico, e não é esse motivo plausível para que se negue a tutela. CAVALIERI FILHO, Sérgio. *Programa de Responsabilidade Civil.* 6.ed. São Paulo: Malheiros, 2005, p. 101.

bilitar a caracterização do dano moral em situações que repercutem nas relações externas, ou seja, a dimensão da pessoa no meio social em que vive.[425]

Inequívocas, portanto, as modificações que se processaram nas noções de dano ressarcível e de dano moral diante do princípio da dignidade da pessoa humana e a consequente preocupação primordial com a pessoa da vítima. O dano ressarcível deixou de ser vinculado à conduta culposa, ilícita do ofensor, e o dano moral deixou de estar simplesmente reduzido às situações que geram sentimentos desagradáveis. Outras três consequências podem ser extraídas daí. Primeiro, que se o dano injusto é suficiente para que se garanta à vítima uma reparação, os outros elementos fundamentais da responsabilidade civil, culpa e nexo causal, estão sendo flexibilizados.[426] Segundo, que a noção de dano moral sofreu um alargamento para além do dano moral em sentido estrito, ou dano moral puro, redefinindo-se a sua abrangência. Terceiro, que o dano moral ligado a qualquer lesão à dignidade provoca um aumento expressivo das hipóteses de danos ressarcíveis, o que dificulta a identificação dos interesses merecedores de tutela. A questão da

---

[425] MARTINS-COSTA, Judith. *Os danos à pessoa no direito brasileiro e a natureza da sua reparação,* p. 426/427.

[426] Embora pertinente ao tema, foge ao foco da presente análise o enfrentamento mais aprofundado das questões dos elementos da responsabilidade civil. Todavia, diante do horizonte solidarista e de uma ideia de justiça presente hoje na sociedade, instaurados a partir da promulgação da Constituição, além dos impactos que a sociedade vem sofrendo em razão da revolução tecnológica que impulsiona e expande as hipóteses de risco de dano, é de serem mencionadas, apenas para que não passe despercebido, as transformações que estão se processando nos elementos tradicionais da responsabilidade civil, inclusive com modificações mais incisivas no que toca à sua normativa ordinária. O Código Civil de 2002 reconheceu definitivamente um sistema dualista de responsabilidade civil, o qual, no artigo 927, estabelece no *caput* uma cláusula geral de responsabilidade pela culpa e no parágrafo único uma cláusula geral de responsabilidade pelo risco. Neste sistema dualista, convivem os institutos da responsabilidade objetiva e subjetiva; aquela não é apenas a exceção desta. Mais do que isso, a tendência é pela objetivação da responsabilidade, principalmente porque se está vivenciando um processo de modificação da definição de culpa. A culpa psicológica que denotava a intenção do ofensor na prática do ato ilícito está sendo abandonada para uma definição de culpa como a desconformidade aos padrões de conduta, uma culpa normativa. O que se deve provar é tão somente a conduta concreta do agente provocadora de um dano injusto e não mais a intenção da conduta. Isso facilita a prova da culpa, a qual já foi inclusive considerada como a "prova diabólica". Assim, diante da responsabilidade objetiva que independe de aferição de culpa e da opção pelo dano injusto e não mais o ato ilícito, afirma-se que a culpa vem perdendo espaço no âmbito da responsabilidade civil, bem como vem sendo flexibilizada a sua prova. Também o nexo de causalidade, outro filtro tradicional da responsabilidade civil, vem sendo flexibilizado. Diante da mudança de foco que privilegia a reparação da vítima em detrimento da punição do causador do dano, se pode perceber que em muitos casos se está caminhando para uma presunção de causalidade. Mesmo diante de uma incerteza causal, muitas vezes em função de uma impossibilidade de determinação exata do ofensor (por exemplo, a responsabilização de um condomínio como um todo por dano causado por queda de objeto em que a vítima não logrou demonstrar de qual unidade autônoma proveio a coisa – AC n° 195116827 – TARS) ou até mesmo de situações em que outrora a vítima deixaria de ser indenizada sob o argumento de que ela própria causou o dano (claro que evitando certos alargamentos exagerados como no famoso "caso do escorrega" em que a vítima, depois de consumir bebida de alcoólica, causou severo dano à sua saúde quando utilizou o escorrega de uma piscina de um hotel, a qual não tinha profundidade suficiente para acolher o salto, mas a culpa exclusiva não foi acolhida pelo Tribunal, o qual apenas abrandou a condenação do hotel e da agência de turismo acolhendo a alegação de culpa concorrente – REsp n° 287.849/SP), é de ser assegurada à vítima uma indenização. O que se vê é uma sensibilidade maior dos tribunais na tentativa de garantir à vítima uma indenização. O importante é perceber que não se pretende cancelar a importância da culpa e do nexo de causalidade na estrutura da responsabilidade civil, mas sim flexibilizá-los, facilitando a sua prova e garantindo a reparação da vítima do dano. Sobre tema, brilhante e detalhada pesquisa de Anderson Schreiber na já citada obra "Novos Paradigmas da Responsabilidade Civil: da erosão dos filtros da reparação à diluição dos danos".

ampliação das hipóteses de dano pode gerar uma banalização do instituto do dano moral, e a consequência mais drástica seria a própria restrição ou até negação da tutela da pessoa humana, o que provocaria um colapso no sistema,[427] na medida em que iria de encontro à axiologia constitucional.

A vida privada, a intimidade, os afetos, a dor, a imagem, a honra, o nome, as disposições do próprio corpo, a estética, são interesses, dentre muitos outros, constitucionalmente garantidos através da tutela da dignidade humana. Não se pode negar que tais interesses, quando violados, geram danos. O problema é que a dignidade da pessoa humana abarca muitas irradiações que provocam o crescimento dos interesses tutelados e, portanto, o crescimento das espécies de danos. Essa diversidade de possíveis espécies de danos provoca, como já apontado, tanto o problema semântico em torno da noção de dano moral, como a expansão de suas hipóteses e a consequente dificuldade de seleção dos interesses merecedores de tutela.

Já se questionou se os danos oriundos de lesão a direito de personalidade constituiriam uma categoria própria[428] ou se devem ser tratados como espécies do gênero dano extrapatrimonial. A doutrina brasileira mais moderna, buscando simplificar a problemática em torno da conceituação do dano moral, contempla os danos extrapatrimoniais sob uma categoria única,[429] denominada usualmente através da expressão "dano moral", empregada como sinônimo de "dano extra-patrimonial",[430] ou, mais raramente, a expressão "dano à pessoa" também como sinônimo de dano não patrimonial,[431] mas não como uma espécie deste, como ocorre no direito italiano.[432] No Brasil, a expressão *dano moral*, ligada à violação de qualquer interesse extrapatrimonial inerente à dimensão existencial do homem,

---

[427] A expressão é de: TEPEDINO, Gustavo. *O futuro da Responsabilidade Civil*. Revista Trimestral de Direito Civil, Rio de Janeiro, n. 24, out.-dez., 2005, p. v.

[428] Ressalte-se, neste ponto, o dano à privacidade. Este deve ser considerado diretamente como uma das possíveis espécies de dano extrapatrimonial densificadas no caso concreto ou faz parte de uma categoria autônoma, os danos à pessoa, que são considerados como uma espécie dos danos extrapatrimoniais?

[429] SCHREIBER, Anderson. *Novos Paradigmas da Responsabilidade Civil*: da erosão dos filtros da reparação à diluição dos danos, p. 111.

[430] Nesse sentido também: MARTINS-COSTA, Judith. *Os danos à pessoa no direito brasileiro e a natureza da sua reparação*, p. 418.

[431] A opção pelo termo dano à pessoa como sinônimo de dano extrapatrimonial é mais raramente utilizada na doutrina brasileira. Como exemplo tem-se a obra já citada de Maria Celina Bodin de Moraes intitulada "Dano à pessoa: uma leitura civil-constituiconal do dano moral". A fundamenta sua opção na necessidade de vincular o conceito de dano moral à noção de dignidade humana.

[432] O primeiro país a sistematizar os direitos de personalidade na legislação civil foi a Itália e lá também foi originada a expressão danos à pessoa. A cunha de tal expressão foi o estopim para a discussão se os danos oriundos da violação de direito de personalidade caracterizam um *tertium genus* ou integram-se à categoria dos danos morais (compreendidos como extrapatrimoniais). No ordenamento italiano a utilização do termo dano à pessoa, caracterizando um gênero autônomo, teve uma razão de ser. Como forma de driblar a disposição do Código Civil que limitava a indenizabilidade do dano extrapatrimonial às situações que tipificassem crime, a jurisprudência cunhou termos como dano biológico, dano à saúde e dano à pessoa a partir das normas definidoras de direitos fundamentais que por serem mais abstratas permitiram tal construção. MARTINS-COSTA, Judith. *Op cit.,* p. 418. Sobre o dano à pessoa na formulação italiana *vide*, também, estudo de ALEMIDA NETO, Amaro Alves de. *Dano existencial a tutela da dignidade humana*, p. 34/50.

é legitimada pelo uso, bem como pelo texto normativo. Basta a leitura do artigo 5º, incisos V e X, da Constituição Federal,[433] bem como do artigo 186 do Código Civil,[434] para depreender que a legislação brasileira utiliza a expressão dano moral para referir-se a todas as espécies de dano extrapatrimonial.[435]

A compreensão de danos extrapatrimoniais, ou danos morais em sentido amplo, como gênero que comporta variadas espécies[436] soluciona o problema que reduzia o instituto tão somente ao dano moral em sentido estrito, que se refere às situações de dor e sofrimento intenso gerador de lesão à dignidade, bem como amplia as possibilidades de configuração de novos danos, os quais apenas serão devidamente configurados diante da análise do caso concreto.[437]

---

[433] O artigo 5º da Constituição de 1988 traz no inciso V que "é assegurado o direito de indenização por dano material, moral ou à imagem" e no inciso X que "são invioláveis a intimidade, a vida privada, a honra e imagem das pessoas, assegurado o direito a indenização pelo dano material ou moral decorrente da sua violação".

[434] O artigo 186 do Código Civil de 2002 determina que "aquele que violar direito ou causar dano a outrem, ainda que exclusivamente moral, comete ato ilícito".

[435] Há quem critique a utilização do dano moral como sinônimo de dano extrapatrimonial: "Em contraposição aos danos patrimoniais, são extrapatrimoniais aqueles que se traduzem na violação de quaisquer interesses não suscetíveis de avaliação pecuniária. A estes danos é tradicionalmente dada, no Brasil, a denominação de danos morais, que é adotada também em textos legislativos, com destaque para os incisos V e X do artigo 5º da Constituição Federal e para o artigo 186 do Código Civil de 2002 (preceito que é o único deste diploma em que se fala em 'dano moral', mas constituindo este fato significativo progresso em relação ao Código de 1916, que a este respeito era simplesmente omisso). É em atenção a essa designação tradicional que dizemos que os danos extrapatrimoniais podem ser chamados também de danos morais em sentido amplo. No entanto, verdadeiros danos morais só são os danos anímicos, ou seja, danos oriundos de ofensas que atinjam as pessoas nos aspectos relacionados com os sentimentos, que ocasionam perturbações na alma do ofendido. (...) Seria bom que a linguagem jurídica fizesse um esforço para corrigir a imprecisão terminológica que prevalece, na matéria. Há razões ponderosas que contra-indicam o uso da designação "dano moral" como sinônima de dano extrapatrimonial; seria conveniente que só se referissem como danos morais, *stricto sensu*, os que temos vindo a denominar de anímicos. No entanto, é preciso ter presente que a tradicional confusão entre danos extrapatrimoniais e morais está presente em praticamente todos os autores justamente reputados como clássicos nesta matéria, desde Aguiar Dias até Carlos Alberto Bittar e Yussef S. Cahali". NORONHA, Fernando. *Os danos à pessoa, corporais (ou biológicos) e anímicos (ou morais em sentido estrito), e suas relações com os danos patrimoniais e extrapatrimoniais*, p. 86 e 91.

[436] Deve-se entender como gênero o dano extrapatrimonial – também chamado de dano moral em sentido amplo –, o qual possui várias espécies, por exemplo, o dano à imagem, dano à privacidade, dano à integridade, dano estético, dano psíquico, dano moral puro, etc. As variadas espécies permitem inclusive a possibilidade de cumulação desses danos nos casos concretos. Exemplo elucidativo é o acidente de carro onde a primeira vítima sequer teve sequelas do acidente, sendo este indenizado pelo dano moral puro; o segundo passageiro, além do dano moral pelo acidente havido, sofreu danos estéticos – cicatrizes – e o terceiro individuo, não bastasse o dano moral e estético, sofreu também dano psíquico. Muito embora se considere melhor opção o termo dano extrapatrimonial, o qual, por ser genérico, admite as mais variadas classificações como dano moral em sentido estrito, à pessoa, estético, a imagem, à saúde, etc., não se pode perder de vista que o texto normativo, a doutrina e a jurisprudência brasileira optaram pela utilização da expressão dano moral.

[437] O conceito jurídico de dano é indeterminado e, por isso, se pode dizer que se trata de reflexo da opção axiológica do intérprete. Karl Engisch já dizia que os conceitos jurídicos indeterminados são aqueles cujo conteúdo e extensão são, em larga medida, incertos. ENGISCH, Karl. *Introdução ao pensamento jurídico*. 9.ed. Lisboa: Fundação Caloustre Gulbenkian, 2004, p. 207/208. Portanto, é melhor utilizar a expressão dano extrapatrimonial enquanto gênero, para que se possa configurar as espécies somente após o tratamento do núcleo tópico. A possibilidade de configuração dos novos danos diante das situações concretas que se apresentam é fundamental para conferir a ampla tutela à pessoa, exigida pelo princípio da dignidade da pessoa humana.

Assim, mesmo que os direitos da personalidade ocupem posição de destaque, não se deve pretender nem a construção de uma categoria autônoma dos danos à pessoa, nem a redução de todos os danos extrapatrimoniais às lesões contra a personalidade. A proteção aos direitos de personalidade encontra-se inserida na esfera dos danos extrapatrimoniais, não sendo, portanto, um gênero autônomo e muito menos a síntese dos interesses não econômicos juridicamente protegidos.[438] Assim, circunstâncias que atinjam a pessoa em sua condição humana serão automaticamente consideradas violadoras de sua personalidade e causadoras de dano moral a ser reparado; assim também o sofrimento humano em todas as suas manifestações, desde que graves o suficiente para afetarem a dignidade humana, também ensejará reparação pelo dano moral.[439]

Inequívoco, pois, que muitas são as espécies de danos extrapatrimoniais que podem se caracterizar diante da conceituação de dano moral vinculada à lesão da dignidade. Esta noção ampliada, aliada à necessidade de garantir à vítima a devida reparação, bem como a evidente potencialidade de novos danos em razão dos riscos oriundos do acelerado progresso tecnológico, provocou a expansão dos danos ressarcíveis,[440] os chamados novos danos. Os danos à imagem, à integridade psicofísica, à privacidade, dentre outros, já estão plenamente reconhecidos na jurisprudência, mas, ao lado destas espécies mais tradicionais, aparecem no cenário jurídico novas espécies de danos, como, por exemplo, o dano à identidade pessoal, dano à vida sexual, dano por abandono afetivo, por nascimento indesejado, por férias arruinadas, por descumprimento dos deveres conjugais, dano de *mass media*, dano de brincadeiras cruéis, dano ao projeto de vida, dentre muitos outros.[441]

Não há dúvidas de que a forma de tutelar a pessoa e sua personalidade em todas as suas irradiações não escapa da conceituação de dano extrapatrimonial como o dano oriundo de qualquer lesão à dignidade, e isso é reflexo do processo de constitucionalização da responsabilidade civil. O problema é que esta configuração ampliada enseja, em contrapartida, a utilização do instituto de forma maliciosa, com o intuito de obtenção de lucro fácil. O Judiciário é provocado, diuturnamente, a se manifestar sobre questões que provocam sentimentos de desconforto, mas que não podem ser encaradas como lesões à dignidade.[442] São as

---

[438] SEVERO, Sergio Viana. *Os danos extrapatrimoniais*. São Paulo: Saraiva, 1996, p. 47.

[439] Por isso, dano moral como lesão à dignidade. Nesse sentido: MORAES, Maria Celina Bodin de. *Danos à pessoa humana*: uma leitura civil-constitucional dos danos morais, p. 132/133.

[440] Trata-se de uma expansão quantitativa e qualitativa. Quantitativa, diante do aumento vertiginoso do número de ações indenizatórias propostas e dos danos efetivamente ressarcidos; qualitativa, em função de que novos interesses, principalmente os de natureza existencial, estão sendo considerados pelos tribunais como merecedores de tutela. SCHREIBER, Anderson. *Novos Paradigmas da Responsabilidade Civil*: da erosão dos filtros da reparação à diluição dos danos, p. 80/81.

[441] SCHREIBER, Anderson. *Novas tendências da Responsabilidade Civil brasileira*, p. 60.

[442] Stefano Rodotà, de longa data, anuncia o perigo de que "a multiplicação das novas figuras de dano venha a ter como únicos limites a fantasia do intérprete e a flexibilidade da jurisprudência". RODOTÀ, Stefano. *Il problema della responsabilità civile*. Milano: Dott. A. Giuffrè, 1967, p. 23. Exemplo do Direito Italiano que justifica tal temor é o famoso e esdrúxulo caso do "dano da moto nova", em que o Tribunal de Milão, no âmbito civil, condenou dois sujeitos que tentavam furtar uma moto à reparação dos danos patrimoniais causados, bem como ao

demandas frívolas que acabaram gerando a cunha do termo "indústria do dano moral" e provocam o grave perigo da banalização do instituto e da mercantilização das relações extrapatrimoniais.[443]

A indústria do dano moral é consequência direta da confusão conceitual do dano moral com qualquer sofrimento humano.[444] Sofrimento humano é um conceito muito aberto e abstrato e, portanto, não pode ser utilizado como critério para identificação do dano a ser indenizado. Existem muitos aborrecimentos que não devem ser indenizados e mais, existem lesões a direitos da personalidade que mesmo não geradoras de sofrimento, merecem reparação.[445] Além dessa dificuldade e até em razão dela, verifica-se uma insuficiência dos parâmetros normativos para dar respostas às demandas específicas e uma carência de doutrina estruturada na busca de um modelo coerente.[446] Assim, abre-se um espaço de maior arbítrio ao magistrado o que, consequentemente, provoca incoerência e insegurança no tratamento dos jurisdicionados. Essa desordem é que pode ser responsável por uma banalização do instituto do dano extrapatrimonial – ou moral em sentido amplo – que gera o risco de uma restrição ou até mesmo de negação de tutela à pessoa humana.[447]

A solução não está em criar critérios para a seleção dos interesses merecedores de tutela, na medida em que critérios predeterminados, estabelecendo hipóteses fechadas de incidência, não são suficientes para tutelar a pessoa e as inúmeras irradiações de sua personalidade. Portanto, a seleção dos interesses merecedores de tutela passa necessariamente por uma ponderação dos interesses contrapostos

---

dano moral afetivo pelo fato de existir intenso vínculo afetivo entre o sujeito e o objeto, já que a moto tinha sido adquirida com o primeiro salário do seu proprietário. O exemplo foi retirado de: SCHREIBER, Anderson. *Novos Paradigmas da Responsabilidade Civil*: da erosão dos filtros da reparação à diluição dos danos, p. 173/174.

[443] MORAES, Maria Celina Bodin de. *A constitucionalização do direito civil e seus efeitos sobre a responsabilidade civil*, p. 241/242.

[444] Cumpre registrar que a expressão "indústria do dano moral" foi cunhada diante do problema da proliferação das demandas frívolas. Por óbvio que se teme que este fato banalize o instituto do da responsabilidade civil por danos extrapatrimoniais. Contudo, é importante registrar que tal possibilidade é um componente incontornável da realidade brasileira, que deve ser encarado com serenidade, já que o antídoto para isto é uma política de educação social e a competência dos julgadores.

[445] Tal problemática é visível diante de exemplos concretos. O Supremo Tribunal Federal, no julgamento do Recurso Extraordinário 172.720, reconheceu a existência de dano moral por extravio de bagagem, sustentando que a reparação é necessária diante de uma situação que configure sentimentos de desconforto e aborrecimento. Já o Superior Tribunal de Justiça, julgando o Recurso Especial 622.872, não reconheceu o dano moral por uso não consentido da imagem, sob o fundamento de que não ficou evidenciado o sofrimento suportado pela vítima.

[446] Maria Celina sustenta que o direito da responsabilidade civil é antes de tudo jurisprudencial, primeiro porque são os magistrados que primeiro sentem os efeitos das mudanças sociais e são instados a dar soluções normativas aos casos concretos muito antes de qualquer movimentação para uma alteração legislativa. Segundo, que a própria regulação do Código Civil de 2002, embora relativamente atualizada, resulta muito mais da construção jurisprudencial do que de uma doutrina estruturada com o intuito de elaborar um modelo coerente e integrado. Neste ponto, critica a disciplina normativa do Código Civil que, embora tenha absorvido um conjunto de soluções jurisprudenciais, perdeu a oportunidade de uma melhor reflexão acerca do modelo da responsabilidade civil. Por isso é que hoje se verifica discussão acerca dos conceitos básicos da responsabilidade civil e mesmo a discussão em torno da flexibilização de seus elementos essenciais, modificando as noções de dano ressarcível, culpa, nexo causal e risco. MORAES, Maria Celina Bodin de. *Op. cit.*, p. 238/239 e 253.

[447] SCHREIBER, Anderson. *op. cit.*, p. 64.

DIREITOS DA PERSONALIDADE

no caso concreto à luz dos princípios constitucionais. Se é que se pode falar em critério, este seria o mais consistente.[448]

Nesse panorama, Anderson Schreiber sustenta que o problema sequer é o de determinar critérios ou eleger um critério supranormativo que sirva de base para solução dos conflitos, nem mesmo discutir os parâmetros normativos existentes que são insuficientes para dar respostas às demandas em concreto, e muito menos tentar evitar a constatação de que a solução dos novos danos passa necessariamente por um grau de discricionariedade judiciária. O problema é "como extrair dos parâmetros normativos as soluções para os conflitos de interesses em concreto sem que essa tarefa se reduza à mera subjetividade do juiz". O autor, calcado na metodologia empregada para a solução das colisões de princípios constitucionais, propõe que

> (...) o juízo de merecimento de tutela, a cargo das cortes, somente pode derivar de uma análise concreta e dinâmica dos interesses contrapostos em cada conflito em particular, que não resulte em aceitações gerais pretensamente válidas para todos os casos, mas que se limite a ponderar interesses à luz das circunstâncias peculiares. Deixa-se, assim, de se perseguir a enumeração de novos interesses protegidos pelo ordenamento jurídico de forma geral e abstrata – tarefa exclusiva do Poder Legislativo – e se passa simplesmente a definir, em cada caso concreto, o âmbito de prevalência dos diversos interesses contrapostos. Com isso revela-se uma faceta do dano até então desprezada pela doutrina: a de funcionar como uma espécie de cláusula geral, que permite ao Poder Judiciário, em cada caso concreto, verificar se o interesse alegadamente violado consiste, à luz do ordenamento jurídico vigente, em um interesse digno de proteção, não apenas em abstrato, mas, também e sobretudo, face ao interesse que se lhe contrapõe.[449]

Somente é possível densificar o valor da personalidade, bem como o princípio da dignidade da pessoa humana, a partir da ponderação no caso concreto. E, para evitar o anunciado colapso no sistema, é preciso que em cada aplicação normativa o intérprete, diante de um sistema aberto e oxigenado, tenha como premissa a unidade do ordenamento. É preciso aplicar no caso concreto a gama de princípios consagrados na Constituição que ali incide. Só assim é possível dotar as decisões judiciais de um grau de racionalidade necessário para se libertarem do arbítrio. A aplicação do ordenamento como um todo, como um sistema unitário de valores, é a única forma de sua própria preservação.

Essa tarefa não é simples, já que diante de uma multiplicidade de interesses muitas vezes conflitantes entre si é difícil até mesmo identificar os princípios envolvidos no caso concreto. O que se sabe é que "a única constante a ser seguida

---

[448] MORAES, Maria Celina Bodin de. *A constitucionalização do direito civil e seus efeitos sobre a responsabilidade civil*, p. 241.

[449] SCHREIBER, Anderson. *Novos Paradigmas da Responsabilidade Civil*: da erosão dos filtros da reparação à diluição dos danos, p. 134.

encontra-se na prevalência da tutela da pessoa humana"[450] já que esta é a razão de ser e a finalidade do Direito.

Para a análise das situações jurídicas existenciais que reclamam tutela em função da dignidade da pessoa humana, devemos afastar qualquer critério patrimonial que ainda permeia a normativa civil e "fazer as contas com os valores e princípios constitucionais no caso concreto".[451] Preservar sempre o melhor interesse da pessoa humana, em sua dignidade e personalidade, é a forma de empregar certa segurança neste quadro de tantas incertezas, mantendo, assim, a responsabilidade civil como um dos mecanismos de proteção dos interesses da pessoa humana.

2.3.2. Da esfera de prevenção e precaução de danos:[452] efetiva proteção?

Diante da fundamental preocupação com a pessoa humana não se poderia permitir que a proteção dispensada aos direitos da personalidade se restringisse à tutela ressarcitória. Verifica-se, atualmente, uma tendência crescente em torno da construção e mesmo reconhecimento pela ordem jurídica de outros instrumentos que se oponham ao dano injusto. Isso não significa um desprestígio da tutela ressarcitória, porque, em verdade, os novos instrumentos se destinam a evitar a ocorrência dos danos. Nesse sentido, hoje já se fala em uma esfera de prevenção e precaução[453] dos danos. Evitar a lesão a qualquer direito ligado à dimensão

---

[450] MORAES, Maria Celina Bodin de. *A constitucionalização do direito civil e seus efeitos sobre a responsabilidade civil*, p. 238.

[451] A expressão é de Gustavo Tepedino em palestra intitulada "Responsabilidade Civil nas Sociedades Complexas", proferida na Escola Superior da Magistratura do Rio Grande do Sul, no curso de atualização para magistrados, ofertado no mês de novembro de 2007.

[452] François Ost afirma que a discussão sobre o Estado Social leva a colocar o medo e o risco no centro das preocupações coletivas. Nessa medida, sustenta ser conveniente repensar a questão do risco e correlativamente redefinir uma nova figura de prudência. Para o autor, a reflexão se impõe porque na sociedade de risco, atualmente em função de um risco tecnológico maior, pode este tornar-se incalculável e irreversível; assim, para não constituir uma ameaça absoluta, importa se precaver absolutamente. Conclui, assim, que "para que o futuro seja, a obrigação de buscar saber (princípio da prevenção), em caso verossímil de incerteza sobre a realidade e a gravidade do risco, a obrigação de se abster, ou de redobrar de prudência (princípio da precaução)". OST, François. *O tempo do direito*, p. 323.

[453] Cumpre evidenciar a diferença ente os princípios da prevenção e da precaução. Para tanto, utilizam-se os ensinamentos de Juarez Freitas: "O princípio da prevenção, diretamente aplicável, estatui que o Poder Público (além dos particulares), na certeza de que determinada atividade implicará dano injusto, se encontra na obrigação de evitá-lo, desde que no rol de suas atribuições e possibilidades. Quer dizer, tem o dever incontornável de agir preventivamente, não podendo invocar juízos de conveniência ou de oportunidade. Tal certeza está condicionada e limitada pelos conhecimentos dominantes na época da decisão, de sorte a não haver certeza apodíctica ou mecânica. Como quer que seja, há certeza suficiente, naquele momento histórico, de que determinado prejuízo acontecerá se a rede de causalidade não for tempestivamente interrompida. O ponto relevante, é que não se admite inércia do Estado perante o dano previsível. A omissão passa, ou deveria passar, a ser encarada como causa possível de evento danoso, não mera condição. Eis, sem tirar nem acrescentar, o princípio da prevenção, nos seus elementos de fundo: alta e intensa probabilidade (certeza) de dano especial e anômalo; atribuição e possibilidade de o Poder Público evitá-lo e o ônus estatal de produzir a prova da excludente reserva do possível ou de outra excludente de causalidade, no caso da configuração do evento danoso. Na prevenção, antevê-se, com segurança, o resultado maléfico. Correspondentemente, nos limites das atribuições legais, nasce a obrigação de o Estado tomar medidas interruptivas da rede causal, de maneira a impedir o dano antevisto. Já o princípio

existencial da pessoa é, talvez, a forma mais efetiva de proteção, já que mantém íntegros os bens da personalidade.

Da simples leitura do artigo 12 do Código Civil[454] depreende-se que, além da garantia de reparação, há uma garantia de prevenção em caso de ameaça de lesão, além de outras possibilidades de sanção previstas em lei.[455] A tutela dos direitos de personalidade, portanto, é ampla e variada, abrange a repressão penal, a proteção administrativa,[456] a tutela reparatória e a preventiva. A riqueza e extensão do tema escapam aos limites da presente análise, mas não há como deixar de referir o avanço da legislação quando tutelou preventivamente os direitos de personalidade, garantindo mecanismo para evitar a ocorrência de dano aos direitos que envolvem os bens mais preciosos do ser humano. Muito embora a tutela ressarcitória seja a

---

constitucional da precaução, igualmente dotado de eficácia direta, estabelece (não apenas no campo ambianetal) a obrigação de adotar medidas antecipatórias e promocionais mesmo no caso de incerteza quanto à produção de danos fundamentemente temidos (juízo de forte verossimilhança). A não-observância do dever configura omissão antijurídica, que, à semelhança do que sucede com a ausência da prevenção cabível, tem o condão de gerar dano (material e/ou moral) injusto e, portanto, indenizável, dispendiosamente absorvido pela castigada massa de contribuintes. No cotejo com o princípio da prevenção, a diferença sutil reside no grau estimado de probabilidade da ocorrência do dano (certeza *versus* verossimilhança). Nessa medida, o Poder Público, para bem efetivar o princípio da precaução, age na presunção, menos intensa do que aquela que o obriga a prevenir, de que a interrupção proporcional e provisória do nexo de causalidade consubstancia, no plano concreto, atitude mais vantajosa do que a resultante da liberação do liame de causalidade". FREITAS, Juarez. *Discricionariedade Administrativa e o Direito Fundamental à Boa Administração Pública.* São Paulo: Malheiros, 2007. Tal é a importância do princípio da precaução no Direito brasileiro que Juarez Freitas o incluiu no rol dos princípios de estatura constitucional e, portanto, de cogência superior, a partir da 3ª edição do seu livro "O controle dos atos administrativos e os princípios fundamentais". O autor sustenta que "mais do que a prevenção para evitar danos, força que o princípio da precaução, oriundo do Direito Ambiental, evolua para se transformar em princípio aplicável às relações de administração em geral". FREITAS, Juarez. O *controle dos atos administrativos e os princípios fundamentais.* 3.ed. atual. e ampl. São Paulo: Malheiros, 2004, p. 80. Muito embora o autor trate da expansão do princípio no âmbito administrativo, ou seja, em relação ao Poder Público, evidente que tal princípio também gera obrigações para os particulares. Como princípio constitucional que é, deve ser diretamente aplicado nas relações interprivadas para precaver a ocorrência de danos injustos.

[454] Artigo 12, CCB/02: Pode-se exigir que cesse a ameaça, ou a lesão, a direito da personalidade, e reclamar perdas e danos, sem prejuízo de outras sanções previstas em lei.

[455] Exemplo de outras possibilidades de sanção previstas em lei para a reparação do dano à pessoa como forma de buscar meios não-pecuniários para aplacar o prejuízo moral é o instrumento da retratação pública, contemplado na Lei de Imprensa (Lei nº 5250/67). Nesse sentido SCHREIBER, Anderson. *Novas tendências da Responsabilidade Civil brasileira.* Explica o autor na página 65: "Além de escapar ao contraditório binômio lesão existencial-reparação pecuniária, a retratação pública pode ser extremamente eficaz em seus efeitos e desestímulos à conduta praticada, sem a necessidade de se atribuir à vítima somas pecuniárias para cujo recebimento ela não possui qualquer título lógico ou jurídico. A maior parte das cortes, todavia, se recusa a aplicar a retratação pública fora do âmbito de relações regidas pela Lei de Imprensa. São, por isso, mesmo corajosas as decisões que rompem o dogma da patrimonialidade da reparação, aplicando o remédio também a relações que não envolvem entidade jornalística".

[456] É possível a invalidação de leis, através do controle de constitucionalidade, e de atos administrativos, através do controle de legalidade destes atos, quando provoquem lesões de direitos fundamentais de personalidade. Cumpre salientar que a possibilidade de invalidação de atos ou negócios jurídicos que violem direitos de personalidade também se dá na seara do direito civil; basta para isso a ocorrência de alguma das hipóteses de nulidade ou anulabilidade dos negócios jurídicos dispostas nos artigos 166 e 171 do Código Civil. Um contrato onde o objeto é a doação de um órgão de seu próprio corpo pode vir a ser invalidado em razão da ilicitude de seu objeto, eis que defesa é a disposição do próprio corpo para bem de proteger a integridade física que é um direito de personalidade. Nesse sentido breve exposição em MELLO, Cláudio Ari. *Contribuição para uma teoria híbrida dos direitos de personalidade.* In: SARLET, Ingo Wolfgang Sarlet (org.). O *novo Código Civil e a Constituição.* Porto Alegre: Livraria do Advogado, 2003, p. 94.

mais postulada, certo é que a evitação da concretização do dano é a efetiva tutela que se poderia pretender.[457] Ora, sempre é preferível "prevenir a remediar", ainda mais quando está em jogo o valor estruturante da dignidade da pessoa humana.

A esfera de prevenção e precaução dos danos evidencia a importância dos instrumentos que se destinam à eliminação dos riscos de lesão. Anderson Schreiber identifica como um instrumento preventivo as normas específicas, de natureza administrativa e regulatória, que impõem deveres aos agentes econômicos de maior potencial lesivo e exigem a fiscalização do Poder Público. Como exemplo, cita a atuação disciplinar de agências reguladoras e de órgãos fiscalizadores, como o CADE e o Banco Central.[458]

No que toca à esfera preventiva, não se pode escapar também a menção à tutela processual. Esta possui duas modalidades básicas: a repressiva e a preventiva. A primeira é largamente conhecida já que quase todos os procedimentos concebidos no ordenamento jurídico têm cunho repressivo, no sentido de que, diante da ocorrência da lesão, se busca o restabelecimento da situação anterior e, quando isso não for possível, garante-se, ao menos, uma reparação. A tutela inibitória, ao contrário, busca evitar que se consuma a lesão ao direito; portanto, tem cunho nitidamente preventivo e dirigida para o futuro.[459]

Antes de tudo se pode dizer que a tutela preventiva encontra fundamento no rol de direitos fundamentais da Constituição Federal, a qual prevê em seu artigo 5º, inciso XXXV, *"que a lei não excluirá de apreciação do Poder Judiciário lesão ou ameaça de direito"*. Portanto, pode-se afirmar que no texto constitucional, através do princípio da inafastabilidade, há um direito geral de prevenção, e a tutela inibitória da legislação ordinária é corolário deste princípio geral de prevenção.[460]

A previsão específica do artigo 12 do Código Civil veio a afirmar algo que já estava assegurado no artigo 5º, inciso X, da Constituição, ou seja, que o direito da personalidade é, a princípio, inviolável. Diante disso, já era possível intuir a

---

[457] Anderson Schreiber afirma que a revisão crítica da estrutura e da função da responsabilidade civil provocada principalmente pela expansão do dano ressarcível não trouxe para a ordem do dia apenas questionamentos acerca da melhor forma de reparar o dano, seja indenização pecuniária ou outros meios, mas também o dilema sobre se repará-lo é efetivamente a melhor solução. SCHREIBER, Anderson. *Novas tendências da Responsabilidade Civil brasileira*, p. 67.

[458] Idem, ibidem, p. 67. Na página 68, o autor sustenta que diante do princípio da solidariedade social, a forma mais justa para a distribuição dos riscos sociais seria a instituição de mecanismos mais intensos de seguridade social. Traz à baila os exemplos da Suécia e Nova Zelândia em que o sistema de seguridade social substituiu amplamente a responsabilidade civil. Todavia, afirma que este instrumento não necessariamente precisa substituir a responsabilidade civil, mas funcionar paralelamente, principalmente em países como o Brasil, cuja realidade social é drasticamente diversa da dos países citados. Outro mecanismo que poderia ser utilizado são os seguros privados obrigatórios, os quais seriam capazes de garantir às vítimas reparação pelo dano sofrido sem necessidade de recorrer aos danos provenientes da responsabilidade civil, onerando em particular os agentes econômicos potencialmente causadores de dano, centrando-se menos sobre o Poder Público. Como exemplo, cita o seguro relativo a acidentes do trabalho que, no ordenamento jurídico brasileiro, alcançou algum grau de sucesso.

[459] ARENHART, Sérgio Cruz. *A tutela inibitória da vida privada*, p. 98/102.

[460] MARINONI, Luiz Guilherme. *Tutela inibitória*: individual e coletiva, p. 71/81.

possibilidade de fazer cessar ameaça a direito da personalidade. Embora tal direito abra essa possibilidade através de sua própria existência, precária era a tutela preventiva no direito brasileiro até há pouco tempo. Antes da alteração do artigo 461 no Código de Processo Civil[461] em 1994, aquele que desejasse tutelar preventivamente algum direito de personalidade era obrigado a fazer uso de ação cautelar inominada.[462] A proteção era ineficaz, já que a tutela cautelar é provisória e requer futura ação de conhecimento. Já a tutela inibitória permite em si mesma a discussão da matéria, eis que de cognição exauriente,[463] dispensando outra ação.[464]

Na realidade, não era dada a devida importância à forma processual capaz de propiciar a adequada e efetiva tutela dos direitos de personalidade. Claro que poderia o indivíduo agir contra o ofensor para impedir a lesão; entretanto, como a autotutela é vedada, aquele que teme violação a direito da personalidade deve buscar intervenção do Poder Judiciário.[465] Nesse caso, tem a pessoa o direito de encontrar um procedimento autônomo, ou seja, de cognição exauriente, que tenha possibilidade de tutela antecipatória, sendo sua sentença e meios executórios capazes de prestar uma efetiva tutela inibitória.[466]

Daí a importância da tutela inibitória genérica do artigo 461 do Código de Processo Civil, a qual é capaz de veicular tutela não apenas condenatória, mas também mandamental e executiva. Além de permitir a proteção preventiva do direito ameaçado de lesão, concebe a realização, na prática, da pretensão exposta e elenca técnicas de coerção, como a aplicação de multa, capaz de atuar na vontade do lesante, para impor-lhe a abstenção pretendida. Portanto, tal dispositivo tem a capacidade de atuar em todas as carências da proteção da vida privada.[467]

Na tutela inibitória reside uma das melhores formas de reação jurídica às violações à personalidade. Esses direitos que se referem à dimensão existencial da pessoa são decisivos para o seu bem estar e equilíbrio, daí a importância da existência de mecanismos que preservem estes direitos, em vez de tão somente

---

[461] Artigo 461, CPC: Na ação que tenha por objeto o cumprimento de obrigação de fazer ou não fazer, o juiz concederá a tutela específica da obrigação ou, se procedente o pedido, determinará providências que assegurem o resultado prático equivalente ao do adimplemento.

[462] MARINONI, Luiz Guilherme. *Tutela inibitória:* individual e coletiva, p. 91.

[463] Sobre as formas de cognição no processo civil, *vide:* WATANABE, Kazuo. *Da Cognição no Processo Civil.* 2.ed. Campinas: Bookseller, 2000.

[464] ARENHART, Sérgio Cruz. *A tutela inibitória da vida privada*, p. 115.

[465] A tutela jurisdicional veio para substituir a autotutela e sobre isso não há discussão. Todavia, há que se fazer ressalva à possibilidade de tutela privada, a qual é licita, mas em casos excepcionais e subsidiariamente. Conforme Capelo de Souza, a legítima defesa e o estado de necessidade são modalidades típicas de tutela privada que funcionam como causa de exclusão de ilicitude de ofensas a certos bens da personalidade, utilizando-se a legítima defesa quando existir agressão atual e contrária à lei contra a pessoa do defendente ou de terceiro, se se verificar a impossibilidade de recorrer aos meios coercitivos normais para afastar a agressão, e justificando-se o estado de necessidade que consista na destruição ou danificação de coisa alheia com o fim de remover o perigo atual de um dano manifestamente superior respeitante quer à personalidade do agente quer à de terceiro. CAPELO DE SOUZA, Rabindranath Valentino Aleixo. *O direito geral de personalidade*, p. 452/454.

[466] MARINONI, Luiz Guilherme. *Op. cit.*, p. 91.

[467] ARENHART, Sérgio Cruz. *Op. cit.*, p. 111.

satisfazer com a reparação do dano quando já efetivada a ofensa. O atual Código Civil foi sensível à necessidade de inibir as lesões à personalidade, admitindo na cláusula geral do artigo 12, bem como no artigo 21, essa tutela preventiva, reafirmando o direito à tutela inibitória dos direitos de personalidade.[468]

Tais normas conferem ao juiz um poder geral de prevenção que se adapta às circunstâncias concretas do direito ameaçado ou de lesão em curso, não se limitando às hipóteses típicas. Perlingieri sustenta o poder geral de tutela inibitória como o poder de obter a cessação da atividade danosa para que não provoque danos ulteriores.[469] Esse poder geral garantido pelo direito material encontra instrumento na legislação processual civil no já citado artigo 461 e seus parágrafos.

Exemplos práticos de prevenção do dano à personalidade verificam-se na possibilidade de apreensão de jornais e revistas, supressão de passagens ou até mesmo proibição de comercialização de livros, desinternação de pessoa abusivamente internada. Nesse tocante, merece ressalva a necessária prudência ao exercício da tutela inibitória, cuja consciência perpassa por todos os bens em conflito, já que implicará sempre a restrição de um outro direito fundamental, principalmente no que tange aos direitos de liberdade de expressão intelectual, artística e jornalística.[470]

No conflito, haverá situações em que não será possível a cessação da ameaça à lesão de direito de personalidade; neste caso, não restará outra alternativa senão a utilização do instituto da responsabilidade civil, o qual vem alterando seus mecanismos básicos principalmente para atender à tutela dos interesses extrapatrimoniais. Mas, para além, é necessário ampliar os instrumentos com o intuito de garantir a tutela mais ampla possível. Assim, cresce em importância a tutela preventiva como a forma efetiva de tutela dos direitos de personalidade. Prevenir a lesão é a melhor opção diante da incessante busca de proteção e promoção da dignidade humana.[471]

---

[468] MELLO, Cláudio Ari. *Contribuição para uma teoria híbrida dos direitos de personalidade*, p. 95.

[469] PERLINGIERI, Pietro. *Perfis do Direito Civil*, p. 154.

[470] MELLO, Cláudio Ari. Op. cit., p. 96.

[471] O artigo 70 do Código Civil Português estatui garantia da obrigação de indenizar em caso de lesão, além da possibilidade de o juiz tomar as providências necessárias com o objetivo de evitar a consumação da ameaça ou evitar os efeitos da ofensa já cometida. PINTO, Paulo Mota. *Notas sobre o direito ao livre desenvolvimento da personalidade e os direitos de personalidade no direito português*, p. 82. Sobre a tutela ressarcitória e inibitória no Direito português, *vide* também: CAPELO DE SOUZA, Rabindranath Valentino Aleixo. *O direito geral de personalidade*, p. 455/495. No Direito alemão, francês e italiano, *vide*: ZWEIGERT, Konrad; KÖTZ, Hein. *Introduzione al Diritto Comparato*. Edizione Italiana a cura di Adolfo di Majo e Antonio Gambaro. Traduzione di Estella Cigna. Milano: Giuffrè Editore, 1995. v. II: Instituti, p. 396/423.

3. Direitos da personalidade: a (des)construção de parte da teoria

3.1. Dos atributos intrínsecos aos direitos da personalidade

A análise anterior sobre a existência de um direito geral de personalidade decorrente do princípio da dignidade da pessoa humana, sua disciplina na legislação civil, além das breves considerações acerca da eficácia direta dos direitos fundamentais nas relações interprivadas, bem como sobre a tutela ressarcitória e preventiva, objetivaram demonstrar a construção da teoria e seu assento atual no ordenamento jurídico brasileiro. Todavia, parte da teoria dos direitos da personalidade ainda não foi objeto de esclarecimento, qual seja: suas características ou atributos intrínsecos.

A doutrina clássica apresenta a temática das características dos direitos de personalidade como se não houvesse nada a ser questionado. Limita-se a descrevê-las sem efetivamente enfrentar as questões tormentosas que de algumas delas podem surgir.

De toda sorte, há pelo menos uma certeza: não há diferença substancial entre os direitos da personalidade e os direitos fundamentais. Simplesmente os direitos de personalidade são direitos fundamentais em sede de Direito Privado, o que também já não mais importa em diferença de âmbito de aplicação diante dos fenômenos da publicização e constitucionalização do Direito Privado. Pode-se, inclusive, nomeá-los como direitos fundamentais da personalidade.

Tanto é assim que Ingo Sarlet afirma que os direitos da personalidade nem sempre são direitos fundados diretamente na lei, mas são sempre direitos de fundamento constitucional, ainda que este fundamento seja implícito, já que até mesmo os direitos especiais de personalidade que são consagrados expressamente na legislação civil decorrem de um direito geral de tutela e promoção da personalidade que é extraído do princípio da dignidade da pessoa humana.[472]

---

[472] SARLET, Ingo Wolfgang. *Dignidade da pessoa humana e direitos fundamentais na Constituição Federal de 1988*, p. 107.

A fundamentalidade dos direitos da personalidade não decorre apenas de sua previsão constitucional explicita ou implícita, mas também da indissociabilidade existente entre os bens tutelados e o sujeito titular dos direitos.[473] Assim, os direitos de personalidade são marcados por particularidades típicas dos direitos fundamentais.

Ademais, o Direito Civil é insuficiente para a construção da doutrina sobre o direito geral de personalidade, sendo imprescindível a ligação dos direitos da personalidade aos direitos fundamentais, cuja vinculação essencial está no princípio da dignidade da pessoa humana. Elimar Szaniawski explicita que "os direitos fundamentais servem de fio condutor para a formulação e aplicação da noção de direito geral de personalidade".[474]

A análise das características dos direitos de personalidade foi deslocada para este terceiro momento do trabalho de forma proposital, haja vista que conduzirá ao ponto central desta investigação, que é considerar que há, pelo menos, uma disponibilidade relativa dos direitos da personalidade. Isso porque para tutelar a dimensão prestacional da dignidade da pessoa humana, calcada no direito de autodeterminação pessoal, é necessário garantir uma tutela positiva, ou seja, uma tutela de exercício cotidiano dos direitos da personalidade. Esta tutela do exercício, por sua vez, confere trânsito à autonomia privada nas relações jurídicas existenciais, onde a vontade também exerce papel relevante.

3.1.1. Das características incontroversas dos direitos da personalidade

Os direitos da personalidade são direitos originários. Os seres humanos os adquirem pelo simples fato de nascerem, sem a necessidade de concurso de qualquer meio de aquisição ou pressuposto ulterior.[475] São direitos que decorrem exclusivamente do reconhecimento da personalidade jurídica, ou seja, são conaturais ao sujeito já que resultam da própria natureza do homem, como o direito à vida, ao corpo, à integridade, à honra e à liberdade.[476]

Nesta perspectiva, pode-se dizer que são direitos originários ou inatos. Inatos porque nascem com o indivíduo.[477] Todavia, parece mais adequada a conceituação como originários, já que o termo inato poderia levar a uma conotação jusnaturalista, a qual se pretendeu despir quando se analisaram as fontes destes direitos.[478]

---

[473] GEDIEL, José Antônio Peres. A irrenunciabilidade a direitos da personalidade pelo trabalhador. In: SARLET, Ingo Wolfgang (org.). *Constituição, Direitos Fundamentais e Direito Privado*. Porto Alegre: Livraria do Advogado, 2003, p. 149.

[474] SZANIAWSKI, Elimar. *Direitos de personalidade e sua tutela*, p. 111.

[475] TOBEÑAS, José Castan. *Los Derechos de la Personalidad*, p. 22.

[476] CAPELO DE SOUZA, Rabindranath Valentino Aleixo. *O direito geral de personalidade*, p. 416.

[477] PONTES DE MIRANDA, Francisco Cavalcanti. *Tratado de Direito Privado*, vol. VII, p. 12 e MATTIA, Fabio Maria de. *Direitos da Personalidade*: aspectos gerais, p. 111.

[478] "(...) alguns autores os consideram como inatos, terminologia que, todavia, mostra-se por vezes dúbia, já que suscita a conotação jusnaturalista, adotada por alguns autores, no sentido de que tais direitos preexistem à ordem jurídica, independentemente, portanto, do dado normativo". TEPEDINO, Gustavo. *A Tutela da Personalidade*

Nesse sentido, Elimar Szaniawski afirma que a expressão direitos inatos compreendida como algo que é anterior à ordem jurídica não é a mais adequada, já que a consciência moral e a forma de ver o ser humano em convivência na sociedade se modificam, o que também modifica a forma de ver os direitos essenciais à personalidade. Sustenta que, justamente porque tomados de essencialidade, estes direitos assumem lugar próprio no ordenamento positivo e conformam disciplina adequada para garantir o destaque e proteção necessários.[479] Os direitos da personalidade são vinculados ao direito positivo assim como os demais direitos subjetivos e, nesta perspectiva, a denominação direitos inatos somente é pertinente se entendida simplesmente como aqueles direitos que são inerentes à pessoa.

Afora a questão da denominação, nem todos os direitos da personalidade são inatos. Existem alguns, como o direito moral do autor, o direito ao sigilo de correspondência e o direito ao nome, que requerem outros e ulteriores requisitos para a sua existência, além da atribuição da personalidade.[480] São, portanto, direitos de personalidade que se adquirem, mas este fato não os descaracteriza como direitos inerentes ao ser, à sua subjetividade. São adquiridos em decorrência do *status* pessoal.[481]

A generalidade é outra de suas características, que se refere à titularidade do direito. Isso porque a todo e qualquer ser humano, apenas por ter reconhecida a qualidade de pessoa, são atribuídos os direitos de personalidade. São direitos que decorrem da personalidade ontológica.[482] Basta o fato de estar vivo, basta *ser*. São direitos que não estão ligados a uma categoria determinada de pessoas, respondendo "justamente a aspectos da natureza humana que se caracterizam pela identidade na diferença e na universalidade na variedade".[483] São, efetivamente, direitos essenciais.

Paulo Mota Pinto afirma que são direitos essenciais sob pena de a própria personalidade humana ser descaracterizada caso sua proteção não fosse reconhecida pela ordem jurídica e, já que são essenciais, reconhecidos a todas as pessoas, são gerais, titularizados por todos os seres humanos.[484] Essa essencialidade explica

---

no Ordenamento Civil-constitucional Brasileiro, p. 33. Complementando esta ideia Luiz Edson Fachin afirma que a "perspectiva principiológica da dignidade humana informa e conforma todo o ordenamento jurídico, servindo de substrato normativo e axiológico para todos os demais direitos não patrimoniais, como os direitos de personalidade. O que permite, assim, afastar as concepções jusnaturalistas sobre as fontes dos direitos da personalidade". FACHIN, Luiz Edson. *Direitos da Personalidade no Código Civil Brasileiro*: elementos para uma análise de índole constitucional da transmissibilidade, p. 9.

[479] SZANIAWSKI, Elimar. *Direitos de personalidade e sua tutela*, p. 81.

[480] Nesse sentido: TOBEÑAS, José Castan. *Los Derechos de la Personalidad*, p. 22/23, CAPELO DE SOUZA, Rabindranath Valentino Aleixo. *O direito geral de personalidade*, p. 416/417 e ASCENSÃO, José de Oliveira. *Direito civil*: teoria geral, p. 66.

[481] PEREIRA, Caio Mário da Silva. *Instituições do Direito Civil*, p. 242.

[482] ASCENSÃO, José de Oliveira. *Op. cit.*, p. 72.

[483] MELLO, Cláudio Ari. *Contribuição para uma teoria híbrida dos direitos de personalidade*, p. 91.

[484] PINTO, Paulo Mota. *Notas sobre o direito ao livre desenvolvimento da personalidade e os direitos de personalidade no direito português*, p. 63.

porque estes direitos são considerados direitos fundamentais. São direitos impres-cindíveis à própria personalidade.[485]

Adriano de Cupis identifica os direitos da personalidade como direitos essenciais, sustentando que na sua ausência a própria pessoa não existiria como tal, já que sem eles todos os outros direitos subjetivos perderiam o interesse para o indivíduo.[486] Também nesse sentido Carlos Alberto Bittar, afirmando que a ausência dos direitos da personalidade torna a personalidade irrealizável, e sua essencialidade se mostra na medida em que tais direitos "formam a medula da personalidade".[487]

Na mesma medida, são direitos vitalícios e necessários. Vitalícios porque acompanham o ser humano por toda a sua existência, inclusive, transcendendo a ideia de vida, já que a proteção se estende ao momento anterior ao nascimento e para além da morte. Necessários porque indispensáveis à plena afirmação do ser humano e desenvolvimento de sua personalidade em uma comunidade de pessoas. Estas características, no dizer de Orlando Gomes, denotam seus traços distintivos, já que se são necessários, não podem faltar, diferentemente dos demais direitos, e dessa forma, não podem se perder, acompanhando o seu titular ao longo de sua existência, por isso, vitalícios.[488]

Francisco Amaral conclui dizendo que os direitos da personalidade são direitos essenciais, inatos e permanentes; nascem com a pessoa e a acompanham por toda a sua existência, já que sem eles sequer se configuraria a personalidade.[489]

Em sendo originários, necessários, essenciais e vitalícios, não podem ser destacados do seu titular. São direitos inerentes à pessoa e, dessa forma, são inalienáveis.[490] Os direitos da personalidade não podem ser vendidos nem doados por completo a outras pessoas e, no mesmo sentido, em outra perspectiva, não podem ser adquiridos por outrem.[491] Daí afirmar-se que não há aquisição ou extinção de direitos da personalidade através de negócios jurídicos, o que o retiraria por completo da esfera de seu titular.

Das características analisadas vê-se que os direitos da personalidade são direitos ligados estrita e diretamente à pessoa. Capelo de Souza afirma que os direitos da personalidade na "esfera jurídica global do sujeito prendem-se ao hemisfério pessoal, dizendo respeito diretamente à categoria do *ser* e não do *ter* da pessoa, muito embora influam nesta, não tendo como objeto coisas do mundo

---

[485] PONTES DE MIRANDA, Francisco Cavalcanti. *Tratado de Direito Privado*, vol. VII, p. 10.

[486] "Vi sono, vale a dire, certi diritti, senza dei quali la personalità rimarrebbe un'attitudine completamente insoddisfatta, priva di ogni concreto valore; diritti, scompagnati dão quali tutti gli altri diritti soggettivi perderebbero ogni interesse rispetto all'individuo: tanto da arrivarsi a dire che, se essi non esistessero, la persona non sarebbe più tale. Sono essi i diritti essenziali". CUPIS, Adriano de. *I diritti della personalità*, p. 18/19.

[487] BITTAR, Carlos Alberto. *Os Direitos da Personalidade*, p. 6.

[488] GOMES, Orlando. *Introdução ao direito civil*, p. 152/153.

[489] AMARAL, Francisco. *Direito civil*: introdução, p. 250.

[490] TEPEDINO, Gustavo. *A Tutela da Personalidade no Ordenamento Civil-constitucional Brasileiro*, p. 33.

[491] PONTES DE MIRANDA, Francisco Cavalcanti. *Op. cit.*, v. VII, p. 8.

externo e nem sequer pessoas diferentes do seu titular".[492] Protegem os bens da personalidade, bens que são inerentes à pessoa, não exteriores. Por isso são direitos pessoais, ou ainda, extrapatrimoniais. A extrapatrimonialidade relaciona-se diretamente com a essência dos direitos da personalidade, os quais concernem ao próprio ser humano, e assim revela-se a impossibilidade de correspondência de estimativa pecuniária, isto é, não são suscetíveis de avaliação econômica.[493] São, pois, inestimáveis.[494]

Nesse sentido, opõem-se aos direitos subjetivos na sua definição liberal, os quais tinham como objetivo sempre e apenas bens patrimoniais, aferíveis economicamente. Os direitos de personalidade não têm como objeto um bem patrimonial, eis que seu objeto são os bens inerentes à subjetividade humana. Não obstante o bem objeto não seja externo ao sujeito, não há mais espaço para a negação de que os direitos da personalidade caracterizam-se como direitos subjetivos, e não só como tal, mas em qualquer situação jurídica existencial, como desenvolveu Perlingieri.[495]

Esta característica não impede que os direitos da personalidade produzam efeitos ou consequências patrimoniais. A ofensa ilícita a qualquer dos bens da personalidade é pressuposto de fato gerador da obrigação de indenizar.[496] Portanto, a lesão pode dar lugar a reflexos econômicos, através do ressarcimento do dano, tanto material como moral.[497] O importante é ter claro que o caráter patrimonial do direito à indenização pelo dano não altera a extrapatrimonialidade dos direitos da personalidade.[498]

A possibilidade de lesão a direito de personalidade gera pretensão ressarcitória ou reparadora. A reparação deve ser intentada pelo próprio titular do direito, até porque esta faculdade de postulação é essência do direito subjetivo.[499] Em regra, o titular do direito subjetivo tem um lapso temporal definido em lei para exercer pretensão defensiva de seu direito, sob pena de tal pretensão convalescer,

---

[492] CAPELO DE SOUZA, Rabindranath Valentino Aleixo. *O direito geral de personalidade*, p. 414/415.

[493] "L'oggetto dei diritti della personalità essendo un *modo di essere físico o morale della persona*, ben s'intende come esso mai contenga in se stesso una immediata utilità d'ordine econômico". CUPIS, Adriano de. *I diritti della personalità*, p. 28. Também neste sentido: AMARAL, Francisco. *Direito civil*: introdução, p. 250, TEPEDINO, Gustavo. *A Tutela da Personalidade no Ordenamento Civil-constitucional Brasileiro*, p. 33, CAPELO DE SOUZA, Rabindranath Valentino Aleixo. *Op cit.*, p. 414/415, DANTAS, San Tiago. *Programa de Direito Civil*, p. 154 e GOMES, Orlando. *Introdução ao direito civil*, p. 152.

[494] DANTAS, San Tiago. *Op. cit.*, p. 154.

[495] A partir dessa compreensão ampliada do bem e consequentemente do objeto do direito, amplia-se também a noção de direitos subjetivos como já se explicitou no capítulo antecedente. Não há mais dúvidas quanto à caracterização dos direitos da personalidade como direitos subjetivos e, mais, sequer se pode falar apenas de direitos subjetivos da personalidade, na medida em que a personalidade não se realiza somente através deles, mas também através de múltiplas e complexas situações jurídicas como direito potestativo, faculdade, ônus, poder jurídico ou qualquer outra circunstância jurídica relevante. PERLINGIERI, Pietro. *Perfis de Direito Civil*, p. 155.

[496] GOMES, Orlando. *Introdução ao direito civil*, p. 152.

[497] CAPELO DE SOUZA, Rabindranath Valentino Aleixo. *Op. cit.*, p. 415.

[498] Neste sentido: CUPIS, Adriano de. *Op. cit.*, p. 28/29.

[499] DANTAS, San Tiago. *Op. cit.*, p. 155.

prescrever. Entretanto, quando esta pretensão diz diretamente com os bens inerentes ao ser, decorrentes do seu caráter pessoal, não perece com o passar do tempo. Portanto, pode-se afirmar que tais direitos são imprescritíveis.[500] A pretensão que nasce da lesão à direito de personalidade jamais convalesce.

A imprescritibilidade não se dá apenas em face da pretensão que nasce em caso de lesão, vai além. Por serem direitos inerentes ao ser, essenciais e necessários, não estão sujeitos à extinção pelo não uso. O decurso do tempo permanece inerte diante do eventual desinteresse do titular do direito da personalidade quanto ao seu exercício; permanecem na esfera do titular mesmo diante de sua inércia.[501] Mesmo que deixe de exercê-los por muito tempo, poderá o titular sempre invocá-los.[502]

Jorge Reis Novais tratando justamente do não exercício de um direito fundamental, o que em perspectiva privatística seria o não exercício de um direito de personalidade, explica que o não exercício também pode ser compreendido como uma modalidade de exercício. Afirma o autor que "o particular tem uma posição jurídica que a ordem jurídica lhe permite exercer e não exercer, sendo que ambas as possibilidades podem ser configuradas como modalidades do exercício, em sentido lato".[503]

Com efeito, se pode dizer que os direitos da personalidade não se submetem à prescrição aquisitiva, muito menos à prescrição extintiva; sua aquisição não resulta do curso do tempo e não se extinguem pelo não uso.[504] São direitos que, além de vitalícios e essenciais, são também perenes, daí explica-se porque sua proteção se estende para além da morte do titular sem restrição temporal.[505] Ademais, a prescrição se vincula às pretensões de natureza patrimonial, o que exclui os direitos extrapatrimoniais da personalidade dos seus efeitos.[506]

---

[500] Sobre a imprescritibilidade dos direitos de personalidade, afirma Pontes de Miranda que "as pretensões e ações, que se irradiam deles, não prescrevem. Nem precluem as exceções". PONTES DE MIRANDA, Francisco Cavalcanti. *Tratado de Direito Privado*, v. VII, p. 8.

[501] GOMES, Orlando. *Introdução ao direito civil*, p. 152.

[502] PEREIRA, Caio Mário da Silva. *Instituições do Direito Civil*, p. 242. Na página 683, afirma o autor: "Segundo os conceitos doutrinários incorporados, para apurar a prescrição requer-se o consenso de dois elementos essenciais: o tempo e a inércia do titular. Não basta o decurso do *lapsus temporis*. Pode ele ser mais ou menos prolongado, sem que provoque a extinção da exigibilidade do direito. Ocorre muitas vezes, que a não utilização deste é mesmo a forma de o exercer. Para que se consume a prescrição é mister que o decurso do prazo esteja aliado à inatividade do sujeito, em face da violação de um direito subjetivo. Esta, conjugada com a inércia do titular, implica à cessação da relação jurídica e extinção da pretensão".

[503] NOVAIS, Jorge Reis. *Renúncia a direitos fundamentais*. In: MIRANDA, Jorge (org.). *Perspectivas Constitucionais*. Coimbra: Coimbra Editora, 1996. v. I, p. 273.

[504] AMARAL, Francisco. *Direito civil*: introdução, p. 250.

[505] CAPELO DE SOUZA, Rabindranath Valentino Aleixo. *O direito geral de personalidade*, p. 413.

[506] "Não há prescrição senão de direitos patrimoniais. Os direitos que são emanações directas da personalidade e os de família, puros, não prescrevem". BEVILÁQUA, Clóvis. *Código Civil dos Estados Unidos do Brasil*. 6.ed. Rio de Janeiro: Rio, 1975. v. I, p. 443. No mesmo sentido, Pontes de Miranda afirma que as pretensões e ações que irradiam dos direitos da personalidade não prescrevem. PONTES DE MIRANDA, Francisco Cavalcanti. *Op. cit.*, v. VII, p. 8.

Ainda, por serem direitos originários, essenciais, necessários e extrapatrimoniais, são também impenhoráveis. Não há como cogitar a execução forçada dos direitos que são inerentes ao ser.[507] É inadmissível a penhora de direito da personalidade por algum credor do seu titular,[508] até porque isso seria incompatível com a sua essencialidade.[509]

As características analisadas não geram maiores controvérsias na doutrina brasileira e estrangeira. Há, no entanto, outras características que necessitam maior reflexão, já que delas emergem questões tormentosas acerca dos direitos de personalidade. Todavia, encarar a relatividade de algumas características dos direitos da personalidade com naturalidade, sem que as constatações fáticas se tornem contrapostas, desfaz a tormenta e torna a temática mais coerente e mais atenta à realidade que se apresenta.

3.1.2. Direitos da personalidade como direitos absolutos

Os direitos da personalidade atribuem ao seu titular uma série de poderes jurídicos, os quais recaem imediatamente sobre o bem jurídico tutelado, o que traduz, nas palavras de Capelo de Souza, "uma afetação plena e exclusiva desses bens a favor de seu titular".[510] Tais poderes, em contrapartida, geram em todos os demais integrantes da sociedade um dever geral de abstenção, uma obrigação universal negativa. Desse modo, diz-se que os direitos da personalidade têm natureza de direitos absolutos, no sentido de serem oponíveis contra todos, prevalecem contra todos, ou seja, possuem eficácia *erga omnes*.[511] Ser pessoa é suficiente para ser titular de direitos de personalidade e para opô-los contra qualquer pessoa.

A oponibilidade *erga omnes* dos direitos de personalidade gera em relação aos sujeitos passivos uma obrigação geral negativa, um dever jurídico abstencionista de observância a esses direitos. Mas não é somente isso. Não se trata apenas de um mero dever de abstenção, mas também um dever de o Estado, a comunida-

---

[507] GOMES, Orlando. *Introdução ao direito civil*, p. 152 e PONTES DE MIRANDA, Francisco Cavalcanti. *Tratado de Direito Privado*, v. VII, p. 8.

[508] AMARAL, Francisco. *Direito civil*: introdução, p. 250. Francisco Amaral sustenta que é inviável a penhora destes direitos, não havendo a possibilidade de execução forçada para satisfação de credores; no entanto, ressalta que, em prol do interesse geral, é possível a imposição de limitação forçada, utilizando como exemplo a obrigatoriedade da vacinação.

[509] BITTAR, Carlos Alberto. *Os Direitos da Personalidade*, p. 5.

[510] CAPELO DE SOUZA, Rabindranath Valentino Aleixo. *O direito geral de personalidade*, p. 401.

[511] Pacífica é a doutrina quanto ao entendimento de que os direitos da personalidade são absolutos porque oponíveis *erga omnes*. Nesse sentido: TEPEDINO, Gustavo. *A Tutela da Personalidade no Ordenamento Civil-constitucional Brasileiro*, p. 33, DONEDA, Danilo. *Os direitos da personalidade no novo Código Civil*, p. 47, PEREIRA, Caio Mário da Silva. *Instituições do Direito Civil*, p. 242, GOMES, Orlando. *Op. cit.*, p. 152, DANTAS, San Tiago. *Programa de Direito Civil*, p. 153, CAPELO DE SOUZA, Rabindranath Valentino Aleixo. *Op. cit.*, p. 401, PONTES DE MIRANDA, Francisco Cavalcanti. *Op. cit.*, v. VII, p. 9, MATTIA, Fabio Maria de. *Direitos da Personalidade*: aspectos gerais, p. 111 e AMARAL, Francisco. *Op. cit.*, p. 250.

de e os demais particulares em respeitá-los.[512] O respeito implica mais do que uma pura abstenção, pois envolve prestações positivas que se revelam em um dever geral de auxílio, diante de outro dever: o dever de solidariedade social.[513]

Portanto, a natureza de direitos absolutos que recai sobre os direitos de personalidade impõe dever jurídico negativo e positivo, cujo intuito é tutelar os bens protegidos por estes direitos. Nesta perspectiva de dever positivo, de auxílio, verifica-se, por exemplo, a relação entre o Estado e o particular. Aquele, além de não poder lesar os direitos da personalidade, respeitando-os, tem o dever de proporcionar condições efetivas para o pleno desenvolvimento existencial da pessoa humana.

O tratamento dos direitos de personalidade como direitos absolutos em face de sua oponibilidade não gera controvérsias doutrinárias. São direitos essencialmente absolutos assim como os direitos reais, contrapondo-se aos direitos de crédito que são relativos. Todavia, tal característica não pode gerar a compreensão equivocada de que os direitos da personalidade são direitos de conteúdo absoluto.[514]

O caráter absoluto não pode ser compreendido como gerador de imposição ilimitada e em qualquer circunstância. Na perspectiva relacional, do ser com os outros, o caráter absoluto dos direitos de personalidade se relativiza. A doutrina civilista conservadora não enfrenta esta questão, apegando-se tão somente à noção de direito absoluto em face da oponibilidade. Entretanto, tal diferenciação merece atenção, na medida em que, tratando-se de direitos fundamentais, a doutrina constitucional constatou que não é possível sustentar o caráter absoluto desses direitos, já que se conjugam e se limitam reciprocamente.

Os civilistas mais atentos e comprometidos com a coerência do sistema jurídico, como Luiz Edson Fachin, partem da premissa que os direitos da personalidade, assim como os direitos fundamentais, não são garantidos ilimitadamente já que quando em conflito podem ceder uns aos outros, até como forma de garantir uma mínima eficácia de todos.[515]

---

[512] TEPEDINO, Gustavo. *A Tutela da Personalidade no Ordenamento Civil-constitucional Brasileiro*, p. 34.

[513] CARVALHO, Orlando. *Teoria geral do direito civil. Sumários desenvolvidos*. Coimbra, 1981, p. 106 *apud* PINTO, Paulo Mota. *Notas sobre o direito ao livre desenvolvimento da personalidade e os direitos de personalidade no direito português*, p. 63. Aliás, também no Brasil, conforme o texto constitucional de 1988, o princípio da solidariedade social é pressuposto do Estado Democrático de Direito.

[514] A importância da temática revela-se quando os operadores do direito se deparam com manifestações doutrinárias que, discutindo sobre a possível disponibilidade de direitos da personalidade, acabam questionando se os direitos da personalidade são absolutos ou relativos. Cita-se como exemplo, não desmerecendo a abordagem da temática sobre a Eutanásia e a Igualdade, o artigo de João Pedro Chaves Valladares Pádua, que incorre nesta confusão: "É possível atos de disposição da própria vida? Pode uma pessoa decidir quando morrer? São relativos ou absolutos os direitos da personalidade?" PÁDUA, João Pedro Chaves Valladares. Eutanásia e a Igualdade. *Revista Trimestral de Direito Civil*, Rio de Janeiro, v. 23, jul.-set. 2005, p. 261.

[515] FACHIN, Luiz Edson. *Direitos da Personalidade no Código Civil Brasileiro*: elementos para uma análise de índole constitucional da transmissibilidade, p. 17.

José Castan Tobeñas faz a ressalva afirmando que os direitos da personalidade não são absolutos em relação ao seu conteúdo, já que necessariamente estão condicionados às exigências de ordem moral e jurídica que obrigam a relação dos direitos de um com os direitos dos outros, o que é fundamental para a organização da convivência em sociedade e atendimento do bem comum.[516]

Se todos os indivíduos são titulares de direitos fundamentais, inevitável é a sua colisão nas relações privadas, o que deve ser solucionado através de critérios de ponderação e proporcionalidade, sempre primando pelo não sacrifício completo de qualquer deles para a preservação da essência de cada um.[517] O conflito relativiza os direitos fundamentais de personalidade, mesmo que alguns se aproximem de um caráter absoluto, como o direito à vida.

Ingo Sarlet afirma, quando enfrenta a temática dos limites aos direitos fundamentais, a existência de entendimento pacificado de que, ao menos em princípio, não existe nenhum direito que seja absoluto, totalmente imune a qualquer tipo de restrição. Todavia, há que se ressaltar que esta possibilidade de restrição está também sujeita a um limite, o chamado limite dos limites, no sentido de assegurar pelo menos o núcleo essencial dos direitos fundamentais, coibindo, assim, abusos que possam levar à supressão destes direitos.[518]

É a própria dignidade da pessoa humana, princípio em que os direitos fundamentais encontram pressuposto e fundamento,[519] que funciona como o limite dos direitos e limite dos limites, ou seja, a "barreira última contra a atividade restritiva dos direitos fundamentais".[520]

Como visto, o caráter absoluto dos direitos da personalidade deve perpassar também por estas constatações, na medida em que posicionamento acrítico neste sentido poderia gerar graves distorções.

O Relator-Geral do projeto do Código Civil de 2002, Josaphat Marinho, comentando as cautelas necessárias que devem ser tomadas para o adequado entendimento dos direitos da personalidade explica que

---

[516] Direitos da personalidade "son derechos *absolutos* o de *exclusión*, en el sentido de su oponibilidad *erga omnes*. No son, en cambio, absolutos en cuanto a su contenido, pues están condicionados por las exigencias del orden moral y las del orden jurídico que obligan a ponerlos en relación con los derechos de los demás hombres y los imperativos del bien común". TOBEÑAS, José Castan. *Los Derechos de la Personalidad*, p. 23.

[517] A advertência é de SARLET, Ingo Wolfgang. *Direitos Fundamentais e Direito Privado:* algumas considerações em torno da vinculação dos particulares aos direitos fundamentais, p. 159.

[518] SARLET, Ingo Wolfgang. *Dignidade da pessoa humana e direitos fundamentais na Constituição Federal de 1988*, p. 118.

[519] A dignidade da pessoa humana é indissociável da ideia de direitos fundamentais, não apenas por figurar como fundamento deles, mas também porque todos os direitos fundamentais são exigências de concretização do princípio da dignidade da pessoa humana. Os direitos fundamentais guardam, ainda que com intensidades diversas, reflexos do princípio da dignidade da pessoa humana, já que todos remontam à ideia de proteção e desenvolvimento das pessoas. Nesse sentido: SARLET, Ingo Wolfgang. *Dignidade da pessoa humana e direitos fundamentais na Constituição Federal de 1988*, p. 78/79.

[520] Idem, ibidem, p. 124.

(...) não obstante a amplitude com que devem ser admitidos os direitos da personalidade, há cautelas que adotar no traço de sua fisionomia ou no uso de expressões que lhe definem a dimensão. É freqüente declará-los direitos absolutos, por se imporem a toda a sociedade, ou seja, *erga omnes*. Apesar do sentido específico ou restritivo com que é aplicada a qualificação, não deixa de ser geradora de equívoco. Uma das feições essenciais do direito contemporâneo é a relatividade, indicativa do respeito ao direito de outras pessoas. Ainda quando se trata de direitos da personalidade, sua qualidade de intrínsecos não permite que se projetem na sociedade sem os delineamentos que assinalam a existência de outros direitos iguais. Parece prudente, portanto, evitar a designação direitos absolutos, para que não haja confusão com a faculdade ilimitada.[521]

A relativização dos direitos se dá na medida em que o Direito encontra seu fundamento nas próprias pessoas. Não fosse para regular a vida em sociedade, o Direito sequer teria sentido. Assim, nesta perspectiva intersubjetiva e relacional do ser com o outro, resta clarividente a possibilidade de restrição de direitos.

O direito dos outros é o que funda a doutrina dos limites imanentes dos direitos fundamentais, a qual embasa a possibilidade de limitações ou restrições não expressamente autorizadas aos direitos fundamentais. Conforme Jorge Reis Novais, tal doutrina "surge por força do reconhecimento imperativo de que, em Estado de Direito, o princípio da igual dignidade de todos impõe à liberdade de cada um as limitações decorrentes do reconhecimento recíproco da igual liberdade dos outros".[522]

Nesse sentido, nem a dignidade da pessoa humana, que figura como o valor supremo do ordenamento jurídico, fica completamente imune, não possuindo uma absoluta intangibilidade, ainda que não se possa cogitar de seu sacrifício completo. Ainda utilizando os sábios ensinamentos de Ingo Sarlet, "até mesmo o princípio da dignidade da pessoa humana acaba por sujeitar-se, em sendo contraposto à igual dignidade de terceiros, a uma necessária relativização".[523] Mas, mesmo reconhecendo que há possibilidade de relativização ou restrição da dignidade pessoal, não há discussão quanto à necessária preservação de um núcleo essencial que é efetivamente intangível, vedando-se neste sentido qualquer conduta que importe em coisificação ou instrumentalização do ser humano.[524]

Dessas considerações se percebe que, quando se afirmar o caráter absoluto dos direitos da personalidade, deve-se ter em mente a sua oponibilidade *erga omnes*, mas jamais entender este caráter relacionado com o conteúdo dos direitos, o qual é sempre relativizável. Não fosse assim, sequer se poderia cogitar a possibilidade de conduta geradora de dano a direito da personalidade.

---

[521] MARINHO, Josaphat. *Os direitos da personalidade no projeto de novo Código Civil brasileiro*, p. 257.

[522] NOVAIS, Jorge Reis. *As restrições aos direitos fundamentais não expressamente autorizadas pela Constituição*. Coimbra: Coimbra, 2003, p. 449/450.

[523] SARLET, Ingo Wolfgang. *Dignidade da pessoa humana e direitos fundamentais na Constituição Federal de 1988*, p. 130.

[524] Idem, ibidem, p. 137.

3.1.3. (In)disponibilidade, (in)transmissibilidade e (ir)renunciabilidade dos direitos da personalidade

O artigo 11 do Código Civil brasileiro[525] trata da natureza dos direitos da personalidade, atribuindo-lhes as características da intransmissibilidade e da irrenunciabilidade, além da impossibilidade de limitação voluntária de seu exercício, salvo aquelas que são autorizadas por lei.[526] Estas impossibilidades decorrem da característica da indisponibilidade dos direitos da personalidade. Em outras palavras, a regra determina que, em razão de sua natureza indisponível, os direitos da personalidade não são passíveis de transmissibilidade, renúncia ou limitação.[527]

Tais características possuem uma íntima relação, já que as três envolvem a ideia de que ninguém pode ser despojado de seus direitos da personalidade, e nem mesmo a esfera de autonomia privada pode ser utilizada no sentido de afastamento ou alienação total destes direitos.[528] Ressalte-se aí a vinculação que se faz entre estas características e o já comentado caráter inalienável dos direitos da personalidade.

A partir de uma interpretação estrita e literal da codificação, os direitos da personalidade não seriam passíveis de qualquer forma de restrição. Todavia, essa interpretação pode inviabilizar a própria tutela.[529] Até porque mesmo a dignidade da pessoa humana pode sofrer alguma limitação, já que em conteúdo não há direitos absolutos. Daí também a importância da análise dos direitos da personalidade através da ótica constitucional, inspirando uma releitura da legislação infraconstitucional.[530]

A intransmissibilidade quer significar que, se os bens jurídicos da personalidade humana física e moral constituem o ser do seu titular,[531] há uma inexorável vinculação desses direitos com o titular deles, vinculação que é originária, essencial, necessária e perene e, dessa forma, os direitos da personalidade são inseparáveis do seu titular. Nesse sentido, a afirmação de que os direitos da personalidade não podem ser cedidos, alienados ou transmitidos. São inerentes à pessoa, não há como se transmitirem.[532] Toda a tentativa de cessão ou alienação, tanto por ato

---

[525] Artigo 11, CCB/02: Com exceção dos casos previstos em lei, os direitos da personalidade são intransmissíveis e irrenunciáveis, não podendo o seu exercício sofrer limitação voluntária.

[526] Como se depreende da redação do artigo, o legislador apenas fez referência expressa a três características dos direitos da personalidade. A regra, infelizmente, não arrolou todas as características dos direitos de personalidade.

[527] FACHIN, Luiz Edson. *Direitos da Personalidade no Código Civil Brasileiro*: elementos para uma análise de índole constitucional da transmissibilidade, p. 16.

[528] MATTIA, Fabio Maria de. *Direitos da Personalidade*: aspectos gerias, p. 113.

[529] FACHIN, Luiz Edson. *Op. cit.*, p. 17.

[530] Idem, ibidem.

[531] CAPELO DE SOUZA, Rabindranath Valentino Aleixo. *O direito geral de personalidade*, p. 402.

[532] Nesse sentido: TOBEÑAS, José Castan. *Los Derechos de la Personalidad*, p. 23 e AMARAL, Francisco. *Direito civil*: introdução, p. 250.

gratuito como oneroso, deve ser considerada inválida.[533] Orlando Gomes sustenta que, se os direitos da personalidade são inalienáveis, não pode o titular privar-se dos mesmos, transmitindo-os a outrem.[534]

Pontes de Miranda explica que a intransmissibilidade resulta da infungibilidade mesma da pessoa e da irradiação de efeitos próprios, quais sejam, os direitos de personalidade. Estes não podem ser transmitidos para outro sujeito, já que a transmissão pressupõe que uma pessoa se ponha no lugar de outra e, se isso pudesse ocorrer, o direito não seria de personalidade.[535]

Fábio de Mattia afirma que os direitos da personalidade não podem ser transferidos porque são inerentes à pessoa humana. Sustenta que não há como se cogitar de a vida, a liberdade ou a integridade serem transferidas para a esfera jurídica de outra pessoa que não a do seu próprio titular. Se fosse possível a transmissão dos direitos de personalidade, estes perderiam a sua razão de ser, já que implicaria a sua desnaturação.[536]

No mesmo sentido, Paulo Mota Pinto suscita que, por serem direitos inerentes ao ser, direitos pessoais que estão estrita, direta e incindivelmente ligados à pessoa do seu titular, não são transmissíveis nem *inter vivos* nem *causa mortis*. O titular não pode se despojar completamente em vida, além de se extinguirem com a sua morte.[537]

San Tiago Dantas afirma categoricamente que os direitos da personalidade não se transmitem de nenhum modo, e que isso não gera nenhum mistério e leva ao simples entendimento de que a morte impõe naturalmente a extinção destes direitos em função do perecimento de seu objeto, já que este é sempre um bem que reside na própria personalidade.[538]

Muitos interesses relativos à personalidade podem continuar sendo tutelados mesmo após a morte do seu titular,[539] a exemplo da disposição expressa na legislação civil de titularidade dos familiares para pleitear indenização por dano injusto ao falecido.[540] Nesse passo, questiona-se a natureza intransmissível desses direitos. Esse é um ponto tormentoso. Será que não há, pelo menos, que se considerar a hipótese de uma transmissibilidade relativa?

---

[533] PEREIRA, Caio Mário da Silva. *Instituições do Direito Civil,* p. 242.

[534] GOMES, Orlando. *Introdução ao direito civil,* p. 152.

[535] PONTES DE MIRANDA, Francisco Cavalcanti. *Tratado de Direito Privado,* v. VII, p. 7.

[536] MATTIA, Fabio Maria de. *Direitos da Personalidade:* aspectos gerais, p. 112.

[537] PINTO, Paulo Mota. *Notas sobre o direito ao livre desenvolvimento da personalidade e os direitos de personalidade no direito português,* p. 63.

[538] DANTAS, San Tiago. *Programa de Direito Civil,* p. 154.

[539] TEPEDINO, Gustavo. *A Tutela da Personalidade no Ordenamento Civil-constitucional Brasileiro,* p. 34.

[540] Orlando Gomes se posiciona no sentido de que os direitos de personalidade não se transmitem com a morte, embora reconheça que a proteção destes direitos transcende a morte do titular através da legitimação dos parentes para postulação que garanta sua proteção. GOMES, Orlando. *Op. cit.,* p. 152.

Capelo de Souza explica que a morte gera uma mutação profunda no ciclo da personalidade, já que os direitos que são ligados à vida do titular inexoravelmente se extinguem. Todavia, pode haver sucessão ou aquisição derivada translativa *mortis causa* dos demais direitos da personalidade, com um regime diferenciado porque funcionalizado aos interesses pessoais do falecido como se vivo fosse, o que se dá através da legitimidade processual para exercer pretensões na sua defesa.[541] Assim, pode-se falar em transmissibilidade dos direitos de personalidade em razão da morte do titular, permitindo que os sucessores, em nome próprio, promovam sua defesa contra as ingerências de terceiros.[542]

Em síntese perspicaz, Luiz Edson Fachin sustenta que, embora sejam os direitos de personalidade essencialmente intransmissíveis, os seus efeitos patrimoniais são transmissíveis. Isso se verifica na possibilidade de postulação, pelos sucessores, de reparação por danos morais quando a imagem ou a honra de pessoa falecida for violada. A honra e a imagem do falecido merecem ser garantidas mesmo que para além da vida do titular, o que somente será viável com a passagem desse direito a terceiro.[543] A transmissibilidade, em determinadas situações, é fundamental para a própria garantia de tutela dos direitos de personalidade e da dignidade da pessoa humana. Outro exemplo é a situação em que o desfrute do direito da personalidade tenha expressão econômica. Esta é transmissível, como ocorre, por exemplo, com o direito autoral, já que a autoria da obra é intransmissível, mas o resultado financeiro de sua comercialização pode ser, inclusive, transmissível por herança.[544]

A imagem é direito da personalidade, que inequivocamente é objeto de negócio jurídico. Portanto, o desfrute desse direito pode gerar resultado econômico. O importante é admitir a possibilidade de transmissão dos efeitos patrimoniais sem que isso leve à conclusão precipitada de descaracterização como direitos intransmissíveis e inalienáveis. O que não é possível é transmitir ou alienar o direito

---

[541] CAPELO DE SOUZA, Rabindranath Valentino Aleixo. *O direito geral de personalidade*, p. 404.

[542] BITTAR, Carlos Alberto. *Os Direitos da Personalidade*, p. 13.

[543] Nesse sentido a jurisprudência do Superior Tribunal de Justiça: CIVIL E PROCESSUAL CIVIL. REEXAME DE PROVA. DIVERGÊNCIA. DANOS MORAIS E MATERIAIS. DIREITO À IMAGEM. SUCESSÃO. SUCUMBÊNCIA RECÍPROCA. HONORÁRIOS. 1. Os direitos da personalidade, de que o direito à imagem é um deles, guardam como principal característica a sua intransmissibilidade. Nem por isso, contudo, deixa de merecer proteção a imagem de quem falece, como se fosse coisa de ninguém, porque ela permanece perenemente lembrada nas memórias, como bem imortal que se prolonga para muito além da vida, estando até acima desta, como sentenciou Ariosto. Daí porque não se pode subtrair da mãe o direito de defender a imagem de sua falecida filha, pois são os pais aqueles que, em linha de normalidade, mais se desvanecem com a exaltação feita à memória e à imagem de falecida filha, como são os que mais se abatem e se deprimem por qualquer agressão que possa lhes trazer mácula. Ademais, a imagem de pessoa famosa projeta efeitos econômicos para além de sua morte, pelo que os seus sucessores passam a ter, por direito próprio, legitimidade para postularem indenização em juízo. (...) (RE nº 268660/RJ, Quarta Turma do STJ, Relator Ministro César Asfor Rocha, julgado em 21/11/2000)

[544] FACHIN, Luiz Edson. *Direitos da Personalidade no Código Civil Brasileiro*: elementos para uma análise de índole constitucional da transmissibilidade, p. 17/18.

em si, mesmo que gratuitamente, já que os direitos que decorrem da personalidade são inerentes a esta e, portanto, inseparáveis, da pessoa humana.

Depreende-se, portanto, que muitos autores anunciam as características dos direitos da personalidade sem analisar a possível relativização das mesmas;[545] outros simplesmente as omitem.[546] Todavia, inafastável que a questão da transmissibilidade dos efeitos patrimoniais é discutida e controversa, mas não se pode ignorar que os fatos depõem contra a doutrina acrítica. Até porque, mesmo por atos entre vivos, é possível a transferência dos efeitos econômicos da fruição dos direitos de personalidade. A imagem é exemplo categórico, a qual, em função de interesse negocial de seu titular, entra na circulação jurídica, como ocorre nas novelas, por exemplo, experimentando abrandamento da essência intransmissível, já que os efeitos patrimoniais do exercício desse direito também são usufruídos por terceiros e não apenas pelo titular.[547]

A regra da intransmissibilidade consagrada expressamente no Código Civil de 2002 acaba causando dificuldades de compreensão, o que fomenta o anunciado pensamento acrítico neste tópico. Até porque, para superar uma hermenêutica estrita da literalidade do Código, é necessário o entendimento da transmissibilidade dos efeitos patrimoniais dos direitos da personalidade a partir de uma interpretação construtiva e de índole constitucional.[548]

Isso sem falar na hipótese de que sequer seria necessário discutir a transmissibilidade ou não haja vista que quando da ofensa a direito de personalidade de pessoa falecida não se pode negar que esta ofensa também atinge os direitos de personalidade dos próprios sucessores, os quais podem exercer pretensões em sua defesa.

A segunda característica mencionada no artigo 11 do Código Civil de 2002 é a da irrenunciabilidade dos direitos de personalidade. Diz-se que, em função da essencialidade dos direitos de personalidade, o titular não pode renunciá-los. Em outras palavras, não pode o titular eliminar os direitos que são irradiações de sua própria personalidade, já que estão aderidos, vinculados ao seu titular por toda a sua existência.

---

[545] Como exemplo no que toca à intransmissibilidade: PEREIRA, Caio Mário da Silva. *Instituições do Direito Civil*, p. 242 e MATTIA, Fabio Maria de. *Direitos da Personalidade:* aspectos gerias, p. 112 e MORAES, Walter. *Direito da Personalidade:* estado da matéria no Brasil. In: CHAVES, Antonio (coord.). *Estudos de Direito Civil*. São Paulo: Revista dos Tribunais, 1979, p. 127.

[546] Como exemplo no que toca a intransmissibilidade: AMARAL, Francisco. *Direito civil*: introdução, p. 250.

[547] MARINHO, Josaphat. *Os direitos da personalidade no projeto de novo Código Civil brasileiro*, p. 253.

[548] FACHIN, Luiz Edson. *Direitos da Personalidade no Código Civil Brasileiro*: elementos para uma análise de índole constitucional da transmissibilidade, p. 18.

Quanto à irrenunciabilidade, repete-se a constatação referente à intransmissibilidade de que alguns doutrinadores apenas citam a característica sem o anúncio de sua possível relativização,[549] e outros simplesmente a omitem.[550]

Pontes de Miranda afirma que os direitos da personalidade são direitos irrenunciáveis, e que a razão de ser desta característica é a mesma da intransmissibilidade, ou seja, a ligação íntima destes direitos com a personalidade, com a pessoa do seu titular.[551]

Para Fábio de Mattia, não é possível a transmissão de direitos da personalidade, porque são inseparáveis do seu titular, e dessa intransmissibilidade decorre a indisponibilidade que se revela na ausência de faculdade de disposição do particular e, em não sendo possível dispor destes direitos, também não é possível renunciar a eles, já que a renúncia exige a faculdade dispositiva por parte do renunciante.[552]

Embora relevantes as tentativas de elucidação, é, sem dúvida, menos comprometedor dar um tratamento não relativizável a estas características, usando uma para justificar as outras e vice-versa. Todavia, embora essencialmente imbricadas, são características independentes e essenciais aos direitos de personalidade, e certa relativização para a sua compreensão nos casos concretos é fundamental e não as desnatura por completo.

O direito, conforme Manuel de Andrade, somente é renunciável quando o seu titular tiver a faculdade de abandoná-lo, "demitindo-se pura e simplesmente dele por um ato de sua vontade, sendo-lhe indiferente o destino ulterior do mesmo direito, o qual nesta hipótese se extingue". Essa possibilidade de cisão total da ligação entre o direito e o titular é a regra para os direitos patrimoniais. Para os direitos de natureza pessoal ou extrapatrimonial, a regra é a incindibilidade total. A ligação incindível é, portanto, irrenunciável, inalienável e intransmissível. Todavia, há que se admitir, pelo menos, a possibilidade de uma incindibilidade limitada ou parcial.[553]

As mesmas constatações que foram feitas quando se tratou do caráter absoluto dos direitos da personalidade quanto ao seu conteúdo cabem para a elucidação da questão da irrenunciabilidade. A eficácia dos direitos fundamentais encontra seu fundamento no princípio da dignidade da pessoa humana e, pelo menos no que se refere ao seu conteúdo em dignidade, são irrenunciáveis. Tanto é assim que na

---

[549] PINTO, Carlos Alberto da Mota. *Teoria Geral do Direito Civil*, p. 211, AMARAL, Francisco. *Direito civil*: introdução, p. 250 e PEREIRA, Caio Mário da Silva. *Instituições do Direito Civil*, p. 242, MATTIA, Fabio Maria de. *Direitos da Personalidade*: aspectos gerais, p. 113 e MORAES, Walter. *Direito da Personalidade:* estado da matéria no Brasil, p. 127.

[550] BITTAR, Carlos Alberto. *Os Direitos da Personalidade*, p. 11 e GOMES, Orlando. *Introdução ao direito civil*, p. 152.

[551] PONTES DE MIRANDA, Francisco Cavalcanti. *Tratado de Direito Privado*, vol. VII, p. 8.

[552] MATTIA, Fabio Maria de. *Op. cit.*, p. 112/113.

[553] ANDRADE, Manuel A. Domingues de. *Teoria geral da relação jurídica:* sujeitos e objecto. 2.ed. Coimbra: Almedina, 1997, p. 37.

esfera de proteção da dignidade, o Poder Público pode proteger a pessoa contra si mesma,[554] intervindo quando a pessoa, por seus próprios atos, atente contra a sua dignidade.[555]

Isso significa dizer que há um conteúdo mínimo do direito a ser preservado, o seu núcleo essencial que diz diretamente com a proteção da dignidade da pessoa humana. Daí concluir-se que a dignidade é, sim, irrenunciável.[556] Dessa forma, se os direitos da personalidade são direitos inerentes ao ser, que justamente encontram fundamento e tutela geral no princípio da dignidade da pessoa humana, pode-se dizer que essencialmente são direitos irrenunciáveis. Irrenunciáveis no que toca à proteção de seu núcleo essencial. Portanto, nesse sentido e em face das inúmeras possibilidades fáticas onde se verificam certos atos restritivos de direitos de personalidade, como por exemplo, a cirurgia de transgenitalização, conclui-se que há uma esfera de disponibilidade que permite a renúncia ou uma limitação em determinadas situações.[557] Uma renunciabilidade parcial, mas permanente, que se legitima, no caso concreto, já que intenta justamente a proteção do núcleo essencial da dignidade.[558] Assim, pode-se dizer que esta característica se relativiza.

Em outra perspectiva, afirma-se que o titular pode, em determinadas circunstâncias e com certa limitação, "renunciar ao exercício de um direito de personalidade, mas não pode renunciar ao direito em si".[559] Neste caso, emerge questão a partir do exemplo supracitado: a cirurgia de transgenitalização importa sim na renúncia ao direito sobre as partes do corpo, não sendo possível visualizar esta renúncia apenas quanto ao exercício do direito. É, inequivocamente, mais abrangente.

Canotilho, diante do processo de relativização, através da ideia de renúncia de direitos fundamentais, sustenta que os direitos fundamentais da personalidade são irrenunciáveis; todavia, há que se considerar aceitável, sob certas condições, a limitação voluntária ao exercício de um direito no caso concreto, que não compre-

---

[554] Não obstante posicionamento que se assumirá posteriormente a este respeito, não se pode deixar de mencionar, na esfera de proteção da dignidade impeditiva de atos lesivos perpetrados pela própria pessoa, o famoso "caso do anão". O Poder Público francês interditou um estabelecimento que promovia espetáculos em que um anão era lançado de um lado para outro pelos próprios clientes, como se fosse uma "coisa". Muito embora o anão consentisse com tal situação, sob o fundamento de que esse era seu trabalho, o Conselho de Estado da França considerou que tais "campeonatos de anões" não poderiam ser tolerados, porque violadores da dignidade da pessoa humana, a qual é irrenunciável. Sobre o caso, *vide:* SARLET, Ingo Wolfgang. *Dignidade da pessoa humana e direitos fundamentais na Constituição Federal de 1988,* p. 108. Outro caso de necessária proteção estatal contra as agressões à dignidade é o dos *amputees wannabes,* o qual será analisado posteriormente.

[555] SARLET, Ingo Wolfgang. *Op. cit.,* p. 113.

[556] "(...) a dignidade constitui bem fora do comércio e é irrenunciável". Idem, ibidem, p. 108.

[557] Necessária é a referência ao estudo paradigmático atestando a renunciabilidade dos direitos fundamentais de autoria de NOVAIS, Jorge Reis. *Renúncia a direitos fundamentais,* p. 263/335.

[558] O transexual sofre de uma patologia chamada disforia de gênero. Assim, a extirpação do órgão sexual masculino, renunciando a uma parte não renovável de seu corpo, intenta adequar o sexo físico ao sexo psicológico do indivíduo, como forma de proteção da dignidade mesma. Sobre o tema, a já citada obra: SZANIAWSKI, Elimar. *Limites e Possibilidades do Direito de Redesignação do Estado Sexual.*

[559] ASCENSÃO, José de Oliveira. *Direito civi: teoria geral,* p. 84.

enda uma renúncia geral ao exercício, já que isso é inadmissível, preservando-se também o núcleo essencial do direito afetado, na medida em que a renúncia ao núcleo substancial do direito é constitucionalmente proibida.[560]

Já Jorge Reis Novais, analisando a renúncia de direitos fundamentais, faz ressalva à distinção entre renúncia ao direito propriamente dita ou renúncia à capacidade de exercício desses direitos,[561] sustentando apenas o interesse funcional da distinção, eis que, se existe a necessidade de preservação de um conteúdo essencial do direito fundamental, tal distinção é inadmissível, já que um direito fundamental, completamente despido de possibilidade de exercício, é direito sem conteúdo essencial.[562]

Admitindo-se a discussão apenas no plano funcional, Reis Novais sustenta a possibilidade de renúncia em ambas as situações, até porque não há mais como negar, pelo menos assumir o compromisso de discutir, a possibilidade de uma "eutanásia consentida",[563] o que representa o exemplo mais típico de renúncia ao direito à vida na sua totalidade. O autor sustenta que renunciar à titularidade de uma situação jurídica tutelada por uma norma de direito fundamental importa em ato de renúncia total e irrevogável. Isso porque houve renúncia quanto ao direito em si, o que importa também na renúncia da capacidade de exercício dos poderes que decorrem da situação jurídica. Ocorre que, nessa linha de pensamento, é possível concluir que renunciando a um direito fundamental na sua totalidade, como é o caso do direito à vida, é irrelevante a discussão em torno da renúncia à titularidade ou ao exercício do direito.[564]

A distinção, portanto, conserva apenas uma vantagem, que é evidenciar os valores que devem ser considerados quando da necessária ponderação para validar uma situação concreta de renúncia. Renunciar à titularidade de um direito fundamental, ou melhor, renunciar à totalidade de um direito fundamental, é renunciar total e irrevogavelmente à capacidade de exercício das faculdades e poderes decorrentes do direito. Por outro lado, a renúncia ao exercício do direito nunca

---

[560] CANOTILHO, Joaquim José Gomes. *Direito constitucional e teoria da constituição*, p. 464/465.

[561] NOVAIS, Jorge Reis. *Renúncia a direitos fundamentais*, p. 278/283.

[562] Idem, ibidem, p. 279. No mesmo sentido Jorge Miranda, que afirma que a atribuição de direitos fundamentais envolve a correspondente atribuição de capacidade para o exercício. Para o autor, não faz sentido separar a capacidade de gozo da de exercício, porque os direitos fundamentais são estabelecidos em face de certas qualidades prefixadas pelas normas constitucionais e, portanto, atribuídos a todos que as possuem. Conclui dizendo que nos direitos fundamentais o gozo dos direitos consiste na capacidade de exercício. MIRANDA, Jorge. *Manual de Direito Constitucional*, p. 195.

[563] CORTIANO JÚNIOR, Eroulths. *Alguns apontamentos sobre os chamados direitos da personalidade*, p. 51.

[564] "De facto, quem poderá hoje negar que, mesmo relativamente aos bens mais valiosos de direitos fundamentais, a solução do problema da admissibilidade não é pacífica. Basta atentar na ineliminável controvérsia, também jurídica e constitucional, sobre certas modalidades de renúncia ao direito à vida, onde, pela própria natureza do bem em causa, é, ou pode ser, irrelevante qualquer daquelas distinções, pelo que aquilo que é aí discutível é a admissibilidade de renúncia ao direito fundamental como um todo, independente de se saber se o que está em causa é uma renúncia à titularidade ou ao exercício do direito, uma renúncia ao bem protegido ou ao próprio direito, pois, pela natureza das coisas o que resulta irremediavelmente afectado pela renúncia é o direito à vida na sua totalidade". NOVAIS, Jorge Reis. *Op. cit.*, p. 272.

DIREITOS DA PERSONALIDADE

é definitiva, já que não renunciando à titularidade da situação jurídica, ou seja, não renunciando ao direito em si, sempre haverá a possibilidade de revogação do ato de renúncia para restabelecer a capacidade de exercício.[565]

Além disso, distingue a renúncia total da parcial, esclarecendo que tal distinção não se confunde com a primeira. É certo que a renúncia ao direito em si vai impor uma renúncia total do direito; todavia, a renúncia ao exercício pode ser total ou parcial. A renúncia total implica a renúncia de todas as modalidades de exercício do direito; já a parcial incide apenas sobre algumas modalidades do exercício do direito.[566] Por fim, o autor ainda põe em questão a possibilidade de renúncia definitiva e temporária.[567]

O importante é que o ato de renúncia, seja à titularidade ou apenas ao exercício do direito, seja total ou parcial; sendo temporária ou definitiva, será legitima ou não dependendo das circunstâncias fáticas que envolvem o caso concreto, bem como através de juízo de ponderação envolvendo os valores em causa, levando-se em consideração também o limite à restrição que está na proteção do núcleo essencial da dignidade humana. Essa necessária ponderação para avaliar o ato de disposição de direito de personalidade também se dá em função do conteúdo dialético desses direitos, ou seja, direitos que têm conteúdo variável, os quais terão sua extensão mensurada apenas diante do interesse colidente no caso concreto.[568]

Nesse sentido, José Antônio Perez Gediel observa que

> (...) há certos direitos e bens vinculados ao sujeito que podem admitir renúncia temporária ao seu exercício, ou ser transmitidos por meio de negócios jurídicos, nos termos da lei, desde que não retirem do sujeito sua dignidade e autonomia futura, nem o coloquem em situações que o identifiquem com simples objeto de relações jurídicas.[569]

Há que se considerar que Reis Novais ampliou significativamente o conceito de renúncia, permitindo assim várias possibilidades de leitura. Considerar as diferentes graduações do ato de renúncia, dependendo da extensão e dos efeitos, faz incluir no âmbito da renúncia qualquer ato de disposição dos direitos fundamentais da personalidade. Deslocando a questão dos atos de disposição – seja renúncia em sentido estrito ou mera limitação – para dentro do entendimento de renúncia em sentido lato faz aí incorporar a característica da (in)disponibilidade.

---

[565] NOVAIS, Jorge Reis. *Renúncia a direitos fundamentais*, p. 283.

[566] Idem, ibidem, p. 283/284.

[567] Sobre a medida da extensão temporal da renúncia, tem-se que pode ser temporariamente delimitada ou de duração indefinida ou ilimitada. Exemplifica-se com o divórcio amigável em que um dos cônjuges compromete-se a não residir na mesma localidade do outro, por um período determinado ou por toda a vida. Idem, p. 284/285.

[568] SCHREIBER, Anderson. *Os Direitos da Personalidade e o Código Civil de 2002*, p. 234.

[569] GEDIEL, José Antônio Peres. *A irrenunciabilidade a direitos da personalidade pelo trabalhador*, p. 150.

No entanto, há quem sustente, como já dito, que os direitos da personalidade são irrenunciáveis apenas porque o titular não pode eliminá-los por completo.[570] Quem parte desse entendimento não aceita a hipótese de renúncia à totalidade ou à titularidade do direito, aceitando assim apenas a renúncia da capacidade de exercício, deslocando esta possibilidade para a seara da (in)disponibilidade.[571] Portanto, partindo-se de uma concepção mais restrita do conceito de renúncia, afirma-se serem os direitos de personalidade essencialmente irrenunciáveis e indisponíveis, mas este último atributo pode ser relativizado em face de atos de disposição no que toca à faculdade do exercício do direito. A irrenunciabilidade não obsta uma possível limitação voluntária ao exercício dos direitos da personalidade. Há sim uma esfera de disposição desses direitos. Todavia, para quem compartilha deste entendimento, a "eutanásia consentida" seria sempre ilegítima. Seria uma interpretação literal da norma que disciplina a irrenunciabilidade, sem levar em consideração a necessária ponderação com o valor contraposto do direito de morrer com dignidade, já que não se pode permitir a imposição de sofrimento desnecessário a alguém que consinta com a disposição da vida.

O fato é que mesmo os autores que compreendem a renúncia exclusivamente enquanto renúncia à titularidade do direito, no mínimo, devem considerar o atributo da irrenunciabilidade como relativizável. Isso porque as situações concretas que se apresentam, como no exemplo da eutanásia consentida, colocam em questão qualquer conceito considerado de forma absoluta. Questões atinentes aos direitos da personalidade somente encontrarão solução no caso concreto; e através de ponderação de valores, não há regras que disponham sobre todas as possíveis consequências, bem como as condutas pré-autorizadas nunca dariam conta das inúmeras situações complexas e concretas que envolvem direitos da personalidade.

Há também quem mencione todas estas controvérsias a partir da formulação da possibilidade ou não de disposição dos direitos de personalidade pelo seu titular.[572] Se é possível renunciar, é possível dispor, já que o ato de renúncia exige capacidade dispositiva. Dispor é exercer o direito, inclusive para limitar ou renunciar totalmente, desde que expressão de ato de vontade, respeitando certos limites. Esta formulação, no entanto, ainda encontra barreiras doutrinárias em face

---

[570] Dente eles: ASCENSÃO, José de Oliveira. *Direito civi:* teoria geral, p. 84 e PEREIRA, Caio Mário da Silva. *Instituições do Direito Civil,* p. 242.

[571] Jorge Reis Novais explica que tal concepção restritiva do conceito de renúncia acabou gerando a tentativa por alguns autores de que a "fórmula tradicional de renúncia de direitos da personalidade" fosse abandonada para ser substituída pela "disposição individual acerca de posições de direitos fundamentais". Partindo desse entendimento, sustenta que não há como admitir a renúncia do direito em si, sendo possível apenas a renúncia ao exercício. O autor, em tom crítico a esse entendimento, diz que a proposta de substituição da "fórmula" de tratamento alcança apenas a tentativa de uma designação mais "doce". Isso porque temos uma pré-compreensão negativa e restritiva acerca da renúncia. NOVAIS, Jorge Reis. *Renúncia a direitos fundamentais,* p. 271.

[572] Estudo pioneiro, fruto de tese de doutoramento, sobre a possibilidade de disposição dos direitos da personalidade em função da autonomia privada é de BORGES, Roxana Cardoso Brasileiro. *Disponibilidade dos Direitos da Personalidade e Autonomia Privada.* São Paulo: Saraiva, 2005.

dos autores que simplesmente encerram a questão afirmando que os direitos de personalidade são intransmissíveis, irrenunciáveis e indisponíveis.

A doutrina conservadora caracteriza indiscriminadamente os direitos de personalidade como indisponíveis, já que a regra do artigo 11 do Código Civil proíbe renúncia e limitações voluntárias, salvo as autorizadas por lei. Muito embora parte da doutrina não enfrente a problemática da relativa disposição dos direitos da personalidade, afirmando a ausência da capacidade de disposição por parte do titular,[573] ou ainda se omita nesse tocante,[574] bem de ver que a própria lei relativiza a característica permitindo as limitações por ela autorizadas.[575]

Os mais atentos, como Carlos Alberto da Mota Pinto, sustentam que os direitos da personalidade são indisponíveis, mas podem ser objeto de limitações voluntárias, desde que não contrárias aos princípios fundantes da ordem pública.[576] Paulo Mota Pinto, por sua vez, explica que os direitos da personalidade são em geral indisponíveis, já que são inalienáveis e irrenunciáveis, mas tais características não podem contrapor-se ao fato de que o titular pode, em certa medida, consentir com uma restrição, desde que por razões ponderadamente justificadas.[577]

Capelo de Souza, quando analisa esta questão, nomeia a característica como "indisponibilidade com limitações", evitando-se com isso qualquer entendimento despropositado. Sustenta o autor que, em princípio, não são reconhecidos aos titulares dos poderes jurídicos decorrentes da tutela geral da personalidade a faculdade de destruição ou abandono total, a renúncia, a faculdade de disposição do exercício em favor de outrem, a transmissão, nem mesmo a faculdade de obrigar-se perante outrem sobre o exercício de tais poderes, a disposição, já que em regra são direitos que recaem sobre bens que estão fora do comércio. Exemplifica com a impossibilidade de a pessoa se auto-escravizar, suicidar-se ou, mais brandamente, contrair obrigações tolerando constantes ofensas à sua honra ou integridade ou mesmo realizar atos unilaterais que lesem bens de sua personalidade de modo não socialmente aceitável. Todavia, esclarece dizendo que é sempre indisponível a capacidade de gozo desses direitos, mas a capacidade de exercício é limitável,

---

[573] MATTIA, Fabio Maria de. *Direitos da Personalidade:* aspectos gerias, p. 113 e TOBEÑAS, José Castan. *Los Derechos de la Personalidad,* p. 23.

[574] GOMES, Orlando. *Introdução ao direito civil,* p. 152 e DANTAS, San Tiago. *Programa de Direito Civil,* p. 153/155.

[575] A permissão legal de atos voluntários de limitação aos direitos da personalidade pode ser depreendida do teor de diferentes artigos do Código Civil brasileiro de 2002: Artigo 13. Salvo por exigência médica, é defeso o ato de disposição do próprio corpo, quando importar diminuição permanente da integridade física, ou contrariar os bons costumes. Parágrafo único. O ato previsto neste artigo será admitido para fins de transplante, na forma estabelecida em lei especial. Artigo 14. É válida, com objetivo científico, ou altruístico, a disposição gratuita do próprio corpo, no todo ou em parte, para depois da morte. Parágrafo único. O ato de disposição pode ser livremente revogado a qualquer tempo. Artigo 18. Sem autorização, não se pode usar o nome alheio em propaganda comercial.

[576] PINTO, Carlos Alberto da Mota. *Teoria Geral do Direito Civil,* p. 88.

[577] PINTO, Paulo Mota. *Notas sobre o direito ao livre desenvolvimento da personalidade e os direitos de personalidade no direito português,* p. 63.

desde que esta limitação seja voluntária e não contrária à ordem pública, como por exemplo, a autorização para divulgação de imagem e de segredos.[578]

Bem de ver que a doutrina portuguesa é avançada nesta questão, até porque não é necessário transpor a hermenêutica estrita da codificação, já que o n. 1 do artigo 81 do Código Civil Português[579] admite expressamente as limitações voluntárias aos direitos da personalidade, colocando como barreira, apenas, o respeito à ordem pública.

No direito italiano também se identifica a faculdade de disposição dos direitos de personalidade pelo seu titular. Todavia, o debate se dá em torno da licitude dos atos lesivos a direitos da personalidade praticados com o consenso do titular. Ocorre que a exclusão de ilicitude pelo ato de disposição consciente de lesão se dá na seara do Direito Penal, mas como adverte Adriano de Cupis, a licitude das limitações consentidas nas normas penais pode ser entendida, na perspectiva do ordenamento jurídico em geral, como possíveis limitações voluntárias que encontram como barreira última a ordem pública e os bons costumes. O autor conclui que a compreensão da indisponibilidade dos direitos de personalidade deve perpassar pelo entendimento de que há um modesto aspecto de faculdade de disposição, o que se dá através da faculdade de consentir na lesão.[580]

Na doutrina pátria, Francisco Amaral, ainda que singelamente, faz a ressalva dizendo que os direitos da personalidade são indisponíveis porque não podem ser suscetíveis de alienação ou renúncia, mas tal indisponibilidade não é absoluta já que se admite acordo que tenha por objeto esses direitos, como a cessão da imagem para publicidade, a disposição de órgãos e tecidos para transplante ou até corte e venda de cabelo.[581]

O titular, em regra, não pode se despir por completo dos seus direitos da personalidade através de atos de disposição, mas se a própria ordem legal concede uma abertura quando permite a limitação autorizada por lei, fica clara a possibilidade de relativização da característica. Assim, rigorosamente, pode-se dizer que há uma indisponibilidade relativa, considerando as situações em que licitamente se possibilita ao titular dispor do seu direito, renunciando ou limitando-o. Essa flexibilização da indisponibilidade que o próprio sujeito pode incorporar à sua personalidade, admitindo-se um poder de disposição mesmo na seara dos direitos que essencialmente são indisponíveis, é resultante da esfera de autodeterminação

---

[578] CAPELO DE SOUZA, Rabindranath Valentino Aleixo. *O direito geral de personalidade*, p. 404/408.

[579] Artigo 81º (Limitação voluntária dos direitos de personalidade) 1. Toda a limitação voluntária ao exercício dos direitos de personalidade é nula, se for contrária aos princípios da ordem pública.

[580] "I diritti della personalità possono essere muniti di quel particolare e più modesto aspetto della facoltà di disposizione che è costituito della facoltà di consentire alla lesione: quando si dice che essi sono indisponibili, sprovvisti della facoltà di disposizione, l'espressione deve essere intesa con questo temperamento". CUPIS, Adriano de. *I diritti della personalità*, p. 50.

[581] AMARAL, Francisco. *Direito civil*: introdução, p. 250.

DIREITOS DA PERSONALIDADE

pessoal que todo o indivíduo possui até como forma de realização de sua própria dignidade.[582]

Tomando como exemplo a hipótese de doação de órgãos e tecidos para transplante, não se afasta a indisponibilidade como característica da natureza jurídica dos direitos de personalidade, apenas legitima-se o ato de disposição no caso concreto, levando em consideração a finalidade altruística ou científica ou até, em última análise, considerando o princípio da solidariedade, que também é substrato material da dignidade. Evidencia-se, tão somente, um entendimento moderado e não absoluto da indisponibilidade dos direitos da personalidade. Ou melhor, admite-se a existência de um poder de disposição que deve ser exercido dentro de certos limites, haja vista indisponível mesmo ser somente a dignidade.

Há, portanto, algumas situações em que a legislação estabelece a licitude de atos de disposição de direitos da personalidade. Mas, assim como não se pode permitir o pensamento de que a lei é exaustiva quanto aos direitos da personalidade, porque outros direitos não expressamente consagrados devem ser promovidos e protegidos através da tutela geral, não se pode permitir que a lei delimite exaustivamente todas as possibilidades de limitação.[583]

Em relação à possibilidade de disposição dos direitos da personalidade se mostra o enunciado 4, aprovado na Jornada de Direito Civil promovida pelo Centro de Estudos Judiciários da Justiça Federal, no período de 11 a 13 de setembro de 2002, sob a coordenação do Min. Ruy Rosado de Aguiar, que se refere ao artigo 11 do Código Civil de 2002, com o seguinte teor: "o exercício dos direitos da personalidade pode sofrer limitação voluntária, desde que não seja permanente nem geral".

Embora festejado o enunciado no sentido de trazer à tona a discussão em torno da possibilidade de disposição dos direitos da personalidade mesmo que não expressamente autorizada em lei, há que se atentar também para a possibilidade de uma limitação permanente como ocorre com a cirurgia de transgenitalização, a qual importa na extirpação de parte do corpo humano. Todavia, tal limitação é possível já que justificada no próprio direito ao livre desenvolvimento da personalidade, haja vista sofrer o transexual da patologia denominada disforia de gênero, e a cirurgia intenta justamente tal adequação.[584]

---

[582] SARLET, Ingo Wolfgang. *As dimensões da dignidade da pessoa humana:* construindo uma compreensão jurídico-constitucional necessária e possível, p. 30. Para o autor, a dignidade também se manifesta na expressão da autonomia da pessoa humana, a qual está "vinculada à idéia de autodeterminação no que diz com as decisões essenciais a respeito da própria existência".

[583] Sobre as restrições não expressamente autorizadas, ressalta-se a já citada obra "As restrições aos direitos fundamentais não expressamente autorizadas pela constituição", específica sobre a temática, cuja autoria é de Jorge Reis Novais.

[584] Nesse ponto, de referir-se a recente decisão do Tribunal Regional Federal da 4ª Região que, considerando a força normativa da Constituição e a eficácia direta e imediata dos direitos fundamentais, diante do direito fundamental à liberdade e ao livre desenvolvimento da personalidade, ligados inequivocamente à dignidade da pessoa humana, determinou a inclusão da cirurgia de transgenitalização na tabela de procedimentos do Sistema Único de Saúde. Vale a transcrição de extratos da ementa do julgado: DIREITO CONSTITUCIONAL. TRANSEXUALISMO. INCLUSÃO NA TABELA SIH-SUS DE PROCEDIMENTOS MÉDICOS DE TRANSGENITALI-

Também não se pode restringir a esfera da disponibilidade relativa apenas aos atos a título gratuito, com objetivo científico ou altruístico, como o é no caso de doação de órgãos. Exemplo já citado é o do direito à imagem ou o direito à voz, os quais podem ser objeto de atos de disposição onerosa, já que a comercialização da imagem ou da voz por artistas ou modelos fotográficos é prática corriqueira e inquestionável.[585]

Orlando Gomes, embora não trate especificamente da característica da indisponibilidade dos direitos da personalidade, admite que os bens jurídicos que irradiam da personalidade podem constituir objeto de negócio jurídico patrimonial.[586]

No mesmo sentido Carlos Alberto Bittar, que admite um temperamento da característica da indisponibilidade dos direitos da personalidade diante da possibilidade do seu ingresso na circulação jurídica. O autor afirma que certos direitos da personalidade acabaram ingressando na circulação jurídica até em função das necessidades do próprio titular aliadas ao interesse negocial e à expansão tecnológica. Exemplifica sua constatação a partir do direito moral do autor, cujo titular tem interesse em ampliar seu trânsito comercial para implementar ganho econômico, o que o faz até mediante permissão de adaptação de sua obra. Refere também a utilização da imagem de pessoa notória para promoção de empresas ou produtos de consumo. Em ambas as situações as permissões de utilização por outrem de bem alheio fruto de direito da personalidade se dá por ato voluntário, consciente, mediante remuneração devidamente contratada e "sempre na exata medida e nos limites ditados pela vontade do titular".[587]

ZAÇÃO. PRINCÍPIO DA IGUALDADE E PROIBIÇÃO DE DISCRIMINAÇÃO POR MOTIVO DE SEXO. DISCRIMINAÇÃO POR MOTIVO DE GÊNERO. DIREITOS FUNDAMENTAIS DE LIBERDADE, LIVRE DESENVOLVIMENTO DA PERSONALIDADE, PRIVACIDADE E RESPEITO À DIGNIDADE HUMANA. DIREITO À SAÚDE. FORÇA NORMATIVA DA CONSTITUIÇÃO. 1 – A exclusão da lista de procedimentos médicos custeados pelo Sistema Único de Saúde das cirurgias de transgenitalização e dos procedimentos complementares, em desfavor de transexuais, configura discriminação proibida constitucionalmente, além de ofender os direitos fundamentais de liberdade, livre desenvolvimento da personalidade, privacidade, proteção à dignidade humana e saúde. (...) 5 – O direito fundamental de liberdade, diretamente relacionado com os direitos fundamentais ao livre desenvolvimento da personalidade e de privacidade, concebendo os indivíduos como sujeitos de direito ao invés de objetos de regulação alheia, protege a sexualidade como esfera da vida individual livre da interferência de terceiros, afastando imposições indevidas sobre transexuais, mulheres, homossexuais e travestis. 6 – A norma de direito fundamental que consagra a proteção à dignidade humana requer a consideração do ser humano como um fim em si mesmo, ao invés de meio para a realização de fins e de valores que lhe são externos e impostos por terceiros; são inconstitucionais, portanto, visões de mundo heterônomas, que imponham aos transexuais limites e restrições indevidas, com repercussão no acesso a procedimentos médicos. 7 – A força normativa da Constituição, enquanto princípio de interpretação, requer que a concretização dos direitos fundamentais empreste a maior força normativa possível a todos os direitos simultaneamente, pelo que a compreensão do direito à saúde deve ser informada pelo conteúdo dos diversos direitos fundamentais relevantes para o caso. (...) 18 – Apelo provido, com julgamento de procedência do pedido e imposição de multa diária, acaso descumprido o provimento judicial pela Administração Pública. (AC 2001.71.00.026279-9, Terceira Turma do TRF4, Relator Roger Raupp Rios, D.E. 22/08/2007). Em 10 de dezembro de 2007, a pedido da União Federal, no exercício da presidência do Supremo Tribunal Federal, a Ministra Ellen Gracie suspendeu a execução da antecipação de tutela concedida pelo TRF4. (STA 185-2/DF)

[585] SZANIAWSKI, Elimar. *Direitos de personalidade e sua tutela*, p. 180.

[586] GOMES, Orlando. *Introdução ao direito civil*, p. 152.

[587] BITTAR, Carlos Alberto. *Os Direitos da Personalidade*, p. 12.

A vontade do titular em permitir certa limitação ao exercício de algum direito da personalidade está intimamente ligada ao direito de liberdade, o qual também é um direito da personalidade. Perlingieri, considerando a possibilidade negocial dos direitos da personalidade, afirma que na base do ato de disposição está a esfera de liberdade do sujeito, traçando como exemplo os contratos desportivos.[588]

Utilizando o exemplo dos esportistas, pode-se concluir que são possíveis os atos de disposição voluntária que impõem restrição a direito de personalidade mesmo pondo em risco a vida ou a integridade física do sujeito, como os lutadores de vale tudo, restrição que se evidencia também nos contratos de trabalho insalubres e periculosos. Essas possibilidades restritivas arriscadas sequer geram perplexidade, já que decorrem de práticas socialmente aceitas. Nessa perspectiva poder-se-ia dizer lícita a disposição voluntária de direito da personalidade, mesmo que imponha risco à integridade ou até mesmo à vida, em razão de um justificado interesse de seu titular e decorrente de práticas socialmente aceitas.

Considerar a existência de uma esfera de disponibilidade sobre os direitos da personalidade é tarefa que se impõe a todos os que pensam o Direito, sob pena de a teoria e o próprio Direito não assumirem densidade concreta. Os fatos depõem contra a consideração de uma indisponibilidade absoluta dos direitos da personalidade.

Na medida em que é intangível o núcleo essencial desses direitos, consubstanciado na proteção da dignidade da pessoa humana, não é contraditório considerar os direitos da personalidade como essencialmente indisponíveis, mas que em determinadas situações podem ser legítimos atos de disposição que impliquem renúncia ou limitação, inclusive totais e permanentes. O titular dos direitos de personalidade, na esfera de exercício destes direitos, tem reconhecido um poder de disposição, mesmo sobre os direitos estritamente ligados à pessoa, por ato de vontade que decorre de sua autonomia ou mesmo do direito de autodeterminação pessoal que é substrato da sua própria dignidade.[589]

A disponibilidade deverá sempre estar atrelada ao ato voluntário, consciente e que respeite os limites da sociabilidade e ordem pública, e o limite dos limites que é o respeito ao núcleo mínimo da dignidade da pessoa humana. Tal atitude é inclusive a forma de permitir uma melhor fruição dos direitos por parte de seu titular, sem que isso os desnature como essencialmente indisponíveis.

Os direitos da personalidade são essencialmente indisponíveis, logo essencialmente intransmissíveis e irrenunciáveis. Todavia, não se pode confundir o direito em si, nem com a capacidade de exercício dos mesmos, nem com seus efeitos

---

[588] "Sotto il profilo della liberta si dovrebbero meditare cosí tutti i contratti sportivi. Occorre aggiungere che a volte la sfera della libertà del soggetto può costituire, sempre però in misura limitatissima e in relazione ad interessi meritevoli di tutela, oggetto di negoziazione fra le parti". PERLINGIERI, Pietro. *La Personalitá Umana nell Ordinamento Giurídico*, p. 328.

[589] MORAES, Maria Celina Bodin de. *O princípio da Dignidade Humana*. In: ——. (coord.). *Princípios do Direito Civil Contemporâneo*. Rio de Janeiro: Renovar, 2006, p. 17.

patrimoniais. Estes efeitos patrimoniais ou mesmo a capacidade de exercício, até onde não ofendam os direitos em si mesmos, podem ser objeto de transmissão, renúncia ou limitação.[590] E mais ainda, no caso concreto é possível considerar legítima a renúncia total e permanente da titularidade de um direito de personalidade, o que ocorre com a disposição do direito à vida ou às partes do corpo. Os atributos intrínsecos, portanto, podem ser excepcionados ou relativizados pelo titular, o que se legitima no caso concreto em atendimento ao interesse da própria pessoa ou da coletividade.

Em se tratando de proteção humana, é fundamental identificar tais atributos, ainda que estes não se encontrem imunes a uma possível relativização sempre orientada e sujeita ao controle da proporcionalidade e proteção do núcleo essencial.

3.2. Tutela positiva das situações jurídicas existenciais e pressupostos de admissibilidade dos atos de disposição

A tutela da personalidade deve ser a mais ampla e variada possível, eis que esta elasticidade é a única forma de se garantir proteção diante dos inúmeros aspectos em que a personalidade humana se manifesta. Nessa medida, estende-se a tutela da personalidade para atingir toda e qualquer situação jurídica em que esteja envolvido algum direito da personalidade, situações estas que não envolvem apenas dever de proteção, mas também faculdades e poderes, tutelando também o direito de exercício.

O titular do direito fundamental de personalidade, diante da constatação de que há também um dever de promoção da dignidade humana e não somente de proteção contra os atos que possam gerar danos a tais direitos, comporta uma dimensão positiva de exercício, ou seja, o titular tem o direito de dispor dos seus direitos fundamentais da personalidade, desde que respeitados certos limites.

Jorge Reis Novais afirma que "a titularidade de uma qualquer posição de direito fundamental envolve, em princípio, o poder de disposição sobre todas as possibilidades de ação que dela decorrerem, mormente o poder de disposição acerca do "se", do "quando" e do "como" do seu exercício fático".[591]

Este "se", "quando" e "como" envolvem o fundamento e os pressupostos para o ato de disposição no sentido de exercer se quiser, já que garantida a dimensão positiva do exercício dos direitos, como quiser, o que importa necessariamente no seu consentimento e delimitação dos efeitos, e quando quiser, já que o exercício não é obrigatório, mas se o fizer poderá revogar o ato de disposição a qualquer tempo. Passa-se, então, para uma breve análise da tutela positiva que

---

[590] PEREIRA, Caio Mário da Silva. *Instituições do Direito Civil*, p. 242.

[591] NOVAIS, Jorge Reis. *Renúncia a direitos fundamentais*, p. 286. À página 273, o autor refere, como já comentado, que o particular tem uma posição jurídica que a ordem jurídica lhe permite exercer e não exercer, sendo que ambas as possibilidades podem ser configuradas como modalidades do exercício, em sentido lato.

deve ser dispensada aos direitos de personalidade, além do consentimento e da revogabilidade como pressupostos legitimadores dos atos de disposição.

É claro que o ato de disposição de um direito fundamental da personalidade tem íntima relação com a autonomia privada e a liberdade, as quais também configuram substratos da própria dignidade. Todavia, a análise específica da autonomia, da liberdade e da colisão destas com o direito fundamental da personalidade que sofre a restrição, além dos limites que devem ser respeitados, será postergada para o próximo capítulo desta pesquisa, já que nele pretende-se apresentar uma síntese necessária.

3.2.1. Dos atos de disposição voluntária como exercício do direito: tutela positiva das situações jurídicas existenciais

A personalidade indissoluvelmente ligada à dignidade é valor fundante de toda a ordem jurídica. Entendida como valor, está ela na base de uma infinidade de situações jurídicas subjetivas que refletem a exigência de tutela na forma mais ampla e variada possível.[592] Esta elasticidade de tutela que a personalidade exige é fundamental porque é o instrumento necessário para que seja possível garantir proteção também em situações atípicas, fundadas nos interesses existenciais, que, ao fim e ao cabo, atingem o intuito de desprendimento da doutrina clássica que classifica os direitos da personalidade apenas como direitos subjetivos absolutos que exigem de todos uma atitude de abstenção, de respeito.

Esse apego à classificação dos direitos de personalidade apenas como direitos subjetivos é visível na maioria dos estudos que se destinam a tratar da temática, os quais enfocam basicamente a tutela negativa destes direitos, ou seja, restringem-se ao momento patológico, depois de perpetrada a lesão, onde incide o instituto da responsabilidade civil, hoje já com seus fundamentos um tanto quanto modificados ou, pelo menos, em discussão, para se adequar à nova ordem que privilegia os interesses existenciais. A excessiva preocupação com o momento patológico da proteção da personalidade, centralizada no binômio dano-reparação, revela um resíduo da tradição patrimonialista característica do Direito Civil clássico. Todavia, há que se levar em consideração que a personalidade se realiza nas mais diversas situações jurídicas existenciais e por isso se afirma que o dever de abstenção não é suficiente para exaurir a relevância da pessoa no universo normativo.[593]

---

[592] Ressalte-se novamente que a personalidade é valor, não é um direito. Não há um direito à personalidade, mas dela irradiam-se direitos, podendo-se afirmar que a personalidade é o ponto de apoio de todos os direitos e obrigações. PEREIRA, Caio Mário da Silva. *Instituições do Direito Civil*, p. 241.

[593] SCALISI, Antonino. *Il valore della persona nel sistema e i nuovi diritti della personalità*. Milano: Giuffrè, 1990, p. 74/75 *apud* MEIRELES, Rose Melo Vencelau. Apontamentos sobre o papel da vontade nas situações jurídicas existenciais. *Revista Trimestral de Direito Civil*, Rio de Janeiro, n. 25, p. 217-241, jan.-mar., 2006, p. 230.

A tutela da personalidade, em função da Constituição e mesmo da legislação civil, conta também com uma esfera de prevenção e precaução de danos, a qual, para além da configuração do dano injusto e sua reparação, impende evitar ou fazer cessar a violação a um direito de personalidade.

Não obstante as esferas ressarcitória e preventiva, embora sejam formas importantes de tutela, há que se considerar que não são suficientes para abarcar a elasticidade de tutela exigida quando em jogo os interesses existenciais da pessoa. Assim, na mesma medida em que nas situações jurídicas patrimoniais existe a tutela quando do exercício destes direitos, o que é inegável frente às faculdades de contratar e testar, há também nas situações jurídicas existenciais uma tutela do exercício dos direitos que são inerentes ao ser. Diante disso, inequívoco o papel que a vontade exerce também nas situações jurídicas existenciais. A vontade nestas situações é "elemento útil ao pleno desenvolvimento da personalidade".[594][595]

Portanto, a violação a qualquer dos direitos da personalidade não pode ser o objeto exclusivo da tutela jurídica negativa dispensada, eis que esta deve se dar primordialmente no exercício cotidiano desses direitos, permitindo a realização dos interesses existenciais e o livre exercício da vida de relações, principalmente em um ordenamento em que a pessoa e sua dignidade forem consideradas "a própria finalidade-função do Direito".[596]

Ademais, a dignidade da pessoa humana, dentre outras dimensões, como já se suscitou antes, possui uma dimensão dúplice, negativa e prestacional. A dimensão negativa se manifesta como a necessidade de proteção da dignidade humana, tanto por parte do Estado como por parte dos particulares em sociedade, especialmente quando fragilizada, ameaçada de lesão ou até mesmo ofendida. Já a dimensão prestacional se manifesta no direito à autodeterminação pessoal, em função da qual se garante à pessoa a tomada de decisões a respeito de sua própria existência.

---

[594] MEIRELES, Rose Melo Vencelau. *Apontamentos sobre o papel da vontade nas situações jurídicas existenciais*, p. 231. A autora refere que tal ensaio está baseado no seu Projeto de Tese de Doutorado apresentado em 2003 ao Programa de Pós-Graduação *Stricto Sensu* da Universidade Estadual do Rio de Janeiro.

[595] Para se falar no papel da vontade nas situações jurídicas existenciais, necessária é também uma releitura do regime de incapacidade trazido pelo Código Civil. Este, seguindo a tradição patrimonialista, pretendia proteger os interesses patrimoniais dos incapazes, dos quais se retira a capacidade de agir, total ou parcialmente, conforme sua condição de desenvolvimento. A tutela dos incapazes, no regime do Código, se dá através da nulidade ou anulabilidade dos atos praticados, portanto, restringe-se ao modelo patológico da situação. Essa tutela é insuficiente, e a questão complica quando se está diante de uma incapacidade superveniente onde a vontade do titular do direito tiver sido manifestada antes da incapacidade. Sobre a temática, *vide:* MEIRELES, Rose Melo Vencelau. *Op. cit.*, 231/235; RODRIGUES, Rafael Garcia. *A pessoa e o ser humano no novo Código Civil.* In: TEPEDINO, Gustavo (coord.). *A parte geral do novo código civil:* estudos na perspectiva civil-constitucional. 2.ed. Rio de Janeiro: Renovar, 2003, p. 1/34.

[596] A expressão é de COMPARATO, Fábio Konder. O papel do juiz na efetivação dos direitos humanos. Disponível em http://www.dhnet.org.br/direitos/militantes/comparato/comparato_juiz.html, acesso em 05 de março de 2007. Diz o autor que "o primeiro postulado da ciência jurídica é o de que a finalidade-função ou razão de ser do Direito é a proteção da dignidade humana, ou seja, da nossa condição de único ser no mundo, capaz de amar, descobrir a verdade e criar a beleza".

A dimensão prestacional, no dizer de Ingo Sarlet, é a expressão da autonomia da pessoa humana que denota também respeito à própria condição humana.[597]

Na medida em que se garante à pessoa o direito de decidir de forma autônoma sobre seus projetos existenciais, garante-se também um poder de disposição sobre as posições jurídicas tuteladas por normas de direitos fundamentais.[598] A realização de um direito fundamental inclui, portanto, a possibilidade de o titular dele dispor, mesmo que o ato importe em restrição; restrição esta que nada mais é, conforme Jorge Reis Novais, do que a expressão mais genuína do direito de autodeterminação pessoal, fundamental para o livre desenvolvimento da personalidade.[599]

Partindo da admissibilidade dos atos de disposição como uma das formas de realização do próprio direito, mesmo que provoquem restrições, dentro de limites que serão posteriormente visitados,[600] reconhece-se ao titular do direito da personalidade um poder básico de disposição, já que sua vontade é também juridicamente relevante nesta sede. Tal poder de disposição não se revela no não exercício de um direito fundamental, mas sim em um ato de exercício do direito.[601] A pessoa, perseguindo a realização de seus interesses existenciais, pode restringir seus direitos fundamentais da personalidade através de um poder de disposição que se manifesta em um exercício positivo do direito.[602] Há, portanto, que conferir tutela jurídica positiva a estes direitos.

A questão nevrálgica é que o poder de disposição é um dos atributos da propriedade. O proprietário tem, conforme o artigo 1228 do Código Civil,[603] a faculdade de usar, gozar e dispor da coisa. Dentre estas faculdades, diz-se que

---

[597] SARLET, Ingo Wolfgang. *As dimensões da dignidade da pessoa humana:* construindo uma compreensão jurídico-constitucional necessária e possível, p. 30 e 32.

[598] Poder de disposição é o poder individual de dispor das posições jurídicas tuteladas por normas de direitos fundamentais, cujo exercício resulta numa ampliação da margem de atuação do titular relativamente à esfera protegida de direitos fundamentais. NOVAIS, Jorge Reis. *Renúncia a direitos fundamentais,* p. 271.

[599] Idem, ibidem, p. 287.

[600] Tal temática será abordada no próximo capítulo; no entanto, cabe a ressalva no sentido de que se não fosse possível dispor de direitos fundamentais, renunciando ou limitando o direito, não faria sentido a doutrina dispensar forte atenção ao princípio da proporcionalidade e ponderação de interesses nos casos de colisão, nem sequer à necessidade de proteção do núcleo essencial.

[601] Renúncia é exercício de direito fundamental e este exercício deriva de um autônomo direito fundamental ao livre desenvolvimento da personalidade e deriva de cada um dos direitos fundamentais em concreto, na medida em que no cerne de cada direito fundamental há, em estado de Direito, uma dimensão de autodeterminação que se projeta num poder de disposição, tão amplo quanto possível, sobre as faculdades que o integram. NOVAIS, Jorge Reis. *Op. cit.,* p. 299.

[602] Nesse ponto Canotilho concorda com Reis Novais, afirmando que existe uma esfera de disposição individual acerca de posições de direitos fundamentais, mas o "uso negativo" de um direito não significa renúncia a esse mesmo direito. Assim, há que se distinguir renúncia de direito do não exercício fático de um direito. CANOTILHO, Joaquim José Gomes. *Direito constitucional e teoria da constituição,* p. 465 e NOVAIS, Jorge Reis. *Op. cit.,* p. 287.

[603] Artigo 1.228, CCB/02: O proprietário tem a faculdade de usar, gozar e dispor da coisa, e o direito de reavê-la do poder de quem quer que injustamente a possua ou detenha.

o poder de disposição é a principal delas,[604] já que na situação jurídica patrimonial, as quais são suscetíveis de avaliação econômica, é possível dispor, o que se traduz na possibilidade de alienação, transmissão e renúncia. Nessa lógica, as situações jurídicas existenciais, que envolvem interesses extrapatrimoniais, seriam, em regra, inalienáveis, intransmissíveis e irrenunciáveis e, portanto, o titular do direito careceria do poder de disposição. No entanto, nada pode ser tomado como absoluto, já que uma das feições essenciais do direito contemporâneo é a relatividade. Assim como há propriedade garantida com cláusula de inalienabilidade e obrigações *intuitu personae*, incindíveis de seu titular, não sendo possível a sua transmissibilidade, há situações jurídicas existenciais que admitem disponibilidade, como ocorre com os negócios jurídicos que envolvem a utilização da imagem ou da privacidade de alguém, as cirurgias de transgenitalização e os transplantes de órgãos.[605]

O poder de disposição é fundamental para o pleno exercício de qualquer situação jurídica existencial, portanto, não é exclusivo do proprietário, da categoria do *ter*, fazendo parte também da categoria do *ser*, onde a pessoa é o centro do interesse independentemente do seu patrimônio.[606] O importante, nesse ponto, é compreender que cada situação jurídica possui um âmbito próprio de expressão desse poder de disposição, principalmente porque nas situações jurídicas existenciais não há uma separação entre o sujeito e o objeto da relação, já que o vínculo entre a pessoa e o bem tutelado pelo direito é orgânico,[607] como já se comentou. A atuação da autonomia privada, expressa através do poder de disposição, será diversa dependendo da situação jurídica que se apresente.[608]

Para que o exercício do direito esteja de acordo com a função da situação, necessário é verificar quais os interesses envolvidos na relação. A propósito, Pasquale Femia e Pietro Perlingieri sustentam que é preciso compreender o sentido da situação, ou melhor, os valores que a situação envolve no caso concreto, para poder qualificar um comportamento como exercício de um determinado direito.[609] Os autores identificam três momentos sucessivos nas situações jurídicas, quais sejam: a existência, a titularidade e o exercício. A situação existe quando há um

---

[604] MONTEIRO, Washington de Barros. *Curso de Direito Civil*. 33.ed. São Paulo: Saraiva, 1997, v. III, p. 85.

[605] Trazendo esta oposição de regimes: MEIRELES, Rose Melo Vencelau. *O Poder de Disposição nas Relações Familiares*: a adoção e a separação ou o divórcio consensual. In: FACHIN, Luiz; TEPEDINO, Gustavo (orgs.). *Diálogos sobre direito civil.*. Rio de Janeiro: Renovar, 2008, v.2, p. 519/520.

[606] MEIRELES, Rose Melo Vencelau. *Op. cit.*, p. 521.

[607] PERLINGIERI, Pietro. *Perfis de Direito Civil*, p. 155.

[608] A revisão do conceito de autonomia, despindo-o do seu conteúdo eminentemente patrimonialista, para que seja aplicável também nas situações existenciais, será tratado no próximo capítulo. Principalmente porque é necessário contradizer aqueles que sustentam que a autonomia privada não opera no âmbito dos direitos da personalidade, não sendo possível exercitar o poder de disposição nestas relações. Nesse sentido: FERRI, Luigi. *L'Autonomia Privata*. Milano: Giuffrè, 1959, p. 225 *apud* MEIRELES, Rose Melo Vencelau. *Op. cit.*, p. 523.

[609] "Non si può qualificare un comportamento come esercizio se non si comprende il senso della situazione, cioè i valori che quela situazione deve rendere applicabili nell'ipotesi concreta". FEMIA, Pasquale; PERLINGIERI, Pietro. *Nozioni Introdutive e Principi Fondamentali del Diritto Civile*. Napoli: Edizioni Scientifiche Italiane, 2000, p. 133 *apud* MEIRELES, Rose Melo Vencelau. *Op. cit.*, p. 522.

DIREITOS DA PERSONALIDADE

fato jurídico que a constitui, deste fato nasce a relação jurídica que inclui a situação; a titularidade é a ligação entre o sujeito e a situação existente, e somente pode exercer o direito quem é titular. Portanto, a titularidade pressupõe a existência da situação, e o exercício pressupõe a titularidade do direito. Diante disso, concluem que o exercício deve estar de acordo com a função da situação, sua dinâmica deve levar em consideração se estão em jogo interesses patrimoniais ou existenciais, para que se possam delimitar os efeitos constitutivos, modificativos ou extintivos que dele emergirão.[610]

Na medida em que o ordenamento jurídico tem como valor central a pessoa humana, extraindo-se da dignidade da pessoa humana a cláusula geral de tutela e promoção da personalidade, não seria coerente negar a incidência da autonomia privada nas situações jurídicas existenciais, já que o poder de disposição neste caso deve ser entendido em perspectiva ampla, ou seja, como uma forma de exercício destas situações. Exercício este que está ligado à dimensão da dignidade como direito à autodeterminação pessoal. Nesse passo responde-se positivamente, junto com Jorge Reis Novais, de que a ordem jurídica deve sim reconhecer a existência de um poder de disposição sobre posições jurídicas protegidas por normas de direitos fundamentais,[611] no caso, direitos fundamentais da personalidade.

A partir desta constatação, Rose Mello Vencelau Meireles sustenta que não há apenas um implemento quantitativo na autonomia privada, estendendo esta às situações jurídicas existenciais para além das patrimoniais, mas que o critério delimitador do trânsito da autonomia privada nas situações subjetivas deve ser qualitativo, já que o poder de disposição deve estar adequado à função da situação jurídica subjetiva correspondente para ser digno de tutela.[612]

O poder de disposição é uma forma de exercício dinâmico da situação jurídica subjetiva, é o poder que a pessoa tem de regular os próprios interesses determinando os efeitos constitutivos, modificativos e extintivos em relação ao direito de que é titular. Portanto, o poder de disposição não é exclusivo das situações jurídicas patrimoniais; todavia, manifesta-se de forma diversa quando os interesses existenciais estiverem envolvidos. Tratando-se de situação jurídica existencial, os limites impostos ao poder de disposição e seus efeitos são diversos dos limites impostos nas situações patrimoniais. Todavia, antes da análise mais aprofundada sobre a incidência da autonomia nas relações existenciais e seus limites, cabe trazer à tona os pressupostos para o exercício dos atos de disposição e posteriormente ilustrar a temática a partir de alguns casos paradigmáticos.

---

[610] FEMIA, Pasquale; PERLINGIERI, Pietro. *Nozioni Introdutive e Principi Fondamentali del Diritto Civile*. Napoli: Edizioni Scientifiche Italiane, 2000, p. 133 *apud* MEIRELES, Rose Melo Vencelau. *O Poder de Disposição nas Relações Familiares*: a adoção e a separação ou o divórcio consensual, p. 522.

[611] NOVAIS, Jorge Reis. *Renúncia a direitos fundamentais*, p. 285.

[612] Seguindo os ensinamentos dos juristas italianos na doutrina brasileira: MEIRELES, Rose Melo Vencelau. *Op. cit.*, p. 524.

3.2.2. O consentimento livre e esclarecido como pressuposto para o ato de disposição sobre bem da personalidade

O ato de disposição implica necessariamente o enfraquecimento de uma posição jurídica subjetiva tutelada por uma norma de direito fundamental. Este enfraquecimento, que amplia a esfera de atuação do titular sobre o direito, se dá por força da vontade concordante do seu titular. Tal decisão voluntária é elemento essencial do ato dispositivo.[613] Portanto, qualquer ato de disposição que recaia sobre um direito fundamental da personalidade tem como pressuposto o consentimento, livre e voluntário, do titular do direito.

O consentimento do interessado, como uma declaração unilateral de aquiescência que é, expressa uma manifestação de vontade fruto da liberdade e autonomia que a pessoa tem para a gerência de seus interesses. Ocorre que o ato do consentimento, assim como o direito subjetivo, a obrigação, o contrato e todos os demais instrumentos jurídicos civilísticos, nasceram no contexto histórico do liberalismo, onde a liberdade tomava proporções quase ilimitadas, permitindo a livre utilização da propriedade e a livre atividade negocial, já que o indivíduo abstratamente considerado, "produto mais acabado da razão humana", era "hipoteticamente livre e senhor de suas circunstâncias".[614] Esse sistema, nas palavras de Michele Giorgianni, "exaltava a atividade do indivíduo no âmbito da vida econômica".[615]

O consentimento tradicional, portanto, foi estruturalmente concebido para a prática de atos de natureza patrimonial, era a projeção direta e imediata da autonomia privada na sua acepção estritamente negocial. Tratava-se de um consentimento meramente formal que permitia o pleno exercício da vontade negocial, protegido apenas contra vícios extrínsecos, como o dolo, a coação e a fraude.[616] Em outras palavras, o consentimento tradicionalmente concebido no seio do individualismo e patrimonialismo do liberalismo era um consentimento meramente

---

[613] NOVAIS, Jorge Reis. *Renúncia a direitos fundamentais,* p. 267 e 271. Cumpre esclarecer que o autor trata da renúncia de direitos fundamentais nas relações travadas entre os particulares e o Estado, sustentando que a posição jurídica subjetiva tutelada por norma de direito fundamental sofre um enfraquecimento face ao Estado ou entidades públicas. Mas o próprio autor, na página 265, sustenta que a restrição de sua pesquisa a estas relações dos particulares com o Estado não significa que a renúncia – aqui designada pelo termo ato de disposição – a direitos fundamentais não possam ocorrer no âmbito das relações entre particulares. Também na página 287, o autor sustenta que se a titularidade de um direito fundamental é uma posição jurídica de vantagem do indivíduo frente ao Estado – ou mesmo diante dos demais particulares, como já se disse –, então da própria dignidade da pessoa humana e do princípio da autonomia e de autodeterminação individual – que integram e modelam de algum modo o cerne de todos e de cada um dos direitos fundamentais – decorre o poder de o titular dispor dessa posição de vantagem, inclusive no sentido de a enfraquecer, quando desse enfraquecimento, e no quadro da livre conformação de sua vida, espera retirar benefícios que de outra forma não obteria.

[614] As expressões são de: FACHIN, Luiz Edson. *Teoria Crítica do Direito Civil,* p. 16.

[615] GIORGIANNI, Michele. *O direito privado e suas atuais fronteiras,* p. 41/42.

[616] KONDER, Carlos Nelson. *O consentimento no Biodireito*: os casos dos transexuais e dos wannabes. *Revista Trimestral de Direito Civil*, n. 15, p. 41-71, jul.-set., 2003, p. 58.

negocial, tido como a expressão mais pura de uma autonomia privada ligada ao exercício de uma atividade econômica.[617]

A releitura que se processa em todos os institutos do Direito Civil, diante do atual contexto de um Estado social interventor e de um sistema jurídico constitucionalizado e funcionalizado aos interesses da pessoa simplesmente porque dotada de dignidade, incide também sobre o consentimento, cuja disciplina merece ajustes para se adequar à primordial tutela dispensada aos interesses existenciais.

O consentimento atual, para além do esquema proprietário, assume feição bastante diversa, já que também deve ser considerado como instrumento para o exercício da autodeterminação dos interesses pessoais. Percebendo esta alteração de percepção, estrutural e funcional, Danilo Doneda afirma que

> (...) o consentimento, nas matérias que envolvem diretamente a personalidade, assume hoje um caráter bastante específico. A evolução tecnológica é responsável por um crescimento de possibilidades de escolha que podem ter reflexos diretos para a personalidade, visto que várias configurações possíveis, referentes tanto à privacidade como à imagem, identidade pessoal, disposições sobre o próprio corpo e outras, são possíveis e dependem em alguma medida da autonomia privada. O consentimento, ao sintetizar esta atuação da autonomia privada em um determinado momento, há de ser interpretado como o instrumento por excelência da manifestação da escolha individual, ao mesmo tempo que faz referência direta aos valores fundamentais em questão.[618]

A autonomia privada em sua perspectiva atual mais abrangente não é aquela identificada com a iniciativa econômica ou com a autonomia contratual em sentido estrito, já que o contrato, como negócio patrimonial, não exaure a área de relevância da liberdade da pessoa. A autonomia também se manifesta nas situações jurídicas existenciais e, dessa forma, o ordenamento não pode considerá-la apenas de forma abstrata, já que ela está profundamente investida do valor da pessoa. A partir desta formulação, Perlingieri adverte que

> (...) o ordenamento não pode formalisticamente igualar a manifestação de liberdade através da qual se assinala, profundamente, a identidade do indivíduo com a liberdade de tentar perseguir o maior lucro possível: a intuitiva diferença entre a venda de mercadorias – seja ou não especulação profissional – e o consentimento a um transplante corresponde uma diversidade de avaliações no interno da hierarquia dos valores colocados na Constituição. A prevalência do valor da pessoa impõe a interpretação de cada ato ou atividade dos particulares à luz desse princípio fundamental.[619]

Os atos de autonomia, portanto, podem ter fundamentos diversos, não se limitando à garantia da liberdade econômica. Quando a pessoa toma atitude autônoma em relação aos interesses existenciais, dispondo de seus direitos funda-

---

[617] Esta autonomia era estritamente vinculada ao sujeito jurídico econômico privado, tratava-se de uma autonomia identificada com a autonomia contratual em sentido estrito e não uma autonomia mais ampla como hoje a concebemos no sentido de uma liberdade e autodeterminação pessoal, como se analisará no próximo capítulo.

[618] DONEDA, Danilo. *Da privacidade à proteção de dados pessoais*, p. 371.

[619] PERLINGIERI, Pietro. *Perfis de Direito Civil*, p. 276.

mentais da personalidade, consentindo, dessa maneira, com alguma restrição que recaia sobre um bem da personalidade, está-se falando de uma autonomia fundada diretamente na garantia da dignidade da pessoa humana. Nessa perspectiva, conclui-se novamente com Perlingieri que

> (...) não é possível, portanto, um discurso unitário sobre autonomia privada: a unidade é axiológica, porque unitário é o ordenamento centrado no valor da pessoa, mas é justamente essa conformação do ordenamento que impõe um tratamento diversificado para atos e atividades que em modo diferenciado tocam esse valor e regulamentam situações ora existenciais, ora patrimoniais, ora umas e outras juntas.[620]

A fundamentação do consentimento na restrição que recaia sobre bem da personalidade reside na própria dignidade, na sua dimensão de capacidade de autodeterminação dos interesses existenciais. Esse é o fundamento que deve ser levado em consideração para a caracterização da natureza jurídica e dos efeitos desse consentimento. O consentimento não necessariamente está ligado à atividade econômica; todavia, isso não quer dizer que não se trate de um ato negocial.

Antes de mais, cumpre referir brevemente a classificação dos fatos jurídicos no ordenamento jurídico brasileiro. Divide-se primeiramente os fatos jurídicos em naturais ordinários, como o nascimento e a morte; e, extraordinários, imprevisíveis ou previsíveis e inevitáveis, como o caso fortuito e a força maior; e humanos, aqueles que dependem da vontade e que podem ser lícitos ou ilícitos. Ao presente estudo importam os fatos jurídicos humanos lícitos. Estes também são chamados de atos jurídicos lícitos *lato sensu* e subdividem-se em atos jurídicos *stricto sensu* e negócios jurídicos. Para a sua diferenciação socorre-se da breve e clara assertiva de Rose Melo Vencelau, a qual explica que

> (...) os atos jurídicos em senso estrito são aqueles cujo fator volitivo se dirige à produção de certos efeitos previstos em lei, imodificáveis pelo mero consentimento. Os negócios jurídicos são atos em que o elemento volitivo possui um direção certa, a dos efeitos jurídicos reconhecidos pelo ordenamento, mas cujo conteúdo tem um âmbito de livre disposição.[621]

Nesse sentido é que a autora conclui dizendo que o negócio jurídico "representa o ponto alto da autonomia privada", pois através dele que "se manifesta a maior expressão da vontade, como auto-regulamentação dos próprios interesses".[622]

Portanto, se os negócios jurídicos podem ter como conteúdo bens patrimoniais e extrapatrimoniais, nestes últimos o consentimento se expressa como ato

---

[620] PERLINGIERI, Pietro. *Perfis de Direito Civil*, p. 276/277.

[621] VENCELAU, Rose Melo. *O negócio jurídico e seus modalidades*. In: TEPEDINO, Gustavo (coord.). *A parte geral do novo código civil:* estudos na perspectiva civil-constitucional. 2.ed. Rio de Janeiro: Renovar, 2003, p. 184. A autora afirma, na página 226, que tal distinção é bastante importante principalmente porque o Código Civil de 2002 consolidou a teoria dualista, disciplinando separadamente o ato jurídico em sentido estrito e o negócio jurídico, diferentemente do que ocorria no Código Civil de 1916, o qual, adotando a teoria unitária do ato jurídico, disciplinava conjuntamente o ato jurídico em sentido estrito e o negócio jurídico.

[622] VENCELAU, Rose Melo. *Op. cit.*, p. 185.

negocial não necessariamente vinculado à atividade econômica, já que na base da situação jurídica estão os bens ligados à personalidade, ou seja, interesses existenciais, e não patrimoniais. Isso também não quer dizer que em determinadas situações, onde o negócio for realizado mediante contrato, não haja efeitos econômicos oriundos da exploração de um bem protegido por um direito de personalidade. Por isso se pode dizer que a imagem ou a privacidade podem ser objeto de negócios jurídicos que provocam a sua limitação, limitação esta que se legitima se na ponderação dos interesses em causa prevalece a autonomia do sujeito que restringe direito seu ligado à sua personalidade. Ressalte-se ainda que tais negócios não implicam a patrimonialização dos direitos da personalidade, eis que a sua disposição pelo particular é garantida pela tutela positiva conferida a estes direitos; assim, pode-se dizer que tais negócios apenas geram efeitos patrimoniais. Não fosse assim, os modelos não poderiam contratar a utilização de sua imagem em editoriais de moda, os cantores não poderiam contratar a utilização de sua voz para a comercialização de sua música, nem mesmo se poderia cogitar da contratação da exposição da vida privada na televisão como evidentemente ocorre com os programas que se destinam a mostrar o "show da vida". Quando não há efeitos econômicos, no caso da disposição do corpo ou mesmo da vida, consubstanciado no direito de morrer com dignidade, ou ainda quando a pessoa dispõe voluntariamente de suas informações pessoais na *internet*, não se trata de contratos, mas sim de negócios jurídicos unilaterais.

Conclui-se, portanto, que a declaração de vontade expressa quando do exercício do poder de disposição sobre um bem da personalidade é uma declaração negocial no contexto de um negócio jurídico que pode ser unilateral ou bilateral. A manifestação de vontade é sempre unilateral, já que umbilicalmente ligada ao titular do direito, mas tem caráter de declaração negocial, seja unilateral, seja contratual. Nesta caso, gerando, inclusive, efeitos patrimoniais.

Nesse sentido, Jorge Reis Novais, embora restrinja sua pesquisa às renúncias em face do Estado, sustenta que a renúncia a uma posição protegida por norma de direito fundamental manifesta-se através de uma declaração unilateral de vontade, dada a sua natureza incindível de seu titular, mas tal declaração de renúncia apresenta grande similitude à declaração negocial no contexto dos negócios jurídicos de Direito Privado. E dessa forma conclui que a manifestação da renúncia enquanto declaração unilateral pode surgir como uma prestação ou contra prestação contratual.[623]

Paulo Mota Pinto, tratando especificamente das limitações voluntárias aos direitos da personalidade, conclui no mesmo sentido, considerando que o consentimento para com o ato de disposição sobre bens da personalidade é um ato negocial, seja ele no âmbito de um contrato que contenha autorização da explo-

---

[623] NOVAIS, Jorge Reis. *Renúncia a direitos fundamentais*, p. 303.

ração do bem ligado à personalidade por terceiros, seja no âmbito de um negócio unilateral.[624]

Embora se considere o consentimento como uma declaração unilateral de vontade que se dá no contexto negocial, seja negócio unilateral seja em um contrato, há quem divirja dessa posição, afastando qualquer conotação negocial ao ato do consentimento. Danilo Doneda, analisando a tutela dos dados pessoais, identifica dois planos de análise: o consentimento como expressão da autodeterminação e, dessa forma, um aspecto da tutela da pessoa humana, e o consentimento como instrumento de legitimação para que terceiros possam utilizar os dados pessoais de outrem, o que também se aplica para outros bens da personalidade, como a imagem quando alguém consente que seja ela utilizada em campanha publicitária. O autor sustenta que esta distinção dos dois planos de efeitos permite a compreensão do consentimento como ato unilateral afastando sua compreensão como negócio jurídico, já que esta concepção acarreta utilização de esquemas proprietários para o tratamento de bens da personalidade.[625]

Independentemente da posição que se adote, importante é que o consentimento, como expressão da autonomia privada, quando estiver relacionado com algum ato de disposição sobre bens ligados à personalidade, deve estar funcionalizado aos interesses existenciais e, dessa forma, é também considerado como fator de ponderação para que se admita ou não o ato restritivo diante do caso concreto. O consentimento do titular pode legitimar ato restritivo dos direitos fundamentais da personalidade, desde que, no caso concreto, se verifique que o ato dispositivo não atinge o núcleo essencial da dignidade e resulte em alguma finalidade ao interessado, denotando aí apenas a esfera de exercício positivo do direito que reflete o direito de autodeterminação pessoal decorrente da própria dignidade.

Jorge Reis Novais ainda salienta que, como ato volitivo ligado aos interesses existenciais, o consentimento, para ser autônomo, deve ser expressado pelo próprio titular do direito. Assim, o consentimento prestado por alguém absolutamente capaz pode funcionar como fator de ponderação para a admissibilidade do ato restritivo. Por outro lado, para o autor, o consentimento prestado pelos pais em nome do filho menor produz uma restrição heterônoma e, portanto, este pretenso consentimento deve se revelar como fator de ponderação para a inadmissibilidade da renúncia em concreto.[626] Há, por sua vez, quem defenda que se o menor tem maturidade sufi-

---

[624] PINTO, Paulo Mota. *A limitação voluntária do direito à reserva sobre a intimidade da vida privada*. Revista Brasileira de Direito Comparado, n. 21, p. 19-62, 2000, p. 34.

[625] DONEDA, Danilo. *Da privacidade à proteção de dados pessoais*, p. 378/379. O autor também traz a informação de que há na doutrina italiana quem sustente a natureza negocial do consentimento; todavia, afirma que este entendimento está calcado na legislação italiana que possui um regime diferenciado para o negócio jurídico que envolve bens da personalidade, principalmente no caso dos dados pessoais em que se verifica doutrina desenvolvida inclusive quanto a requisitos, vícios e sobre a própria revogabilidade. DONEDA, Danilo. *Da privacidade à proteção de dados pessoais*, p. 381.

[626] O autor exemplifica a hipótese a partir do caso das Testemunhas de Jeová que se negam a realizar transfusões de sangue em função de suas convicções religiosas. A recusa em aceitar uma transfusão de sangue necessária para salvar a vida só é legítima se for emitida pelo próprio titular do direito. Assim o consentimento de um adulto, no pleno gozo de sua capacidade e consciência, pode ser fator de ponderação para a admissibilidade da

ciente para externar o seu próprio consentimento, este, juntamente com o consentimento do representante, pode vir a autorizar a restrição no caso concreto.[627]

Cumpre considerar ainda a necessidade de superação das influências oriundas da doutrina penalista, para a qual o consentimento do ofendido funciona como uma excludente de ilicitude, ou ainda como causa de justificação para afastar a antijuridicidade de uma conduta.[628] Na doutrina italiana, Adriano de Cupis afirma que se deve compreender a indisponibilidade dos direitos da personalidade levando em consideração a existência de uma particular e modesta faculdade de disposição constituída pelo consentimento na lesão.[629] Na doutrina civilista portuguesa, Carlos Alberto da Mota Pinto afirma que, embora os direitos da personalidade sejam irrenunciáveis, não se podem impedir limitações voluntárias, desde que a restrição conte com o consentimento do lesado, o qual afasta a ilicitude do ato.[630] Capelo de Souza também considera o consentimento do titular do direito como uma excludente de ilicitude, mas traz ainda uma distinção entre o consentimento autorizante e tolerante. Este, calcado na regra de que *volenti non fit injuria*, por ser meramente integrativo, é aquele que serve de justificação da ilicitude, já o consentimento autorizante, por ser constitutivo, torna a ofensa inexistente e exclui a ilicitude do fato.[631]

Na verdade, quando se está falando de consentimento que autoriza uma restrição a direitos da personalidade, não há que se falar em justificação ou exclu-

---

renúncia ao direito à vida em função da liberdade religiosa; já se a recusa em receber a transfusão advier da manifestação dos pais em relação ao seu filho, não é possível falar em renúncia legítima, tratando-se de restrições heterônomas. NOVAIS, Jorge Reis. *Renúncia a direitos fundamentais*, p. 302.

[627] Sobre a capacidade para a limitação voluntária de algum direito da personalidade, Paulo Mota Pinto analisa as controvérsias que se dão nesta temática, principalmente nos direitos português e espanhol. Sustenta que uma limitação voluntária sobre bens da personalidade de um menor deve levar em conta o consentimento do próprio menor, se ele já tiver maturidade suficiente para avaliar a situação, o qual também poderá opor-se ao consentimento prestado por seu representante. Se a maturidade não for suficiente para a declaração de vontade, os limites da restrição devem ser mais apertados, evitando com isso, a exploração pelos representantes dos bens da personalidade do menor, levando-se em consideração sobretudo a natureza dos interesses em questão, que se prendem aos bens da personalidade. PINTO, Paulo Mota. *A limitação voluntária do direito à reserva sobre a intimidade da vida privada*, p. 40/45. Quando se está a tratar de autonomia no plano das situações de caráter existencial, não há como transpor o regime das incapacidades destinado às situações de caráter patrimonial. Nessa medida que, também na Inglaterra e nos Estados Unidos, pelo menos no que toca aos tratamentos médicos, há uma doutrina que valoriza o consentimento do menor, desde que tenha maturidade e grau de discernimento suficiente. Conforme: SILVA, Denis Franco. *O Princípio da Autonomia*: da Invenção à Reconstrução. In: MORAES, Maria Celina Bodin de (coord.). *Princípios do Direito Civil Contemporâneo*, p. 154. No Brasil, há que se considerar, para a relativização do regime das incapacidades, o próprio Estatuto da Criança e do Adolescente que garante, nos artigos 15 e 16, II, o direito de opinião e expressão dos menores.

[628] PIERANGELI, José Henrique. *O consentimento do ofendido na teoria do delito*. 3.ed. rev. e atual. São Paulo: RT, 2001, p. 76/78.

[629] CUPIS, Adriano de. *I diritti della personalità*, p. 50.

[630] PINTO, Carlos Alberto da Mota. *Teoria Geral do Direito Civil*, p. 212/213.

[631] O autor faz esta distinção baseado nas disposições do Código Civil Português: o consentimento tolerante seria o extraído do artigo 340 que, dispondo sobre o consentimento do lesado, determina que o ato lesivo dos direitos de outrem é lícito, desde que este tenha consentido na lesão. Já o consentimento autorizante é extraído do artigo 81, quando se afirma a sua possibilidade de revogação. CAPELO DE SOUZA, Rabindranath Valentino Aleixo. *O direito geral de personalidade*, p. 441/442.

dente de ilicitude, mas sim de atitude que exclui a própria existência da lesão, afastando a tipicidade do ato. Paulo Mota Pinto sustenta que, considerando os atos dispositivos como verdadeiro exercício dos direitos, conformados pela atuação do particular, entender o consentimento como causa de exclusão de ilicitude, já que se trataria de consentir com a lesão, é posição que, para além de errônea, é fortemente redutora.[632]

Na medida em que se concebe o poder de disposição também incidente nas relações jurídicas existenciais, já que a autonomia privada, considerada como expressão do direito de autodeterminação pessoal necessário para o pleno desenvolvimento da personalidade, possui trânsito nesta seara, e tal possibilidade está inserida no âmbito de tutela positiva, tutela de exercício dos direitos da personalidade, não há como considerar, depois de analisadas as circunstâncias que envolvem o caso concreto, que os atos dispositivos geradores de limitação ou renúncia sejam lesivos ou ilícitos. Se o poder de disposição é tutelado pelo direito, não há que se falar em ilicitude do ato restritivo, até porque sequer se poderá cogitar a existência de lesão. Assim, deve ser afastada a concepção de consentimento do lesado como instrumento que afasta a ilicitude do ato, para considerar o consentimento como uma declaração volitiva do titular do direito que serve de pressuposto de admissibilidade de renúncia ou limitação de um direito de personalidade, possível em função do poder de disposição garantido na esfera das situações jurídicas existenciais. O consentimento é ato jurídico que faz parte da própria tutela da pessoa humana, já que instrumento por excelência do direito de autodeterminação pessoal que se expressa em uma das dimensões da dignidade humana.

O entendimento de que o consentimento, que emerge de uma declaração de vontade, é pressuposto do ato de disposição que recai sobre direito fundamental da personalidade foi formulado sofrendo influências positivas do campo da Bioética.[633] O princípio da autonomia, pilar da tríade do modelo principialista da

---

[632] PINTO, Paulo Mota. *A limitação voluntária do direito à reserva sobre a intimidade da vida privada*, p. 26. Às páginas 31/32, o autor complementa afirmando posição que compartilha do entendimento de que o consentimento exclui a existência de lesão, afastando o entendimento do consentimento enquanto causa de justificação ou exclusão de ilicitude de um ato lesivo de direito.

[633] As técnicas resultantes do avanço do conhecimento nas ciências biológicas que envolvem substancialmente a vida e a conduta humana já impunham avaliações em dimensões morais e sociais antes mesmo de a necessária proteção do indivíduo estar efetivamente consagrada em muitos sistemas jurídicos, o que acabou gerando mais um ramo da Filosofia Moral, a Bioética, que começou a se delinear por volta de 1970. O termo bioética (do grego, *bios* = vida + *ethike* = ética) foi proposto pelo médico Potter Van Rensselaer em 1970. Todavia, seu sentido era bastante diferenciado do atual. Bioética, para Potter, era a disciplina que tinha como objetivo ajudar a humanidade a racionalizar o processo de evolução biológico-cultural. A evolução da disciplina se deu com o pensamento de André Hellegers, um fisiologista que passou a relacionar a Bioética com a ética na medicina e nas ciências biológicas. Tal referência histórica pode ser encontrada na maioria dos textos destinados à matéria. Atualmente, conforme Joaquim Clotet, a Bioética traz em si o estudo sistemático da conduta humana no âmbito das ciências da vida e do cuidado com a saúde, examinada à luz de valores e princípios da dimensão ética, moral e social e diante do desenvolvimento biotecnológico. Nada mais é do que um ramo da ética preocupado com os conflitos nas áreas biomédicas que envolvam seres humanos. CLOTET, Joaquim. *Bioética*: uma aproximação. Porto Alegre: EDIPUCRS, 2003, p. 22.

Bioética,[634] é considerado a base de uma moralidade pautada no respeito mútuo e fundamento das relações terapêuticas e experimentais.

O consentimento que na Bioética pode ser denominado como consentimento livre e esclarecido[635] está calcado na autonomia privada e é, portanto, condição indispensável da relação profissional-paciente para utilização de novas técnicas e pesquisa em seres humanos. Trata-se da decisão voluntária tomada por uma pessoa dotada de autonomia e capacidade alicerçada em um processo informativo claro e deliberativo que visa à aceitação de um tratamento específico ou experimentação cuja natureza, consequências e riscos tenham sido perfeitamente esclarecidos.[636]

Nesse sentido que Carlos Konder visualiza o consentimento como um processo que se consolida em uma relação dialogante, onde a boa-fé objetiva assume feição importante já que impõe dever de lealdade e confiança recíproca que são essenciais ao dever de informar. O autor conclui que o consentimento livre e esclarecido é a forma de "amoldar a decisão individual à dignidade da pessoa humana".[637] Esta plena consciência acerca do ato restritivo e seus efeitos define que o consentimento, para além de voluntário, deve ser consciente, ou seja, resultante de um processo informativo que visa ao perfeito entendimento do titular do direito quanto à extensão e às consequências do seu ato.

Esse dever informativo não se manifesta tão somente no plano da bioética que se preocupa com a proteção da vida, mas em qualquer situação jurídica onde o ato de disposição recaia sobre bem da personalidade. Essa é a influência positiva na conformação do consentimento que envolve ato restritivo de qualquer posição jurídica protegida por norma de direito fundamental. Veja-se, por exemplo, o recorrente exemplo da imagem. O titular do direito à imagem pode dispor

---

[634] A Bioética se estrutura a partir de três princípios básicos, quais sejam: o da autonomia, o da beneficência e o da justiça. O princípio da autonomia refere-se ao respeito que se deve às pessoas, ou melhor, o respeito que se deve à autodeterminação humana. Perpassa pela aceitação de que as pessoas se autodeterminam, sendo autônomas em suas escolhas e atos, além de estar indubitavelmente ligado ao princípio da dignidade da pessoa humana e também ao direito fundamental à liberdade de agir e liberdade de escolha. O princípio da beneficência visa à promoção do bem, fazer o bem ao paciente evitando que este seja submetido a sofrimentos desnecessários, evitando, pois, o mal. Reflete a procura do bem-estar e interesses do paciente por intermédio da ciência médica – seus representantes e agentes – evitando a ocorrência de danos. O princípio da justiça, por fim, exige equidade na distribuição de bens e benefícios advindos do exercício das ciências médicas. Sobre os princípios, *vide:* CLOTET, Joaquim. *Bioética:* uma aproximação, p. 24/25 e MEIRELLES, Jussara Maria Leal de. *Bioética e Biodireito.* In: BARBOZA, Heloísa Helena; BARRETTO, Vicente de Paulo (orgs.). *Temas de Biodireito e Bioética.* Rio de Janeiro: Renovar, 2001, p. 85/98.

[635] O "consentimento livre e esclarecido" desenvolvido pela Bioética é denominado de formas diversas. O Código de Nuremberg utiliza o termo "consentimento voluntário", a Declaração de Helsinque usa a expressão "consentimento informado". No Brasil, as normas de pesquisa em saúde, estabelecidas pelo Conselho Nacional de Saúde, falavam em "consentimento pós-informação", já as diretrizes atuais utilizam o termo "consentimento livre e esclarecido". CLOTET, Joaquim; FRANCISCONI, Carlos Fernando; GOLDIM, José Roberto (org.). *Consentimento informado e a sua prática na assistência e pesquisa no Brasil.* Porto Alegre: EDIPUCRS, 2000, p. 20.

[636] Idem, ibidem, p. 13.

[637] KONDER, Carlos Nelson. *O consentimento no Biodireito*: os casos dos transexuais e dos *wannabes*, p. 60/61.

166   *Fernanda Borghetti Cantali*

deste direito para realizar um negócio jurídico que tem como objeto a utilização da imagem para fins comerciais. Neste caso, antes de efetivamente consentir com tal utilização, que em primeiro plano reflete a autodeterminação pessoal e, em segundo plano, legitima o terceiro para a sua utilização, deverá ficar suficientemente esclarecido o destino da imagem, quem terá acesso a ela, o tempo de sua utilização, a proibição de utilizá-la para outros fins que não o especificamente contratado, etc.[638] A informação é elemento legitimador do consentimento porque somente a partir da compreensão das implicações desse ato é que se pode dizer que o titular do direito decidiu de forma livre e consciente acerca de uma restrição a bem seu da personalidade.

O ato de disposição que importe em restrição a um bem da personalidade, desde que não atente contra o núcleo essencial da dignidade e que tenha como pressuposto a manifestação volitiva que representa consentimento livre e esclarecido, é legítimo, além de ser a mais pura expressão da tutela do exercício destes direitos, dimensão necessária para o pleno desenvolvimento da personalidade e proteção da própria dignidade.

3.2.3. A revogabilidade a qualquer tempo como forma de proteção

A possibilidade de revogação do consentimento manifestado pelo titular do direito é sempre admissível e, nessa medida, é que tal revogabilidade a qualquer tempo é também considerada como pressuposto de legitimação do ato restritivo e forma de proteção dos próprios interesses existenciais. O fundamento dessa revogabilidade está na proteção da própria personalidade.

Paulo Mota Pinto explica que na medida em que se considera o consentimento, ainda que seja uma declaração de vontade manifestada pelo titular do direito, um ato negocial, a consequência lógica seria a sua irrevogabilidade.[639] No entanto, quando se está tratando de direitos que são ligados à própria personalidade humana, há que se considerar que o particular, mesmo depois de ter consentido com a limitação, tem também o poder de revogar tal manifestação, já que não há como obrigar a pessoa a dispor tal direito se não há mais a voluntariedade do ato.

Nesse tocante há algumas distinções que merecem ressalva, já que os efeitos de tal revogação serão diversos. Quando o consentimento se dá no âmbito de um negócio jurídico unilateral, o ato de revogação é admissível de forma discricionária e unilateral sem qualquer limitação temporal e independentemente de maiores consequências. Esse é o caso de alguém que consente com a abreviação de sua

---

[638] No mesmo sentido, mas tratando de privacidade e dados pessoais, Danilo Doneda sustenta que "a informação, neste caso, refere-se a uma completa consciência do interessado sobre o destino de seus dados pessoais caso este forneça o consentimento para o tratamento. Essa informação inclui: a quem o dado se destina, para qual finalidade será utilizado, por quanto tempo, quem terá acesso a seus dados, se estes dados poderão ser transmitidos a terceiros, e mais tantos outros detalhes quantos sejam necessários em uma determinada situação para que o interessado possa formar sua convicção, livre e consciente, para realizar o ato de autodeterminação". DONEDA, Danilo. *Da privacidade à proteção de dados pessoais*, p. 383.

[639] PINTO, Paulo Mota. *A limitação voluntária do direito à reserva sobre a intimidade da vida privada*, p. 58.

DIREITOS DA PERSONALIDADE

vida, mas antes da atitude que levaria à morte, revoga tal consentimento. Ora, seria absurdo realizar o procedimento de eutanásia sob o argumento de que o consentimento dado, por ser um ato negocial, é irrevogável. Se se considera que o ato dispositivo ligado a um bem da personalidade encontra validade jurídica quando conta com o elemento volitivo do titular do direito, admitir-se uma restrição contra a vontade do titular seria claramente uma violação de sua dignidade.

O Código Civil brasileiro não conta com uma disposição expressa no sentido da revogabilidade do ato pelo simples fato de que não admite qualquer limitação voluntária sem que haja autorização legal para tanto. Todavia, a não admissão de tal revogabilidade levaria a uma contradição no sistema, já que qualquer limitação não voluntária viola a dignidade e a personalidade humana. Já o Direito Civil português conta com tal disposição expressa. O artigo 81 do Código Civil Português prevê no n. 2 que a limitação voluntária é sempre revogável, mas esta pode gerar a obrigação de indenizar as legítimas expectativas da outra parte.[640]

Conforme o sistema jurídico português, os atos de disposição voluntária sobre algum direito de personalidade são sempre revogáveis unilateralmente e de forma arbitrária.[641] Claro está que quando o consentimento com a disposição de um direito da personalidade atingir a esfera jurídica de terceiro, aquele que recebe a autorização para utilizar o bem da personalidade alheio terá o direito de ser indenizado pelos prejuízos que forem causados à sua legítima expectativa. Portanto, protege-se o titular do direito garantindo a revogabilidade a qualquer tempo, de forma unilateral e discricionária, mas, por outro lado, também protege-se o terceiro que teve sua esfera jurídica modificada diante do consentimento e posterior revogação. Paulo Mota Pinto sustenta, na medida em que a possibilidade de revogação é um direito, que se trata de uma situação de responsabilidade por ato lícito. Complementa afirmando que eventuais abusos do titular do direito que dá seu consentimento e logo o revoga para, por exemplo, realizar contrato mais vantajoso com outrem, devem ser combatidos através do instituto do abuso de direito, a partir da máxima da proibição do comportamento contraditório, o *venire contra factum proprium*.[642]

Seguindo o mesmo entendimento, Carlos Alberto da Mota Pinto, o qual sustenta que o consentimento que autoriza a limitação é uma declaração de vontade receptícia, integrante de um negócio jurídico, já que atribuindo a outra pessoa po-

---

[640] Artigo 81° (Limitação voluntária dos direitos de personalidade) 2. 2. A limitação voluntária, quando legal, é sempre revogável, ainda que com obrigação de indemnizar os prejuízos causados às legítimas expectativas da outra parte.

[641] "(...) limitações voluntárias (...), são sempre revogáveis, discricionária e unilateralmente, pelo titular dos direitos da personalidade (...)". CAPELO DE SOUZA, Rabindranath Valentino Aleixo. *O direito geral de personalidade*, p. 409.

[642] PINTO, Paulo Mota. *A limitação voluntária do direito à reserva sobre a intimidade da vida privada*, p. 61/62. Também sobre a indenização pelos prejuízos causados às legítimas expectativas da outra parte, Capelo de Souza, o qual exemplifica a situação a partir do direito ao próprio corpo e do direito á vida do pugilista que consente em lutar, mas revoga este consentimento abandonando o combate, caso em que poderá vir a ser condenado a indenizar os prejuízos causados à confiança que seu empresário depositou no seu consentimento, cuja expectativa era chegar ao final do combate. CAPELO DE SOUZA, Rabindranath Valentino Aleixo. *Op. cit.*, p. 409/410.

der de dispor sobre bens alheios, atinge-se imediatamente a posição jurídica desta outra pessoa, daí o dever de indenizar.[643]

Muito embora o ordenamento brasileiro não contenha uma norma como aquela existente no direito português, há que se considerar a mesma hipótese. Ora, se o consentimento dado estiver atrelado a um negócio jurídico contratual, deve ser considerada a frustração das legítimas expectativas da outra parte. É o caso de quem consente com a utilização de sua imagem ou privacidade para fins comerciais, onde o ato dispositivo que recai sobre bem da personalidade legitima terceiro ao tratamento de tal bem, modificando a esfera jurídica deste, e depois revoga o consentimento dado. Portanto, mesmo que não se possa negar o direito à revogação do consentimento, já que a disposição forçada de um direito da personalidade fere frontalmente a dignidade humana, o princípio da boa-fé[644] e da probidade nas relações contratuais pode ser o fundamento para o dever de indenizar as legítimas expectativas da outra parte. Além disso, caso caracterize-se o abuso de direito, o que deverá ser validado somente após a análise ponderada das circunstâncias do caso concreto, o intérprete poderá valer-se dos institutos como o abuso de direito[645] e a tutela da confiança com a proibição de comportamento contraditório[646] para a argumentação, sempre guiado também pelo princípio da proporcionalidade.

O risco de uma possível revogação do ato do consentimento é inerente ao negócio que se realizou. Esse risco é justificado na medida em que a revogabilidade é justamente a forma de proteção da personalidade. Todavia, há também risco para o titular do direito da personalidade, risco este que se traduz na possibilidade de ter de indenizar os prejuízos causados ao outro por seu comportamento.

Não obstante o entendimento diverso do aqui defendido, há que ser referida a posição adotada por Danilo Doneda. O autor, como já se referiu, entende que o consentimento é um ato jurídico unilateral, afastando sua a natureza negocial, e esse fato é que reforça a possibilidade da revogabilidade unilateral e incondicional.[647]

---

[643] PINTO, Carlos Alberto da Mota. *Teoria Geral do Direito Civil*, p. 211.

[644] Mota Pinto traz a informação de que no Direito Alemão também se garante a possibilidade de revogação do consentimento dado remetendo-se os eventuais abusos diretamente para a cláusula geral da boa-fé. PINTO, Paulo Mota. *A limitação voluntária do direito à reserva sobre a intimidade da vida privada*, p. 62, nota de rodapé 65.

[645] Sobre o abuso de direito na legislação civil brasileira, *vide:* CARPENA, Heloisa. *O abuso de direito no Código Civil de 2002:* relativização dos direitos na ótica civil-constitucional. In: TEPEDINO, Gustavo (coord.). *A parte geral do novo código civil:* estudos na perspectiva civil-constitucional. 2.ed. Rio de Janeiro: Renovar, 2003, p. 377/396.

[646] A propósito da proibição do comportamento contraditório no Direito brasileiro: SCHREIBER, Anderson. *A proibição de comportamento contraditório*: tutela da confiança e *venire contra factum proprium*. Rio de Janeiro: Renovar, 2005.

[647] "A idéia de irrevogabilidade incondicional desse tipo de consentimento encontra fundamento no fato de que se está protegendo a própria personalidade, entre cujos atributos está a indisponibilidade. Neste ponto de vista, a consentimento será sempre revogável, e sua caracterização como ato jurídico unilateral serve a reforçar esta revogabilidade". DONEDA, Danilo. *Da privacidade à proteção de dados pessoais*, p. 380.

Além disso, sustenta que tal natureza jurídica permite afirmar que, no exercício de autodeterminação pessoal, a pessoa não fica vinculativamente adstrita aos efeitos obrigacionais que podem resultar do seu consentimento, haja vista que a revogação, como ato unilateral e incondicional, jamais poderá ser confundida com hipótese de inadimplemento.[648] A partir daí, compreende que não é qualquer revogação que tem o condão de gerar obrigação de indenizar. Somente a conduta abusiva geradora de dano a quem anteriormente recebeu a autorização para a utilização de um bem da personalidade alheio é que poderá ensejar dever de reparação. Conclui que, se o consentimento e a revogação são atos extracontratuais, afastando-se deles o caráter negocial, também será extracontratual o dever de indenizar.[649]

Embora o autor afirme que a revogabilidade não pode ser considerada como inadimplemento contratual porque tem natureza de ato jurídico extracontratual, compartilha do pensamento de que há que se considerar, na análise do caso concreto, os interesses daquele que recebeu a autorização para tratar de bens da personalidade alheios e se deparou com a revogação dessa autorização. Assim, afirma que

> (...) a verificação da abusividade desta conduta estaria a cargo do intérprete, que poderia no caso guiar-se por mecanismos como o do abuso de direito ou, mais especificamente, do *venire contra factum proprium*. Em todo o caso, ressalte-se a necessidade desse intérprete utilizar os critérios de proporcionalidade nesta verificação, de forma a não tornar esta possibilidade de revogação uma alternativa que se revele de fato inacessível, por implicar em custos demasiados altos, o que afrontaria a natureza dos interesses em questão, ao diluir a tutela da pessoa.[650]

A revogabilidade a qualquer tempo, como pressuposto legitimador do ato de disposição, faz parte do tratamento diferenciado que deve ser dispensado quando na base de qualquer situação jurídica figurar interesse existencial, até porque o interesse pessoal do titular deve prevalecer sobre os interesses patrimoniais da outra parte. Todavia, o rompimento contratual calcado em uma revogação reflete hipótese de inadimplemento, podendo inclusive incidir multa contratual se devidamente estipulada no contrato. O que não é possível é exigir o cumprimento do contrato se assim não quiser o titular do direito. Exigir judicialmente o cumprimento do contrato é possibilidade existente somente quando estiver em causa interesses meramente patrimoniais, este não é o caso quando na base do contrato estiverem bens ligados à personalidade. Neste caso, poderá ser definido o dever de indenizar, além do pagamento da multa se assim estipulada.

Os maiores problemas ocorrem quando não há qualquer estipulação no contrato a respeito da revogação. Esta é um direito independente de estipulação, todavia, se o contrato prevê a hipótese de revogação pode ser afastado o dever de indenizar. Paulo Mota Pinto compartilha deste entendimento dizendo que o titular

---

[648] DONEDA, Danilo. Da privacidade à proteção de dados pessoais, p. 380/381.

[649] Idem, ibidem, p. 381/382.

[650] Idem, ibidem, p. 382.

do direito da personalidade é livre para autorizar a limitação de seu direito, portanto, também é livre para estipular no contrato as possibilidades de revogação, definindo expressamente em quais circunstâncias esta poderá ser automaticamente considerada.[651]

Necessário ainda fazer menção ao fato de que a possibilidade de revogação do consentimento é normalmente invocada pelos autores nas situações em que o titular restringe a sua capacidade de exercício dos direitos fundamentais da personalidade. É o caso da imagem e da privacidade em que a pessoa não renuncia à titularidade do direito, já que tais direitos são inerentemente ligados à pessoa de seu titular, situação em que sempre será possível revogar o consentimento anteriormente dado para o tratamento por outrem destes direitos. A impossibilidade de revogação quando a renúncia recai sobre o direito em si, ou a sua titularidade, é o argumento utilizado por muitos que advogam pela total irrenunciabilidade dos direitos fundamentais da personalidade. Todavia, esta posição não se sustenta diante de fatos como o da eutanásia consentida, onde a pessoa renuncia à vida, ou mesmo o da cirurgia de transgenitalização, onde o titular renuncia definitivamente a uma parte do seu corpo. É claro que renunciar à titularidade do direito importa em ato que será irrevogável, já que não haverá como restabelecer a situação anterior à renúncia. Todavia, há que se considerar a possibilidade de revogação do consentimento anteriormente concedido até o derradeiro momento anterior em que o ato se torne de fato irrevogável.

Tal distinção, como já se referiu, restringe-se a um plano funcional como constata Reis Novais, já que quando se está falando de direitos fundamentais, cujo núcleo essencial deve ser sempre garantido, não há que se falar em restrição da capacidade de exercício, sob pena de admitir a existência de direitos sem conteúdo essencial.[652] Canotilho também sustenta que, no âmbito dos direitos fundamentais, não é possível separar a titularidade e a capacidade de direitos, já que isso geraria a existência de direitos fundamentais insuscetíveis de serem exercidos e abriria espaço para restrições inconstitucionais a pretexto de incidir apenas sobre a capacidade de exercício.[653]

Considerando a impossibilidade dessa distinção, é de ser dito que qualquer restrição a direitos fundamentais da personalidade que tenha sido consentida pode ser revogada sempre que a revogação puder restabelecer de fato a situação anterior ao consentimento.[654]

---

[651] PINTO, Paulo Mota. *A limitação voluntária do direito à reserva sobre a intimidade da vida privada*, p. 58.

[652] Sobre a vantagem meramente funcional da distinção entre renúncia do direito em si e renúncia à capacidade de exercício do direito, *vide* a já comentada análise de: NOVAIS, Jorge Reis. *Renúncia a direitos fundamentais,* p. 278/283.

[653] CANOTILHO, Joaquim José Gomes. *Direito constitucional e teoria da constituição*, p. 424/425.

[654] Isso acontece mesmo quando não se está renunciando à titularidade do direito. Por exemplo, no caso de um ato de disposição sobre a própria imagem, onde uma modelo consente que sua imagem seja utilizada para um editorial, a revogação somente não será possível após a divulgação do editorial, isso porque a revogação após a divulgação não poderia eliminar os efeitos fáticos desta.

Se o titular tem o poder de dispor de um bem ligado à sua condição existencial, tem, na mesma medida, o poder de revogar o ato de disposição. São duas expressões diferentes para o mesmo poder que encontra sentido na esfera de autodeterminação pessoal. A revogação é sempre uma faculdade de quem consente; restringir esta possibilidade acarretaria a limitação do próprio poder de autodeterminação pessoal sem uma justificativa plausível.[655] O poder de consentir e o de revogar merecem a tutela do ordenamento jurídico porque ambos estão ligados ao princípio do livre desenvolvimento da personalidade.

3.3. Dos atos de disposição: análise casuística

Reality Shows, Amputees Wannabes, Orkut, YouTube, Bodyart, Boby Modification, Webcam, etc. As pessoas do século XXI estão enfrentando cotidianamente inúmeras situações novas e inusitadas, principalmente em função das novas tecnologias, que têm propiciado uma maior exposição da pessoa humana, seja por ato próprio e voluntário, seja contra a sua vontade.

Essa nova realidade, que amplia sensivelmente o potencial lesivo disponível a cada indivíduo, não pode ser ignorada e, diante disso, é fundamental que seja dada nova abordagem ética e jurídica para o tratamento dos direitos da personalidade. Isso não significa dizer que é necessária maior regulamentação acerca da temática com determinação do que está ou não autorizado e quais as consequências que devem incidir no caso concreto. Até porque é preciso conferir uma tutela geral aos direitos de personalidade no intuito de abarcar a infinidade de situações que dizem com seu conteúdo móvel, dialético.

A mobilidade do conteúdo dos direitos da personalidade não é compatível com o tratamento pontual e rígido dispensado pela larga maioria das regras do Código Civil de 2002, merecendo, pois, a amplitude de tratamento que apenas a técnica legislativa das cláusulas gerais pode conferir, guiada sempre pelos valores constitucionais e pela ponderação dos interesses que se revelam no caso concreto.[656]

---

[655] PINTO, Paulo Mota. *A limitação voluntária do direito à reserva sobre a intimidade da vida privada*, p. 60.

[656] "Não se trata, como se acreditou no passado, de aprovar um conjunto de medidas drásticas a impor rigorosa e estrita observância de condutas pré-autorizadas, reeditando a censura ou a proibição antecipada de certos comportamentos que possam ameaçar as manifestações da personalidade humana. Mais que em qualquer outra seara, a disciplina dos direitos da personalidade exige técnica legislativa fundada em cláusulas gerais que, escapando ao rigorismo de uma normativa excessivamente regulamentar, se mostre capaz de acompanhar a evolução tecnológica e científica, revelando-se, ainda, compatível com o fato de que as lesões a interesses existenciais protegidos pelo ordenamento jurídico provêm, não raro, de condutas que procuram realizar interesses existenciais outros, igualmente tutelados. De fato às lesões à imagem, à honra e à privacidade derivam, freqüentemente, do exercício da liberdade de expressão ou de informação, e não é incomum que a dignidade humana seja invocada em lados opostos de uma mesma disputa. Não se trata, por conseguinte, de editar normas rígidas que privilegiem uma manifestação ou outra da personalidade, mas de reconhecer o conteúdo necessariamente dialético e por assim dizer "móvel" dos direitos da personalidade, cuja exata extensão somente pode ser medida em face do interesse com que colide". SCHREIBER, Anderson. *Os Direitos da Personalidade e o Código Civil de 2002*, p. 234.

É essa mobilidade do conteúdo dos direitos da personalidade que impõe a necessidade de uma tutela elástica, como anunciou Perlingieri. O referido professor suscita que não é possível tutelar a personalidade através de hipóteses legais predeterminadas, já que deve ser tutelado o valor da personalidade sem limites. Assim, sustenta que a elasticidade de tutela das situações subjetivas existenciais diz com a abrangência da tutela, a qual deve atender também às hipóteses não previstas em lei.[657] Isso porque, partindo da premissa de que a cláusula geral de tutela da personalidade está calcada no ditame constitucional de salvaguarda da dignidade da pessoa humana, qualquer situação em que a personalidade esteja presente, seja legalmente prevista ou não, é de ser tutelada, sob pena de violação do valor máximo do ordenamento.

O rigorismo normativo, portanto, não é capaz de assegurar a necessária tutela aos direitos da personalidade, e isso está claro através dos exemplos práticos que não mais passam despercebidos. Portanto, a mudança de abordagem no tratamento dos direitos da personalidade perpassa a superação de uma dogmática estrita da regulação do Código Civil de 2002, a qual é evidentemente insatisfatória para abarcar as novas e múltiplas situações fáticas que diariamente se apresentam.

Se os fatos estão impondo uma abrangência de tutela que ultrapassa os limites da legalidade,[658] imprescindível que se tragam à baila alguns casos paradigmáticos para ilustrar a complexidade da vida contemporânea, impondo uma percepção relativa de todas as coisas, inclusive do direito.

3.3.1. Direito à morte digna: legitimação para a disposição da vida

Não é possível falar em personalidade sem falar de pessoa humana e não é possível falar em pessoa humana sem falar de vida e dignidade. Até porque o elo que une a vida e a dignidade é a pessoa humana, e é por isso que não há, pelo menos *a priori*, hierarquia entre estes bens.[659]

---

[657] PERLINGIERI, Pietro. *La Personalitá Umana nell Ordinamento Giurídico*, p. 185/187. O autor afirma na página 185 que "elasticità della tutela della personalità significa che non esiste un numero chiuso di ipotesi tutelate ma che è tutelato il valore della personalità senza limiti, salvo quelli posti nell'interesse di altre personalità, non di terzi". Sobre a elasticidade da tutela da personalidade *vide* também: TEPEDINO, Gustavo. *A Tutela da Personalidade no Ordenamento Civil-constitucional Brasileiro*, p. 51 e MORAES, Maria Celina Bodin de. *O princípio da Dignidade Humana*, p. 53.

[658] Conforme Luis Edson Fachin, "a 'revolta dos fatos contra o código' captou, há algum tempo, a distância entre o clássico direito privado e as relações fáticas da vida. Os conceitos estéreis e as construções jurídicas inabaláveis que previam "tudo", restando ao jurista a simples subsunção do fato à norma, ocasionaram a "fratura exposta do direito". O projeto dos juristas do século passado de afastar a realidade jurídica da realidade social, tornando aquele um ambiente abstrato, alheio à vida e aos interesses e necessidades, está desfigurado. A nós cabem o reconhecimento do envelhecimento da dogmática e a tomada de providências no sentido de adequar as bases sob as quais se edificaram os institutos jurídicos, repersonalizando-os e reaproximando-os da realidade de fato, outrora excluída do sistema". FACHIN, Luis Edson. *Limites e possibilidades da nova teoria geral do direito civil*, p. 99/100.

[659] KLOEPFER, Michael. *Leben und Würde des Menschen*, p. 78 e ss. *apud* SARLET, Ingo Wolfgang. *Dignidade da pessoa humana e direitos fundamentais na Constituição Federal de 1988*, p. 89, nota de rodapé n° 208.

O direito à vida é o mais essencial de todos,[660] já que sem a vida não haveria sentido falar na existência e desfrute dos demais direitos fundamentais e até mesmo na dignidade humana.[661] A vida é bem jurídico fundamental, justamente porque representa a origem e o suporte de todos os demais diretos, além do que somente é possível falar em dignidade humana se houver vida.[662]

O direito à vida é o direito de viver. É direito que abrange existência corporal, biológica e física e por isso é pressuposto vital para a fruição dos demais direitos fundamentais. A vida é a base vital da dignidade da pessoa humana,[663] embora esta possua também outras dimensões além da biológica.

Não bastasse a previsão constitucional que estabelece a inviolabilidade da vida, esta é largamente protegida tanto pela legislação civil como penal.[664] Incluem-se, nesta sede, a proteção contra homicídio, infanticídio, instigação ou auxílio ao suicídio e aborto. Não há, por outro lado, proibição expressa contra a eutanásia, sujeitando aquele que provoca a morte ao crime de homicídio simples ou qualificado, com redução de pena, já que o crime é cometido por relevante valor moral. Na seara civil, confere-se a garantia à vida como direito da personalidade, garantindo também, os interesses da pessoa mesmo antes do nascimento e para além da morte. Além disso, tutelam-se os atentados contra a vida repressivamente através da responsabilidade civil e preventivamente, evitando a ocorrência de lesão. A vida também é tutelada em diversos tratados e convenções internacionais.[665]

O direito à vida encontra-se na principal pauta de discussão na medida em que não há como evitar os impactos que a revolução tecnocientífica vem provo-

---

[660] "Como ente, todo o ser humano tem direito essencial à vida". PEREIRA, Caio Mário da Silva. *Instituições do Direito Civil*, p. 249.

[661] Tal é a nota distintiva que merece o direito à vida que Adriano de Cupis afirma que, se fosse possível, poder-se-ia chamá-lo de direito "essencialíssimo", na medida em que o bem da vida se sobrepõe aos demais e isso se percebe pelo simples fato de que nenhum outro direito poderá ser concebido separado da vida. CUPIS, Adriano de. *I diritti della personalità*, p. 55.

[662] AMARAL, Francisco. *Direito civil*: introdução, p. 259.

[663] KLOEPFER, Michael. *Vida e Dignidade da Pessoa Humana*, In: SARLET, Ingo (org.). *Dimensões da Dignidade*: ensaios de Filosofia do Direito e Direito Constitucional. Porto Alegre: Livraria do Advogado, 2005, p. 158.

[664] Quando se circunscreve o tema da Bioética a uma abordagem jurídica, não será jamais o caso de considerar apenas sob o domínio do Direito Civil ou do Direito Penal. As discussões em torno dos casos bioéticos não são bipartidas, tripartidas ou multipartidas em diversas áreas do Direito; ao contrário, simbolizam a necessária reunião de todas as áreas do Direito, além de extrapolar as lindes deste, possibilitando a interface com outras ciências, como a medicina, a biologia, a filosofia, a psicologia, a ecologia, a sociologia, a política e outras. A Bioética envolve uma pluridisciplinaridade, o que é muito positivo, mas também traz dificuldade, já que lida com diferentes posicionamentos, às vezes até incompatíveis entre si. HIRONAKA, Giselda Maria Fernandes Novaes. *Bioética e Biodireito*: Revolução Biotecnológica, Perplexidade Humana e Prospectiva Jurídica Inquietante. *Revista Brasileira de Direito Comparado*, Rio de Janeiro, n. 21, p. 107-128, 2002, p. 115 e 126/127.

[665] Como exemplos, o artigo 3º da Declaração Universal dos Direitos do Homem, afirmando que todo o indivíduo tem direito à vida e o artigo 6º do Pacto Internacional dos Direitos Civis e Políticos adotado pela Assembleia Geral das Nações Unidas em 16 de dezembro de 1966, afirmando que o direito à vida é inerente a toda pessoa humana, que deverá ser protegido pelas leis e que ninguém poderá ser arbitrariamente privado de sua vida.

cando na vida humana,[666] além de não haver mais dúvidas de que a ordem jurídica se estabelece tendo como valor central a proteção da pessoa humana enquanto tal, enquanto ser dotado de dignidade. Nesse contexto a pergunta que emerge é: como tornar compatível as novas tecnologias com a finalidade ética do ordenamento jurídico?[667]

A revolução tecnológica instrumentalizou as ciências médicas de tal forma que hoje é possível prolongar a vida, ou melhor, prolongar o processo de morte, visando a seu máximo adiamento, numa tentativa desenfreada de combater a finitude humana.[668] Há situações em que o tratamento se torna um fim em si mesmo, desconsiderando a própria pessoa humana.[669] Os médicos possuem aparatos que são capazes de manter as pessoas vivas por anos e, dominados pela tecnologia à

---

[666] A revolução tecnocientífica e o seu impacto na vida humana é objeto de estudo e pesquisa do campo da Bioética, que nada mais é do que a ciência que busca traçar a dimensão moral das ciências da vida. A Bioética estuda o comportamento humano no campo das ciências da vida e do cuidado da saúde, à luz de valores morais e princípios. Estas conquistas da biotecnologia importam aos juristas na medida em que devem estabelecer os contornos legais indispensáveis à concretização da sobrevivência humana, dentro dos padrões da dignidade e da ética. À Bioética cabe realizar os juízos de apreciação a respeito dessas novas ocorrências biotecnológicas, de atuação interveniente ou manipuladora da vida humana. Caso seja necessário impor limites e freios a esta atuação, a tarefa é do Biodireito que nada mais é do que o conjunto de valores, princípios e regras que têm por finalidade proteger a vida humana, disciplinando a prática de suas intervenções e os mecanismos de sua manipulação. O Biodireito tutela a vida e sua inviolabilidade, destinando-se a regular os efeitos da revolução biotecnológica sobre a sociedade em geral. Em outras palavras, trata das normas reguladoras da conduta humana face aos avanços da tecnociência. Ademais, o Biodireito é foco inequívoco da preocupação com a dignidade da pessoa humana na medida em que justamente se está a tratar de questões ligadas aos limites ético-jurídicos que se devem impor aos avanços tecnocientíficos diante da necessária proteção que se deve dispensar à pessoa humana. BARBOSA, Heloisa Helena. *Bioética x Biodireito*: insuficiência dos conceitos jurídicos. In: ———; BARRETTO, Vicente de Paulo (orgs.). *Temas de Biodireito e Bioética*. Rio de Janeiro: Renovar, 2001, p. 1/40 e MEIRELLES, Jussara Maria Leal de. *Bioética e Biodireito*, p. 85/98.

[667] Nem tudo que é tecnologicamente possível é jurídica e eticamente possível. Nesse sentido, propondo o questionamento feito: HIRONAKA, Giselda Maria Fernandes Novaes. *Bioética e Biodireito*: Revolução Biotecnológica, Perplexidade Humana e Prospectiva Jurídica Inquietante, p. 107/128.

[668] Eduardo Oliveira Leite, falando justamente sobre as práticas biomédicas e o inusitado desenvolvimento tecnológico, afirma que o homem pretende dominar e corrigir a vida humana, afastando a finitude humana, como se fosse aprendiz de Deus. Afirma que "essa vontade de saber o como e o porquê das coisas, sob a intenção de melhor dominar a natureza e, com ela, o destino, é o apanágio do mundo racional ocidental – ininterruptamente levado adiante na pesquisa de uma verdade que certamente nunca será atingida – mundo que procura combater a finitude humana, subordinando a natureza às suas necessidades e desejos". LEITE, Eduardo Oliveira. *Da Bioética ao Biodireito*: reflexões sobre a necessidade e emergência de uma legislação. Palestra proferida no Simpósio de Bioética e Biodireito, em Londrina, 1997 *apud* HIRONAKA, Giselda Maria Fernandes Novaes. *Bioética e Biodireito*: Revolução Biotecnológica, Perplexidade Humana e Prospectiva Jurídica Inquietante, p. 107/108.

[669] Fala-se hoje no fenômeno da "obstinação terapêutica". Trata-se de uma prática médica excessiva e abusiva decorrente diretamente das possibilidades oferecidas pela tecnociência e fruto de uma teimosia de estender os efeitos desmedidamente, em desrespeito à condição da pessoa doente. BAUDOUIN, Jean-Louis; BLONDEAU, Danielle. *Éthique de la mort et droit à mort*. Paris: Press Universitaires de France, 1993, p. 89 *apud* BORGES, Roxana Cardoso Brasileiro. *Disponibilidade dos Direitos da Personalidade e Autonomia Privada*, p. 230. Karin Cristina Kramer Pereira também trata do problema da "distanásia", que nada mais é do que a antítese da eutanásia, ou seja, trata-se do prolongamento do processo de morrer, a busca ao adiamento máximo da morte. O problema da distanásia justamente se apresenta no contexto de uma sociedade medicalizada ao extremo em função dos infindáveis recursos que a evolução tecnológica colocou e coloca nas mãos da Medicina. PEREIRA, Karin Cristina Kramer. *O Direito Privado e a Ortotanásia*: um Caminho para a Repersonalização. In: SILVA FILHO, José Carlos Moreira da; PEZZELLA, Maria Cristina Cereser. *Mitos e Rupturas no Direito Civil Contemporâneo*. Rio de Janeiro: Lumen Juris, 2008, p. 254/260.

DIREITOS DA PERSONALIDADE

sua disposição, acabam esquecendo que se trata de pacientes, tornando-os verdadeiros "campos de batalha".[670] As questões que surgem são: até que ponto se deve evitar a morte? Até que ponto se deve evitar a finitude humana? Até que ponto o sofrimento imposto para a mantença da vida não viola a própria dignidade? Ou mais, será que a pessoa humana não tem o direito de dispor de sua vida, abreviando-a, quando as condições que se apresentam não permitem uma vida digna?[671]

Essencialmente, a vida é direito inviolável e indisponível. Todavia, não se pode negar a discussão em torno do direito de morrer com dignidade quando se tratam de pacientes terminais ou com deficiências extremas que diante do sofrimento atroz buscam a morte como solução e fim digno. Os fatos sociais evidenciam as possibilidades de restrição de direitos fundamentais, até mesmo de sua renúncia, e nesse ponto específico traz à tona a discussão que se trava em torno da eutanásia e da ortotanásia.[672] [673]

A ortotanásia, também chamada de eutanásia passiva, envolve a ideia de deixar a morte seguir seu curso. Trata-se da expressão do direito a morrer com dignidade quando o sofrimento é insuportável e não há mais possibilidade de reversão do quadro que indica a morte. É uma garantia de que a pessoa que padece de moléstia incurável e de drásticos sofrimentos poderá decidir autonomamente sobre o destino de sua própria existência, resgatando a sua dignidade humana no último momento de vida, já que não pode ser submetida a um alongamento artificial do processo natural da morte, se assim não quiser.[674] Optar por deixar a morte seguir seu curso é evidentemente um ato de disposição sobre o direito à vida, o qual se legitima na medida em que o que se busca é uma morte digna.

---

[670] A expressão é de: DWORKIN, Ronald. *Domínio da vida*: aborto, eutanásia e liberdades individuais. São Paulo: Martins Fontes, 2003, p. 252.

[671] "Se a vida vale ser vivida, valerá ser vivida não importa em que terríveis condições? Qual a vida com dignidade?" CORTIANO JÚNIOR, Eroulths. *Alguns apontamentos sobre os chamados direitos da personalidade*, p. 51.

[672] Do grego, eutanásia, *eu* = bem + *thanatos* = morte, que significa, etimologicamente, a "morte boa", a morte sem sofrimentos e ortotanásia, *orto* = certo + *thanatos* = morte, que significa "morte certa". "Na eutanásia ativa (positiva ou direta), trata-se de uma ação médica pela qual se põe fim à vida de uma pessoa enferma, por um pedido do paciente (...). A eutanásia passiva ou negativa, chamada ortotanásia, não consistiria numa ação médica, mas na sua omissão, isso é, na não aplicação de uma terapia médica com a qual se poderia prolongar a vida da pessoa enferma". BARCHIFONTAINE, Christian de Paul de; PESSINI, Leo. *Problemas atuais de Bioética*. São Paulo: Loyola, 2002, p. 287

[673] A Bioética e o Biodireito se ocupam de uma lista extensa de situações que se apresentam na atualidade como manipulação de embriões, clonagem humana, genoma humano, organismos geneticamente modificados, eugenia, etc. Ocupa-se também de temas antigos como o aborto e a eutanásia. A eutanásia, por envolver um ato de disposição da própria vida, é a temática que será brevemente analisada. Até porque o objetivo é tratar da questão de saber em que condições a vida vale a pena ser vivida. Questionamento este que incessantemente ocupa filósofos e juristas e que está sempre presente na consciência de qualquer pessoa.

[674] Refletindo o mesmo entendimento sobre a ortotanásia: PEREIRA, Karin Cristina Kramer. *O Direito Privado e a Ortotanásia*: um Caminho para a Repersonalização, p. 261 e BORGES, Roxana Cardoso Brasileiro. *Disponibilidade dos Direitos da Personalidade e Autonomia Privada*, p. 235.

Este seria o caso de uma pessoa acometida de câncer terminal e que se nega a se submeter ao tratamento quimioterápico, sob o argumento de que se o fim é a única certeza, não há porque adiá-lo. A pessoa é medicada apenas com analgésicos para aplacar as dores, mas não ingere nenhum outro medicamento que tenha o intuito de prolongar o processo da morte. Outro exemplo é não colocar, ou mesmo retirar, o respirador em paciente terminal que não tem mais esperança de vida, o qual respirando deficitariamente acabará diminuída a função cardíaca, o que levará à morte.

Nestes exemplos, onde não há possibilidade de reversão do caso e o paciente tem consciência para manifestar sua vontade de morrer, deve prevalecer, no caso concreto, a autonomia da pessoa que busca morrer com dignidade. É em função da dignidade humana que se admite a abreviação da vida em determinadas situações, evitando o alargamento do sofrimento, já que o fim é inexorável.

O debate acirra-se um pouco mais quando o tratamento que seria ministrado traz possibilidade, mesmo que remota, de cura, ou ainda, quando o paciente encontra-se inconsciente em estado vegetativo persistente, mantendo-se vivo artificialmente por aparelhos ou mesmo só por sonda de alimentação, situação em que a morte não é necessariamente iminente. Na primeira situação, há que se considerar o fato de que a pessoa, por sua livre e autônoma vontade, opta pela morte porque entende que a probabilidade de sobrevivência não compensa o sofrimento que teria que suportar para o tratamento.[675] Na segunda situação, abrem-se possibilidades, diante do caso concreto, para que o Judiciário possa tomar uma decisão. Existe a possibilidade de aquele que vive vegetativamente tenha externado, ainda quando consciente, vontade de não manter sua vida nestas condições, ou aquele que manifestou convicção de que tudo deve ser feito para a mantença da vida, seja em que circunstâncias for. Sempre que a pessoa tenha externado vontade de manter sua vida até o fim, há que se respeitar tal decisão, já que a vida é essencialmente indisponível e o seu titular não pretendia dispor dela.[676] Diferentemente, quando a pessoa manifestou vontade, exercendo sua capacidade de autodeterminação, mesmo que antes do início do estado vegetativo, é de prevalecer sua vontade, sobrepondo-se a autonomia do paciente em decidir sobre sua própria existência, legitimando-se a disposição da vida e a prática da ortotanásia, desligando, por exemplo, os aparelhos que mantêm artificialmente a vida.

---

[675] Exemplificando esta situação, Dworkin traz o caso da nova-iorquina de quarenta e cinco anos, Patrícia Diane Trumbull, que estava com leucemia e se recusou a realizar o tratamento quimioterápico e o transplante de medula, mesmo sabendo que havia uma entre quatro possibilidades de sobreviver. DWORKIN, Ronald. *Domínio da vida*: aborto, eutanásia e liberdades individuais, p. 251.

[676] Dworkin traz o exemplo de uma viúva de setenta e seis anos de idade que, depois de ser submetida a uma cirurgia cardíaca, jamais tornou a sair da unidade intensiva e, passando por inúmeras crises, exigiu que os médicos sempre fizessem tudo para salvá-la, utilizando processo de ressuscitação em inúmeras situações. Afirmava que na sua família existia uma tradição de "lutar até o fim", como havia sido feito com o seu marido. Ela acabou falecendo de parada cardíaca, situação em que o processo de ressuscitação não foi suficiente para evitar a morte. DWORKIN, Ronald. Idem, ibidem, p. 263.

DIREITOS DA PERSONALIDADE

Problema maior é quando a pessoa que está em estado vegetativo irreversível pode manter-se artificialmente viva e não há provas claras de que expressou vontade enquanto consciente, ou pior, quando a família diverge quanto à expressão de vontade daquele que está em estado inconsciente. Estes casos exigem mais do Judiciário, o qual tem que decidir sobre a mantença ou não da vida, sem que se tenha clareza de que a própria pessoa, no exercício de sua autonomia, tenha manifestado vontade de abreviar sua vida. Se a família luta no Judiciário para obter autorização para retirada do suporte vital de alguém que vive como um vegetal, não seria o caso de acatamento?[677] Mesmo quando há divergência na família, será que a decisão mais ponderada não seria a de autorizar a retirada do suporte vital, permitindo que a pessoa tenha uma morte digna, ao invés de manter a vida que não pode ser vivida com dignidade?[678]

Os casos de ortotanásia, apesar de ocuparem juristas e magistrados, não contam mais com muitas divergências,[679] na medida em que se a vida não pode ser vivida com dignidade, é de ser conferida a legitimação para a disposição da vida e permitir a morte com dignidade. O que se busca é a legitimação de uma morte humana, já que a mantença de uma vida apenas tecnicamente, induzida por uma obstinação terapêutica é "ato profundamente anti-humano e atentatório à dignidade da pessoa e seus direitos mais fundamentais". A recusa em submeter-se a manobras tecnológicas que só fazem prolongar a agonia representa "um apelo ao direito de viver uma morte de feição humana e significa o desejo de reapropriação de sua morte, não objeto da ciência, mas sujeito da existência".[680]

---

[677] Nancy Cruzan viveu como um vegetal durante sete anos após ter sofrido um acidente que destruiu seu córtex cerebral por falta de oxigenação. Seus pais lutaram anos no Judiciário para que o suporte vital fosse retirado, argumentando que sua filha não desejaria viver nestas condições. Após inúmeros recursos, o suporte vital foi desligado em 1990, mas a autorização foi concedida depois de muitas derrotas, cuja justificativa era de que o estado tem interesse independente em preservar a vida humana a despeito de quais sejam os interesses do paciente. Diferente foi o caso de Anthony Blend, o qual foi atropelado por uma multidão em um estádio na Inglaterra e teve seus pulmões comprimidos. Com a falta de oxigenação no cérebro, entrou em estado vegetativo permanente. Os pais de Anthony buscaram autorização judicial para que os médicos retirassem o suporte vital, e o juiz concedeu a autorização, fundamentando sua decisão nos interesses do paciente, o qual, conforme relato da família e amigos, iria preferir morrer a continuar vivo em estado vegetativo. DWORKIN, Ronald. *Domínio da vida*: aborto, eutanásia e liberdades individuais, p. 252, 265/269 e 279.

[678] Famoso caso em que emergiram divergências foi o de Terri Schiavo. Depois de mais de uma década em estado vegetativo, seu marido buscou obter autorização para o desligamento do aparelho de alimentação, sustentando ser esta a vontade de Terri, mas os pais dela, ao contrário, sustentavam que ela jamais teria manifestado tal vontade. No litígio, o Judiciário acabou acatando o pedido do marido, autorizando o desligamento da alimentação, para permitir que a morte seguisse seu curso. Sobre o caso de Terri Schiavo e a retirada do tratamento, *vide*: http://www.ufrgs.br/bioetica/terri.htm, acesso em 15 de dezembro de 2007.

[679] A oposição basicamente provém dos grupos religiosos e ativistas que se opõem terminantemente a qualquer forma de abreviação da vida, sustentando a sua santidade e mantença a qualquer custo. Todavia, tal argumento não pode ter o condão de evitar a decisão pela morte com dignidade, principalmente em Estados laicos como o Brasil. Respeitando a livre convicção religiosa das pessoas, há que se desvincular a ideia de que a vida pertence a Deus, o que foi válido durante longos períodos históricos. Isso porque no sistema jurídico atual o pensamento religioso não se confunde com o jurídico.

[680] As passagens são de: BAUDOUIN, Jean-Louis; BLONDEAU, Danielle. *Éthique de la mort et droit à mort*. Paris: Press Universitaires de France, 1993, p. 89 *apud* BORGES, Roxana Cardoso Brasileiro. *Disponibilidade dos Direitos da Personalidade e Autonomia Privada*, p. 230.

Mais controversas são as situações que envolvem a eutanásia, já que esta atitude é considerada criminosa conforme a legislação brasileira. A eutanásia, ou eutanásia ativa, deve ser considerada como a situação em que a ação médica provoca a morte do paciente a seu pedido.[681] A eutanásia, ao contrário da ortotanásia, exige um agir positivo do médico para antecipar a morte, o qual é movido por um sentimento de piedade para com a pessoa que padece de doença incurável e sofrimento desumano.[682]

Na medida em que há uma intervenção provocativa da morte, há uma maior resistência quanto à aceitação de que em determinadas situações poderá ser melhor antecipar a morte do que viver sem dignidade. A eutanásia redefine os conceitos de vida e morte, já que a vida só vale a pena ser vivida se e com dignidade.

Situações curiosas, para além da utilização da eutanásia em casos de pacientes terminais conscientes ou mesmo inconscientes, têm-se no caso de pessoas tetraplégicas que estão longe da morte, mas expressam sentimento de que preferiam a morte a viver com tal limitação,[683] e pessoas que padecem de doença degenerativa mas que, mesmo com plenas condições de vida por anos, preferem abreviar sua vida antes que a doença lhes retire a consciência.[684]

No caso do tetraplégico, o qual necessita de intervenção de terceiro para a abreviação de sua vida, já que não pode suicidar-se, diante do caso concreto que evidencia a manifestação de vontade livre e consciente, há que prevalecer a autonomia do pessoa em detrimento de uma proteção da vida humana indepen-

---

[681] Refletindo o mesmo entendimento sobre a eutanásia: PEREIRA, Karin Cristina Kramer. *O Direito Privado e a Ortotanásia*: um Caminho para a Repersonalização, p. 250/251 e BORGES, Roxana Cardoso Brasileiro. *Disponibilidade dos Direitos da Personalidade e Autonomia Privada*, p. 233.

[682] Apenas para esclarecer, há também a figura do suicídio assistido que significa auxiliar o paciente para a morte, mas sem que a ação que põe fim à vida tenha partido do terceiro, mas sim do próprio doente. É o caso de qualquer pessoa, seja o médico, seja um familiar ou amigo, deixar à disposição do paciente uma droga em quantidade suficiente para causar a morte. Ou até mesmo a pessoa que alcança um revólver para pessoa que manifesta o desejo de abreviar sua vida, já que nas condições em que vive a vida não vale a pena ser vivida, já que desprovida de dignidade. Depois do suicídio, por razões óbvias, não há que se falar em punição daquele que atentou contra a vida. Todavia, conforme a legislação penal, foi cometido o crime de auxílio ao suicídio. Nestes casos, há uma evidente manifestação de vontade do paciente em abreviar sua vida. Trata-se de uma expressão autêntica de sua autonomia na busca de uma morte digna. Por esta razão, compartilha-se do entendimento de Luciana Batista Esteves, que sustenta uma descriminalização da conduta daquele que auxiliou o suicídio movido por sentimento de piedade. ESTEVES, Luciana Batista. *(In)Disponibilidade da vida?* Revista de Direito Privado, São Paulo, n. 24, p. 89-111, out.-dez., 2005, p. 100/103.

[683] O filme "Mar adentro" conta a história verídica que retrata esta situação. Ramón Sampedro, um espanhol que ficou tetraplégico após um mergulho, viveu 29 anos após o acidente contando com os cuidados de seus familiares e lutando pelo direito de "morrer dignamente", como ele mesmo dizia. Seu caso foi levado aos tribunais em 1993, postulando a legalidade da eutanásia, mas o pedido foi negado. Ramón dizia que "viver é um direito, não uma obrigação". Assim, diante das sucessivas negativas por parte do Estado em autorizar o procedimento da eutanásia, Ramón colocou em xeque a regulação da vida e da morte pelo Estado e pela Igreja e acusou "a hipocrisia do Estado laico diante da moral religiosa". Ramón não obteve jamais a autorização para abreviar a sua vida, sendo completamente desconsiderado o seu direito de autodeterminação pessoal e sua própria dignidade. Cometeu suicídio ingerindo cianureto, auxiliado por uma amiga, a qual apenas confessou o auxílio prestado, após sete anos do ocorrido, quando já operada a prescrição punitiva. Para mais detalhes sobre o caso, *vide*: http://www.comciencia.br/resenhas/2005/05/resenha1.htm, acesso em 15 de dezembro de 2007.

[684] Sobre os acometidos de Mal de Alzheimer e a possibilidade de disposição da vida, *vide:* DWORKIN, Ronald. *Domínio da vida*: aborto, eutanásia e liberdades individuais, p. 310/340

dentemente das escolhas individuais. Nesta colisão de direitos, deve prevalecer o respeito à dignidade humana acatando as decisões que a pessoa toma em relação à sua própria existência, situação em que o Judiciário deve conceder a autorização para a prática da eutanásia consentida, legitimando o ato de disposição da própria vida e garantindo o direito à morte digna.

A mesma resposta se dá aos casos de pacientes terminais conscientes ou inconscientes ou os vegetativos persistentes, que de alguma forma se comprove ou pelo menos se presuma a vontade de não manter a vida, já que esta não compensa o sofrimento. Talvez melhor que a ortotanásia seja a eutanásia, em que os médicos podem provocar uma morte rápida e indolor, antecipando o fim que é inequívoco.[685]

Nos casos de doença degenerativa, se ainda estiver em estado inicial com plenas condições de vida útil por alguns anos, parece ser mais adequado a realização de um testamento vital[686] expressando neste a vontade de abreviação da vida quando não mais tiver consciência para externar sua vontade. A abreviação da vida enquanto esta ainda tiver condições de ser vivida, apenas para aproveitar a consciência para o consentimento, abriria precedente para possíveis disposições de vidas saudáveis, o que parece ir de encontro aos fundamentos que legitimam o ato de disposição. Quando a doença estiver em estado avançado, situação em que a demência já retirou a consciência e, consequentemente, a capacidade de autodeterminação pessoal, se não houver manifestação cabal do consentimento, através de um testamento vital, por exemplo, é possível uma presunção de consentimento através das manifestações de parentes e amigos para garantir o direito de a pessoa ter uma morte digna, fundamento dos pedidos de autorização para a prática da eutanásia. Morrer com dignidade "mostra como é importante que a vida termine apropriadamente, que a morte seja um reflexo do modo como desejamos ter vivido".[687]

Dworkin conclui que mais dificultosas são as situações em que a pessoa já não pode exercer pessoalmente sua capacidade de autodeterminação. Mesmo nestas situações em que as pessoas não têm mais consciência de sua própria dignidade, esta deve ser respeitada, já que essencialmente inviolável diante da

---

[685] Dworkin sustenta que a proibição legal da eutanásia na maioria dos países e a aceitação da prática da ortotanásia produz um resultado aparentemente irracional, já que, por um lado, admite-se que as pessoas possam optar por morrer lentamente, vivenciando seu processo de morte de forma natural, recusando-se a receber tratamento ou mesmo desligando o suporte vital daqueles que vivem em estado vegetativo e, por outro lado, não podem optar por uma morte rápida e indolor que os médicos facilmente poderiam conseguir. DWORKIN, Ronald. *Domínio da vida*: aborto, eutanásia e liberdades individuais, p. 259.

[686] "O testamento vital é um documento em que a pessoa determina, de forma escrita, que tipo de tratamento ou não-tratamento deseja para a ocasião em que se encontrar doente, em estado incurável e incapaz de manifestar sua vontade. (...) No Brasil não há regulamentação sobre o testamento vital, mas admitimos sua validade, diante da autonomia da pessoa e do princípio da dignidade. Nos Estados Unidos esse documento tem valor legal, tendo surgido com o *Natural Death Act*, na Califórnia, na década de 1970". BORGES, Roxana Cardoso Brasileiro. *Disponibilidade dos Direitos da Personalidade e Autonomia Privada*, p. 239.

[687] DWORKIN, Ronald. *Op. cit.*, p. 280.

importância da vida humana.[688] Ingo Sarlet, não compartilhando de uma noção exclusivamente biológica da dignidade da pessoa humana, constatando a dimensão dúplice da dignidade, afirma o dever proteção por parte da comunidade e do Estado quando a dignidade estiver fragilizada e principalmente quando a pessoa não possuir capacidade de autodeterminação.[689] Assim, o tratamento digno é devido independentemente do seu fundamento, o que, no caso concreto, pode vir a ser argumento favorável para o ato de disposição da vida e garantia de uma morte digna preservando os interesses fundamentais da própria pessoa.[690]

Há quem sustente também que a vida é um direito, e não um dever e, por isso, é admissível o ato de disposição da vida para morrer com dignidade.[691] Há também quem sustente que a proibição da eutanásia ativa para aqueles que não têm condições de pôr termo à vida por ato próprio, suicidando-se, viola o princípio da isonomia.[692] Não obstante os argumentos que possam surgir, importante é que não se pode confundir o direito de morrer dignamente com o direito à morte. O direito de morrer dignamente é a reivindicação por vários direitos, como a dignidade da pessoa, a liberdade, a autonomia, a consciência; refere-se ao desejo de

---

[688] Ronald Dworkin, na obra Domínio da Vida, já amplamente citada, parte do pressuposto de que a dignidade é de ser respeitada já que decorre do valor intrínseco da vida humana. Adverte-se, no entanto, como faz Ingo Sarlet, que não é possível concordar com uma visão exclusivamente biológica da dignidade, afirmando que não são poucas as críticas que se fazem à designada "biologização" da dignidade. SARLET, Ingo Wolfgang. *Dignidade da pessoa humana e direitos fundamentais na Constituição Federal de 1988*, p. 49 e nota de rodapé nº 86. A dignidade se manifesta em diversas dimensões, uma delas é a dimensão ontológica, ligada à condição humana. Todavia, esta dimensão ontológica não pode ser confundida com uma noção exclusivamente biológica da dignidade. SARLET, Ingo Wolfgang. *As dimensões da dignidade da pessoa humana:* construindo uma compreensão jurídico-constitucional necessária e possível, p. 18/22. Sobre a inadequação do enfoque biologicista da pessoa humana, definindo o ser humano para além das características ontológico-naturais, mas também em perspectiva relacional do ser com os outros, permeada de manifestações históricas e culturais, também: SILVA FILHO, José Carlos Moreira da. *Pessoa humana e Boa-Fé Objetiva nas Relações Contratuais:* a Alteridade que emerge da *Ipseidade*. In: ——; PEZZELLA, Maria Cristina Cereser. *Mitos e Rupturas no Direito Civil Contemporâneo*. Rio de Janeiro: Lumen Juris, 2008, p. 296/304.

[689] SARLET, Ingo Wolfgang. *Op. cit.*, p. 49.

[690] Este é o posicionamento de Ronald Dworkin, o qual afirma que o demenciado ou o vegetativo tem direito a ter sua dignidade preservada. Dessa forma, não há espaço para a argumentação de que se a pessoa não tem mais a capacidade de entendimento do que lhe pode acontecer, seu destino estaria nas mãos dos médicos, já que a indiferença é o maior insulto à santidade da vida. As pessoas têm o direito de viver e morrer de acordo com o que defendem. Assim, devemos lutar por um sistema jurídico que incentive cada um de nós a tomar decisões individuais sobre a própria morte. Até porque a negação da liberdade de escolha é inimiga da democracia. Portanto, independente dos pontos de vista sobre a eutanásia, deve-se insistir que em uma Constituição verdadeiramente centrada em princípios, deve-se garantir o direito de as pessoas decidirem por si mesmas. É isso que deve ser levado em consideração quando do pedido judicial para autorização da prática da eutanásia. DWORKIN, Ronald. *Domínio da vida:* aborto, eutanásia e liberdades individuais, p. 342/343.

[691] "O artigo 5º da Constituição Federal de 1988 garante a inviolabilidade do direito à vida, à liberdade e à segurança, dentre outros. Ocorre que tais direitos não são absolutos. E, principalmente, não são deveres. O artigo 5º não estabelece deveres de vida, liberdade e segurança". BORGES, Roxana Cardoso Brasileiro. *Disponibilidade dos Direitos da Personalidade e Autonomia Privada*, p. 231.

[692] "O não reconhecimento da juridicidade da eutanásia ativa, como corretivo da impossibilidade fática de alguém em dar termo à própria vida, viola a isonomia, tendo em linha de conta que, outro, não padecendo de debilidade parelha, goza de tal prerrogativa". PÁDUA, João Pedro Chaves Valladares. *Eutanásia e a Igualdade*, p. 277.

ter uma morte humana, sem o prolongamento da agonia por parte de um tratamento inútil ou de uma deficiência tal que impeça a fruição da vida.

O que é verdadeiramente importante e que denota situação especial é que, nos casos em que a vida plenamente digna não parece possível e que a dignidade fala em prol da cessação da vida, se está diante de um confronto entre os bens jurídicos vida e dignidade de uma mesma pessoa.[693] Neste confronto, busca-se reconhecer a liberdade e autodeterminação da pessoa humana, protegendo-se com isso sua dignidade, em detrimento da mantença de uma vida contrariando os interesses da própria pessoa.[694]

Falar em confronto da dignidade e da vida pode parecer estranho à primeira vista, principalmente diante da vinculação biológica entre vida e dignidade, no sentido de que onde há vida há dignidade. Ingo Sarlet explica que tal entendimento reflete tradição europeia, estribada também no posicionamento do Tribunal Constitucional Alemão que sustenta uma fungibilidade entre vida e dignidade e, assim, a violação de um desses bens acarreta consequentemente a violação do outro.[695] A dignidade da pessoa humana conta com diferentes dimensões e por isso não há como acatar uma noção exclusivamente biológica, assim como também não é possível advogar por uma total desvinculação entre vida e dignidade.[696]

Ademais, nem mesmo a vida pode ser compreendida apenas no seu aspecto biológico. A vida humana é um fenômeno complexo que envolve o aspecto biológico, assim como o psicológico, de percepção do mundo interno e externo, e o espiritual, que representa a inteligência e vontade.[697]

Se não há dignidade sem vida também não deve haver vida sem dignidade. É justamente porque não pode haver vida sem dignidade que se verifica a possibilidade de um confronto entre estes bens. Michael Kloepfer resolve a problemática, sustentando que os bens jurídicos vida e dignidade são uma unidade e devem ser compreendidos de forma conjugada, ou seja, vida e dignidade, e não vida ou dignidade. Todavia, isso não significa que vida e dignidade tenham que "necessariamente repercutir em conjunto, de forma paralela, como elemento de reforço da proteção no sentido de um vínculo jusfundamental, isso é, como correspondência jusfundamental cumulativa. Pelo contrário; eles também podem entrar em conflito entre si no sentido de uma colisão de direitos fundamentais".[698] Ingo Sarlet, acom-

---

[693] KLOEPFER, Michael. *Vida e Dignidade da Pessoa Humana*, p. 157.

[694] "O consentimento do titular do direito fundamental pode justificar uma intervenção no direito à vida, todavia apenas na medida em que esta diz respeito a ameaças a direitos fundamentais. Mortes diretas por meio de atos estatais não podem, em contrapartida, ser justificadas por meio de um consentimento. Em todos os casos, o consentimento deve ocorrer de forma livre e com base numa decisão autônoma. Esta pressupõe, para a sua eficácia, uma explicação suficiente quanto aos riscos e às conseqüências da intervenção". KLOEPFER, Michael. *Op. cit.*, p. 179.

[695] SARLET, Ingo Wolfgang. *Op. cit.*, p. 88.

[696] Nesse sentido: SARLET, Ingo Wolfgang. *Dignidade da pessoa humana e direitos fundamentais na Constituição Federal de 1988*, p. 49, nota de rodapé nº 86.

[697] AMARAL, Francisco. *Direito civil*: introdução, p. 260.

[698] KLOEPFER, Michael. *Vida e Dignidade da Pessoa Humana*, p. 155/156.

panhando a posição de Kloepfer, complementa sustentando que compreender vida e dignidade de forma conjugada não implica na sua absoluta fungibilidade, até porque tais bens possuem âmbitos de proteção próprios e mesmo autônomos.[699]

Ademais, não existe nenhum direito de conteúdo absoluto, nem mesmo a vida assim o é, justificando-se a sua disposição diante da renúncia legitimada pela garantia da autonomia e da dignidade humana, o que somente é verificável diante do caso concreto. Até porque, se uma pessoa está apenas biologicamente viva, sua vida não pode ser usufruída por completo e uma vida proveitosa é aquela que pode ser vivida em todos os seus aspectos.

Diante da colisão de direitos fundamentais, somente no caso concreto, lançando mão do princípio da proporcionalidade, se poderá optar pelo bem constitucionalmente preponderante, servindo a dignidade humana de valor guia para a tomada de decisão. Ainda compartilhando do entendimento do professor alemão, Michael Kloepfer, para solucionar no plano prático a problemática em torno da vida e da dignidade, sustenta que

> (...) toda a intervenção à direitos fundamentais deve estar de acordo com a constituição do ponto de vista material e, em especial, atender o limite dos limites, devendo ser observada a garantia do núcleo essencial e a proibição de excesso (princípio da proporcionalidade em sentido amplo). Da proibição de excesso decorre que só podem resultar intervenções nos direitos fundamentais que são protegidos legalmente através de uma cláusula de inviolabilidade e intangibilidade, para a proteção de interesses públicos ou, no mínimo, de interesse privado de igual valor, na medida em que tais intervenções sejam, para a proteção desses interesses, adequadas, exigíveis e promocionais. Para a proporcionalidade em sentido amplo, de intervenções no direito à vida, há que estabelecer exigências especialmente altas. Isso vale sobretudo para intervenções terminativas do direito à vida. Elas só são permitidas para a defesa contra uma intervenção ilícita na vida ou em algum outro bem jurídico de grande valor.[700]

Ademais, somente é possível densificar a dignidade da pessoa humana diante do caso concreto. O conteúdo da dignidade humana não pode estar previsto em abstrato, já que a violação não se deixa constatar de forma genérica, mas tão somente diante das circunstâncias do caso concreto.[701] Até porque a dignidade humana é impregnada de conteúdo ideológico e político e depende da situação global, civilizacional e cultural da sociedade em que é invocada.[702]

O que se defende, portanto, é que a pessoa que padece de sofrimento atroz, no sentido de dor física e/ou psíquica, tem o poder de dispor de sua vida, exercendo positivamente seu direito, consentindo com sua abreviação, seja deixando a morte seguir seu curso natural, ou mesmo optando por uma antecipação da morte

---

[699] SARLET, Ingo Wolfgang. *Dignidade da pessoa humana e direitos fundamentais na Constituição Federal de 1988*, p. 89.

[700] KLOEPFER, Michael. *Op. cit.*, p. 180/181.

[701] SARLET, Ingo Wolfgang. *Op. cit.*, p. 55.

[702] KLOEPFER, Michael. *Op. cit.*, p. 159.

de forma indolor. Mais delicada é a situação de inconsciência do paciente, mas, partindo de um consentimento que presumidamente tenha sido manifestado anteriormente, é necessária a afirmação de uma esfera de disposição sobre o direito à vida, situação em que se legitima a renúncia ao direito à vida na vontade declarada de morrer com dignidade, já que a vida somente vale a pena ser vivida com dignidade. Compartilhando a ideia de Ingo Sarlet, há um mínimo existencial para uma vida com dignidade.[703] Assim, quando este mínimo não pode ser atingido, já que existem situações que comprometem a vida com dignidade, há que ser sopesada esta em detrimento daquela.

Não há dúvida de que se defende uma relativa disponibilidade do direito à vida. A vida é essencialmente indisponível, mas diante das circunstâncias do caso concreto, as quais revelam sofrimento insuportável para a pessoa que busca abreviar sua vida, é de se legitimar o ato dispositivo reconhecendo a prevalência da liberdade e da capacidade de autodeterminação pessoal.

A garantia da inviolabilidade da vida, como direito essencialmente indisponível que é, é fundamento do próprio Direito e, além disso, é uma expectativa moral, já que o meio social é sensível quanto à vida humana e não pode ser indiferente às condutas sociais que colocam em risco a própria vida. Essa premissa é fundamental para preservar os valores existenciais da própria sociedade, imperando nesta valores que devem servir para estabelecer certas condutas que podem ou não ser praticadas na vida em sociedade.[704] Nesse sentido que não há que se falar em um contrato sobre a vida, onde o contratante consente que o contratado abrevie sua "vida saudável".[705] Se a disponibilidade da vida fosse absoluta, o resultado seria o oposto daquele perseguido quando se afirma a existência de uma esfera relativa de disponibilidade.

Há situações em que a autodeterminação pessoal não pode prevalecer sobre a vida, sob pena de uma objetificação da vida e um severo distanciamento da dignidade humana, o que não é possível, já que valor central e guia de todo o ordenamento jurídico. Portanto, falar em indisponibilidade essencial e possibilidade de disponibilidade relativa, diante das circunstâncias do caso concreto, é possível e não é contraditório, já que nas duas situações o que se está buscando é a preser-

---

[703] SARLET, Ingo Wolfgang. *Dignidade da pessoa humana e direitos fundamentais na Constituição Federal de 1988*, p. 90.

[704] Defendendo a importância da autonomia, Dworkin sustenta que a sua "argumentação não pressupõe que as pessoas sejam ou devam ser indiferentes, como indivíduos ou membros de uma comunidade política, às decisões sobre o aborto que são tomadas por seus amigos, vizinhos, concidadãos e ouros seres humanos. (...) Em conjunto, as decisões individuais criam um ambiente moral que inevitavelmente influencia o que os outros podem fazer. Desse modo, a preocupação de uma pessoa com sua própria vida, bem como com a vida de seus filhos e amigos, dá-lhe um motivo para se preocupar com o modo como os outros, inclusive os estranhos, tratam o valor inerente da vida humana". DWORKIN, Ronald. *Domínio da vida*: aborto, eutanásia e liberdades individuais, p. 233/234.

[705] Tratando a indisponibilidade da vida no caso do "contrato sobre a vida", com pormenores: ESTEVES, Luciana Batista. *(In)Disponibilidade da vida?*, p. 96/99.

vação da própria dignidade.[706] Ademais, vida e morte são conceitos indissociáveis, e a morte digna é aquela que se contrapõe a uma vida indigna.

3.3.2. Direito ao próprio corpo e a subjetividade dos bons costumes

O artigo 13 do Código Civil brasileiro determina que "salvo por exigência médica, é defeso o ato de disposição do próprio corpo, quando importar diminuição permanente da integridade física, ou contrariar os bons costumes". Da simples leitura do artigo já se percebe que o legislador adotou uma postura proibitiva, dando a entender que a pessoa não tem o direito de dispor de seu próprio corpo, ressalvadas as situações em que o ato de disposição não importar em redução permanente da integridade física e não contrariar os bons costumes. Também conforme a regra, apenas a exigência médica é capaz de autorizar uma redução permanente da integridade física.

Imagine ter uma cápsula de vidro do tamanho de um grão de arroz, injetada dentro de sua pele? Instalar no corpo um *microchip* que emite identificação de frequências de rádio e que permite, por exemplo, o pagamento de contas através do cartão de crédito, sem que seja necessário portar o cartão, é no mínimo curioso. Não há dúvidas de que esta é uma nova possibilidade que se apresenta ao homem do século XXI e que importa, inexoravelmente, em ato de disposição do próprio corpo.

O instituto britânico para o estudo do setor de alimentação constatou que um em vinte londrinos estaria disposto à implantação de um *chip* intracutâneo que lhe permitisse andar sem portar dinheiro.[707] O *chip* também tem outras funções, como abrir as portas de casa dispensando o uso das "antigas" chaves[708] ou monitorar acessos de funcionários.[709]

Uma família espanhola tornou-se, em maio de 2002, a primeira família a usar *chips* injetados em camadas subcutâneas dos braços para monitorar o seu estado de saúde e permitir assistência médica rapidamente em caso de emergência.[710]

---

[706] "Se tivermos uma preocupação verdadeira com as vidas que os outros levam, admitiremos também que nenhuma vida é boa quando vivida contra as próprias convicções e que em nada estaremos ajudando a vida de outra pessoa, mas apenas estragando-a, se a forçarmos aceitar valores que não pode aceitar, mas aos quais só se submete por medo ou por prudência". DWORKIN, Ronald. *Domínio da vida*: aborto, eutanásia e liberdades individuais, p. 234/235.

[707] Informação contida no jornal londrino "Metro" de 11 de outubro de 2006.

[708] Reportagem "Con un chip bajo la piel" contida no jornal "El Mundo" de 15 de janeiro de 2006. *Vide:* www.elmundo.es, acesso em 25 de agosto de 2007.

[709] Informações sobre diversas possibilidades de utilização do chip intracutâneo é encontrada no site do fabricante da VeriChip: os chips que forma utilizados na família Jacobs e nos *vips* de *Baja Beach*. *Vide:* www.verichipcorp.com.

[710] "Los Jacobs se convirtieron en mayo de 2002 en la primera familia en llevar chips bajo la piel. Conocidos como 'Los Chipson' a partir de ese momento, Leslie, Jeffrey y su hijo Derek se insertaron en el brazo el microprocesador VeriChip para recibir asistencia médica rápidamente en caso de emergencia. El niño, de 14 años en ese momento, era alérgico a los antibióticos comunes, y su padre sufría el mal de Hodgkin, un tipo de cáncer".

Caso que gerou bastante repercussão na mídia foi o da boate *Baja Beach* na cidade de Barcelona.[711] A badalada casa noturna oferece aos seus clientes *vips* o implante de um *chip* intracutâneo que carrega um número de identificação, o qual, quando escaneado, identifica o cliente e permite o desconto do valor de suas despesas diretamente da conta corrente vinculada ao número identificador.[712]

Seja qual for a finalidade da utilização do *chip* intracutâneo, a questão que antecede é o fato de que para inseri-lo no corpo é necessária a utilização de uma seringa em procedimento que exige desinfecção e analgesia. A inserção de *microchips* no corpo humano somente é possível diante do consentimento da pessoa e se ela o fizer por ato de sua vontade, ou seja, ao praticar um ato de disposição do próprio corpo como expressão do seu direito de autodeterminação pessoal.

A questão dos *microchips*, ainda que cause certa perplexidade, não encontra maiores dificuldades quanto ao tratamento jurídico. É que o artigo 13 do Código Civil autoriza o ato de disposição do próprio corpo sempre que não importar em diminuição permanente da integridade física, não tratando de qualquer gradação da agressão a que o corpo será submetido.[713] Trata-se, pois, de uma situação que se enquadra na reserva legal, uma limitação voluntária a direito da personalidade autorizada em lei. E mais, é novidade oriunda das inovações tecnológicas que ainda causa perplexidade, mas não tardará a fazer parte do cotidiano das pessoas sem que chame mais a atenção especial ora dispensada. A inserção de *chip* intracutâneo pode ser comparada, no que toca ao ato de disposição do próprio corpo, ao corte de unhas e de cabelo ou a doação de sangue e de sêmen, situações estas que não mais geram discussões, porque completamente incorporadas nas práticas sociais.

A pessoa que se submete voluntariamente a experiências com novos medicamentos cujos efeitos curativos, e mesmo os adversos, são desconhecidos, está no exercício do direito de dispor de seu próprio corpo.[714] Não obstante os testes sejam realizados em níveis de segurança aceitável, se os efeitos são desconhecidos, o sujeito está se colocando em uma situação que poderá inclusive gerar consequências que importem em limitação da integridade física de forma permanente, o

---

Reportagem "Chips bajo la piel" retirada do site de notícias. Conforme: http://www.belt.es/noticias/2005/enero/10/chip.htm, acesso em 25 de agosto de 2007.

[711] Além do próprio *site* do clube www.bajabeach.es que anuncia "somos la primera discoteca del mundo en ofrecer el VIP VeriChip. Mediante un chip digital integrado, nuestros VIPs pueden identificarse como tal, así como pagar sus consumiciones sin la necesidad de aportar ningún tipo de documento", a informação pode ser colhida na reportagem "Barcelona clubbers get chipped" publicada no *site* da BBC em 29 de setembro de 2004 – www.news.bbc.co.uk – e na reportagem em versão portuguesa "Casa noturna de Barcelona instala chips em clientes vips" na *Folha Online*, acesso direto pelo link http://www1.folha.uol.com.br/folha/bbc/ult272u35667.shtml, acesso em 25 de agosto de 2007.

[712] Anderson Schreiber trata especificamente do "Direito ao próprio corpo nas pistas de *Baja Beach*" no seu artigo *Os Direitos da Personalidade e o Código Civil de 2002,* p. 237/238.

[713] SCHREIBER, Anderson. *Os Direitos da Personalidade e o Código Civil de 2002,* p. 238/239.

[714] Exemplo também utilizado por NOVAIS, Jorge Reis. *Renúncia a direitos fundamentais,* p. 266 e BITTAR, Carlos Alberto. *Os Direitos da Personalidade,* p. 79.

que, *a priori*, é vedado por lei. Neste caso, na ponderação dos valores postos em causa, leva-se em consideração o intento humanístico e solidário do ato.[715]

O fundamento do intuito humanístico e da solidariedade social não é vislumbrado em situações como a prática de esportes radicais como *Bung Jump*,[716] Vale Tudo,[717] corridas de carros, paraquedismo, alpinismo, os quais também colocam em risco a saúde e até mesmo a vida da pessoa. A legislação não trata da finalidade do ato de disposição do próprio corpo, assim, a finalidade pode ser, única e exclusivamente, os interesses pessoais.

A prática de esportes radicais importa na sujeição voluntária ao risco de limitar sua integridade física, sem um intento comunitário, mas tão somente pelo prazer de realizar o esporte. Conforme Carlos Alberto Bittar, o ato de disposição do próprio corpo para a prática de esportes radicais não encontra críticos, eis que existe uma aceitação geral da sociedade e dos participantes no que toca à prática. Sustenta que a legitimação da prática desse ato dispositivo se dá em função dessa aceitação social da conduta.[718]

A arte de enfeitar o corpo, ou *Bodyart*, é praticada por muitas pessoas, e os exemplos mais comuns são as tatuagens, desenhos realizados na pele, e os *piercings*, brincos de todos os tamanhos e formatos que podem ser colocados em diversas partes do corpo, desde a orelha, o nariz e o umbigo, até mamilos e órgãos genitais. Embora as práticas contem com grande aceitação social, algum posicionamento mais conservador poderá sustentar a sua ilegitimidade diante da proteção aos bons costumes, como estabelece o artigo 13 do Código Civil de 2002. Mas o que são bons costumes na sociedade contemporânea? O conceito é demasiado subjetivo e, como se verá, não é critério suficiente para aferição da legitimidade do ato de disposição.

---

[715] Necessário mencionar a solidariedade que, além de fundamento do Estado Democrático de Direito, é um dos postulados do substrato material da dignidade, como sustenta Maria Celina Bodin de Moraes. A autora entende que "a expressa referência à solidariedade, feita pelo legislador constituinte, estabelece em nosso ordenamento um princípio jurídico inovador, a ser levado em conta não só no momento da elaboração da legislação ordinária e na execução de políticas públicas, mas também nos momentos de interpretação e aplicação do direito, por seus operadores e demais destinatários, isso é, por todos os membros da sociedade. Se a solidariedade fática decorre da necessidade imprescindível da coexistência humana, a solidariedade como valor deriva da consciência racional dos interesses em comum (...)". MORAES, Maria Celina Bodin de. *O princípio da Dignidade Humana*, p. 17 e 45/46.

[716] "Estudante de 20 anos que morreu praticando *Bung-jump* em Araguari, no Triângulo Mineiro, Letícia Santarém Amaro, saltou de uma ponte de 50 metros de altura, presa por uma corda, que se rompeu. A empresa *Azi Mute Adventure*, que cobrou R$ 45 pelo salto, declarou que a morte foi uma "fatalidade". A polícia apreendeu o equipamento usado pela estudante e abriu inquérito. Reportagem "*Bung-jump*: estudante morre depois de saltar de uma altura de 50 metros" de 4 de julho de 2005 noticiada no saite http://jornalnacional.globo.com/Jornalismo/JN/0,,AA989896-3586,00.html, acesso em 25 de agosto de 2007.

[717] O Vale Tudo é uma mistura de todas as artes marciais, com algumas regras preestabelecidas. As principais lutas presentes na modalidade são: Box, *Muay Thai*, também conhecido como Box Tailandês, *Wrestling*, *Kick-boxing* e a mais popular de todas: o *Jiu-jitsu*. Acesso ao http://portaldovaletudo.uol.com.br em 25 de agosto de 2007.

[718] O autor ainda define esta situação como "exposição consentida ao perigo de lesão": BITTAR, Carlos Alberto. *Os Direitos da Personalidade*, p. 79/80.

Colocar um *piercing* ou fazer tatuagens no corpo são práticas que atualmente estão incorporadas no cotidiano da sociedade, possuem ampla aceitação, não suscitando, a princípio, discussão em torno dos bons costumes, ainda que muitos guardem sentimento preconceituoso em relação à prática. E quando a sociedade se depara com a atitude de uma estudante de belas artes que decidiu tatuar no seu corpo manchas pretas, imitando uma vaca holandesa malhada?[719] A definição imprecisa de bons costumes pode intentar frear atitudes como essa. Todavia, o obstáculo da eventual proibição poderia estar impedindo uma nova forma de expressão artística,[720] além de violar a autonomia e a liberdade que a pessoa possui para a condução de seus interesses existenciais.

A *Bodyart* é expressão da própria personalidade e se revela nas mais variadas formas que delineiam a sua própria identidade. As lesões à integridade física neste caso apenas afetam o próprio titular do direito, e mais, sequer configuram prática ilícita, na medida em que o consentimento com a restrição torna inexistente a lesão. Dá-se no âmbito do exercício positivo do direito, de disposição do próprio corpo, conforme seus interesses pessoais. A possibilidade de disposição do próprio corpo decorre justamente do direito de desenvolver livremente a personalidade, levando em conta a autonomia privada do titular do direito. Até porque a prática não importa em grande sacrifício à integridade física e, por isso, é bem aceita socialmente. Aliado a isso, a arte no corpo tem, ao menos, um fundamento estético,[721] autorizador da limitação voluntária resultante do exercício da autonomia privada, que é decorrente da própria tutela da dignidade humana.

A "arte" no próprio corpo pode também se manifestar através de uma modificação do formato das orelhas para que se assemelhem às de duendes, de um desgaste dos dentes para que fiquem pontiagudos como os de um tubarão, de uma incisão na língua para que pareça com a de um réptil, marcação da pele com metal em brasa para a formação de cicatrizes no desenho desejado,[722] implante de chifres de metal na cabeça ou ainda implante de objetos metálicos embaixo da derme, intentando dar relevo diverso ao corpo, dentre inúmeras outras práticas. Essas práticas são chamadas de *Body Modification.*[723]

---

[719] Priscilla Davanzo teve a ideia de colorir o corpo, submetendo-se a sessões de tatuagem para deixar sua pele com similitude ao couro de uma vaca. Priscilla afirma que a condição humana é muito superficial, fútil e que é muito chato ser humano. Entre suas queixas sobre a humanidade está a dificuldade digestiva, afirma que "não digerimos bem as idéias que recebemos de filmes, livros, jornais" e, por isso decidiu homenagear as vacas, porque elas digerem o bolo alimentar duas vezes. Priscilla é a personagem principal do curta–metragem *Geotomia* dedicada à *bodyart*. "Tatuagem de manchas de vaca em artista é tema de curta do Mix Brasil" é o título de notícia veiculada no saite: http://www.terra.com.br/cinema/noticias/2000/11/09/001.htm, acesso 22 de novembro de 2007.

[720] SCHREIBER, Anderson. *Os Direitos da Personalidade e o Código Civil de 2002*, p. 239/240.

[721] Nesse sentido, também: BORGES, Roxana Cardoso Brasileiro. *Disponibilidade dos Direitos da Personalidade e Autonomia Privada*, p. 196.

[722] Prática chamada de *branding*. Marcar a pele das costas para que no local se criem cicatrizes no intuito de simular o "corte de suas asas" é um exemplo dessa prática.

[723] Existem pessoas especializadas em *body modification*, são os chamados *body moders*. Diversas são as possibilidades: 1. *Escarificação*: cortes de bisturis com o intuito de formar uma cicatriz de acordo com o desenho

O extremismo de práticas de modificação corporal[724] muitas vezes importa em alteração permanente do corpo humano, por razões múltiplas, menos médica. Nestes casos, há um forte impacto de repulsa social e, assim, o senso comum pode vir a entender que são práticas que afetam os bons costumes. Todavia, essa repulsa não é generalizável, tanto é assim que muitas pessoas são adeptas ao *Body Modification* e, assim, há uma relativa aceitação destas práticas. Além de o conteúdo de bons costumes ser absolutamente subjetivo, não há como dar uma resposta jurídica a estas situações, pelo menos no plano civil,[725] porque não há como impor uma sanção contra a pessoa que consente com a agressão à sua integridade, renunciando a um direito fundamental por vontade própria e em atendimento aos interesses pessoais.[726]

---

desejado pela pessoa. 2. *Branding*: Aplicação de ferro quente na pele da pessoa com uma chapa de aço esquentada por um maçarico. Após a queima desta pele, forma-se uma cicatriz com o desenho desejado por quem faz a transformação. 3. *Bifurcação da língua ou "Tong Split"*: Cirurgia que divide a língua em duas partes. Há quem diga que em alguns casos dê até para mexer as duas partes separadamente. 4. *Implantes subcutâneos*: O *body moder* implanta um objeto (de silicone, osso, aço, etc.) sob a pele, formando um alto-relevo. 5. *Pocket*: É como se fosse um *piercing*, a diferença é que a haste fica para fora, e as pontas ficam subcutâneas. Pode ser feito no braço, na nuca, no tórax e no umbigo, dependendo da vontade de quem se interessa em fazer. 6. *Implante transdermal*: Implante de aço cirúrgico, no formato que quiser, colocadas entre a gordura da pele e o músculo, onde metade do objeto fica exposto e metade fica para dentro da pele. Pode ser feito em diversas partes do corpo, dependendo da vontade de quem se interessa em fazer. 7. *Surface:* O objeto implantado é como se fosse uma "trave ao contrário", onde as pontas ficar para fora da pele e a haste fica subcutânea. Lista veiculada no *site*: http://www.terra.com.br/jovem/falaserio/2006/11/28/001.htm, acesso em 10 de dezembro de 2007. Indicação de muitas outras formas extremadas de *body modification* encontra-se no *site*: http://wiki.bmezine.com/index.php/Category:Extreme_Modifications, acesso em 22 de novembro de 2007.

[724] Exemplo extremado de *body modification* é o de Felipe Augusto Klein, que tragicamente foi encontrado morto no depósito de lixo do prédio vizinho ao seu. O médico legista, incumbido da necropsia, atestou que o corpo era de aparência bastante incomum: todo o corpo era tatuado e existiam *piercings* em diversos órgãos, como lábios, orelhas, nariz, genitália e mamilos, alguns, inclusive, com alargadores permitindo orifícios com larguras maiores que um dedo. Não bastasse, havia dois pedaços de teflon em forma de chifres implantados na cabeça do menino, além de que, de entre os chifres, saíam três pinos metálicos pontiagudos. Ao final percebeu-se que a língua também estava alterada, tendo sido cortada ao meio. A língua bipartida dá conta de um sonho que o rapaz não conseguiu finalizar em função da abreviatura precoce de sua vida: parecer-se com um lagarto. Seu próximo passo seria o implante de próteses metálicas embaixo da pele para que esta ficasse com a textura do couro do lagarto. O saite do Jornal Já oferece reportagem de Renan Antunes de Oliveira que conquistou o Prêmio Esso de jornalismo em 2004, intitulada "A Tragédia de Felipe Klein". Conforme http://www.jornalja.com.br/felipeklein.php, acesso em 22 de novembro de 2007.

[725] Talvez a única resposta jurídica possível, nestes casos, seja a condenação daqueles que realizam tais práticas nas pessoas pelo crime de lesões corporais.

[726] As situações fáticas de modificação corporal nem sempre causam perplexidade, mas trazem contradições. As modificações corporais podem inclusive estar intimamente ligadas a práticas religiosas, absolutamente aceitas, mas que revelam sacrifícios à integridade corporal, como a circuncisão nos homens judeus e o autoflagelo dos fiéis católicos para purificação de suas almas. Roxana Borges, quando trata dos atos de disposição do próprio corpo nos casos ligados à religião, bem como nos casos de arte no corpo, afirma a existência de uma cultura da autolesão na sociedade brasileira contemporânea, a qual legitima a prática. BORGES, Roxana Cardoso Brasileiro. *Disponibilidade dos Direitos da Personalidade e Autonomia Privada*, p. 194. Por outro lado, a resistência às modificações corporais que não estão ligadas às práticas religiosas encontra resistência justamente de cunho religioso, principalmente católico. Sobre as práticas em outras culturas, o interessante artigo intitulado *Modern primitives and body modification* de Anja Nyberg, veiculado no *site*: http://www.bmezine.com/ritual/A10430/modprim.html, acesso em 22 de novembro de 2007. No mesmo *site* podem ser encontrados diversos outros artigos sobre o tema.

Os atos de disposição do próprio corpo, como a arte no corpo e mesmo as modificações corporais, são manifestações da autonomia e da liberdade da pessoa, sendo a expressão natural da identidade. Portanto, é uma manifestação do livre desenvolvimento da personalidade e, assim, não há que se falar em reprimir tais condutas, o que implicaria afronta ao princípio da dignidade da pessoa humana.[727] Ademais, há que lembrar que o Código Civil apenas coloca como limitador dos atos de disposição do próprio corpo aqueles que não provocam a diminuição da integridade física diante do subjetivo, nebuloso e muito ultrapassado, conceito de bons costumes.[728]

Por derradeiro, há que se referir os casos em que o ato de disposição do próprio corpo importa na diminuição da integridade física. Nestes casos, o requisito legal para a admissibilidade do ato dispositivo é a exigência médica.

É diante do critério exigência médica que se admite a automutilação nos casos de cirurgias de transgenitalização, autorizada mediante a finalidade terapêutica. O transexual sente um desconforto com seu sexo anatômico natural, já que psicologicamente pertencente ao sexo oposto. Há uma incompatibilidade entre o sexo biológico e o psíquico que gera uma rejeição do fenótipo e uma tendência à automutilação. Tal desconforto com o sexo anatômico foi diagnosticado como uma patologia chamada disforia de gênero, patologia esta cujo tratamento para a adequação é a cirurgia que leva à eliminação permanente de uma parte do corpo, permitindo uma nova identidade sexual e atendendo ao princípio da dignidade da pessoa humana do transexual.[729]

A cirurgia de transgenitalização, há pouco tempo, era tida como prática ilícita, que levava o médico a responder por crime de lesões corporais.[730] É fruto de um longo debate e de uma evolução ainda em progresso o reconhecimento de tal direito aos transexuais, o que somente veio a contar com a aceitação por parte dos tribunais brasileiros após a Resolução 1.652/02 do Conselho Federal de Medici-

---

[727] KONDER, Carlos Nelson. *O consentimento no Biodireito*: os casos dos transexuais e dos *wannabes*, p. 63.

[728] SCHREIBER, Anderson. *Os Direitos da Personalidade e o Código Civil de 2002*, p. 239.

[729] Abordando de maneira imperdível a questão do transexualismo, o filme Transamérica, dirigido por Duncan Tucker. *Bree* nasceu Stanley Osbourne, descobriu-se mulher e está às vésperas de realizar a cirurgia de transgenitalização, completando uma transformação que se arrasta por anos com tratamentos hormonais. De repente, descobre que tem um filho que deve ser resgatado do reformatório. A trama, expondo as contradições da moral puritana da América, leva *Bree* e *Toby* a embarcarem em uma jornada que mudou suas vidas, unindo-os definitivamente. Disponível em http://portal.rpc.com.br/gazetadopovo/cadernog/conteudo.phtml?id=582996, acesso em 25 de novembro de 2007.

[730] Em 1978, o Dr. Roberto Farina foi denunciado pelo Ministério Público pela prática do crime de lesões corporais por ter realizado uma cirurgia de reversão sexual. Na primeira instância, o médico foi condenado a dois anos de reclusão, mas na superior instância foi absolvido por dois votos a um. O voto do desembargador-relator confirmava a sentença, mas os demais integrantes da câmara entenderam que o médico havia realizado a cirurgia apenas com intuito curativo e, portanto, no exercício regular da profissão. Processo originário da 17ª Vara Criminal do Estado de São Paulo, tombado sob o nº 799/76. O caso é relatado na obra: CHAVES, Antônio. *Direito à vida e ao próprio corpo*: intersexualidade, transexualidade, transplantes. 2.ed., rev. e ampl. São Paulo: Revista dos Tribunais, 1994, p. 140/154.

na, que permite a realização da cirurgia sempre que o paciente for diagnosticado como portador de disforia de gênero.[731]

A constatação é que a exigência médica neste caso sobrepõe-se à autonomia do paciente e, portanto, o consentimento neste caso não é suficiente para a disposição do próprio corpo. Nesse sentido, Carlos Konder afirma que "embora imprescindível o seu consentimento, este nunca será suficiente, uma vez que este é mais um campo em que o ordenamento não prioriza a esfera da livre autonomia da vontade".[732]

Ainda no que toca à exigência médica, de ser referida a contribuição de Anderson Schreiber, o qual sustenta que, embora a resolução do Conselho Federal de Medicina tenha trazido benefícios ao plano prático, a discussão, nestes termos, "presta um desserviço", já que converte um debate que deveria se dar no plano ético e jurídico a um plano meramente técnico, reduzindo a questão da autodeterminação sexual ao tratamento de uma doença.[733]

Claro que o critério da exigência médica tem sido festejado pela doutrina, até porque tal critério foi o utilizado para fundamentar a autorização para a prática das cirurgias de transgenitalização. Todavia, evidentemente que os elogios ao referido critério são questionáveis, já que quando se recorreu à interpretação médica para a solução do problema foram alterados os termos tradicionais do debate sobre o transexualismo, que sempre foi pautado na contraposição entre o direito à liberdade sexual e a integridade física. Quando se utiliza o critério da exigência médica para afirmar a possibilidade da prática cirúrgica se está fazendo uma ponderação entre o direito à integridade psicofísica e o tratamento médico destinado a esta própria integridade psicofísica. Dessa forma, a discussão se reduz simplesmente à questão da integridade psicofísica e, além disso, o transexualismo passou a ser considerado como uma espécie de doença, o que reflete a antítese da ideologia de todos os grupos que defendem a liberdade sexual em todas as suas formas.

A fundamentação para autorizar a cirurgia de transgenitalização deveria ser a contraposição entre o direito à liberdade sexual, ou até mesmo o direito à identidade pessoal, e o direito à integridade física, sendo que, ponderados os interesses no caso concreto, seria dado o privilégio ao direito de liberdade sexual. O critério médico, nessa situação, poderia até ser dispensável, porque a solução dos casos concretos deve ser pautada pela interpretação do Direito, e não apenas relegada a critérios meramente técnicos como a exigência médica.

---

[731] A Resolução 1.652/2002, considerando ser o paciente transexual portador de desvio psicológico permanente de identidade sexual, com rejeição do fenótipo e tendência à automutilação e ou autoextermínio, autoriza, conforme o artigo 1º, a realização de cirurgia de transgenitalização do tipo neocolpovulvoplastia e/ou procedimentos complementares sobre gônadas e caracteres sexuais secundários como tratamento dos casos de transexualismo. A íntegra da resolução é encontrada no saite: http://www.portalmedico.org.br/resolucoes/cfm/2002/1652_2002. htm, acesso em 15 de dezembro de 2007.

[732] KONDER, Carlos Nelson. *O consentimento no Biodireito*: os casos dos transexuais e dos *wannabes*, p. 70.

[733] SCHREIBER, Anderson. *Os Direitos da Personalidade e o Código Civil de 2002*, p. 244.

Embora a liberdade sexual e o direito de autodeterminação fossem suficientes para legitimar o ato de disposição do próprio corpo em atendimento à dignidade do transexual, no estado atual da questão e em função da legislação vigorante, leva-se em consideração, neste caso, a exigência médica como fator de ponderação para a admissibilidade do poder de disposição no caso concreto.

Há, por outro lado, situações que atentam contra a integridade física das pessoas e que não contam com a exigência médica para a legitimação do ato de disposição, já que não há, na grande maioria dos casos, uma finalidade terapêutica. Este é o caso das cirurgias plásticas e tratamentos estéticos. Todavia, estas são práticas amplamente difundidas e aceitas no meio social, não revelando necessidade de debate no plano jurídico.

Espantosos são os casos dos chamados *Amputees Wannabes*. Também chamados de apotemnófilos, são pessoas que manifestam desejo compulsivo de amputar algum membro específico, embora não estejam fisicamente doentes, sob o argumento de que seu corpo não corresponde à sua verdadeira identidade, já que não conseguem entender como seu o membro que pretendem extirpar.[734]

O desejo de amputação de algum membro gera uma inevitável vinculação ao caso dos transexuais. Todavia, no Brasil, para estes há a regulamentação médica autorizando a intervenção com a finalidade terapêutica em face da patologia caracterizada; já nos casos dos "amputados por opção" não há qualquer regulamentação no sentido de admitir a legitimação da cirurgia, já que a causa e o possível tratamento ainda não foram cientificamente determinados. Nestes casos, há um dever maior de o Estado, em face do ordenamento jurídico vigente, zelar pela saúde e integridade corporal das pessoas como decorrência lógica da proteção devida à dignidade da pessoa humana.

Ao contrário da arte e da modificação corporal, situações em que o consentimento da pessoa é suficiente para autorizar o ato de disposição sobre o próprio corpo, já que se trata da expressão da liberdade e autodeterminação pessoal, bem como ao contrário do caso das cirurgias de transgenitalização em que deve ser privilegiado o direito de identidade pessoal e o consentimento também funciona como manifestação da autodeterminação, no caso dos *wannabes*, o consentimento não se basta para legitimar o poder de disposição, devendo este ser repelido na

---

[734] Os *Wannabes* são pessoas que não se sentem bem com algum de seus membros. São pessoas que desejam viver, mas em um corpo que sintam como seu e, para isso, buscam a extirpação dos membros que não sentem como seus, como pernas e braços, por exemplo. Os *wannabes* não são tão poucos assim, várias são as comunidades na internet, com milhares de integrantes, que partilham do mesmo desejo. Há também os chamados *amputees-by-choise*, ou ex-*wannabes*, os quais relatam suas experiências de extirpação de seus membros e como estão hoje muito mais felizes e realizados do que antes. Inúmeros são os saites de grupos de discussão veiculados na internet, além de vídeos com as imagens e relatos, como por exemplo, o de um homem chamado Carl Elliot, o qual, obcecado com a ideia de ter suas pernas amputadas e sem lograr autorização médica para tanto, colocou suas pernas em um tanque com gelo e lá permaneceu durante seis horas até que fosse conduzido ao hospital que, diante do quadro, necessariamente teve que realizar o procedimento de amputação para evitar a gangrena. O relato está no *site*: http://www.youtube.com/watch?v=Pcb2L9UMUzc, acesso em 25 de novembro de 2007. No mesmo *site* encontra-se um documentário sobre estes casos intitulado *"The wannabe apotemnophilia BIID documentary"*.

medida em que afronta a dignidade da pessoa humana.[735] É nesta perspectiva que Perlingieri sustenta que o simples consentimento não pode ter o condão de tornar lícita conduta que o ordenamento jurídico imputa como ilícita. Há um limite para o exercício da liberdade e da autonomia; esta não significa arbítrio, e o limite está na própria dignidade humana. Assim, admitir um ato de autonomia validando o consentimento no caso dos *wannabes*, no atual estado legal e científico, seria mais um retorno ao dogma da vontade, colocando em derrocada toda a construção da dignidade para a superação do voluntarismo moderno que tinha "o direito sobre o próprio corpo quase que de conteúdo proprietário".[736]

O que ocorre é que nos Estados Unidos e na Europa há um amplo debate em torno das pessoas que se amputam por vontade própria, o que vem preocupando a comunidade jurídica. Inclusive a medicina já vem identificando estes distúrbios de adequação anatômica como uma patologia chamada *Body Integrity Identity Disorder* – BIID. Com base neste distúrbio que um cirurgião escocês amputou as duas pernas de um paciente, sustentando que apenas cumpriu com uma "exigência médica" diante do sofrimento atroz demonstrado pelo paciente, o qual, inclusive, seria capaz de recorrer a qualquer outro mecanismo para lograr a automutilação, o que poderia acarretar maiores danos à sua saúde, ou mesmo a morte.[737]

O diagnóstico do distúrbio psicológico que acomete estas pessoas, ainda em debate no plano internacional, é um primeiro passo para que não tarde haja uma resolução permitindo esta prática médica. É nesse sentido que Anderson Schreiber anuncia que o critério da exigência médica aliado a uma supervalorização desse parâmetro pelos juristas pode vir a estimular uma abordagem desfavorável em certas questões.[738] A exigência médica, nesta situação, em vez de funcionar como fundamento para a realização da cirurgia de amputação, poderia ser no sentido de indicação para tratamento psicológico. Nada mais lógico, tratando-se de uma patologia psicológica, o tratamento é a terapia, e não a cirurgia.

---

[735] No mesmo sentido: KONDER, Carlos Nelson. *O consentimento no Biodireito*: os casos dos transexuais e dos *wannabes*, p. 63.

[736] PERLINGIERI, Pietro. *Perfis de Direito Civil*, p. 299.

[737] O desejo compulsivo por ver um membro do corpo amputado leva muitas pessoas a buscarem o mercado negro das amputações ou mesmo lançar mão de outros mecanismos como armas de fogo, machados e até se colocarem em uma linha de trem para lograr a automutilação. Sobre isso, a reportagem publicada em 6 de abril de 2006 no ABC News, intitulada *"What drives people to want to be amputee?"*. www.abcnews.go.com, acesso em 25 de novembro de 2007. Também a reportagem *"Choice" Gone Mad: Amputee Wannabes*, no saite http://bioethicsnews.com/2007/01/30/choice-gone-mad-amputee-wannabes/ acesso em 13 de outubro de 2007. Outras reportagens podem ser encontradas no site do jornal britânico *The Guardian*: www.guardian.com.uk

[738] "Vê-se que o critério da exigência médica, visto por juristas com certo temor reverencial, pode assumir, muitas vezes, contornos tão flexíveis quanto os que caracterizam uma eventual alusão à exigência jurídica, com interpretações e nuances tão múltiplas quanto as que decorrem das próprias normas que procuram regular a dramática questão da disposição do próprio corpo. A verdade é que tais controvérsias encerram escolhas que não são biológicas, mas valorativas, para as quais um jurista não está, portanto, menos habilitado do que um clínico. E aqui, como em outros campos, não é verdade por inteiro, tampouco o será a verdade médica. O melhor remédio há de surgir não da prevalência de uma sobre a outra, como sugere o artigo 13 do Código Civil, mas de sua efetiva combinação". SCHREIBER, Anderson. *Os Direitos da Personalidade e o Código Civil de 2002*, p. 246.

Este cenário evidencia que o critério da exigência médica pode ser perigoso, já que pode culminar com a determinação, pelo Conselho Federal de Medicina, de que a cirurgia é o tratamento adequado nestes casos, mas evidentemente que tal órgão está fazendo uma preliminar análise de valores, uma ponderação de valores que pode ser contrária a axiologia constitucional. É nessa medida que a exigência médica é um critério que deve ser controlado pelos juristas.

Muito embora haja uma tendência favorável ao caso das cirurgias de transgenitalização, até porque existe a reivindicação quando ao direito de liberdade e identidade sexual, no caso do *amputees* a questão é bem mais controversa e mostra como o critério da exigência médica não pode ser o único fundamento de uma decisão tão drástica com relação aos atos de disposição do próprio corpo.[739]

Ainda que possa existir a exigência médica calcada na patologia disforia de adequação anatômica, não há, na ponderação do interesses contrapostos, um direito fundamental de tal importância nos casos dos *amputees* que justifique a limitação permanente da integridade física. Neste caso, o juízo de valor deve levar à conclusão de que a amputação de um membro saudável viola a dignidade da pessoa humana.

A controvérsia que, inequivocamente envolve escolhas valorativas, deve levar em conta a avaliação do caso concreto, que exige interpretação do direito, e o critério médico pode até servir de fundamento combinado, mas não pode ser o único.

---

[739] Neste sentido, embora admita-se a difícil conjuntura de se estabelecerem parâmetros e diretrizes válidos para todos os casos, deve-se levar em conta, segundo os critérios e informações já tratadas neste texto, existir uma significativa diferença entre os casos dos transexuais e dos *amputees*. No que toca aos transexuais, a disforia de gênero, caracterizada como distúrbio ou disfunção também de ordem psicológica, acomete elemento indissociável da personalidade humana, qual seja: a sua sexualidade, incorporada no direito de identidade pessoal. Entende-se que a indispensabilidade de laudo médico, para efeito de caracterizar esta incidência de ordem psicológica, consubstancia a anuência técnica de que o paciente padece de sua natural situação anatômica, não conseguindo conviver plenamente com esta no plano de sua sexualidade. Por outro lado, a insuportabilidade de que padece o *wannabe* está projetada basicamente na sua dimensão psíquica, dimensão esta a ser tratada pelo profissional da medicina e não por ela justificada a ponto de se poder autorizar qualquer sorte de mutilações. No caso dos transexuais, a disposição do próprio corpo é admitida diante do confronto entre este e o direito a identidade pessoal, mais especificamente, sua identidade sexual. Desta controvérsia constitucionalmente relevante, consegue-se aferir a valia deste último direito como aspecto a ser considerado diante dos eventuais casos concretos. Por outro lado, não se consegue vislumbrar, diferentemente do caso dos transexuais, direito fundamental digno de invocação a ser ponderado diante do direito à integridade e ao próprio corpo quando se está diante do caso dos *wannabes*, cuja reivindicação, pelo menos até o presente momento, ainda não conseguiu autonomia a ponto de se possibilitar alguma ponderação. Noutros termos, não nos parece que a prática amputativa, em si mesma, seja uma categoria autônoma suscetível de uma abrangente e total classificação de incorporação ou aversão aos ditames constitucionais; a amputação, se tomada para a realização de procedimento cirúrgico com o fito de promover a salvaguarda de um legítimo direito incorporado ao estatuto de personalidade e dignidade humanas – a sexualidade – aqui resulta em consonância aos preceitos do Texto Maior. Contudo, tendo em conta a prática dos *amputees* e *wannabes*, quer-se crer, repisa-se, em princípio, tratar-se de uma intencionalidade projetada ainda no âmago estritamente estético, ainda não fortificada em sede predominantemente tributária de um direito de personalidade; quando muito, a vontade partidária na auto-mutilação recolhe na força destes pequenos grupos uma carga ainda bastante desgarrada do conceito difuso e democrático a conceder-lhe lastro suficiente de incorporação aos direitos desta ordem.

Ademais, nem mesmo o consentimento da pessoa aliado à exigência médica pode ser suficiente neste caso. Diante da prevalência do princípio da dignidade da pessoa humana, o mais razoável é considerar insuficiente o consentimento para legitimar a prática de cirurgias de amputação, até porque ainda não há sequer um posicionamento consolidado na medicina sobre tal disfunção.[740] Conclui-se junto com Carlos Konder que, embora o tratamento radical da amputação possa vir a ser considerado o mais adequado pela medicina no futuro, na atual conjuntura, tal prática "parece ferir a dignidade dessas pessoas mais do que realizá-las", já que a vontade e a autonomia somente podem ser valorizadas quando operarem como projeção da dignidade humana e o consentimento somente será suficiente quando expressar o livre desenvolvimento da personalidade, mas jamais ser utilizado como instrumento para legitimar atos que afrontam a dignidade humana.[741]

3.3.3. Direito à privacidade em tempos de internet e reality shows

A Constituição e o Código Civil brasileiros determinam que a vida privada e a intimidade são invioláveis.[742] Serão mesmo invioláveis? Simples análise do cotidiano das pessoas leva à conclusão de que a privacidade das pessoas está sujeita a sistemáticas violações. Vive-se numa sociedade vigiada, com câmeras, revistas em aeroportos, bancos de informações virtuais que armazenam dados pessoais[743]

---

[740] Novamente, e aqui com mais vigor, é de se referir que a única resposta jurídica neste caso seria processar criminalmente por lesões corporais o médico que realizar uma cirurgia de amputação, já que contra a pessoa não há resposta possível, na medida em que o mal provocado não atingiu terceiro, mas tão somente a si próprio.

[741] KONDER, Carlos Nelson. *O consentimento no Biodireito*: os casos dos transexuais e dos *wannabes*, p. 66 e 71.

[742] É dever salientar que a privacidade ganhou maior *status* na ordem jurídica quando foi garantida pelo legislador constitucional através da proteção da vida privada e da intimidade. Mas não é somente a Constituição de 1988 que garante expressamente esse direito; a vida privada também é garantida pelo Código Civil de 2002. Há quem utilize estes termos como sinônimos, outros distinguem. Se é que se faz necessário uma distinção, a personalidade pode ser entendida em perspectiva mais ampla, como um gênero. Neste caso, a intimidade deve ser entendida a partir de um âmbito mais restritivo, seria aquilo que alguém reserva para si, os seus mais recônditos sentimentos e segredos. A intimidade não repercute socialmente, não faz parte da "vida de relações", e , por isso, diz-se que é o mais exclusivo direito da personalidade. FERRAZ JÚNIOR, Tércio Sampaio. *Sigilo de dados*: direito à privacidade e os limites à função fiscalizadora do Estado. Revista da faculdade de Direito da USP, São Paulo, n. 88, p. 439-458, 1993, p. 440.

[743] Como salienta Gustavo Tepedino, a tutela da intimidade está na ordem do dia diante do "Computador Bisbilhoteiro", artigo publicado na página de opinião do Jornal do Brasil, em 3 de outubro de 1989. O devassador progresso científico dá conta de um aspecto ainda inexplorado de violação da privacidade no que toca à administração dos bancos de dados, já que a memória eletrônica permite incontáveis associações de fatos, ideias e informações. O chamado cruzamento de dados ou de informações atribui um enorme poder ao detentor dos dados atinentes à intimidade alheia, já que permite um estoque formidável de informações e, assim, não constituiria obra de ficção conjecturar uma alarmante intromissão na vida alheia. Não tardará estaremos sendo vigiados pelo "Grande Irmão", aquele que tudo sabe, tudo vê e escuta, em uma perfeita ditadura totalitária, anunciado por George Orwell, na obra 1984. ORWELL, George. *1984*. 29.ed. São Paulo: Companhia Editora Nacional, 2005. Para a análise detalhada sobre a privacidade e a proteção dos dados pessoais, a obra, amplamente citada de Danilo Doneda, "*Da privacidade à proteção de dados pessoais*".

e mesmo a mídia, que a cada dia se torna mais agressiva, devassando a vida das pessoas, principalmente dos famosos, nas atitudes mais corriqueiras.[744]

Embora os ataques à vida privada causem maior repercussão, não há como negar que essa "sociedade transparente" acaba gerando comportamentos sociais amplamente aceitos e corriqueiramente praticados que importam na devassa da vida privada provocada pelas próprias pessoas. Ademais, o impacto que a revolução tecnológica vem causando também diz com o direito à privacidade, principalmente em função da *internet* e o seu fluxo de trocas de informações. Em legítimo ato de disposição da privacidade, as pessoas, por vontade própria, relatam suas vidas em diários eletrônicos, os *Blogs*, disponibilizam vídeos, inclusive de cenas mais íntimas, em *sites* como o *Youtube,* descrevem seu perfil em *sites* de relacionamentos como o *Orkut*, permitem a filmagem de sua vida íntima em tempo real através de *webcams,* sem falar naqueles que ingressam no fenômeno mundial de audiência *Big Brother*,[745] situação em que os indivíduos têm a sua privacidade completamente suprimida, transmitindo ao vivo o cotidiano das pessoas.[746] Os novos recursos tecnológicos abriram um leque de possibilidades, mas as revistas que se destinam a mostrar a vida privada de pessoas famosas e as biografias autorizadas são exemplos de práticas completamente incorporadas na sociedade.

---

[744] Na sessão da revista "Quem Acontece" intitulada "Eles são como nós", a qual se destina a mostrar cenas da vida real e comum das celebridades, na edição 372, de 26 de outubro de 2007, afirmou que se eles são como nós, "Mostram o "cofrinho" sem querer". A atriz Jennifer Garner, mulher do ator Ben Affleck, deixou a calcinha e outras coisas de fora enquanto brincava com Violet, a filha de um ano e dez meses, no *Cental Park,* em Nova Iorque. O mesmo acontece com a princesa de Mônaco, Caroline, que dentre uma infinidade de fotos suas publicadas na imprensa alemã, há uma em que ela está "simplesmente tropeçando". No Brasil, o escândalo que foi a divulgação, na rede mundial de computadores, do vídeo que retratou Daniela Cicarelli e seu namorado mantendo relação sexual em uma praia espanhola, uma legítima violação da vida privada, já que a notoriedade da pessoa não tem o condão de se sobrepor a esta proteção. Sobre os dois últimos casos e suas repercussões jurídicas, além de muitos outros: LEWICKI, Bruno. Realidade refletida: privacidade e imagem na sociedade vigiada. *Revista Trimestral de Direito Civil*, Rio de Janeiro, n. 27, p. 211-219, jul.-set., 2006.

[745] O *Big Brother* é apenas uma das modalidades de *reality shows*, o qual tem o intuito de revelar o dia a dia de um grupo de pessoas confinadas em uma casa, deixando ao público que assiste ao programa o poder de semanalmente eliminar um participante até que o último saia vencedor. Esse formato de produto televisivo é uma das formas mais lucrativas que envolve a venda de direitos de reprodução. Empresa que provocou a grande revolução de produção televisual nos últimos anos é a Endemol, uma produtora de televisão holandesa, especializada em *reality shows*, a qual criou mais de 300 programas nesse formato, transformando-os em febre mundial.

[746] A licitude da emissão dos *reality shows* é tema de obra específica, já citada, de autoria de Canotilho e Jonatas Machado. Os autores lusitanos apontam posição na doutrina alemã contrária à emissão destes programas, sustentando que estes "coisificam" as pessoas e, portanto, afrontam o princípio da dignidade da pessoa humana. Tal posição é, por eles, duramente criticada, os quais afirmam, na esteira de um direito geral de liberdade, de um direito de livre desenvolvimento da personalidade, de um poder de autodeterminação pessoal, aliado à impossibilidade de fixação de concepções homogêneas sobre os direitos da personalidade, que não há razões constitucionais relevantes que possam pôr em causa o modelo dos *reality shows* em si mesmos. Sustentam ainda que em uma sociedade pautada na liberdade de comunicação e expressão, deve ser garantida a liberdade de programação, ou seja, o poder público não pode impedir ou condicionar a difusão de quaisquer programas, salvo se tais programas coloquem em risco outros direitos fundamentais. Portanto, quando afirmam que o modelo dos *reality shows* não pode ser posto em causa em si mesmo, significa dizer que tais programas são absolutamente viáveis, desde que não coloquem as pessoas em risco, como por exemplo, programa que imponha que os participantes fiquem sem comer até as suas últimas resistências. CANOTILHO, Joaquim José Gomes; MACHADO, Jonatas. *"Reality Shows" e liberdade de programação.* Coimbra: Coimbra Editora, 2003.

A privacidade, na sua concepção tradicional, ligada ao pensamento norte-americano, implicava apenas um direito negativo, o direito de ser deixado em paz ou *right to be let alone*.[747] Atualmente, por impulso da doutrina europeia, a privacidade passou a ser encarada de forma mais ampla, para além do direito negativo; é também direito ativo, as pessoas têm o direito de controlar a circulação de suas informações pessoais.[748] Trata-se da gestão das próprias informações.

O conceito de privacidade é compatível com diferentes concepções, e o adotar de uma ou outra concepção pelo titular do direito é algo que não pode ser condenado, já que não se pode impor uma determinada concepção fixista sobre algo quando a sociedade é composta de milhões de pessoas com diferentes visões de mundo. O direito é à privacidade e isso não pode ser transformado em um dever de privacidade. Os direitos da personalidade devem, como já dito, ser constituídos também em um espaço de livre desenvolvimento e isso não se coaduna com uma ordem de valores dada e prefixada.[749]

Aliás, na medida em que a privacidade passa a ser compreendida também como um poder de controle sobre a circulação de informações pessoais, ofuscam-se as fronteiras entre o direito à privacidade e o direito à imagem.[750] Não há dúvidas de que as fotografias veiculadas nas revistas mostrando a vida íntima das pessoas, mesmo os *reality shows* e os vídeos colocados na internet, são situações que envolvem tanto a privacidade como a imagem.

Embora esta concepção positiva do direito à privacidade seja relativamente recente na construção doutrinária jurídica, já há algum tempo Hannah Arendt sustentava que a privacidade tem como um de seus fundamentos o princípio da exclusividade, o qual enuncia essencialmente três exigências: a solidão ou o desejo de estar só, o segredo ou a exigência de sigilo e a autonomia, da qual deflui a liberdade de decidir sobre si mesmo como centro emanador de informações.[751] Pontes de Miranda também já anunciava que a privacidade, por ele denominada intimidade, consiste em um exercício da liberdade que se manifesta no fazer e no não fazer, revelar ou não revelar os assuntos de sua vida privada. O titular tem o direito de velar a intimidade ou o direito de expô-la ao público.[752]

---

[747] Em 1890, uma advogado norte americano chamado Samuel Warren, inconformado com a divulgação pela imprensa de matérias sobre a sua esposa, decidiu, juntamente com seu colega Louis Brandeis, defender judicialmente o "direito a ser deixado em paz" ou o "*right to be let alone*". Esse foi o impulso para que eles escrevessem um artigo intitulado "*The right to privacy*" publicado na revista da faculdade de Harvard, o qual se tornou um clássico e marcou uma nova fase na defesa da privacidade e da intimidade. Conforme: TEPEDINO, Gustavo. *Informação e Privacidade*. In: ——. *Temas de direito civil*, p. 536.

[748] Sobre essa mudança na concepção da privacidade: LEWICKI, Bruno. *Realidade refletida*: privacidade e imagem na sociedade vigiada, p. 217/218.

[749] CANOTILHO, Joaquim José Gomes; MACHADO, Jonatas. "*Reality Shows*" *e liberdade de programação*, p. 56/57.

[750] LEWICKI, Bruno. *Op. cit.*, p. 217.

[751] FERRAZ JÚNIOR, Tércio Sampaio. *Sigilo de dados*: direito à privacidade e os limites à função fiscalizadora do Estado, p. 439-458, 1993, p. 441/442.

[752] PONTES DE MIRANDA, Francisco Cavalcanti. *Tratado de Direito Privado*, v. VII, p. 126.

Essa mudança de perspectiva que acabou delineando um direito que assegura a cada pessoa a tomada de decisões sobre sua vida privada, gerando um controle sobre as informações pessoais, o que implica um direito de autodeterminação informativa, permite que as pessoas compartilhem sua vida privada e, portanto, não há que se falar em violação à privacidade.[753] Pode-se dizer, nessa medida, que ao direito sobre a vida privada se agrega um componente de liberdade.[754] Todavia, se é verdade que a disposição da privacidade por parte do titular do direito abranda a tutela negativa, é sempre necessário avaliar, em concreto, se de tal uso não possa derivar uma ofensa à honra, depreciando sua reputação.[755]

Isso demonstra o papel da vontade, da autonomia privada na seara dos direitos fundamentais da personalidade. A privacidade é essencialmente inviolável, mas aquele que possui o controle de suas informações pessoais pode sim dispor delas, consentindo com a sua divulgação, desde que isso não afete sua integridade moral e sua dignidade. Se o titular pode controlar as informações que dizem com sua vida privada, pode viver uma vida mais resguardada, reduzindo o nível de sua interação social, ou viver uma vida mais mundana, sem reservas sobre sua vida privada. Por esta razão que Paulo Mota Pinto sustenta que é o titular do direito que tem o poder de modelar o objeto de proteção de seu direito, ressalvando o fato de que neste momento apenas se está a delimitar o objeto desse direito,[756] não se tratando ainda de uma limitação voluntária propriamente dita, já que esta importa divulgação pelo titular ou ainda autorização para terceiros para a divulgação das informações.[757]

Elimar Szaniawski, diante de um intenso comércio que gira em torno da vida privada das pessoas, como venda de fotografias, exposições da vida cotidiana em revistas, jornais, cinema, *internet* e televisão, observa que não há como negar que a pessoa pode explorar sua vida privada, seja de forma gratuita, seja remunerada. Claro que a ideia de remuneração pode gerar uma perspectiva patrimonializante destes direitos, e isso deve ser evitado.[758] Mesmo que haja a possibilidade da realização de negócios jurídicos com efeitos patrimoniais envolvendo bens ligados à personalidade, há que se atentar que os valores envolvidos são de cunho existencial, atinente ao *ser* primordialmente. A disposição de um bem ligado à persona-

---

[753] Considerando o direito à vida privada na extensão da noção de direito à autodeterminação informativa: PINTO, Paulo Mota. *A limitação voluntária do direito à reserva sobre a intimidade da vida privada*, p. 24. O autor, nas páginas 50 e 51, nota de rodapé nº 48, ainda aponta que a licitude da emissão dos *reality shows* já gerou controvérsias em alguns países como, por exemplo, na Alemanha onde há vozes no sentido de que tais programas são contrários à dignidade da pessoa humana.

[754] Nesse sentido, também: PINTO, Paulo Mota. *Op. cit.*, p. 26.

[755] PERLINGIERI, Pietro. *Perfis de Direito Civil*, p. 184.

[756] "(...) a definição do alcance da sua "vida privada" é, em certo grau, *função do indivíduo*. Assim, o titular do direito à reserva sobre a intimidade da vida privada pode desde logo modelar o *próprio objeto de protecção* do direito à reserva (...)". PINTO, Paulo Mota. *Op. cit.*, p. 27.

[757] PINTO, Paulo Mota. *Op. cit.*, p. 28.

[758] SZANIAWSKI, Elimar. *Direitos de personalidade e sua tutela*, p. 148/149.

lidade pode ter efeitos patrimoniais quando da exploração, mas isso não retira o caráter eminentemente existencial desses direitos.

Nessa medida, torna-se necessário que estas relações negociais sejam documentadas detalhadamente com todas as delimitações, ou seja, expondo todas as condições e limites da exibição da vida privada alheia.[759] Aliado a isso, há o consentimento do titular, o qual neste caso é suficiente para o exercício do direito de personalidade através do direito de disposição garantido pela tutela positiva desses direitos.

A divulgação das informações pessoais da vida privada pelo próprio titular do direito, ou seja, contando com o seu consentimento, representa legítimo ato de disposição sobre a privacidade e a intimidade, que se traduz, justamente, em uma forma de exercício desses direitos, na expressão da liberdade, da autonomia e do livre desenvolvimento da personalidade.[760] Há quem sustente, inclusive, que a vida privada é um princípio de autonomia do indivíduo na sociedade, ou seja, não somente o direito de resguardo de sua intimidade, mas também o seu livre arbítrio.[761]

O direito à privacidade consiste em tutela indispensável ao exercício da cidadania, seja a tutela negativa, seja positiva, ou seja, protegendo contra atentados indevidos e garantindo uma esfera de gestão das próprias informações. Diante destas duas direções resulta a impossibilidade de definir contornos específicos sobre a privacidade. Trata-se de um direito aberto, de calibração e repercussão concretas, o que suscita uma "proteção dúctil".[762] Embora os contornos sejam maleáveis e diversas podem ser as peculiaridades dos casos concretos, a análise de cada situação fática deve ter como norte os valores constitucionais primordiais e unificadores de todo o sistema: a dignidade da pessoa humana e o respeito à personalidade de cada um.

Dignidade aqui compreendida no seu sentido de realização pessoal, autodeterminação pessoal e não a partir de uma interpretação paternalista da dignidade da pessoa humana, uma "tirania da dignidade",[763] já que, no cerne dos direitos, liberdades e garantias constitucionais encontra-se também a autonomia privada, no sentido de que cabe ao titular do direito tomar as decisões fundamentais acerca da sua existência.

---

[759] Nesse sentido: BITTAR, Carlos Alberto. *Os Direitos da Personalidade*, p. 108 e BORGES, Roxana Cardoso Brasileiro. *Disponibilidade dos Direitos da Personalidade e Autonomia Privada*, p. 165.

[760] Nesse sentido, também: PINTO, Paulo Mota. *A limitação voluntária do direito à reserva sobre a intimidade da vida privada*, p. 32.

[761] SOUZA, Maria Isabel de Azevedo. *O princípio da exclusividade como nota distintiva do direito privado*. In: MARTINS-COSTA, Judith (org.). *A reconstrução do direito privado*. São Paulo: Revista dos Tribunais, 2002, p. 314.

[762] A expressão é de TEPEDINO, Gustavo. *Informação e Privacidade*. In: ———. *Temas de direito civil*, p. 535.

[763] CANOTILHO, Joaquim José Gomes; MACHADO, Jonatas. *"Reality Shows" e liberdade de programação*, p. 73.

DIREITOS DA PERSONALIDADE

4. Direitos da personalidade e autodeterminação pessoal: a síntese necessária

A construção da teoria dos direitos da personalidade colocou como um de seus pilares de sustentação a indisponibilidade desses direitos, em virtude da qual seriam direitos irrenunciáveis ou ilimitáveis, salvo se autorizado por lei. Tal característica mereceu ser relativizada para considerar a possibilidade de uma disponibilidade relativa dos direitos da personalidade, já que a tutela não se restringe apenas ao âmbito protetivo, alcança também o âmbito do exercício positivo desses direitos. Isso porque, tutelada a dimensão prestacional da dignidade da pessoa humana, a partir da qual se considera a capacidade de autodeterminação dos interesses pessoais uma dimensão da própria dignidade, não há como negar a incidência da autonomia privada nas situações jurídicas existenciais, conferindo ao titular do direito um poder de disposição sobre os bens ligados à própria personalidade humana.

Ademais, algumas situações fáticas analisadas deram conta de que efetivamente tais direitos são essencialmente indisponíveis, mas, diante das circunstâncias concretas, contam sim com uma esfera de disponibilidade, desde que atendidos os pressupostos de admissibilidade, principalmente o consentimento livre e esclarecido do titular do direito que será restringido, o qual é suficiente para a legitimação do ato dispositivo desde que mantida a intangibilidade mínima do núcleo essencial da dignidade.

Diante disso é que se pode afirmar que a indisponibilidade essencial e a disponibilidade relativa no caso concreto não são posições contraditórias. Convivem e empregam um caráter ambivalente aos direitos da personalidade. Aproximando a realidade social da realidade jurídica, buscou-se a desconstrução de critérios absolutos de caracterização e a construção de uma teoria que admite relativizações e prima pela unidade do sistema centrado no valor da dignidade humana.

A complexidade da questão está justamente no fato de que, reconhecendo a disponibilidade relativa dos direitos de personalidade e a capacidade de autodeterminação pessoal como postulado do substrato material da dignidade humana, emerge a questão dos limites para a admissibilidade do poder de disposição e a metodologia que deve ser empregada para a solução dos casos concretos que envolvem colisões de direitos fundamentais em uma mesma pessoa.

Portanto, a necessária síntese que se anuncia, nesta derradeira parte da pesquisa, perpassa justamente pela afirmação dos contornos atuais da autonomia privada e da liberdade para a garantia de um direito ao livre desenvolvimento da personalidade, os limites que são impostos a este exercício positivo do direito e a necessária ponderação dos interesses postos em causa para a solução dos "casos difíceis" que se apresentam.

4.1. O direito ao livre desenvolvimento da personalidade

4.1.1. Autonomia privada: fixação do contorno atual

Definir autonomia privada é tarefa árdua diante das diferentes concepções que dela podem surgir e dos sucessivos desenvolvimentos críticos. Já se falou sobre a autonomia e a capacidade de autodeterminação da pessoa em diversos momentos anteriores. Inclusive, já se afirmou que a autonomia deve ser entendida para além de uma identificação exclusiva com a liberdade contratual, já que a autonomia é também o poder que o indivíduo tem de autorregulamentar seus interesses pessoais na concreção de seu projeto espiritual. Isso em função da mudança de perspectiva que foi imposta ao sistema jurídico pós-positivista centrado na principiologia e nos valores unificadores do sistema, mormente o da dignidade da pessoa humana.

Muito embora já se tenham dado pinceladas sobre esta temática, cumpre a fixação do contorno atual da autonomia privada.[764] Para tanto, parte-se de sua formulação clássica, de seu antecedente histórico lógico, que é o individualismo que sacralizou a autonomia, a partir do que se delineou o dogma da vontade, característico do Estado Liberal.[765]

---

[764] Muito se utiliza a autonomia privada e autonomia da vontade como sinônimos, compreendendo o poder que cada um possui de autodeterminação dos seus comportamentos pessoais. Há, no entanto, a possibilidade de uma sutil distinção, como esclarece Francisco Amaral, partindo da constatação de que a vontade tem relevância jurídica na medida em que "é um dos elementos fundamentais do ato jurídico. (...) A possibilidade que a pessoa tem de agir de acordo com sua vontade, podendo fazer ou deixar de fazer algo, chama-se liberdade, (...). A esfera de liberdade de que o agente dispõe no âmbito do direito privado chama-se autonomia, direito de reger-se por suas próprias leis. Autonomia da vontade é, assim, o princípio de direito privado pelo qual o agente tem a possibilidade de praticar um ato jurídico, determinando-lhe o conteúdo, a forma e os efeitos. Seu campo de atuação é, por excelência, o direito obrigacional, aquele em que o agente pode dispor como lhe aprouver, salvo disposição cogente em contrário. E quando nos referimos especificamente ao *poder* que o particular tem de estabelecer as regras jurídicas de seu próprio comportamento, dizemos, em vez de autonomia da vontade, autonomia privada. Autonomia da vontade, como manifestação de liberdade individual no campo do direito, e autonomia privada, como poder de criar, nos limites da lei, normas jurídicas, vale dizer, o poder de alguém de dar a si próprio um ordenamento jurídico e, objetivamente, o caráter próprio desse ordenamento, constituído pelo agente, diversa mas complementarmente ao ordenamento estatal". AMARAL, Francisco. *Direito civil*: introdução, p. 344/345.

[765] A autonomia da vontade como dogma do liberalismo contou definitivamente com a influência kantiana. A filosofia de Kant compreende a autonomia como imperativo categórico de ordem moral, chegando-se a afirmar que a vontade individual é a única fonte de toda a obrigação jurídica. Mas não foi somente esta a influência, já que o próprio "individualismo reúne e consolida tendências anteriores já verificadas no direito romano, no direito canônico, na teoria do contrato social e no liberalismo econômico, e que se manifesta, historicamente, no jusna-

A autonomia e a liberdade, juntamente com a propriedade, formavam a base de estruturação de todo o pensamento civilístico clássico. Calcado na igualdade formal e na soberania individual, a autonomia reconhecida aos indivíduos desempenhava papel predominante que se traduzia na liberdade, como valor individual; na propriedade, como senhoria dos bens; e na autonomia privada, como poder de auto-regulamentação jurídica dos próprios interesses por meio do negócio jurídico, principalmente no que toca ao contrato.[766]

Mesmo em uma concepção atual, entende-se a autonomia privada como a faculdade ou poder conferido pelo ordenamento jurídico aos privados para autorregularem seus próprios interesses. Em outras palavras, trata-se do poder conferido às pessoas para livremente conformarem seus interesses, governando a sua esfera jurídica, já que no exercício cotidiano dos direitos, o que é garantido pela tutela positiva reconhecida pela ordem jurídica.[767] No exercício da autonomia o titular do direito disciplina as relações concretas do seu cotidiano, criando, modificando ou extinguindo situações jurídicas. Nesse sentido, estabelece as regras que regulam as situações específicas de sua vida, regras estas que são reconhecidas e validadas pelo ordenamento jurídico, desde que não atinjam direitos de terceiros e não configurem um ato ilícito,[768] além de respeitar o conteúdo mínimo da dignidade humana. A autonomia é, portanto, legítima fonte de direito, já que se traduz em um poder normativo.[769]

---

turalismo e, filosoficamente, na doutrina de Kant". AMARAL, Francisco. *Direito civil*: introdução, p. 353 e 355. O autor desenvolve a formulação histórica do conceito, falando de todas estas influências às páginas 350/354.

[766] FACHIN, Luiz Edson. *Questões do Direito Civil Brasileiro Contemporâneo*, p. 24. No mesmo sentido, Francisco Amaral: "A autonomia privada revela-se, portanto, como produto e como instrumento de um processo político e econômico baseado na liberdade e na igualdade formal, com positivação jurídica nos direitos subjetivos de propriedade e de liberdade de iniciativa econômica. Seu fundamento ideológico é, portanto, o liberalismo, como doutrina que, em outras formulações, faz da liberdade o princípio orientador da criação jurídica no âmbito do direito privado, pelo menos no seu campo maior que é o direito das obrigações". AMARAL, Francisco. *Op. cit.*, p. 356.

[767] Como afirma Paulo Mota Pinto, esta é a forma de se entender a autonomia privada sem que se tenha uma preocupação de afinamento conceitual, a qual, a grosso modo, corresponde ao sentido etimológico de autonomia, palavra que deriva do grego *autos* (próprio) + *nomos* (regra, lei), que significa o poder de modelar por si e não por imposição externa, possibilidade de o sujeito determinar com sua vontade, por livre escolha. PINTO, Paulo Mota. *Autonomia privada e discriminação*: algumas notas. In: SARLET, Ingo Wolfgang (org.). *Constituição, Direitos Fundamentais e Direito Privado*, p. 378.

[768] Roxana Borges, na esteira do pensamento de Emilio Betti, sustenta que os atos de autonomia podem ser irrelevantes ou relevantes juridicamente. Exemplifica com a gestação por substituição, a chamada "barriga de aluguel". Esta situação não é vedada pelo ordenamento jurídico e, portanto, não configura um ilícito. Trata-se, pois, de um ato de autonomia sobre o próprio corpo admissível, já que irrelevante para o ordenamento jurídico. Por outro lado, há situações que configuram ilícitos, como por exemplo, a compra e venda de partes do corpo. A Lei 9434/97 tipifica criminalmente esta hipótese. Estes atos de autonomia, portanto, são coibidos pelo ordenamento, já que juridicamente relevantes. BORGES, Roxana Cardoso Brasileiro. *Disponibilidade dos Direitos da Personalidade e Autonomia Privada*, p. 49.

[769] Luigi Ferri, na sua clássica obra atinente à autonomia privada, identifica-a com o poder de disposição e, dessa forma, afirma que se trata de um poder de ditar normas. Conclui que a autonomia privada é um poder normativo. FERRI, Luigi. *L'Autonomia Privata*. Milano: Giuffrè, 1959, p. 226 e 248 *apud* BORGES, Roxana Cardoso Brasileiro. *Disponibilidade dos Direitos da Personalidade e Autonomia Privada*, p. 47. Muito embora o autor restrinja a autonomia privada ao campo dos negócios jurídicos, admitindo o poder de disposição apenas nas relações patrimoniais, é possível, diante da constatação já demonstrada em momento anterior de que o poder

O que difere uma concepção da outra, portanto, não é o seu conteúdo, mas sim a sua abrangência e principalmente seus limites. A autonomia privada clássica era absoluta, como um valor em si próprio, um valor subjetivo e abstrato conferido formalmente a todos. Além disso, estava atrelada ao patrimonialismo característico da época, onde a quase totalidade das normas que regulavam as relações privadas estavam atreladas a conteúdo patrimonial. Por isso, o foco dos atos de autonomia era exclusivamente patrimonial, o que justificava ser o negócio jurídico e, mais especificamente, o contrato, o campo por excelência de sua atuação. Chegava-se a dizer que a autonomia privada e a vontade não tinham trânsito quando os interesses não eram patrimoniais, eis que indisponíveis. Atualmente, a autonomia persiste como um princípio básico da ordem jurídica, conferindo aos particulares o poder de disposição sobre seus interesses; todavia, não é mais considerada como um poder absoluto, onde a vontade reina de forma ilimitada. Impondo limites, restringiu-se a esfera de livre atuação dos privados. Embora limitados, conferiu-se um âmbito de incidência mais abrangente aos atos de autonomia, os quais passaram a ter trânsito também nas situações subjetivas existenciais. Não há como negar essa abrangência quando se admitem, na prática, negócios jurídicos, tanto unilaterais como contratuais, extraindo-se destes inclusive efeitos patrimoniais, que envolvem a imagem, a privacidade, o corpo e a vida.[770]

Com a eleição da dignidade da pessoa humana como valor fundante de toda a ordem jurídica, a pessoa passou a ser o centro referencial do ordenamento, e os direitos ligados à sua personalidade tomaram posição de destaque. A pessoa não é mais tida apenas "como sujeito de direitos, categoria abstrata, elemento da relação jurídica", mas passa a ser considerada "como bem jurídico tutelável: não como objeto de direito, mas como valor expresso na tutela das situações subjetivas existenciais".[771] A pessoa vale pelo que *é,* e não apenas pelo que *tem.*

O responsável por esta mudança de perspectiva é o processo de repersonalização do Direito Civil, seara onde os interesses patrimoniais perderam a posição de destaque outrora garantido, já que funcionalizados aos interesses existenciais da pessoa humana. Orlando de Carvalho, justamente se referindo ao fenômeno da repersonalização, identifica o Direito Civil com uma zona de composição espontânea de interesses, na qual se reconhece "o poder de autodeterminação ou de autogestão do indivíduo, que assim se eleva necessariamente a pressuposto número um do próprio modo de regulamentação civilístico".[772]

---

de disposição também se manifesta nas relações existenciais, entender que se trata de um poder normativo mais amplo que tem o condão de normatizar situações que envolvem bens extrapatrimoniais. Essa é a posição aqui adotada.

[770] Neste ponto remete-se ao ponto 3.2.2 do capítulo antecedente, onde se tratou, ainda que brevemente, da classificação dos fatos jurídicos no ordenamento jurídico brasileiro, apontando aqueles que interessam à presente pesquisa.

[771] MEIRELES, Rose Melo Vencelau. *Apontamentos sobre o papel da vontade nas situações jurídicas existenciais*, p. 223.

[772] CARVALHO, Orlando de. *A teoria geral da relação jurídica*: seu sentido e limites, p. 11.

Com a repersonalização, a pessoa passa a ser a finalidade e a função do Direito e, nessa medida, não há como não levar em consideração a sua capacidade interna de tomada de decisão, ou a sua própria vontade, e o seu poder de autorregulamentação dos interesses segundo a sua vontade, que é a própria autonomia, inclusive, quando os interesses e bens em questão são extrapatrimoniais.[773] Assim, pode se afirmar que a autonomia privada ampliou seu campo de atuação para além das tradicionais situações patrimoniais. Há autores que, com esta mudança de entendimento, entendem que a teoria da autonomia da vontade, onde esta reinava sem limites e sem intervenção estatal, foi superada, dando lugar à teoria da autonomia privada, onde a vontade não é capaz de criar direito por si só, sendo fonte normativa apenas quando a conduta do particular estiver legitimada pela ordem jurídica, ou seja, quando praticada dentro dos limites estabelecidos e em consonância com os valores constitucionais.[774] O poder de desencadear efeitos jurídicos voluntários é decorrente da autonomia privada. Mas, na concepção atual, para o exercício desse poder não basta a existência da vontade, é necessário também que o comportamento voluntário seja conforme a ordem jurídica.

Isso se torna indiscutível na medida em que o poder de autorregulamentação dos interesses pessoais é decorrente da própria dignidade humana e sua dimensão prestacional. Essa capacidade de autodeterminação pessoal, como expressão da autonomia privada, pode ser exercida livremente desde que respeitados os direitos e as liberdades dos demais que comungam em sociedade, ou seja, não pode atingir direitos de terceiros, bem como o núcleo mínimo da mesma dignidade, o qual é intangível, devendo ser protegido pelo Estado contra possível violação. A diferença, portanto, se resume à questão da abrangência e dos limites, e por isso não há que se falar em "crise da autonomia privada".[775]

Para a instauração de um Estado social, foi necessário ampliar o intervencionismo estatal nas relações privadas,[776] publicizando aquilo que era exclusivamente privado, bem como garantir uma igualdade material, onde o interesse social está acima do individual, até para que a dignidade fosse materialmente garantida, buscando também o ideal de justiça.

---

[773] Assim também: MEIRELES, Rose Melo Vencelau. *Apontamentos sobre o papel da vontade nas situações jurídicas existenciais*, p. 224.

[774] NANNI, Giovanni Ettore. *A evolução do direito civil obrigacional*: a concepção do direito civil constitucional e a transição da autonomia da vontade para a autonomia privada. In: LOTUFO, Renan (coord.). *Cadernos de direito civil constitucional*. n. 2. Curitiba: Juruá, 2001, p. 157 *apud* BORGES, Roxana Cardoso Brasileiro. *Disponibilidade dos Direitos da Personalidade e Autonomia Privada*, p. 50/51.

[775] Diante da funcionalização dos institutos civilísticos, que impôs um repensar sobre o papel da vontade nas situações subjetivas patrimoniais, alguns civilistas chegaram a propalar a "crise da autonomia privada". Conforme GOMES, Orlando. *Novos temas de Direito Civil*. Rio de Janeiro: Forense, 1983, p. 87 e ss.

[776] Rose Melo Vencelau Meireles afirma que "o Estado intervencionista não admite que qualquer vontade seja produtora de efeitos jurídicos, mas somente aquela reconhecida e protegida pelo ordenamento estatal". Nesta mudança de perspectiva, em que a autonomia passa a ser mais objetiva, ela deixa de ser a autonomia da vontade para ser a autonomia privada. MEIRELES, Rose Melo Vencelau. *Op. cit.*, p. 226.

A dignidade da pessoa humana e a previsão de um direito fundamental de liberdade permitem apontar a autonomia privada como valor fundante da ordem jurídica. Na concretização desse valor se verifica uma tendência socializante, nitidamente encontrada no plano constitucional,[777] mas também na regulação da atividade privada consagrada na legislação civil. Essa concepção social da autonomia refere-se a um exercício intersubjetivo, já que o processo de individuação somente acontece a partir da convivência com o outro. Embora a autonomia esteja ligada a uma noção de individualidade, de gestão pessoal dos interesses, uma autonomia restringida em função dos outros não desvaloriza a pessoa; ao contrário, valoriza, já que estabelece um modo de vida ético e justifica a atuação do Estado em face da incessante busca pela diminuição das injustiças sociais.[778]

Diante dessa tendência socializante, os institutos jurídicos civilísticos sofreram um processo de relativização, passando a incidir sobre as situações jurídicas de maneira funcionalizada aos interesses sociais e à justiça. Na medida em que o direito deixa de se preocupar apenas com sua forma estrutural, o "como o direito é feito", e passa a se preocupar também com a sua serventia, com a sua causa final, ou "para o que serve", aparece o conceito de função no direito. Conforme Francisco Amaral, a função em direito significa o papel que a norma ou o instituto desempenha no interior do sistema jurídico.[779]

Para atender às novas exigências da convivência social do século XX foi necessário visualizar a função dos institutos jurídicos civilísticos. A função social dos contratos impõe limites aos pactos, delimitando a liberdade de contratar, como forma de garantir uma igualdade material e, assim, reduzir as injustiças sociais. Ao lado da função social do contrato e da propriedade, que importa em uma "ressignificação contemporânea",[780] surge a boa-fé como cânone interpretativo para permitir o idôneo exercício da autonomia privada, já que se passa a valorizar prioritariamente a tutela objetiva da confiança, em detrimento da tutela subjetiva da vontade.[781]

---

[777] Conforme a Constituição Federal de 1988, no artigo 3º, I, um dos objetivos da República é a construção de uma sociedade livre, justa e solidária.

[778] Nesse sentido: AMARAL, Francisco. *Direito civil*: introdução, p. 364, mais recentemente SILVA, Denis Franco. *O princípio da autonomia*: da Invenção à Reconstrução. In: MORAES, Maria Celina Bodin de (coord.). *Princípios do Direito Civil Contemporâneo*, p. 105/151.

[779] AMARAL, Francisco. *Op. cit.*, p. 363.

[780] O termo é de FACHIN, Luiz Edson. *Teoria Crítica do Direito Civil*, p. 186.

[781] Para a reflexão sobre os novos paradigmas que envolvem a relação contratual, *vide:* NEGREIROS, Tereza. *Teoria do contrato:* novos paradigmas. 2.ed. Rio de Janeiro: Renovar, 2002; MARTINS-COSTA, Judith. *A boa-fé no direito privado: sistema e tópica no processo obrigacional*. São Paulo: Revista dos Tribunais, 1999 e SILVA FILHO, José Carlos Moreira da. *Hermenêutica Filosófica e Direito*: o exemplo privilegiado da boa-fé objetiva no direito contratual. 2.ed. rev. e ampl. Rio de Janeiro: Lumen Juris, 2006.

A funcionalização do contrato funcionalizou a autonomia,[782] já que foram impostos limites à livre atuação dos particulares.[783] Relativizada, a autonomia perdeu a sua majestade enquanto valor em si mesma, passando a ser compreendida como um valor com limites, ou seja, "se e enquanto responder a um interesse digno de proteção por parte do ordenamento".[784]

A concepção que se propôs a superar o dogma da vontade na concretização de um personalismo ético é a da autonomia da pessoa no espaço de uma certa liberdade. Certa liberdade, porque a autonomia é exercida no plano do ser com os outros, na perspectiva relacional. "Novos tempos traduzem outro modo de apreender tradicionais institutos jurídicos", como diz Fachin.[785] Portanto, a imposição de certos limites à autonomia não leva ao seu aniquilamento, mas tão somente supera o enlace histórico com o individualismo exacerbado, substituindo-o pela coexistencialidade.[786]

Com o personalismo ético, nas palavras de José de Oliveira Ascensão,

(...) a autonomia surge assim para o Direito enriquecida em relação ao livre arbítrio. A autonomia marca decisivamente a pessoa e tem de ser assegurada, sem o que se ignora o caráter axiológico e ético da realização pessoal. Mas a própria autonomia não é o valor final, é também um caminho para o fim do desenvolvimento pessoal. Uma autonomia assegurada fora de qualquer consideração ética não é autonomia, é arbítrio.[787]

Embora a funcionalização da autonomia apareça claramente nas situações subjetivas patrimoniais, é preciso ter sempre em mente que ela não se restringe apenas à liberdade para a atividade econômica, possui um sentido mais abrangente.[788] Autonomia se confunde com a liberdade em um sentido amplo, decorrente da capacidade de autodeterminação dos interesses pessoais, mesmo que isso im-

---

[782] Para Orlando de Carvalho não houve na história uma zona privatística pura, sendo a sua autonomia sempre uma autonomia relativa, funcionando sempre o poder dos indivíduos como um poder nos limites da ordem jurídica existente. CARVALHO, Orlando de. *A teoria geral da relação jurídica*: seu sentido e limites, p. 27.

[783] No mesmo sentido: AMARAL, Francisco. *Direito civil*: introdução, p. 356.

[784] As palavras são de PERLINGIERI, Pietro. *Perfis de Direito Civil*, p. 279.

[785] FACHIN, Luiz Edson. *Questões do Direito Civil Brasileiro Contemporâneo*, p. 24.

[786] Idem. *Teoria Crítica do Direito Civil*, p. 145.

[787] ASCENSÃO, José de Oliveira. *Pessoa, direitos fundamentais e direitos da personalidade*. Revista Trimestral de Direito Civil, Rio de Janeiro, n. 26, p. 43/66, abr.-jun., 2006, p. 61.

[788] Iniciou-se dizendo que autonomia não é um instituto de fácil conceituação, já que diversas são as suas concepções e críticas. Tanto é assim que cumpre ressaltar o pensamento de quem, ao contrário do que aqui defendido, entende a autonomia privada em perspectiva mais restrita, ou seja, identificada apenas com a liberdade contratual. Nesse sentido o pensamento de Ana Prata, para quem a "autonomia privada não designa toda a liberdade privada, nem sequer toda a liberdade jurídica privada, mas apenas um aspecto dessa última: a liberdade negocial". A autora parte do pressuposto de que a "autonomia privada é a do sujeito jurídico econômico privado", não se vinculando à pessoa enquanto tal e, por isso, não é uma manifestação da autodeterminação humana e da liberdade individual. Conclui que "autonomia privada (no sentido jurídico e, portanto, econômico) e liberdade não são conceitos confundíveis, como são, em grande medida, conceitos antinômicos". PRATA, Ana. *A Tutela Constitucional da Autonomia Privada*. Lisboa: Almedina, 1982, p. 13, 76 e 77. Advogando por esta concepção restrita de autonomia, também o posicionamento do já citado: FERRI, Luigi. *L'Autonomia Privata*.

ponha restrições aos próprios direitos fundamentais, já que garantida como uma dimensão da própria dignidade.

Conforme Perlingieri, a autonomia privada deve ser compreendida em uma perspectiva mais ampla na medida em que pode ter fundamentos diversos. Assim como pode estar ligada à iniciativa econômica, onde a liberdade deve necessariamente se harmonizar com a função social e com a boa-fé que devem pautar as relações privadas, pode estar ligada a uma situação subjetiva existencial onde a autonomia se relaciona diretamente com a dignidade humana, exprimindo-se em uma liberdade muito mais ampla.[789] Isso porque, como já se afirmou anteriormente, o negócio patrimonial não abrange a relevância da liberdade da pessoa, já que esta também possui trânsito nas situações que envolvem interesses existenciais em que os bens em questão são ligados à personalidade.

Por isso Fachin afirma que o princípio da autonomia "significa exatamente que os sujeitos, ao entabularem suas relações jurídicas, o fazem através de ações humanas voluntárias, quer seja no negócio não patrimonial, quer no contrato, quer nos atos jurídicos em sentido estrito".[790] Não fosse assim, sequer se poderia falar em casamento, o qual há séculos representa a liberdade de escolha, em situações cujos interesses são existenciais.

Ademais, como explicita Jorge Miranda, o princípio da autonomia é princípio geral do ordenamento; é "o princípio da realização da pessoa humana como decorrência imediata da afirmação de sua dignidade", princípio este homólogo ao princípio da tutela geral da personalidade. Para ele, a dignidade, além de impor o primado do *ser* em detrimento do *ter* e de considerar o âmbito de proteção da dignidade humana, pressupõe a autonomia vital da pessoa, a sua autodeterminação relativamente ao Estado, às entidades públicas e às outras pessoas. Conclui afirmando que a dignidade e a autonomia pessoal são incindíveis.[791]

Além de decorrer do princípio da dignidade humana, a autonomia privada, conforme Ingo Sarlet, é um direito fundamental implicitamente consagrado, já que não conta com previsão explícita no texto constitucional, e, a despeito de sua possível e necessária relativização, representa um limite importante para as intervenções na esfera interprivada, mas, por outro lado, também não representa óbice à eficácia direta dos direitos fundamentais nesta seara.[792]

Sabe-se que um dos argumentos utilizados na tentativa de rejeição da eficácia direta dos direitos fundamentais nas relações privadas era o de que tal vinculação direta comprometeria em demasia a autonomia privada. Tal argumento não tem razão de ser, justamente porque a autonomia não se traduz em valor absoluto. Comportando relativização, pode ser ponderada com outros direitos e interesses

---

[789] PERLINGIERI, Pietro. *Perfis de Direito Civil*, p. 276.

[790] FACHIN, Luiz Edson. *Teoria Crítica do Direito Civil*, p. 71.

[791] MIRANDA, Jorge. *Manual de Direito Constitucional*, p. 152, 168/169 e 175.

[792] SARLET, Ingo Wolfgang. *A influência dos direitos fundamentais no Direito Privado*: o caso brasileiro, p. 135.

do mesmo patamar. Como explica Daniel Sarmento, os defensores da eficácia direta não podem ser atacados com a tese de que não "levam a sério" o direito à autodeterminação pessoal, já que reconhecem que existem especificidades na incidência dos direitos fundamentais nas relações interprivadas justamente, e sobretudo, porque há uma necessidade de ponderar o direito em questão e a autonomia privada da pessoa cujo comportamento se pretende restringir.[793]

Em poucas palavras, o papel da vontade nas situações subjetivas foi redefinido para se harmonizar com o valor unificador do sistema que é a dignidade humana. Se a pessoa é o valor referencial do ordenamento, a tutela da pessoa está presente, seja nas situações de conteúdo patrimonial, seja nas de conteúdo existencial. A questão é que esta tutela é qualitativamente diversa da primeira.[794] Enquanto nas situações subjetivas patrimoniais a vontade sofreu limitações diante da funcionalização do contrato e da própria autonomia, para garantir um tratamento materialmente igualitário às pessoas, nas situações existenciais, a vontade passou a ter trânsito garantido, mas a sua relevância ou não no caso concreto depende da ponderação entre a autonomia e os demais direitos fundamentais da personalidade envolvidos. Essa diferenciação é que permite a afirmação de que na seara patrimonial a tutela da pessoa humana faz parte da função situacional; na seara dos interesses existenciais, a tutela da pessoa faz parte da estrutura da situação, já que tem como referência objetiva o pleno desenvolvimento da personalidade.[795]

Se devemos respeitar as escolhas que as pessoas fazem para si mesmas em relação aos seus bens e interesses existenciais, o papel da vontade nestas situações é ser o promotor do livre desenvolvimento da personalidade, cujo limite primordial é a própria dignidade e a intangibilidade do seu núcleo essencial. A dignidade garante o trânsito da autonomia nas situações existenciais e ao mesmo tempo limita esta atuação, podendo a vontade ganhar maior relevância ou ser restringida, dependendo apenas das circunstâncias do caso concreto.

4.1.2. O direito à liberdade: necessária releitura em função do direito à igualdade

O direito à liberdade é um direito fundamental expressamente consagrado na Constituição Federal de 1988 e é, inequivocamente, um direito da personalidade. Pontes de Miranda já dizia que "à base de todo direito de liberdade está a personalidade" e, portanto, "todos os direitos de liberdade são direitos

---

[793] SARMENTO, Daniel. *Direitos Fundamentais e Relações Privadas*, p. 282/283.

[794] A expressão "tutela qualitativamente diversa" é de Perlingieri, como já se ressaltou anteriormente. PERLINGIERI, Pietro. *Perfis de Direito Civil,* p. 33.

[795] Traçando o mesmo paralelo: MEIRELES, Rose Melo Vencelau. *Apontamentos sobre o papel da vontade nas situações jurídicas existenciais*, p. 240.

DIREITOS DA PERSONALIDADE

da personalidade".[796] [797] Capelo de Souza, por sua vez, afirma que a "proteção juscivilística do bem da liberdade humana decorre diretamente da tutela geral da personalidade".[798] Houve tentativa de caracterizar a liberdade como algo alheio ao ordenamento jurídico sob o argumento de que o exercício da liberdade pelos titulares seria irrelevante ao Direito. Todavia, a própria distinção entre fatos lícitos e ilícitos permite crítica a tal concepção, já que os fatos lícitos também importam ao mundo jurídico.[799] O exercício lícito dos direitos está abarcado pela tutela positiva conferida pelo ordenamento jurídico. San Tiago Dantas, nesse influxo, define a liberdade como a "faculdade de fazer o que a sua vontade pode", ou seja, a pessoa pode agir livremente na esfera da licitude, e isso não significa que o exercício da liberdade esteja condicionado pela prescrição jurídica. Em determinadas situações a pessoa age livremente "em obediência a certos comandos, outras vezes não".[800]

Nesse sentido, pode-se afirmar que a liberdade juridicamente tutelada não tem um conteúdo típico, já que isso implicaria na negação da liberdade em si mesma. Se a liberdade deve ser entendida como o poder de autodeterminação que a pessoa exerce sobre si mesma, autorregulamentando seu corpo, seus pensamentos, seus comportamentos, sua vontade, tanto na ação como na omissão, determinando os valores que são válidos para si próprio, trata-se de um bem juridicamente tutelado em sua natureza, admitindo as direções e escolhas feitas pelo próprio titular. Embora não tenha conteúdo típico, restrito, não pode ser confundida com arbítrio, já que o exercício da liberdade é dirigido por "coordenadas gerais", ou seja, ninguém pode ser constrangido a fazer ou deixar de fazer algo que não queira (liberdade negativa), bem como pode o titular praticar qualquer ato que não seja proibido e desde que não atinja a esfera dos direitos e interesses alheios, não seja contrário à boa-fé, à ordem pública, aos bons costumes e às finalidades sociais do Estado, além de não violar a dignidade humana (liberdade positiva).[801]

Ademais, para que a pessoa possa se desenvolver plenamente, conforme seus interesses e opções, pressupõe-se a liberdade; é ela que permite o desenvolvimento da personalidade e, assim, não há que se falar em tipificação ou restrição

---

[796] PONTES DE MIRANDA, Francisco Cavalcanti. *Tratado de Direito Privado*, v. VII, p. 30.

[797] Sobre a liberdade como direito de personalidade, *vide*: CUPIS, Adriano de. *I diritti della personalità*, p. 79/91; PERLINGIERI, Pietro. *La Personalitá Umana nell Ordinamento Giurídico*, p. 341/367; PONTES DE MIRANDA, Francisco Cavalcanti. *Op. cit.*, v. VII, p. 29/37; CAPELO DE SOUZA, Rabindranath Valentino Aleixo. *O direito geral de personalidade*, p. 256/288; MORAES, Maria Celina Bodin de. *Danos à pessoa humana*: uma leitura civil-constitucional dos danos morais, p. 102/108 e BITTAR, Carlos Alberto. *Os Direitos da Personalidade*, p. 105/109.

[798] CAPELO DE SOUZA, Rabindranath Valentino Aleixo. *O direito geral de personalidade*, p. 256.

[799] "A liberdade humana, como fato, entra no mundo jurídico (...). O campo das liberdades direitos da personalidade não é campo indiferente; a liberdade entra, como suporte fático de regras jurídicas, no mundo jurídico, aí nasce o fato jurídico da liberdade e aí se produzem os direitos da personalidade". PONTES DE MIRANDA, Francisco Cavalcanti. *Op. cit.*, v. VII, p. 29/30.

[800] DANTAS, San Tiago. *Programa de Direito Civil*, p. 156/157.

[801] No mesmo sentido: CAPELO DE SOUZA, Rabindranath Valentino Aleixo. *Op. cit.*, p. 258/260.

de seu conteúdo. Perlingieri afirma que a liberdade não pode ser considerada um bem típico justamente porque se identifica com a possibilidade de desenvolvimento da pessoa humana.[802]

São tantas as manifestações da liberdade que se pode falar em "as liberdades": a liberdade de ir e vir, a liberdade de reunião, a liberdade de pensamento, a liberdade de comunicação, a liberdade de praticar quaisquer atos jurídicos, a liberdade de dispor do seu próprio corpo, a liberdade de dispor de sua vida privada, a liberdade de dispor da sua imagem, a liberdade sexual, liberdade religiosa, a liberdade de segredo e de omissão, a liberdade de decisão, entre outras tantas que refletem a autodeterminação dos comportamentos pessoais.[803] Claro que algumas destas liberdades são expressamente tipificadas; todavia, há, no ordenamento, uma tutela geral da liberdade que vai além das especiais proteções prescritas, eis que se trata de um poder amplo de livre atuação, positiva ou negativa, desde que respeitados certos limites.[804]

A liberdade de agir, de definir o próprio comportamento na vida cotidiana, liga-se com a autonomia privada. Liberdade e autonomia são conceitos absolutamente interligados, mas não são sinônimos; o exercício da autonomia é uma manifestação da liberdade.[805] Como afirma Maria Celina Bodin de Moraes, em tempos de liberalismo já foram considerados um como a tradução do outro, já que diante do patrimonialismo e individualismo característico da época, o homem, no exercício da autonomia da vontade, era livre para dispor de seus bens como melhor lhe aprouvesse, sem que o Estado pudesse intervir nas relações regradas pelos próprios indivíduos, já que estes eram considerados abstratamente iguais, e as relações entre privados eram atinentes única e exclusivamente à seara do Direito Privado.

O homem, apenas submetido à sua vontade, gozava de plena liberdade e amplo poder de disposição sobre seus bens, extraído destes o melhor proveito possível, mesmo que isso viesse a implicar prejuízo aos seus semelhantes. Isso porque o proprietário, contratante e testador, individualmente considerado,

---

[802] "(...); la liberta, inoltre, non può essere considerata bene tipico, perchè essa s'identifica con la stessa definizione di possibilita di sviluppo della persona umana". PERLINGIERI, Pietro. *La Personalitá Umana nell Ordinamento Giurídico*, p. 42.

[803] Pontes de Miranda ainda afirma que dentre todas estas liberdades, pode-se agrupá-las em dois grandes grupos: o das liberdades físicas e o das psíquicas; já Capelo de Souza subdivide as liberdades em físicas, espirituais, sócio-culturais, sócio-econômicas e sócio-políticas, explicitando as diversas manifestações de liberdade que se exprimem em cada uma das divisões. PONTES DE MIRANDA, Francisco Cavalcanti. *Tratado de Direito Privado*, v. VII, p. 30 e CAPELO DE SOUZA, Rabindranath Valentino Aleixo. *O direito geral de personalidade*, p. 262/283.

[804] CAPELO DE SOUZA, Rabindranath Valentino Aleixo. *Op. cit.*, p. 260/261 e PINTO, Paulo Mota. *O direito ao livre desenvolvimento da personalidade*. In: Portugal-Brasil: Ano 2000, Coimbra Editora, p. 149/246, 1999, p. 198/205.

[805] "(...) na autonomia privada, os interesses são particulares e seu exercício é manifestação de liberdade, derivado e reconhecido pela ordem estatal". AMARAL, Francisco. *Direito civil*: introdução, p. 347.

dotado de absoluta liberdade e autonomia, era completamente "desvinculado do tecido social que o envolvia".[806]

Essa absoluta liberdade de autodeterminação dos interesses é que autorizava o indivíduo a agir conforme sua razão, entendimento e opção, por óbvio, de matriz kantiana, os quais serviram de base para a construção da dignidade humana como valor inerente à condição humana, como já se referiu quando da análise histórica.[807]

Tal formulação kantiana de liberdade individual, que afirma a esfera de autodeterminação pessoal, ainda ocupa o conteúdo objetivo do princípio da dignidade da pessoa humana, mas não pode a ela se restringir, sob pena de restabelecimento de uma ordem jurídica centrada na individualidade, desconsiderando uma perspectiva relacional do ser com os demais em comunidade. Isso está patentemente definido quando Ingo Sarlet desdobra a dignidade da pessoa humana em diferentes dimensões, sendo a autodeterminação, como expressão da autonomia e liberdade da pessoa, uma destas dimensões. O autor afirma que há sim uma dimensão ontológica, sendo a dignidade inerente à condição humana, onde a vida e a liberdade, reconhecidas e garantidas expressamente como direitos fundamentais na Constituição de 1988, configuram exigências da dignidade. Todavia, assim como a vida e liberdade, a igualdade é outra exigência elementar da dignidade. Essa igualdade determina uma "mesma dignidade de cada pessoa e de todas as pessoas", já que todos são iguais em dignidade e direitos.[808]

Há, portanto, uma dimensão comunitária ou social da dignidade que leva em consideração o ser humano em sua perspectiva relacional com os demais que comungam em sociedade. Essa dimensão intersubjetiva da dignidade, além da dimensão protetiva e promocional já amplamente comentada, impõe, conforme Ingo Sarlet, uma "releitura e uma recontextualização da doutrina de Kant", já que a dignidade não está "centrada exclusivamente na noção de autonomia da vontade e racionalidade".[809]

Vale ainda a ressalva feita por Ana Paula de Barcellos afirmando que

> (...) a concepção kantiana de homem continua a valer como axioma no mundo ocidental, ainda que a ela se tenham agregado novas preocupações, como a tutela coletiva dos inte-

---

[806] MORAES, Maria Celina Bodin de. *Danos à pessoa humana:* uma leitura civil-constitucional dos danos morais, p. 102/103. A autora, para ilustrar esta concepção de liberdade e autonomia absoluta, faz referência ao termo "inteligente egoísmo" cunhado por Radbruch, citado por Konrad Hesse na obra já citada *Derecho constitucional e derecho privado*, p. 87.

[807] Ingo Sarlet, explorando o pensamento de Kant na obra *Fundamentos da Metafísica dos Costumes*, afirma que o filósofo "construindo sua concepção a partir da natureza racional do ser humano, Kant sinala que a autonomia da vontade, entendida como a faculdade de determinar a si mesmo e agir em conformidade com a representação de certas leis, é um atributo apenas encontrado nos seres racionais, constituindo-se no fundamento da dignidade da natureza humana". SARLET, Ingo Wolfgang. *Dignidade da pessoa humana e direitos fundamentais na Constituição Federal de 1988*, p. 33.

[808] Idem. *As dimensões da dignidade da pessoa humana:* construindo uma compreensão jurídico-constitucional necessária e possível, p. 22/23.

[809] Idem, ibidem, p. 32.

resses individuais e a verificação da existência de condições materiais indispensáveis para o exercício da liberdade.[810]

Superando a percepção meramente individualista do princípio da dignidade concebida por Kant, mas não deixando de considerá-la, de ser referida também a posição de Perez Luño, o qual identifica a dignidade tanto com a liberdade como com a igualdade, já que ambas são valores que configuram o núcleo de todos os direitos fundamentais e, nessa medida, o autor ressalta a importância da dimensão intersubjetiva da dignidade para equilibrar o sentido e o alcance dos direitos fundamentais, os quais encontram fundamento no princípio da dignidade. O jurista espanhol concebe sua posição a partir da construção de Maihofer, o qual elaborou o significado da dignidade a partir da situação básica da pessoa em relação com os demais, para além da concepção da pessoa singularmente considerada e fechada em sua esfera individual.[811]

Diante da necessária consqideração da perspectiva relacional, do ser com os outros, Capelo de Souza chega afirmar que não se tutela

(...) apenas uma liberdade *interior*, mas também uma liberdade *exterior*, a qual, dado o seu caráter universal e o princípio da igualdade, implica um equilíbrio jurídico no relacionamento de cada homem com os demais homens e com a Natureza, determina o reconhecimento recíproco do gozo e do exercício da liberdade de cada um com os inerentes deveres de respeito e de abstenção e predica, logicamente, a existência de limites à liberdade pessoal.[812]

A ligação da dignidade não somente com a liberdade, mas também com a igualdade, muda o foco da concepção da dignidade, ou seja, não apenas em função do indivíduo singular, mas também em função das relações deste com os outros. Nessa medida, a liberdade é sim um postulado do substrato material da dignidade humana, mas a igualdade e mesmo a solidariedade também o são. Assim, a liberdade e o direito à liberdade devem ser garantidos, mas na mesma medida são limitados pela igual dignidade dos demais, sem que com isso, como bem adverte Ingo Sarlet, se esteja funcionalizando a dignidade no sentido de sacrificar a dignidade pessoal em função da comunidade.[813] Pontes de Miranda já dizia que, quando

---

[810] BARCELLOS, Ana Paula de. *A Eficácia dos Princípios Constitucionais*. Rio de Janeiro: Renovar, 2002, p. 105.

[811] "Un aspecto importante de la noción de dignidad humana propuesta por Meihofer es el de partir para la elaboración de su significado de la situación básica *(Grundsituation)* del hombre en su relación con los demás, esto es, de la situación del ser con los otros *(Mitsein)*; en lugar de hacerlo en función del hombre singular encerrado en su esfera individual *(Selbstsein)*, que había servido de punto de partida de numerosas caracterizaciones de esta idea. Esta dimensión intersubjetiva de la dignidad es de suma transcendencia para calibrar El sentido y alcance de los derechos fundamentales que encuentran en ella su principio fundamentador. La dignidad humana, de otro lado, se identifica con lo que también en ocasiones se denomina libertad moral y se halla estrechamente relacionada con la igualdad, entendida como paridad de estimación social de las personas. Con lo que se prueba la íntima conexión de los valores que configuran el núcleo conceptual de los derechos humanos". PEREZ LUÑO, Antonio Henrique. *Derechos Humanos, Estado de Derecho y Constitución*, p. 318.

[812] CAPELO DE SOUZA, Rabindranath Valentino Aleixo. *O direito geral de personalidade*, p. 259.

[813] SARLET, Ingo Wolfgang. *As dimensões da dignidade da pessoa humana:* construindo uma compreensão jurídico-constitucional necessária e possível, p. 23.

a liberdade entra no mundo jurídico, é ela limitada pelo direito de personalidade dos outros.[814]

Tal posição está calcada na importante contribuição de Maria Celina Bodin de Moraes que, partindo do personalismo ético kantiano, mas indo além, desdobra em quatro postulados o substrato material – a essência – da dignidade. Os postulados são: que o sujeito moral – ético – reconhece a existência dos outros como sujeitos iguais a ele; reconhece que os outros são merecedores do mesmo respeito à integridade psicofísica de que é titular; é dotado de vontade livre e autodeterminação; e faz parte do grupo social, em relação ao qual tem a garantia de que não será excluído. A dignidade humana agrega, assim, no seu conteúdo fundamental: o direito à igualdade material, à integridade psicofísica, à liberdade e à solidariedade.[815] O direito à liberdade é garantido, mas o seu exercício deve levar em consideração a igualdade e a solidariedade, justamente porque há uma tendência socializante e protetiva da pessoa humana que permeia toda a ordem jurídica contemporânea.

Pode-se dizer que na concepção do liberalismo jurídico havia pouquíssimas restrições ao exercício da liberdade pelos particulares. A autonomia individual, como sinônimo de liberdade, tinha como limite apenas a ordem pública, a moral e os bons costumes, tríade considerada como princípios fundantes dos ordenamentos jurídicos. Os interesses da coletividade apenas em raríssimas situações poderiam prevalecer sobre os interesses particulares. Isso porque a livre vontade era a única comandante das relações jurídicas privadas; o particular que permitisse uma restrição de um direito seu por vontade própria, mesmo que tal comportamento o prejudicasse, não poderia ser impelido pelo Estado para impedir tal situação. É por isso que se podia afirmar que o exercício da liberdade era irrestrito, a liberdade era absoluta, assim como a autonomia. Claro também que, até então, o Direito Civil era eminentemente patrimonialista e esta concepção estava ligada à ideia de livre disposição do patrimônio. Tanto foi assim que o direito subjetivo foi concebido nesta época como um poder atribuído à vontade individual.

Essa perspectiva somente começa a se alterar diante da necessidade de regulamentação dos interesses extrapatrimoniais. Em um primeiro momento, diante dessa necessidade, Savigny buscou afirmar o sujeito de direitos como sendo o proprietário do seu próprio corpo, até como forma de adequar o direito subjetivo para estas situações, o qual foi concebido para a regulação dos interesses patrimoniais. Por sorte, tal concepção que "patrimonializava" os direitos da personalidade não encontrou muitos seguidores, e a formulação que prevaleceu foi por uma adequação do conceito de direito subjetivo para abarcar também os bens e interesses extrapatrimoniais, como já se logrou demonstrar anteriormente. Permaneceu apenas a questão que levava em consideração os limites do poder de disposição sobre

---

[814] PONTES DE MIRANDA, Francisco Cavalcanti. *Tratado de Direito Privado*, v. VII, p. 29.

[815] A expressão jurídica da dignidade da pessoa humana a partir dos postulados da igualdade, integridade psicofísica, liberdade e solidariedade social está brilhantemente desenvolvida por Maria Celina Bodin de Moraes na já citada obra *Danos à pessoa humana:* uma leitura civil-constitucional dos danos morais.

o próprio corpo, ou melhor, até que ponto a autonomia e o exercício da liberdade poderiam avançar sem violar a ordem pública, a moral e os bons costumes.[816]

Embora a moral, os bons costumes e a ordem pública ainda sejam os tradicionais limites impostos à autonomia privada, é certo que, ao exercício da liberdade, no contexto contemporâneo, onde as fronteiras do Direito Privado e do Direito Público foram severamente abrandadas,[817] o principal limite imposto é a preservação da dignidade humana, já que esta foi elevada ao fundamento da ordem jurídica, local outrora ocupado pela "famosa" tríade. É nesse sentido que Maria Celina Bodin de Moraes, dissecando a liberdade como substrato da dignidade, chega à mesma conclusão, afirmando que

> (...) no quadro contemporâneo, marcado pela superação da dicotomia clássica entre o Direito Público e o Direito Privado, perderam relevo as concepções que consideravam o direito subjetivo, *a priori*, como um poder atribuído à vontade individual, para a realização de um seu interesse exclusivo, cabendo-lhe respeitar apenas uns poucos limites externos, dispostos no interesse de terceiros ou da coletividade. Ao contrário, as limitações deixaram de ser a exceção e passaram a contribuir para a identificação da função dos institutos jurídicos. A própria noção de ordem pública, sempre invocada como limite à livre atuação do sujeito, teve seu conteúdo redesenhado pelo projeto constitucional, com particular ênfase nas normas que tutelam a dignidade humana e que, por isso mesmo, ocupam a mais alta hierarquia da ordem pública, o fundamento último da ordem constitucional.[818]

Para exemplificar pode-se dizer que, diante dos transplantes de órgãos, das pesquisas médicas em seres humanos, das práticas socialmente aceitas como a tatuagem, o *piercing* e as cirurgias plásticas, há uma esfera disponibilidade sobre o direito ao próprio corpo, mas ao mesmo tempo não se trata de uma liberdade absoluta, já que não pode ser considerado legítimo nenhum ato de disposição sobre o próprio corpo quando tal comportamento ferir a dignidade do titular do direito. Há um limite maior que na colisão de direitos fundamentais sempre prevalece que é o fundamento da ordem jurídica: a dignidade humana.[819]

Dadas estas observações, da mesma forma como ocorre com a autonomia privada, se pode concluir que o direito à liberdade ainda pode ser definido como o "poder de realizar, sem interferências de qualquer gênero, as próprias escolhas individuais, exercendo-as como melhor lhe convier", aproximando-se cada vez mais o princípio da liberdade individual do exercício da vida privada.[820] Pode ser definido ainda como o "poder que a pessoa tem de direcionar suas energias no mundo

---

[816] No mesmo sentido: MORAES, Maria Celina Bodin de. *Danos à pessoa humana:* uma leitura civil-constitucional dos danos morais, p. 104.

[817] Sempre bom lembrar texto clássico sobre a superação desta dicotomia de: GIORGIANNI, Michele. *O direito privado e suas atuais fronteiras.*

[818] MORAES, Maria Celina Bodin de. *Op. cit.*, p. 105.

[819] Nesse sentido, mas tratando exclusivamente sobre os transplantes de órgãos: GEDIEL, José Antônio Peres. *Os transplantes de órgãos e a invenção moderna do corpo.* Curitiba: Moinho do verbo, 2000, p. 96.

[820] MORAES, Maria Celina Bodin de. *Op. cit.*, p. 106.

fático, em consonância com a própria vontade, no alcance dos objetivos visados, seja no plano pessoal, seja no plano negocial, seja no plano espiritual".[821]

A diferença fundamental que existe entre a concepção atual do princípio da liberdade e a forma como era concebido durante o liberalismo é apenas uma questão de limites. Os limites deixam de ser a exceção para passarem a fazer parte da função das situações jurídicas. Se os limites passam a fazer parte da essência das situações jurídicas, são eles internos, para além dos limites externos antes já impostos.

Capelo de Souza, fazendo a distinção entre limites internos e externos, afirma que estes se traduzem nas delimitações à liberdade resultantes do próprio sistema jurídico em função da necessidade de defender outros bens jurídicos que são considerados, *a priori*, prioritários, como a vida, a saúde, a integridade e a própria dignidade. Já que os limites internos se dão na medida em que a liberdade tem um conteúdo autodefinível que emerge de sua própria natureza, e sua amplitude resulta da dialética existente ente o indivíduo e a sociedade, do agir autônomo respeitando a diversidade, a solidariedade e a dignidade humana. O autor ainda explica, partindo da premissa de que a liberdade de um acaba quando inicia a do outro, que há um "círculo mínimo de liberdade" que deve ser preservado sob pena de a pessoa não poder se desenvolver plenamente. Trata-se de uma esfera irrestringível, impingindo ilicitude a qualquer ato que seja atentatório a esse núcleo mínimo de liberdade. Em contrapartida, há um "círculo amplo de liberdade", cujos limites são mais flexíveis, já que resultantes da ponderação entre os interesses interindividuais conflitantes, ponderação esta essencial para manter o equilíbrio nas relações sociais, cujo intuito último é permitir o desenvolvimento das personalidades de todos os que vivem em sociedade.[822]

As situações jurídicas que se exprimem através de direitos subjetivos, direitos potestativos, faculdades, poderes, ônus, etc., passaram a sofrer importantes limitações, já que devem estar sempre em sintonia com a principiologia constitucional.[823] Até porque todas as situações subjetivas, sejam elas patrimoniais ou existenciais, são devidamente tuteladas pelo ordenamento jurídico, desde que conforme a vontade do titular, conforme o interesse social,[824] bem como se não

---

[821] BITTAR, Carlos Alberto. *Os Direitos da Personalidade*, p. 106.

[822] CAPELO DE SOUZA, Rabindranath Valentino Aleixo. *O direito geral de personalidade*, p. 283/285.

[823] MORAES, Maria Celina Bodin de. *Danos à pessoa humana:* uma leitura civil-constitucional dos danos morais, p. 106.

[824] "São facilmente criticáveis aquelas concepções que, para salvar a noção de direito subjetivo, identificam, no poder da vontade que se exprime em forma arbitrária e absoluta, o princípio; e, nos limites, a exceção. Por exemplo, quem é proprietário de um terreno só pode construir a determinadas distancias das ruas e das estradas; para o proprietário que queira construir no solo objeto do direito, é necessária a licença para construir (...). Estes vínculos, mesmo sendo numerosos, seriam sempre e somente exceções: limites colocados no interesse da coletividade, dos vizinhos, terceiros de qualquer modo qualificados, mas sempre limites externos ao direito que, como tais, não mudariam a sua essência. O enforque não é correto. No vigente ordenamento não existe um direito subjetivo – propriedade privada, crédito, usufruto – ilimitado, atribuído ao exclusivo interesse do sujeito, de modo tal que possa ser configurado como entidade pré-dada, isto é, preexistente ao ordenamento e que deva ser levada em consideração enquanto conceito, ou noção, transmitido de geração em geração. O que existe é um

atentatórias à dignidade humana. A pessoa está no centro do ordenamento não para garantir um agir libertário de sua vontade, mas para ser preservada como valor em si mesmo.[825]

4.1.3. O direito fundamental ao livre desenvolvimento da personalidade

A busca pela efetividade do princípio da dignidade da pessoa humana impõe que sua atuação se dê de modo bifrontal, em perspectiva protetiva e promocional, ou seja, garantindo o imperativo de assistência por meio da ação estatal ou coletiva, bem como garantindo uma esfera de autodeterminação pessoal, expressão da autonomia privada e da liberdade pessoal.[826] Isso já deve estar claro.

É essa voz ativa da dignidade, garantido o poder de gestão dos interesses pessoais ao titular dos direitos, a responsável pela efetivação da possibilidade de livre desenvolvimento da personalidade humana. Nesse sentido a contribuição de Perez Luño, para quem "a dignidade da pessoa humana não constitui apenas uma garantia negativa de que a pessoa não será objeto de ofensas ou humilhações, mas implica também, em sentido positivo, no pleno desenvolvimento da personalidade de cada indivíduo".[827]

No âmbito do Direito Civil, quando Gustavo Tepedino, tratando justamente dos direitos da personalidade, afirma a existência de uma cláusula geral de tutela e promoção da pessoa humana, a qual é diretamente extraída do princípio da dignidade humana, está explicitamente sustentando a dupla atuação da dignidade. Uma dessas direções, a negativa, protege os direitos fundamentais da personalidade contra violações; a outra dimensão, a positiva, que implica a gestão dos interesses pessoais, nada mais é do que a garantia de um direito ao livre desenvolvimento da personalidade.

Bem de ver que já se logrou fixar posicionamento pela consagração de um direito geral de personalidade, o qual, por ser amplo e aberto, permite a tutela de bens da personalidade não tipificados, garantindo a sua efetividade prática, bem

---

interesse juridicamente tutelado, uma situação jurídica que já em si mesma encerra limitações para o titular. Os chamados limites externos, de um ponto de vista lógico, não seguem a existência do princípio (direito subjetivo), mas nascem junto com ele e constituem seu aspecto qualitativo. O ordenamento tutela um interesse somente enquanto atender àquelas razões, também de natureza coletiva, garantidas com a técnica das limitações e dos vínculos. Os limites, que se definem externos pelo direito, na realidade não modificam o interesse pelo externo, mas contribuem à identificação da sua essência, da sua função. As situações subjetivas sofrem uma intrínseca limitação pelo conteúdo das cláusulas gerais e especialmente daquela de ordem pública, de lealdade, de diligencia e de boa fé, que se tornaram expressões gerais do princípio de solidariedade". PERLINGIERI, Pietro. *Perfis de Direito Civil,* p. 121/122.

[825] Idem, ibidem, p. 298/299.

[826] Ronald Dworkin, a propósito, refere-se a esse duplo sentido da dignidade da pessoa humana, afirmando que esta possui "tanto uma voz ativa quanto uma voz passiva e que as duas são interligadas". DWORKIN, Ronald. *Domínio da vida*: aborto, eutanásia e liberdades individuais, p. 336.

[827] "La dignidad humana constituye no sólo la garantía negativa de que la persona no va a ser objeto de ofensas o humillaciones, sino que entraña también la afirmación positiva del pleno desarrollo de la personalidad de cada individuo". PEREZ LUÑO, Antonio Henrique. *Derechos Humanos, Estado de Derecho y Constitución,* p. 318.

como assegurando o respeito à personalidade humana em duas perspectivas: uma estática, que consiste na proteção dos direitos da personalidade contra qualquer violação, e uma perspectiva dinâmica, que permite a realização e o desenvolvimento da personalidade. Portanto, quando se defende a existência de um direito geral de personalidade ou, denominando de outra forma, uma cláusula geral protetiva e promocional da pessoa humana, se está defendendo, na perspectiva dinâmica, a liberdade de desenvolvimento da personalidade. O livre desenvolvimento da personalidade, consubstanciado na liberdade, autonomia privada e na dignidade, é, inclusive, fundamental para o efetivo exercício da cidadania.[828]

A Lei Fundamental Alemã consagra expressamente, no primeiro artigo, a dignidade da pessoa humana e, no segundo, o direito ao livre desenvolvimento da personalidade, onde se afirma que "todos tem direito ao livre desenvolvimento da personalidade, desde que não violem os direitos de outrem e não atentem contra a ordem constitucional ou a lei moral".[829] A consagração expressa desse direito na Lei Fundamental de 1949 é nítido reflexo da preocupação com a proteção da pessoa humana, a qual permeava a Alemanha no segundo pós-guerra, dando-se, assim, amplo relevo à consagração dos direitos fundamentais. Nesse mesmo espírito, a instituição da Corte Constitucional em 1951, também bastante responsável pela consagração do direito ao livre desenvolvimento da personalidade através da farta construção jurisprudencial neste sentido.[830] Ademais, não se pode esquecer que esta mesma Corte também teve papel decisivo no que toca à consagração da eficácia dos direitos fundamentais nas relações entre privados, como já se comentou. Inequívoco que a consagração expressa do direito fundamental ao livre desenvolvimento da personalidade, aliada à admissão de sua eficácia nas relações entre privados, ainda que de forma indireta, já que esta é a posição majoritária naquele país, proporcionou uma incrível evolução na efetividade prática da promoção da dignidade humana.

De ser dito ainda que a doutrina e a jurisprudência alemãs entendem que o direito ao livre desenvolvimento da personalidade compreende duas dimensões: o direito geral de personalidade e a liberdade geral de ação. A primeira dimensão estaria relacionada com a proteção e a garantia de todos os direitos especiais da personalidade, expressa ou implicitamente considerados, como o direito à imagem, à identidade pessoal, à honra, à vida privada, à autodeterminação informa-

---

[828] Concluindo com semelhança, Elimar Szaniawski, afirma que "a dignidade garante ao indivíduo o direito à autodeterminação consubstanciado no direito à liberdade de ir e vir, de escolher um local para viver e de levar a vida como melhor lhe apraz, segundo o efetivo exercício da cidadania". SZANIAWSKI, Elimar. *Direitos de personalidade e sua tutela*, p. 140.

[829] Artigo 2, § 1: Jader hat das Recht auf die freire Entfaltung seiner Persönlichkeit, soweit er nicht die Rechte anderer verletzt und gegen die verfassungsmäßige Ordnung oder das Sittengesetz verstößt.

[830] Trazendo as mesmas informações mais detalhadamente: PINTO, Paulo Mota. *O direito ao livre desenvolvimento da personalidade,* p. 156, nota de rodapé 19 e LUDWIG, Marcos de Campos. *O direito ao livre desenvolvimento da personalidade na Alemanha e possibilidades de sua aplicação no Direito Privado brasileiro,* 285/295.

cional, etc. A segunda dimensão envolve "as liberdades" e a autonomia privada, ou melhor, traz a ideia de autonomia e de livre realização da personalidade.[831]

A consagração pioneira do direito fundamental ao livre desenvolvimento da personalidade serviu e serve de inspiração para os demais sistemas jurídicos. Sofrendo esta influência, a Constituição espanhola de 1978, quase trinta anos depois da alemã, consagrou expressamente o direito ao livre desenvolvimento da personalidade.[832] Mais recentemente, na revisão constitucional de 1997, passou-se a consagrar na Constituição Portuguesa um direito fundamental ao desenvolvimento da personalidade.[833] Paulo Mota Pinto, na esteira da formulação alemã já comentada, sustenta que o direito ao desenvolvimento da personalidade, no direito português, tem como estrutura fundamental tanto a tutela geral da personalidade, como a tutela geral da liberdade, através das quais se consagra uma esfera de liberdade geral de ação, a qual vincula uma ideia de formação da personalidade.[834] Jorge Reis Novais, tratando do direito ao desenvolvimento da personalidade, suscita a enorme importância desse direito tendo em vista a sua dimensão de liberdade geral de ação.[835] Para além destas duas básicas dimensões, Paulo Mota Pinto ainda visualiza outras duas: uma dimensão individual e outra social. A ideia fundamental que permeava a consagração desse direito era a tutela da individualidade, com vistas ao direito à diferença e à autonomia, no sentido de permitir que as pessoas, desde que não causem prejuízo a terceiros, possam fazer suas escolhas livremente, delineando seu próprio modo de vida. Trata-se de um direito que tutela a diferença da individualidade de cada pessoa. Todavia, considerar tão somente a dimensão individual é uma visão apoucada sobre o direito ao livre desenvolvimento da personalidade, o qual também requer uma dimensão social. Isso porque a pessoa não se desenvolve isoladamente, mas no mundo de relações. No contexto do direito ao livre desenvolvimento estão as relações humanas; portanto, trata-se de um direito por natureza comunicativo que se realiza nessa interação entre os seres que vivem em sociedade.[836]

---

[831] As informações são retiradas dos comentários à Constituição portuguesa, onde os autores fazem um paralelo entre o direito ao livre desenvolvimento da personalidade alemão e o direito ao desenvolvimento da personalidade português. MIRANDA, Jorge; MEDEIROS, Rui. *Constituição Portuguesa Anotada*. Coimbra: Coimbra Editora, 2005, t. I., p. 286/287.

[832] Artículo 10, n. 1: La dignidad de la persona, los derechos inviolables que le son inherentes, el libre desarrollo de la personalidad, el respeto a la Ley y a los derechos de los demás son fundamento del orden político y de la paz social.

[833] Artigo 26º, n. 1: A todos são reconhecidos os direitos à identidade pessoal, ao desenvolvimento da personalidade, à capacidade civil, à cidadania, ao bom nome e reputação, à imagem, à palavra, à reserva da intimidade da vida privada e familiar e à proteção legal contra quaisquer formas de discriminação.

[834] Nesse sentido, o autor sustenta que, não obstante o texto constitucional ter suprimido o adjetivo "livre", consagrando apenas o termo "direito ao desenvolvimento da personalidade", não se pode desconsiderar o direito fundamental à liberdade que é ínsito ao conceito de desenvolvimento da personalidade. PINTO, Paulo Mota. *O direito ao livre desenvolvimento da personalidade*, p. 160, 198/199.

[835] NOVAIS, Jorge Reis. *As restrições aos direitos fundamentais não expressamente autorizadas pela constituição*, p. 591.

[836] PINTO, Paulo Mota. *Notas sobre o direito ao livre desenvolvimento da personalidade e os direitos de personalidade no direito português*, p. 157/159.

Como se pode ver, todos os direitos sofrem as mesmas limitações. Os direitos fundamentais à autonomia, à liberdade e ao livre desenvolvimento da personalidade, são direitos que garantem às pessoas o poder de autodeterminar seus interesses pessoais, sem os quais se estaria negando uma dimensão da dignidade; porém, todos sofrem limitações em função da proteção da igualdade e do interesse social, os quais configuram substratos materiais da mesma dignidade e sem eles também se estaria violando a dignidade. Sem falar que a mesma dignidade é também o limite dos limites para o poder de autodeterminação pessoal, já que o núcleo mínimo da dignidade é intangível, e deve ser protegido, seja quando a violação parte de terceiro, seja quando proveniente do próprio titular do direito.[837]

Não obstante a consagração expressa do direito ao livre desenvolvimento da personalidade nos sistemas jurídicos dos países citados, é bem de ver que se trata de um direito que, a despeito da normatização expressa, é tranquilamente reconhecível e aplicável em qualquer ordem jurídica que reconheça a dignidade humana como seu fundamento.

O direito fundamental ao livre desenvolvimento da personalidade não está expressamente consagrado no ordenamento jurídico brasileiro. Não obstante, na medida em que a Constituição reconhece a dignidade humana, que tem como substrato material o postulado da liberdade e da autodeterminação pessoal, não há como discordar que daí se pode, ou melhor, se deve, extrair tal direito, merecendo ser admitido e consagrado como princípio da ordem constitucional, ainda que implícito. Essa é a posição de Ingo Sarlet, o qual afirma categoricamente que

(...) é precipuamente com fundamento no reconhecimento da dignidade da pessoa por nossa Constituição, que se poderá admitir, também entre nós e apesar da omissão do Constituinte nesse particular, a consagração – ainda que de modo implícito – de um direito ao livre desenvolvimento da personalidade.[838]

Mesmo na literatura lusitana, onde há previsão expressa na Constituição, afirma-se que o direito ao livre desenvolvimento da personalidade é corolário do reconhecimento da dignidade humana. Nesse sentido, Paulo Mota Pinto sustenta que

(...) a garantia da dignidade da pessoa humana decorre, desde logo, como verdadeiro imperativo axiológico de toda a ordem jurídica, o reconhecimento de personalidade jurídica a todos os seres humanos, acompanhado da previsão de instrumentos jurídicos (nomeadamente, direitos subjetivos) destinados à defesa das refracções essenciais da personalida-

---

[837] Jörg Neuner afirma de forma lúdica que "não importa de quem é a bota que desferiu o chute no rosto do ofendido", justamente sustentado que o Estado, na medida em que consagrada a eficácia dos direitos fundamentais nas relações interprivadas, deve proteger a dignidade da pessoa humana, mesmo quando a ofensa tiver sido causada pelo próprio titular do direito. NEUNER, Jörg. *Privatrecht und Sozialstaat*, p. 150 e ss. *apud* SARLET, Ingo Wolfgang. *Dignidade da pessoa humana e direitos fundamentais na Constituição Federal de 1988*, p. 112/113.

[838] SARLET, Ingo Wolfgang. *Op. cit.*, p. 86. Também concluindo pela existência de um direito ao livre desenvolvimento da personalidade no Direito Brasileiro, ainda que não haja previsão normativa, o professor: PINTO, Paulo Mota. *O direito ao livre desenvolvimento da personalidade*, p. 155, nota de rodapé 14. Entre nós, ainda: LUDWIG, Marcos de Campos. *O direito ao livre desenvolvimento da personalidade na Alemanha e possibilidades de sua aplicação no Direito Privado brasileiro*, p. 285/302.

de humana, bem como a necessidade de proteção desses direitos por parte do Estado. A afirmação da liberdade de desenvolvimento da personalidade humana e o imperativo de promoção das condições possibilitadoras desse livre desenvolvimento constituem já corolários do reconhecimento da dignidade da pessoa humana como valor no qual se baseia o Estado.[839]

Importante é também considerar que há fundamento na Constituição Federal de 1988 para invocar um direito geral de liberdade. Como já dito, nos sistemas jurídicos que expressamente reconhecem o livre desenvolvimento da personalidade, dali se extrai o direito geral de liberdade. No direito brasileiro o direito ao livre desenvolvimento da personalidade não está expressamente garantido, mas é implicitamente garantido através do reconhecimento da dignidade humana. Neste caso é possível extrair o direito geral de liberdade do caput do artigo 5º da Constituição Federal, que consagra expressamente o direito à liberdade, aliado ao princípio da legalidade consagrado no mesmo artigo no inciso II, além do direito à liberdade de consciência estabelecido no inciso VI. Há quem conteste esse direito geral de liberdade sustentando ser ele um direito individualista e que implica desapreço aos direitos sociais e interesses coletivos. Isso é facilmente refutável na medida em que o direito geral de liberdade não torna legítima qualquer ação humana nem mesmo impede que o Estado restrinja a liberdade individual para promover o bem estar da comunidade. Ademais, restringir a liberdade a tal ponto de não admitir a existência de uma esfera de liberdade geral de ação contradiz a própria noção de dignidade humana. Assim, deve-se considerar a existência de um direito geral de liberdade no direito brasileiro, o qual encontra lastro nas normas supracitadas, bem como no direito fundamental ao livre desenvolvimento da personalidade. Direito este que, como qualquer outro, não é absoluto, podendo ser limitado desde que sua restrição seja justificada através de uma ponderação que implique a tutela de outros bens e valores constitucionais.[840]

Quando se admite que, no exercício positivo dos direitos da personalidade, os titulares podem dispor voluntariamente de seus bens existenciais, desde que respeitada ao menos a necessária proteção do núcleo mínimo da dignidade, se está automaticamente reconhecendo que há um direito ao livre desenvolvimento da personalidade. O recurso à autonomia privada, manifestada pelo consentimento do titular, desde que não viole o fundamento da ordem pública que é a dignidade humana, é o instrumento para o livre desenvolvimento da personalidade.[841]

A ordem jurídica reconhece, no âmbito da tutela da personalidade, uma tutela positiva, uma tutela de exercício desses direitos, a qual permite o trânsito da autonomia privada nas situações em que bens ligados à personalidade estejam en-

---

[839] PINTO, Paulo Mota. *Notas sobre o direito ao livre desenvolvimento da personalidade e os direitos de personalidade no direito português*, p. 151/152.

[840] Sobre este tema, *vide:* PEREIRA, Jane Reis Gonçalves. *Interpretação constitucional e direitos fundamentais: uma contribuição ao estudo das restrições aos direitos fundamentais na perspectiva da teoria dos princípios*. Rio de Janeiro: Renovar, 2006, p. 168/174.

[841] Nesse sentido, também: DONEDA, Danilo. *Da privacidade à proteção de dados pessoais*, p. 376.

DIREITOS DA PERSONALIDADE

volvidos. Embora os bens jurídicos ligados à personalidade sejam essencialmente indisponíveis, até como forma de proteger tais bens contra ameaças e violações advindas de terceiros, quando se está falando da esfera pessoal, permite-se a sua disposição, dentro de certos limites, como forma de permitir o livre desenvolvimento da personalidade.

Para permitir o livre desenvolvimento da personalidade, não há como condenar, *a priori*, um ato de disposição que implique a renúncia ou a limitação de um bem ligado à personalidade, desde que ao menos resguardada a dignidade humana. Os direitos da personalidade são essencialmente indisponíveis, mas garante-se uma relativa disponibilidade justamente para o atendimento do direito ao livre desenvolvimento da personalidade. Se algum direito da personalidade for restringido voluntariamente pelo titular do direito, ocorrem mutações juridicamente tuteláveis, as quais são oriundas do poder de autodeterminação do ser humano. Daí o caráter ambivalente destes direitos, já anunciado.

Isso é inequívoco diante da simples afirmação de que o homem tem o direito de exercitar cotidianamente o poder de decisão sobre seus próprios interesses, de desenvolver-se conforme seu projeto de vida, principalmente no que toca à personalidade, a qual,

> (...) garantida embora na sua existência e na sua individualidade, não é evento acabado. O homem é um projecto, com fins próprios: tende ilimitadamente a aperfeiçoar-se. Esse aperfeiçoamento é por outro lado um direito de cada um, que deve ser assegurado. Os direitos de personalidade tomam agora caráter dinâmico. A garantia do espaço de actuação de cada um concentra-se essencialmente na idéia de liberdade: porque só em liberdade o homem pode desenvolver a sua personalidade. As várias liberdades asseguram o exercício de autonomia necessário ao desenvolvimento humano.[842]

Muito embora se deva reconhecer o direito fundamental ao livre desenvolvimento da personalidade no ordenamento jurídico brasileiro, de ser dito que tanto a doutrina como a jurisprudência pátria são carentes neste tópico. Da simples pesquisa no endereço eletrônico dos Tribunais Superiores[843] do país se pode verificar que inexiste qualquer decisão que reconheça o direito fundamental ao livre desen-

---

[842] ASCENSÃO, José de Oliveira. *Direito civil teoria geral*: introdução, as pessoas, os bens, p. 98.

[843] Raras são as decisões do Supremo Tribunal Federal que mencionam os direitos da personalidade. Poder-se-ia citar duas decisões em que o tribunal em questão manifestou-se nesse sentido: a Petição 2702/RJ que tratava da questão envolvendo o então candidato à presidente da República, Sr. Garotinho, irresignado com matéria jornalística ofensiva aos seus direitos de personalidade; e a Reclamação 2040-1/DF sobre o caso que ganhou grande repercussão na mídia, o da cantora Gloria Trevi, onde esta buscava proteção à sua intimidade e integridade para se negar a realizar o exame de DNA que identificaria a paternidade do filho que estava esperando, o qual alegava ter sido fruto de estupro ocorrido no cárcere. No Superior Tribunal de Justiça há algumas manifestações importantes no que toca à teoria dos direitos da personalidade, mas, mesmo assim, não há nenhum julgado que consagre a existência de direito ao livre desenvolvimento da personalidade. Este Tribunal tem farta produção no que toca à proteção dos direitos da personalidade nos casos de violações provocadas pela imprensa, são exemplos os Recursos Especiais: 655357/SP, 801249/SC, 818764/ES, 719592/AL, 192786/RS e 109470/PR. O STJ também tem posição assente quanto à ocorrência de dano moral por violação dos direitos da personalidade, a exemplo do Resp. 890930/RJ, quanto aos direitos autorais como se vê do Resp. 445908/SP, bem como quanto à legitimidade dos sucessores em buscar proteção dos direitos da personalidade de pessoas falecidas, a saber: Resp. 521697/RJ e 268660/RJ.

volvimento da personalidade. No Tribunal de Justiça do Estado do Rio Grande do Sul, fartos são os julgados que envolvem os direitos da personalidade, mas raríssimas são as menções ao direito ao livre desenvolvimento da personalidade. Um exemplo pioneiro e gratificante foi a decisão de relatoria do desembargador Luiz Gonzaga Pilla Hofmeister, o qual deferiu o pedido, realizado por um transexual, de retificação do registro civil para alteração de nome e de sexo, sustentando justamente que o direito à identidade pessoal, um direito da personalidade, é "o direito que tem todo o sujeito de ser ele mesmo", o qual tem estreita conexão com o direito ao livre desenvolvimento da personalidade. No julgado, o desembargador também afirma que a temática do direito ao livre desenvolvimento da personalidade não é desenvolvida com a amplitude e com a riqueza que merece. O importante julgado foi assim ementado:

> É preciso, inicialmente, dizer que homem e mulher pertencem a raça humana. Ninguém é superior. Sexo é uma contingência. Discriminar um homem é tão abominável como odiar um negro, um judeu, um palestino, um alemão ou um homossexual. As opções de cada pessoa, principalmente no campo sexual, hão de ser respeitadas, desde que não façam mal a terceiros. O direito a identidade pessoal é um dos direitos fundamentais da pessoa humana. A identidade pessoal é a maneira de ser, como a pessoa se realiza em sociedade, com seus atributos e defeitos, com suas características e aspirações, com sua bagagem cultural e ideológica, e *o direito que tem todo o sujeito de ser ele mesmo. A identidade sexual, considerada como um dos aspectos mais importantes e complexos compreendidos dentro da identidade pessoal, forma-se em estreita conexão com uma pluralidade de direitos, como são aqueles atinentes ao livre desenvolvimento da personalidade* etc., para dizer assim, ao final: se bem que não é ampla nem rica a doutrina jurídica sobre o particular, é possível comprovar que a temática não tem sido alienada para o direito vivo, quer dizer para a jurisprudência comparada. Com efeito em direito vivo tem sido buscado e correspondido e atendido pelos juízes na falta de disposições legais e expressa. No Brasil, aí esta o artigo 4 da Lei de Introdução ao Código Civil a permitir a equidade e a busca da justiça. Por esses motivos e de ser deferido o pedido de retificação do registro civil para alteração de nome e de sexo.[844] (grifado)

O princípio da dignidade da pessoa humana, aliado aos direitos fundamentais à liberdade e à autonomia privada, assegura o livre desenvolvimento da personalidade. O direito ao livre desenvolvimento da personalidade é o fundamento de admissão dos atos de disposição sobre os bens e os interesses vinculados à personalidade. As matérias até aqui tratadas se entrelaçam e demonstram parte da síntese necessária. Diz-se parte da síntese necessária, na medida em que cabe ainda alusão mais específica aos limites impostos a esse exercício do direito ao livre desenvolvimento da personalidade, principalmente porque tais situações envolvem colisões de diretos, as quais merecem ser equacionadas através do princípio da proporcionalidade e do método da ponderação de interesses que envolvem a situação concreta.

---

[844] Apelação Cível nº 593110547, 3ª Câmara Cível do TJRS, Relator: Luiz Gonzaga Pila Hofmeister, julgado em 10/03/1994.

Somente depois destas considerações a síntese estará completa e, oxalá, logrando ser útil para a efetivação prática do direito ao livre desenvolvimento da personalidade no Direito Brasileiro, como o que se conta com a construção doutrinária e jurisprudencial, calcada na principiologia de índole constitucional, para desbravar todas as potencialidades que deste direito podem surgir em prol da garantia da dignidade humana e proteção da pessoa enquanto ser que vive em sociedade e busca o seu pleno desenvolvimento.

4.2. Dos limites aos atos de disposição

4.2.1. O insuficiente critério dos bons costumes como limite ao livre desenvolvimento da personalidade e o conteúdo redesenhado da ordem pública

O Código Civil brasileiro, partindo do pressuposto de que os direitos da personalidade são indisponíveis, salvo se os atos de disposição forem autorizados por lei, não traz menção a qualquer limite que possa ser imposto à atuação dos particulares nesta seara. O único artigo que faz referência ao critério dos bons costumes é o 13, o qual justamente traz reserva legal para disposições do próprio corpo. Na Alemanha, a norma que consagra o livre desenvolvimento da personalidade impõe como limites os direitos de terceiros, a ordem constitucional e a lei moral; na Espanha os limites são os direitos alheios, a ordem política e a paz social; já o texto constitucional português não faz referência expressa a qualquer limite,[845] mas por certo que limitações existem, mesmo que não expressamente previstas, já que é insustentável a concepção de um direito fundamental ilimitado.[846]

No que toca aos direitos de terceiros, não há qualquer objeção que se possa fazer. Isso já ficou claro diante da perspectiva socializante que permeia a ordem constitucional brasileira, até porque se protegem os direitos da personalidade através da tutela reparadora e preventiva contra violações e ameaças oriundas de terceiros. Ademais, seria um despautério e frontalmente contrário à dignidade

---

[845] Ao contrário da Lei Fundamental alemã que estabelece limites expressos ao livre desenvolvimento da personalidade, "a Constituição portuguesa fala apenas em "desenvolvimento da personalidade" e não parece sentir necessidade de estabelecer qualquer limite expresso". MIRANDA, Jorge; MEDEIROS, Rui. *Constituição Portuguesa Anotada*, p. 287.

[846] Sobre as restrições aos direitos fundamentais não expressamente autorizadas pela Constituição, obra clássica de Jorge Reis Novais já citada. Comentando sobre o direito ao desenvolvimento da personalidade que é consagrado na Constituição portuguesa sem reservas, o autor assim afirma: "ora, o legislador português da revisão constitucional consagrou o direito no artigo 26º, nº 1, mas não acolheu, simultaneamente, os limites expressos no texto alemão. Isto é, consagrou, sem quaisquer reservas, o direito fundamental ao desenvolvimento da personalidade. Mas, nessa altura, uma de duas: ou se considera esse direito fundamental dotado de limites não expressamente previstos – e, então, não se vê por que não deveriam os mesmo limites ser aplicáveis a todos os direitos fundamentais – ou, em alternativa, esse direito não poderia ser limitado. Dada a natureza do direito fundamental em questão, esta última hipótese seria insustentável". NOVAIS, Jorge Reis. *As restrições aos direitos fundamentais não expressamente autorizadas pela constituição*, p. 592/593.

humana admitir a livre atuação dos particulares mesmo que o comportamento atingisse direitos de terceiros. Isso importaria no fracasso da própria tutela da personalidade. Portanto, diante da perspectiva relacional do ser com os outros, tantas vezes referida, desnecessários maiores comentários a esse respeito.

Quando da concepção do Código Civil, negava-se trânsito à autonomia privada nas situações jurídicas existenciais. Por isso não há qualquer menção aos limites a esta atuação nas normas que tratam dos direitos da personalidade. Não obstante a carência legislativa, já se logrou demonstrar que a vontade e a autonomia privada também incidem sobre os interesses existenciais. Para além das fronteiras que outras normas específicas podem impor à atuação dos particulares no exercício de sua autonomia privada,[847] a ordem pública e os bons costumes são também tradicionalmente invocados como limites. Calcados nestes critérios se poderia perguntar até que ponto a autonomia privada e o direito ao livre desenvolvimento da personalidade podem ir sem atingir a ordem pública e os bons costumes?

Os bons costumes, conforme Francisco Amaral, compreendem o "conjunto de regras morais que formam a mentalidade de um povo e que se expressam em princípios como o da lealdade contratual, da proibição de lenocínio, dos contratos matrimoniais, do jogo, etc.".[848] Capelo de Souza sustenta que bons costumes é noção de base sociológica que se traduz nos usos e costumes valorados como bons conforme o conjunto de regras morais impostas pela consciência social.[849] A contrariedade aos bons costumes, portanto, relaciona-se com o comportamento imoral. Nesse ponto se pode questionar o que é imoral, ou o que reflete um mau costume?

Bons costumes é conceito bastante nebuloso e, muitas vezes, apegado a noções ultrapassadas.[850] Ademais, se trata de algo absolutamente subjetivo diante de uma sociedade diversificada e multicultural e, nessa medida, não há como deixar a

---

[847] Por óbvio que a atuação dos particulares deve se dar dentro dos limites estabelecidos pela lei em normas específicas, pois a contrariedade a preceitos legais imperativos implica em ilicitude. Quanto a esse tópico, não se vão tecer maiores considerações, até porque quando se coloca a lei como fator limitante, deve-se ter em mente que é na Constituição Federal e nos seus princípios fundamentais que as limitações encontram as primordiais barreiras. Outras barreiras também são encontradas na legislação penal, a qual limita a liberdade das pessoas para proteger bens como a vida, a integridade, a honra, etc. O que se pretende é tratar um pouco sobre os bons costumes e sobre a ordem pública, que são tradicionais limites invocados em face do exercício da autonomia privada.

[848] Francisco Amaral entende que, além dos bons costumes, a ordem pública e a boa-fé também são limites impostos à autonomia privada. A boa-fé que se traduz na lealdade do comportamento. Sobre a ordem pública falaremos em seguida. AMARAL, Francisco. *Direito civil*: introdução, p. 347. Da mesma forma, Capelo de Souza traz a boa-fé como limite ao direito geral de personalidade, sustentando ser ela "um princípio normativo, pelo qual todos devem actuar como pessoas de bem, num quadro de honestidade, correção, probidade e lealdade, de forma a não defraudar as legítimas expectativas e a confiança gerada nos outros". CAPELO DE SOUZA, Rabindranath Valentino Aleixo. *O direito geral de personalidade*, p. 530. Sobre a boa fé e a proibição de abuso de direito em função de comportamento contraditório, já se comentou, ainda que brevemente, em momento anterior desta pesquisa.

[849] Idem, ibidem, p. 531.

[850] Referindo-se à noção ultrapassada e nebulosa de bons costumes: SCHREIBER, Anderson. *Os Direitos da Personalidade e o Código Civil de 2002*, p. 238.

cargo da consciência social a sua definição. Quando se tratou dos atos de disposição do próprio corpo, logrou-se demonstrar o quão subjetivo é o conceito de bons costumes. Aos olhos de uma pessoa conservadora, transformar o corpo para que este se assemelhe a uma vaca ou a um lagarto pode ser atentatório aos bons costumes. No entanto, para a pessoa que assim age certamente se trata de um "bom costume". Inclusive, no grupo de relações destas pessoas, a modificação corporal pode ser tida, inclusive, como fator de aceitação e inclusão. O mesmo ocorre com a imagem. Há quem entenda que fotografias de pessoas nuas sejam atentatórias aos bons costumes. Todavia, trata-se de prática com larga aceitação social.

Inegável também que existem grupos atuantes que levantam severas contrariedades em relação à fertilização *in vitro*, à eutanásia, mesmo quando consentida, à gestação por substituição e outras possibilidades que a revolução tecnocientífica coloca à disposição da sociedade. Estas hipóteses se traduzem em bons ou maus costumes? Ora, diante do direito fundamental ao livre desenvolvimento da personalidade, são hipóteses plenamente aceitáveis e legítimas diante da tutela positiva que é conferida pelo ordenamento jurídico. Apenas seriam condenáveis se atentatórias a direitos de terceiros e à dignidade humana.

Normalmente, tais contrariedades são arraigadas a fundamentos religiosos. Todavia, a crença religiosa não pode ser argumento relevante diante de uma ordem constitucional democrática e laica que deve levar em conta o pluralismo e a tolerância.[851]

Diante dessa dificuldade de estabelecer o que é um "bom costume", Capelo de Souza afirma que ao desenvolvimento da personalidade, em uma sociedade eminentemente personalista, em que se garante também o direito fundamental à liberdade, impõe-se severa cautela para limitar uma atuação particular sob o argumento de violação dos bons costumes.[852] Novamente, chega-se ao mesmo questionamento: esta cautela deve levar em consideração quais critérios para definir se um determinado comportamento é imoral, contrário aos bons costumes?

No mundo jurídico, os conceitos não podem ser pautados a partir de rígidas classificações ou modelos arcaicos, já que um direito excessivamente dogmático é inadequado porque não é suficiente para abarcar a diversidade da realidade fática que se apresenta. Como explica Carlos Konder, crer "na existência de uma ordem conceitual perfeita, fruto de uma racionalidade atemporal" representa um raciocínio errôneo calcado em uma dogmática que se pretendia neutra e racional, como a do liberalismo jurídico. O Direito, como qualquer ciência, deve ser compreendido dentro do contexto social em que se insere e, dessa forma, qualquer qualificação

---

[851] No mesmo sentido: KONDER, Carlos Nelson. *O consentimento no Biodireito*: os casos dos transexuais e dos *wannabes*, p. 62.

[852] "É de se exigir aqui uma conduta do titular do direito geral de personalidade particularmente reprovável em termos de moral social e a ofensa de muito importantes bons costumes para que o excesso seja considerado manifesto ou clamoroso". CAPELO DE SOUZA, Rabindranath Valentino Aleixo. *O direito geral de personalidade*, p. 531.

jurídica é sempre marcada pelas opções históricas, culturais e ideológicas.[853] Não existem conceitos absolutos, a relatividade é a marca da contemporaneidade.

Nesse sentido, novamente as lúcidas considerações de Perlingieri, para quem

(...) não existem instrumentos válidos em todos os tempos e em todos os lugares: os instrumentos devem ser construídos pelo jurista levando-se em conta a realidade que ele deve estudar. (...) O conhecimento jurídico é uma ciência jurídica relativa: precisa-se levar em conta que os conceitos e os instrumentos caracterizam-se pela sua relatividade e por sua historicidade. É grave erro pensar que, para todas as épocas e para todos os tempos, haverá sempre os mesmo instrumentos jurídicos. É justamente o oposto: cada lugar, em cada época, terá os seus próprios mecanismos.[854]

Portanto, a noção de bons costumes, fruto de um juízo de valor fundado na moralidade, é deveras subjetiva e imprecisa, mostrando-se, dessa forma, insuficiente para limitar a atuação dos particulares no desenvolvimento de seu projeto de vida.[855] O que se deve buscar é o reconhecimento do conteúdo ético dos conceitos jurídicos em uma cultura que se diz pós-positivista, centrada na axiologia constitucional, que valoriza o multiculturalismo e o pluralismo jurídico, buscando a superação das tendências generalizadoras e racionalizadoras da modernidade.[856]

O Direito precisa ser vivo, precisa acompanhar as mudanças sociais e, dessa forma, não há como estabelecer um padrão de conduta que se considere como bons costumes. Partindo dessa premissa, Orlando de Carvalho afirma que

(...) nenhum direito ou ramo de direito admite paralisação no tempo, mesmo que as normas não mudem, muda o entendimento das normas, mudam os conflitos de interesses que se tem de resolver, mudam as soluções de direito, que são o direito em ação. (...) nenhum direito pode deveras subtrair-se ao *continuum reale* que ele é na sua essência.[857]

Ademais, o próprio conceito de dignidade está sempre em processo de construção e desenvolvimento, já que, para além de sua dimensão ontológica ou natural, que é considerada como qualidade inata da pessoa humana, a dignidade conta com uma dimensão histórico-cultural.[858] O contexto cultural e histórico determina a mobilidade do conteúdo da dignidade humana. Esta, nos dizeres de Ingo Sarlet é "fruto do trabalho de diversas gerações e da humanidade em seu todo" e, assim, não admite conceito fixista, principalmente porque os conceitos rígidos e

---

[853] KONDER, Carlos Nelson. *O consentimento no Biodireito*: os casos dos transexuais e dos *wannabes*, p. 45/46.

[854] PERLINGIERI, Pietro. *Normas constitucionais nas relações privadas*. Revista da Faculdade de Direito da UERJ, n. 6 e 7, 1998/1999, p. 63/64 *apud* KONDER, Carlos Nelson. *Op. cit.*, p. 46.

[855] Também defendendo a insuficiência do critério da moral e dos bons costumes no que toca à disponibilidade dos direitos de personalidade: BORGES, Roxana Cardoso Brasileiro. *Disponibilidade dos Direitos da Personalidade e Autonomia Privada*, p. 135/137.

[856] No mesmo sentido: KONDER, Carlos Nelson. *Op. cit.*, p. 47.

[857] CARVALHO, Orlando de. *A teoria geral da relação jurídica*: seu sentido e limites, p. 50.

[858] Sobre a permanente construção da dignidade em função de sua contextualização histórico-cultural, *vide:* SARLET, Ingo Wolfgang. *As dimensões da dignidade da pessoa humana:* construindo uma compreensão jurídico-constitucional necessária e possível, p. 26/30.

DIREITOS DA PERSONALIDADE

atemporais "não se harmonizam com o pluralismo e a diversidade de valores que se manifestam nas sociedades democráticas contemporâneas".[859] O autor, repudiando um conceito universal de dignidade, questiona até que ponto a dignidade poderia estar acima das especificidades culturais diante de muitos atos que para determinadas culturas são atentatórios à dignidade e para outras não. Exemplifica com a aceitação da pena de morte em muitos estados americanos, onde a Suprema Corte entende ser prática constitucional desde que utilizados métodos de execução que não sejam cruéis e desumanos, já que impingir sofrimento desnecessário seria atentatório à dignidade humana. Outros olhos já diriam que a pena de morte em si é atentatória à dignidade. Traz também o exemplo das mutilações genitais em diversos Estados, as quais, para a maioria dos povos, certamente implica comportamento atentatório à dignidade, mas em outras culturas é plenamente aceito e tutelado pela ordem jurídica.[860]

Sequer é preciso buscar recurso em diferentes sociedades para verificar o quão indeterminado é o conceito de dignidade, já que muitos atos que para uma pessoa podem ser atentatórios à sua dignidade, para outros não o são. Há quem entenda que a exposição da vida privada fere a sua dignidade, outros sequer cogitam que tal exposição teria esse efeito; não fosse assim ninguém se sujeitaria a participar de *reality shows*. Nessa perspectiva, o professor gaúcho conclui que "ainda que se pudesse ter o conceito de dignidade como universal, isto é, comum a todas as pessoas em todos os lugares, não haveria como evitar uma disparidade e até mesmo conflituosidade sempre que se tivesse que avaliar se uma conduta é, ou não, ofensiva da dignidade".[861]

A propósito, Luiz Edson Fachin afirma que a lógica do sistema jurídico está na "congruência da relação que interpenetra o Direito e a sociedade, sofrendo uma contínua turbulência" ou melhor, "o sistema jurídico sofre os abalos do dinamismo que compõem a história, pois os valores a ele incorporados estão em constante mutação".[862] Se nem a dignidade pode fixar-se em um conteúdo estático, que dirá os bons costumes. O importante é que a tomada de decisão que implique limitação à atuação dos particulares seja pautada conforme os preceitos constitucionais, principalmente em relação aos direitos que emanam do princípio da dignidade da pessoa humana, levando também em consideração as peculiaridades do caso concreto. Afastam-se, pois, os bons costumes como critério de limitação, já que o que é bom para um pode não ser bom para outro; o que é bom em determinando momento histórico pode vir a ser considerado mau em outro momento, e assim por diante.

---

[859] SARLET, Ingo Wolfgang. *As dimensões da dignidade da pessoa humana:* construindo uma compreensão jurídico-constitucional necessária e possível, p. 27.

[860] Idem. *Dignidade da pessoa humana e direitos fundamentais na Constituição Federal de 1988*, p. 55/57.

[861] Idem, ibidem, p. 55.

[862] FACHIN, Luiz Edson. *Teoria Crítica do Direito Civil*, p. 202.

A ordem pública pode ser definida como o "conjunto de normas jurídicas que regulam e protegem os interesses fundamentais da sociedade e do Estado",[863] "como os interesses fundamentais que o sistema jurídico procura tutelar e aos princípios correspondentes que constituem como que um substrato do sistema",[864] ou ainda como um "princípio geral de preservação de valores jurídicos, morais e econômicos de determinada sociedade política", no sentido de "limitar a autonomia da vontade das partes em domínios nos quais devem prevalecer, cogentemente, os comandos estatais".[865] A ordem pública, portanto, sem que se adentre profundamente ao tema, deve ser desenhada conforme os princípios e os valores que permeiam a ordem constitucional. Nessa medida, por certo também não comporta conceito fixista e atemporal, já que variável conforme os tempos, conforme os valores jurídicos e sociais em determinado contexto histórico e cultural.

O que importa, em linhas gerais, é perceber que a ordem pública, como limite à livre atuação dos particulares, teve seu conteúdo redesenhado no ordenamento jurídico brasileiro a partir do texto constitucional de 1988. Se o projeto constitucional tem como particular ênfase as normas que tutelam a dignidade da pessoa humana, esta, por ser o fundamento último da ordem constitucional, coloca aquelas na mais alta hierarquia da ordem pública.[866]

Violar a ordem pública é violar os direitos, as liberdades e as garantias constitucionais, todos estes vinculados ao princípio guia da dignidade da pessoa humana. Portanto, os atos de disposição sobre os direitos de personalidade podem ser admitidos quando não violarem direitos, liberdades e garantias constitucionais. Isso não quer dizer que, no caso concreto, um direito fundamental não possa sofrer restrição; sem isso o ato de disposição não seria possível. A legitimação ou não do ato dispositivo é fruto da ponderação dos interesses no caso concreto que envolve colisão de direitos. Nesta situação, ou a autonomia privada prepondera em detrimento do direito que está sofrendo restrição, ou é a autonomia que será restringida para impedir o ato dispositivo sobre outro direito fundamental.

É nesse sentido que merece ressalva a irresignação de Canotilho que assim afirma:

> Eu gostaria que os civilistas começassem a dizer cláusulas contrárias a direitos, liberdades e garantias. Em vez de andarmos a dizer cláusulas contrárias à ordem pública, os civilistas deviam dizer cláusulas contrárias a direitos, liberdades e garantias, concretamente palmados na Constituição. (...) Para quê recorrer a formulas vagas quando temos preceitos com maior densidade normativa e que podem ser aplicados? Deixemos a ordem pública e a boa-fé

---

[863] AMARAL, Francisco. *Direito civil*: introdução, p. 347.

[864] ANDRADE, Manuel A. Domingues de. *Teoria geral da relação jurídica*, p. 335.

[865] BARROSO, Luis Roberto. *Interpretação e Aplicação da Constituição*, p. 44/45.

[866] MORAES, Maria Celina Bodin de. *Danos à pessoa humana:* uma leitura civil-constitucional dos danos morais, p. 105.

DIREITOS DA PERSONALIDADE

para outras situações em que não estão concretamente em causa direitos, liberdades e garantias.[867]

A manutenção da ordem pública é um dos princípios objetivos do direito e, embora muitas possam ser as definições encontradas na doutrina, em verdade, a ordem pública refere-se às normas que visam à regulamentação da vida em sociedade, mormente aquelas que tutelam e promovem a dignidade humana, a qual ocupa a mais alta hierarquia da ordem pública. Se a ordem pública está ligada aos preceitos constitucionais, inequívoco que ela deve funcionar como limite ao comportamento dos particulares, principalmente quando a atitude importar em restrição de direitos fundamentais. O importante é que os juristas se desapeguem da necessidade de definir com precisão todos os conceitos jurídicos. A manutenção da ordem pública perpassa necessariamente pela garantia e respeito aos direitos e garantias fundamentais. Ademais, mais do que em outros critérios, as situações jurídicas, sejam elas existenciais ou patrimoniais, encontram limites no princípio da dignidade da pessoa humana.

4.2.2. O temor da mercantilização dos direitos da personalidade e da objetificação da pessoa humana

Os direitos fundamentais da personalidade são essencialmente indisponíveis, mas, em função do direito ao livre desenvolvimento da personalidade, há que se reconhecer a existência de uma esfera de disponibilidade. Essa disponibilidade relativa, no entanto, deve atender à finalidade do desenvolvimento e formação da personalidade, mas não pode chegar ao extremo da objetificação da pessoa humana. Claro que aqueles que defendem a indisponibilidade absoluta dos direitos da personalidade temem a mercantilização da pessoa humana, reduzindo-a a mero objeto de direito. Tal temor tem razão de ser; no entanto, não pode ser argumento suficiente para a negação do direito fundamental ao livre desenvolvimento da personalidade.

Solucionado o possível impasse, tem-se que nos casos de disposição dos direitos fundamentais da personalidade, sempre pressuposta de uma vontade livre e esclarecida, pode ser excluída a aplicação de preceito constitucional, mas somente "se não atingir aquele mínimo de conteúdo do direito para além do qual o indivíduo se reduz à condição de objecto ou de não-pessoa – nestes casos o bem jurídico deve ser considerado indisponível". Deve-se aceitar a liberdade de atuação pessoal, mas desde que não prejudique a ideia de dignidade humana, já

---

[867] CANOTILHO, Joaquim José Gomes. *O provedor de justiça e o efeito horizontal de direitos, liberdades e garantias,* disponível em http://www.provedor-jus.pt/publicacoes/sessao/acanotilho.htm, acesso em 31 de julho de 2000 *apud* MORAES, Maria Celina Bodin de. *Danos à pessoa humana:* uma leitura civil-constitucional dos danos morais, p. 105, nota de rodapé 197.

que esta é o conteúdo essencial do direito, a qual não pode ser afetada já que é a garantia mínima que se pode retirar da Constituição.[868]

Ingo Sarlet, na sua tentativa de conceituação da dignidade humana,[869] afirma que esta implica um complexo de direitos e deveres fundamentais que asseguram a pessoa contra qualquer ato de cunho degradante ou desumano, isso porque

> (...) onde as condições mínimas para uma existência digna não forem asseguradas, onde não houver limitação do poder, enfim, onde a liberdade e a autonomia, a igualdade (em direitos e dignidade) e os direitos fundamentais não forem reconhecidos e minimamente assegurados, não haverá espaço para a dignidade da pessoa humana e esta (a pessoa), por sua vez, poderá não passar de mero objeto de arbítrio e injustiças. Tudo, portanto, converge no sentido de que também para a ordem jurídico-constitucional a concepção do homem-objeto (ou homem-instrumento), com todas as conseqüências que daí podem e devem ser extraídas, constitui justamente a antítese da noção de dignidade da pessoa, embora esta, à evidencia, não possa ser, por sua vez, exclusivamente formulada no sentido negativo (de exclusão de atos degradantes e desumanos), já que assim se estaria a restringir demasiadamente o âmbito de proteção da dignidade.[870]

O professor gaúcho, ainda que critique as teses que conduzem à definição de dignidade apenas como um atributo intrínseco, já que excessivamente antropocentristas, afirma que, no que toca ao repúdio a qualquer espécie de coisificação e instrumentalização do ser humano, é incensurável a permanência da concepção kantiana que considera a pessoa como fim e não como meio.[871] O jusfilósofo alemão parte, em seus imperativos categóricos universais, de uma concepção exclusiva e teleológica acerca do ser humano para fundamentar a sua ideia de dignidade. Afirma ele: "age de tal maneira que uses a humanidade, tanto na tua pessoa como na pessoa de qualquer outro, sempre e simultaneamente como fim e nunca como meio". Para Kant, o homem não pode ser utilizado como meio para obter determinados fins, já que possui um valor intrínseco que é a sua própria dignidade, a qual não admite ser substituída por qualquer equivalente.[872] A pessoa existe como um fim em si mesmo, como sujeito dotado de dignidade, a qual é posta acima de todos os bens e coisas, inclusive do próprio Estado.[873]

Nesse ponto, conclui-se juntamente com Carlos Konder que a não mercantilização da pessoa humana, como corolário do princípio da dignidade da pessoa humana, pode ser compreendida como um subprincípio deste. É este princípio

---

[868] VIEIRA DE ANDRADE, José Carlos. *Os direitos, liberdades e garantias no âmbito das relações entre particulares*. In: SARLET, Ingo Wolfgang (org.). *Constituição, Direitos Fundamentais e Direito Privado*, p. 293.

[869] A definição de dignidade por Ingo Sarlet foi transcrita no segundo capítulo, item 2.2.1.

[870] SARLET, Ingo Wolfgang. D*ignidade da pessoa humana e direitos fundamentais na Constituição Federal de 1988*, p. 59.

[871] Idim, ibidem, p. 36.

[872] Retoma-se aqui passagem já citada de que "no reino dos fins tudo tem um preço ou uma dignidade" ou "quando uma coisa tem um preço, pode-se pôr em vez dela qualquer outra como equivalente; mas quando uma coisa está acima de todo o preço, e, portanto, não permite equivalente, então tem ela dignidade". KANT, Immanuel. *Fundamentação da Metafísica dos Costumes*, p. 77.

[873] Nesse sentido: SARLET, Ingo Wolfgang. *Op. cit.*, p. 33.

que impede a objetificação da pessoa humana e que determina que os aspectos existenciais da pessoa humana devem ser regidos por uma lógica distinta daquela aplicável aos aspectos patrimoniais. Trata-se de uma lógica própria, a qual impossibilita que os bens ligados à personalidade humana "sejam negociados como se se tratasse de uma transação mercantil".[874] Deve-se repudiar qualquer tentativa de invasão da lógica comercial quando estiver em pauta a própria pessoa humana. Os usos e costumes comerciais apenas se destinam a regular situações patrimoniais; nas situações existenciais, mesmo que algum bem ligado à personalidade venha a ser objeto de negócio jurídico gerador de efeitos patrimoniais, não se pode perder de vista a pessoa, que não pode ser reduzida a objeto de direito, já que é bem jurídico tutelável como valor expresso nestas situações. Nesse diapasão, colhe-se a lição de Gustavo Tepedino, para quem

> (...) no momento em que a *lex mercatoria* parece atingir os píncaros da difusão universal e globalizada, imposta pelas forças hegemônicas internacionais, urge que resgatemos valores éticos comezinhos, capazes de permear a convivência social. O respeito à pessoa e às instituições, estas entendidas como imprescindíveis núcleos de promoção de valores sociais e existenciais, há de ser perseguido com obsessiva insistência, revertendo-se perigosa tendência de se idolatrar o indivíduo e o seu patrimônio.[875]

Não é desconhecido o fato de que existem mercados negros de órgãos e tecidos humanos e mesmo de crianças. Na rede mundial de computadores circulam notícias de pessoas que foram raptadas e posteriormente encontradas em estado lastimável após cirurgia que objetivou a retirada de órgãos. Também não são tão raras notícias de casais que, em vez de se submeterem ao processo de adoção de uma criança, compram-nas como se fossem mercadorias. Claro que nestes casos a extirpação do órgão se deu contra a vontade da pessoa e, no caso das crianças, estas normalmente nem sabem o que está se passando consigo, já que abandonadas por seus pais biológicos ou mesmo raptadas e levadas para outros países com o intuito de sua comercialização. A questão aqui é a de que a vedação à mercantilização humana não está adstrita aos negócios que as pessoas poderiam realizar, caso fossem permitidos, por livre e espontânea vontade, mas sim diante da proibição da "egoística disponibilização do outro";[876] ninguém está autorizado a utilizar outra pessoa como meio para atingir determinado fim, fim este normalmente lucrativo.

Caso interessante para ser lembrado é o do "vampiro Somoza" que ocorreu na Nicarágua na década de setenta. O Laboratório Plasmaferesis, com apoio do ditador Somoza, exportava para a Europa e Estados Unidos trezentos mil frascos de sangue por ano coletados de cidadãos pobres, mediante pagamento, e, mediante coação, de prisioneiros e militares de baixo escalão. O caso tomou tal proporção que acabou derrubando o regime ditatorial, já que, despertando o interesse do jor-

---

[874] KONDER, Carlos Nelson. *O consentimento no Biodireito*: os casos dos transexuais e dos *wannabes*, p. 56.

[875] TEPEDINO, Gustavo. *Solidariedade e alteridade na superação do individualismo*. In: ———. *Temas de direito civil*. Rio de Janeiro: Renovar, 2006, t. II., p. 444/445.

[876] SARLET, Ingo Wolfgang. *Dignidade da pessoa humana e direitos fundamentais na Constituição Federal de 1988*, p. 51.

nal de oposição ao regime, foi publicizado, e levou o povo às ruas, ateando fogo contra a sede do laboratório e obrigando o ditador a fugir do país.[877]

Existem também "caçadores de órgãos". São pessoas que buscam convencer outras a venderem partes dos seus corpos mediante remuneração. Um caso que foi desvendado envolvia um laboratório londrino, onde os médicos retiravam mediante remuneração os rins de turcos que, ludibriados e desesperados com a sua miserabilidade, se sujeitavam a tal mutilação criminosa.[878]

Para trazer um último exemplo também aterrador, tem-se o "caso Moore", que teve ampla repercussão nos Estados Unidos. O Sr. Moore descobriu que um laboratório, utilizando o seu baço que foi removido em função da leucemia que o acometia, cultivou as células de seu sangue e, diante de uma capacidade peculiar de produção de substâncias antibactericidas e antitumorais, patenteou tais células e as lançou como uma linha de produtos no mercado. O Sr. Moore lutou na justiça buscando uma participação nos lucros obtidos a partir de suas células, mas não obteve sucesso. Certamente tal desfecho ocorreu em função da transposição de um interesse que é existencial para a seara patrimonial. Talvez se se tivesse buscado uma solução sob a alegação de que foi utilizado como instrumento para obtenção de lucro, o desfecho pudesse ter sido outro.[879]

A comercialização de qualquer parte do corpo humano é vedada pela Constituição brasileira.[880] A relativa disponibilidade do direito ao próprio corpo, como uma forma de atendimento dos próprios interesses pessoais, não pode ser confundida com a disposição do corpo para obtenção de lucro. Claro que não se está falando das partes renováveis do corpo que são comercializadas, como o cabelo, o leite e até mesmo o esperma. Nestes casos a remuneração é uma prática corriqueira na sociedade e, assim, tornou-se aceitável. Inclusive porque, em determinados casos, como a comercialização do leite, verifica-se a prevalência do princípio da solidariedade.

O problema é saber a medida, ou seja, até que ponto se deve aceitar a mercantilização de partes do próprio corpo, principalmente diante da vida ocidental calcada na lógica de mercado. O homem não pode ser objeto de mercancia, por isso a vedação da compra e venda de partes do corpo, principalmente as não renováveis, como um rim, por exemplo.[881] Claro que se pensarmos na hipótese de uma

---

[877] Conforme: SCHREIBER, Anderson. *Os Direitos da Personalidade e o Código Civil de 2002*, p. 242.

[878] BERLINGUER, Giovanni; GARRAFA, Volnei. *O mercado humano:* estudo bioético da compra e venda de partes do corpo, p. 38/39.

[879] Sobre o caso Moore: BERLINGUER, Giovanni; GARRAFA, Volnei. *Op. cit.*, p. 36/37 e SCHREIBER, Anderson. *Op. cit.*, p. 242/243.

[880] Artigo 199, § 4º, CF/88: A lei disporá sobre as condições e os requisitos que facilitem a remoção de órgãos, tecidos e substâncias humanas para fins de transplantes, pesquisa e tratamento, bem como a coleta, processamento e transfusão de sangue e seus derivados, sendo vedado todo tipo de comercialização.

[881] "Desde a época em que foi abolida a escravidão, nos países e nas normas internacionais, o corpo humano foi excluído da interpretação das coisas que podem ser compradas e vendidas. A diferença entre o homem enquanto sujeito e enquanto objeto tornou-se um dos eixos da cultura jurídica contemporânea". BERLINGUER, Giovanni; GARRAFA, Volnei. *O mercado humano:* estudo bioético da compra e venda de partes do corpo, p. 209.

mãe que aceita vender seu rim ou aceita ser uma cobaia para pesquisas médicas porque precisa levantar dinheiro para salvar a vida de um filho, haveria quem ficasse sensibilizado com tal situação, entendendo-a como aceitável. No entanto, os sentimentos humanos não podem ser suficientes para justificar uma permissão legal nesse sentido. Se o direito admitir a coisificação do ser humano, está indo de encontro do seu próprio fundamento, que é a proteção da pessoa humana e da sua dignidade.[882] Nesse sentido que o Estado está autorizado a "defender a pessoa contra ela mesma", desde que seja para resguardar a sua dignidade.

Quando se fala do "mercado humano"[883] é mais fácil a identificação da objetificação da pessoa humana diante de sua mercantilização. Todavia, há casos em que outras dificuldades se agregam. Na esfera de proteção da dignidade, através da qual se impede a prática de atos lesivos perpetrados pela própria pessoa, merece comentários o emblemático "caso do anão". O prefeito de uma cidade francesa interditou um espetáculo que ocorria em uma discoteca, o qual consistia no arremesso, pelos clientes, de um anão, de um lado para o outro do recinto, como se fosse uma coisa, com a finalidade de entretenimento. O caso foi levado ao Judiciário, principalmente porque o anão, juntamente com a empresa envolvida, buscava a permanência do espetáculo sob o argumento de que a prática não atentava contra direitos de terceiros, nem contra a ordem pública e, ademais, o anão consentia com tal situação, não se sentia envergonhado; muito pelo contrário, se sentia valorizado com a sua atividade, entendendo-a como um instrumento de socialização, além do que, tratando-se do seu trabalho, a remuneração lhe proporcionava as condições mínimas para uma existência digna. O Conselho de Estado da França validou a decisão administrativa da prefeitura, considerando que tais "campeonatos de anões" não poderiam ser tolerados porque violadores da dignidade da pessoa humana, princípio este irrenunciável.[884]

Respeitadas as posições que entendem como correta a posição da Corte francesa, será que o caso do arremesso do anão não poderia ter sido legitimado no âmbito do direito ao livre desenvolvimento da personalidade? Trata-se de um ato de disposição do próprio corpo que não atinge a integridade física, também não atinge a integridade psíquica, isso porque o anão se sentia satisfeito com sua

---

[882] Esse exemplo faz lembrar o romance de Vitor Hugo que se tornou musical, em cartaz há muitos anos em diversos países da Europa e nos Estados Unidos. "Os Miseráveis" conta a história de Fantine que, para criar a sua filha Cosette, primeiro vende seus belos cabelos loiros, depois vende seus dentes e, ao final, torna-se prostituta. O próprio autor, questionado sobre a história de Fantine, respondeu que "é a sociedade que compra uma escrava. A miséria oferece, a sociedade aceita". O direito, por sua vez, não pode aceitar. A história dos miseráveis foi baseada em fatos verossímeis, já que no século XIX era comum a venda de cabelos para a manufatura de perucas e de dentes para a feitura de próteses. Embora o contexto histórico seja diverso, nesta época se entendia "o homem como proprietário de seu próprio corpo", o corpo era tido como "coisa", o exemplo ainda é atual.

[883] Além dos casos já citados, muitos outros podem ser visitados na já citada obra *"O mercado humano:* estudo bioético da compra e venda de partes do corpo" de Giovanni Berlinguer e Volnei Garrafa.

[884] Sobre o caso, *vide*: TEPEDINO, Gustavo. *Direitos Humanos e Relações Jurídicas Privadas*, p. 105/107, SARLET, Ingo Wolfgang. *Dignidade da pessoa humana e direitos fundamentais na Constituição Federal de 1988*, p. 108, nota de rodapé 266 e CUNHA, Alexandre dos Santos. *Dignidade da pessoa humana*: conceito fundamental do direito civil. In: MARTINS-COSTA, Judith. (org.). *A reconstrução do direito privado*: reflexos dos princípios, diretrizes e direitos fundamentais constitucionais no direito privado, p. 248/250.

profissão, inequivocamente a disposição era voluntária e contava com o consentimento do titular do direito, era revogável a qualquer tempo, se este assim quisesse, não atingia direitos de terceiros, não se pode dizer que se tratava de "mau costume", até porque já se constatou que tal noção de bons costumes é demasiadamente subjetiva para ser encarada como limite a qualquer ato de disposição de direitos, e, na medida em que se tratava da profissão do anão, a remuneração obtida lhe proporcionava uma vida digna.

O argumento da violação da dignidade humana em função da instrumentalização da pessoa humana, neste caso, poderia ser sobreposto pelo argumento de que tal atividade encontra-se abarcada na dimensão da dignidade que garante a esfera de autodeterminação pessoal, a qual, ao fim e ao cabo, proporcionava uma vida digna ao cidadão através de seu próprio trabalho, garantindo aquilo que se denomina "mínimo existencial". Se a vida não basta por si só porque merece ser vivida com dignidade, aqui se defende a legitimidade do ato de disposição do corpo do anão em atendimento ao direito fundamental ao livre desenvolvimento da personalidade, direito este que é, no ordenamento jurídico brasileiro, reconhecido, ainda que implicitamente, porque extraído do reconhecimento do princípio da dignidade da pessoa humana.

Vale aqui a ressalva feita por Ana Paula de Barcellos, para quem

> (...) o mínimo existencial corresponde ao conjunto de situações materiais indispensáveis a existência humana digna; existência aí considerada não apenas como experiência física – a sobrevivência e a manutenção do corpo – mas também espiritual e intelectual, aspectos fundamentais em um Estado que se pretende, de um lado, democrático, demandando a participação dos indivíduos nas deliberações públicas, e, de outro, liberal, deixando a cargo de cada um seu próprio desenvolvimento.[885]

O mínimo existencial para uma vida digna descreve o mesmo fenômeno do núcleo material da dignidade da pessoa humana que deve ser preservado em qualquer situação de restrição de direitos fundamentais. Portanto, no caso apresentando, sob o argumento da prevalência do direito ao livre desenvolvimento da personalidade aliado à garantia do mínimo existencial proporcionada pelo trabalho próprio, poder-se-ia admitir o ato de disposição do corpo, já que a restrição de direito fundamental daí advinda não atinge o núcleo mínimo da dignidade que deve ser sempre preservado.

Por certo que com tal posição não se está defendendo a mercantilização humana; ao contrário, se está defendendo a garantia de um direito fundamental decorrente da própria dignidade humana. Casos como este são realmente difíceis e não possuem soluções "dadas"; estas devem ser construídas a partir das circunstâncias do caso concreto. Ademais, sempre que estiverem em causa o direito ao livre desenvolvimento da personalidade e os atos de disposição sobre bens e interesses ligados à personalidade, a hipótese revela colisão de direitos fundamen-

---

[885] BARCELLOS, Ana Paula de. *A Eficácia dos Princípios Constitucionais*, p. 198.

tais, que devem ser analisados sob a ótica da proporcionalidade e do método da ponderação dos interesses envolvidos.

Já se disse que não é possível "reduzir a uma fórmula abstrata e genérica aquilo que constituí o conteúdo da dignidade da pessoa humana". Dessa forma, as reflexões acerca da dignidade devem ser miradas a partir do caso concreto, sob pena de recair em mero abstracionismo que inviabilize sua aplicação prática.[886]

Antes de adentrar na questão da "solução nos casos concretos", vale ainda neste tópico a ressalva feita sistematicamente por muitos juristas, no sentido de que devemos pensar o direito que queremos, em termos de qual o legado que vamos deixar para as gerações futuras. Nesse sentido Francisco Amaral, sustentando que "o Direito reafirma-se como uma categoria ética e como uma prática social. E o civilista surge como um intelectual crítico, empenhado, não mais na defesa de uma classe, a burguesia, mas da pessoa e dos seus direitos inalienáveis".[887]

Diante do anseio de uma sociedade melhor, em vez de se colocar a pessoa em função da técnica e do mercado, é necessário colocar a técnica e o mercado a serviço da pessoa humana.[888] E mais, a inalienabilidade dos direitos fundamentais da personalidade não se confunde com irrenunciabilidade ou impossibilidade de limitação voluntária;[889] os atos de disposição sobre os direitos da personalidade são tutelados positivamente pelo direito, já a inalienabilidade é característica que se mantém justamente para impedir a mercantilização humana. O fenômeno da repersonalização do direito impõe-se como uma resposta para a construção do direito que queremos; um direito que respeite a pessoa humana, protegendo-a e permitindo o seu livre desenvolvimento.

4.2.3. Dignidade da pessoa humana como "limite dos limites"

Quando se fala em direito fundamental ao livre desenvolvimento da persona-lidade, se está aceitando a hipótese de que a pessoa poderá sim, voluntariamente, dispor de seus direitos fundamentais da personalidade, inclusive restringindo-os, seja através da renúncia à titularidade do direito, como ocorre com o direito à vida no caso da eutanásia consentida, seja através de uma limitação voluntária, como ocorre com a exposição da vida privada, da imagem ou o fornecimento de dados pessoais. Não fosse possível restringir posições protegidas por direitos fundamen-

---

[886] De acordo com Ingo Sarlet, é apenas no caso concreto que devem ser verificadas as violações em face à dignidade da pessoa humana. SARLET, Ingo Wolfgang. *A eficácia dos direitos fundamentais*, p. 107.

[887] AMARAL, Francisco. *Racionalidade e sistema no direito civil brasileiro*. Revista de Direito Civil, n° 63, p. 45.

[888] SILVA FILHO, José Carlos Moreira da. *Pessoa humana e Boa-Fé Objetiva nas Relações Contratuais:* a Alteridade que emerge da *Ipseidade*, p. 321/322.

[889] NOVAIS, Jorge Reis. *Renúncia a direitos fundamentais*, p. 292 e MEIRELES, Rose Melo Vencelau. *O Poder de Disposição nas Relações Familiares*: a adoção e a separação ou o divórcio consensual, p. 544.

tais, não teria sentido a preocupação com a proteção do núcleo essencial desses direitos, tanto mais seria desnecessário falar em ponderação e proporcionalidade.

Os direitos fundamentais são passíveis de limitações ou restrições e quanto a isso não há discordâncias, havendo significativa doutrina a esse respeito.[890] A questão é que tais restrições são limitadas. Muitas são as teorias que apresentam tais limites, tanto limites internos; imanentes, e externos, sobre os quais não se irá tratar, já que foge ao escopo da presente pesquisa, a qual já está por demais abrangente.[891] No entanto, cabe ao menos tratar daqueles limites que são chamados de limites dos limites.

Antes de se partir para tal análise, cumpre ainda referir que as restrições a direitos fundamentais não necessariamente estão adstritas à reserva legal. Fosse assim, tudo o que se disse até agora sobre disponibilidade dos direitos da personalidade não teria sentido, já que as restrições não expressamente autorizadas seriam inválidas, e o poder de disposição do particular ficaria à mercê do legislador. A admissibilidade de uma restrição a um direito fundamental está calcada no exercício desses direitos pelos particulares, consubstanciado no poder de disposição que o titular tem sobre as faculdades que integram o direito. Uma restrição a um direito fundamental, tanto a renuncia à titularidade como a limitação do exercício, carece de prévia e expressa autorização legal, já que o poder de disposição diz respeito essencialmente à autonomia privada e ao direito ao livre desenvolvimento da personalidade. E mais, considerando estes direitos fundamentais, se poderia dizer que aí está a reserva legal autorizativa, decorrendo da própria Constituição, portanto, a possibilidade de restrição.[892] Além disso, quando há uma expressa autorização legal para a disposição do direito, não significa uma presunção de validade do ato restritivo, o qual somente terá validade concreta após a ponderação das circunstâncias fáticas e jurídicas.[893]

Feita a observação, cumpre refletir sobre os limites dos limites dos atos restritivos que perpassam pela necessidade da proteção do núcleo essencial do direito fundamental, onde se encontra entronizado o valor da dignidade humana, bem

---

[890] Sobre as restrições aos direitos fundamentais, *vide*, dentre outros: ALEXY, Robert. *Teoria de los derechos fundamentales*; MENDES, Gilmar Ferreira; COELHO, Inocêncio Mártires; BRANCO, Paulo Gustavo Gonet. *Hermenêutica Constitucional e Direitos Fundamentais*. Brasília: Brasília Jurídica, 2000; SCHÄFER, Jairo Gilberto. *Direitos Fundamentais*: proteção e restrições. Porto Alegre: Livraria do Advogado, 2001; FREITAS, Luiz Fernando Calil de. *Direitos Fundamentais*: limites e restrições. Porto Alegre: Livraria do Advogado, 2007 e NOVAIS, Jorge Reis. *As restrições aos direitos fundamentais não expressamente autorizadas pela constituição e Renúncia a direitos fundamentais*, ambas já citadas.

[891] Excelente e detalhada análise sobre os limites encontra-se na recente obra já citada de FREITAS, Luiz Fernando Calil de. *Op. cit.*, Também, mas com maior brevidade: CANOTILHO, Joaquim José Gomes. *Dogmática dos direitos fundamentais e direito privado*. In: SARLET, Ingo Wolfgang (org.). *Constituição, Direitos Fundamentais e Direito Privado*, 2006.

[892] NOVAIS, Jorge Reis. *Renúncia a direitos fundamentais,* p. 310 e 313. O autor, à pg. 316, ainda complementa que "exigir, nessa altura, por força das suas consequencias restritivas, uma previsão legal para o exercício do poder de dispoisção do particular sobre suas posições de direitos fundamentais seria colocar o pórpio direitos fundamental, numa das suas mais importantes manifestações, à mercê do legislador".

[893] Idem, ibidem, p. 319/320.

DIREITOS DA PERSONALIDADE

como a necessidade de utilização do critério da proporcionalidade para validação das restrições em concreto que será posteriormente visitado.

O exercício positivo do direito tem como barreira última a dignidade da pessoa humana. Até porque todos os direitos fundamentais guardam, com modos de intensidade diversos, reflexos do princípio da dignidade da pessoa humana, na medida em que todos possuem um intuito último de proteção da pessoa.[894] A ideia de direitos fundamentais é, pois, indissociável da ideia acerca da dignidade da pessoa humana,[895] não apenas porque esta figura como elemento referencial daqueles, mas também porque todos os direitos materialmente fundamentais são exigências de concretização do princípio da dignidade.

Não é por acaso que se valida concretamente o ato dispositivo que leva à renúncia do direito à vida ou as partes não renováveis do corpo. Tais situações são legitimadas como forma de proteger a dignidade humana, permitindo no primeiro caso uma morte digna e no segundo o desenvolvimento da personalidade em atendimento ao projeto de vida, o qual, negado, fere cabalmente a dignidade. Dispor sobre a privacidade, sobre a imagem, sobre a voz, dentre outros, nada mais é do que o exercício positivo tutelado por um direito fundamental: o direito ao livre desenvolvimento da personalidade.

A preservação do conteúdo intangível da dignidade, como limite aos atos de disposição, também já foi tratada quando da verificação de que o homem não pode ser reduzido à condição de objeto, como instrumento para atingir determinado fim mercantilista, já que há um dever de proteção da pessoa contra atos atentatórios à dignidade, sejam advindos do Estado, de terceiros ou mesmo da própria pessoa que se autolimita, o que decorre do caráter indisponível da dignidade enquanto parte do núcleo mínimo dos direitos fundamentais.

Importa salientar ainda que, muito embora os direitos fundamentais sejam explicitações da dignidade em diferentes intensidades, esta não se confunde necessariamente com o núcleo essencial dos direitos fundamentais, já que nem todos os direitos fundamentais possuem um conteúdo em dignidade, mas todos possuem um núcleo essencial que deve ser protegido na medida em que não pode ser suprimido. Ademais, se a identificação fosse possível, a afetação do núcleo essencial faria desaparecer o direito fundamental, e assim a dignidade deixaria de gozar de proteção jusfundamental. Muito embora a Constituição de 1988, diferentemente da Constituição portuguesa e da Lei Fundamental alemã,[896] não conte com garantia expressa da proteção do núcleo essencial dos direitos fundamentais, tal garan-

---

[894] Nas palavras de José Afonso da Silva, este princípio "atrai o conteúdo de todos os direitos fundamentais". SILVA, José Afonso da. *A dignidade da Pessoa Humana como Valor Supremo da Democracia*. Revista de Direito Administrativo, nº 212, p. 93-107, 1998.

[895] A dignidade humana é indissociável da ideia de direitos fundamentais, porque figura como fundamento deles, os quais também são exigências de concretização do princípio da dignidade da pessoa humana. Nesse sentido: SARLET, Ingo Wolfgang. *Dignidade da pessoa humana e direitos fundamentais na Constituição Federal de 1988*, p. 78/79.

[896] Artigo 19, II, da Lei Fundamental alemã de 1949 e artigo 18, III da Constituição Portuguesa de 1976.

tia vem sendo reconhecida tanto na doutrina como na jurisprudência, na medida em que tais direitos estão garantidos enquanto cláusulas pétreas, vedando-se a sua abolição pelo poder de reforma constitucional.[897]

Quando se analisaram as características dos direitos da personalidade, foi dito que, *a priori*, não há qualquer direito que seja absoluto em conteúdo, imune a qualquer tipo de restrição, mas, conforme Ingo Sarlet, a possibilidade de restrição está sujeita a um limite, o chamado limite dos limites, no sentido de assegurar pelo menos o núcleo essencial dos direitos fundamentais, coibindo, assim, abusos que possam levar à supressão destes direitos.[898] A dignidade, como pressuposto e fundamento dos direitos fundamentais, é também empregada como limite dos direitos e limite dos limites; a última fronteira dos atos restritivos dos direitos fundamentais.[899] Não há, portanto, como dispor da própria dignidade, até porque ela é um valor, o valor fundante e princípio supremo da ordem jurídica.

O dever de proteção imposto em função da proteção da dignidade humana inclui aí, como afirma Ingo Sarlet, "a proteção da pessoa contra si mesma, de tal sorte que o Estado encontra-se autorizado e obrigado a intervir em face dos atos de pessoas que, mesmo voluntariamente, atentem contra sua própria dignidade". Isso decorre da irrenunciabilidade do núcleo mínimo da dignidade pessoal. Mesmo que a dignidade seja irrenunciável, não há mais como negar a possibilidade fática de autolimitações aos direitos da personalidade. Muitos são os exemplos, alguns deles já anteriormente tratados, mas, para a validade concreta das situações de restrição de direitos fundamentais da personalidade, há que se observarem as "exigências da dignidade da pessoa concretamente considerada" para que, no exercício da autonomia privada, seja a dignidade vulnerada na menor medida possível. Na mesma medida, caso o núcleo mínimo da dignidade seja atingido voluntariamente pelo seu titular, há que se reconhecer que a mesma dignidade serve de limite à liberdade individual no sentido de proteger a pessoa contra si mesma.[900]

Assim, se a dignidade funciona como fundamento para os atos restritivos, já que dela emana o direito de autodeterminação pessoal e, nessa medida, se vê também restringida, já que partícipe do núcleo elementar dos direitos fundamentais da personalidade, além de funcionar como limite dos limites aos atos dispositivos, conclui-se junto com Ingo Sarlet que

> (...) ainda que se possa reconhecer a possibilidade de alguma relativização da dignidade pessoal e, nessa linha, até mesmo de eventuais restrições, não há como transigir no que diz com a preservação de um elemento nuclear intangível da dignidade, que justamente – e aqui poder-se-á adotar a conhecida fórmula de inspiração kantiana – consiste na vedação

---

[897] SARLET, Ingo Wolfgang. *A eficácia dos direitos fundamentais*, p. 115 e *Dignidade da pessoa humana e direitos fundamentais na Constituição Federal de 1988*, p. 119, nota de rodapé 298.

[898] Idem. *Dignidade da pessoa humana e direitos fundamentais na Constituição Federal de 1988*, p. 118.

[899] Idem, ibidem, p. 124.

[900] Idem, ibidem, p. 113/115.

de qualquer conduta que importe em coisificação e instrumentalização do ser humano (que é fim, e não meio). Da mesma forma, vale lembrar que com isso não se está a sustentar a inviabilidade de impor certas restrições aos direitos fundamentais, ainda que diretamente fundadas na proteção da dignidade da pessoa humana, desde que, à evidencia, reste intacto o núcleo em dignidade destes direitos.[901]

Portanto, admitidas as restrições em função do poder de disposição que o titular do direito possui em função de sua autonomia e do direito ao livre desenvolvimento da personalidade, ambos substratos da própria dignidade que também serve de limite dos limites, validando-se concretamente uma renúncia ou uma limitação desde que justificada a partir da preservação da dignidade, resta ainda analisar a necessária ponderação para que os atos restritivos se validem concretamente, já que não há como estabelecer presunções de validade, principalmente porque a dignidade não é um dado objetivo predeterminado, mas dependente, inclusive, das convicções do próprio titular para a conformação de seu conteúdo.

4.3. A solução nos casos concretos

Se na época dos códigos novecentistas vivia-se o dogma da completude e, portanto, a ideia de segurança, hoje, com a descodificação, aliada aos outros fenômenos contemporâneos expostos ao longo do texto, que afetam sobremaneira a disciplina dos direitos de personalidade, vive-se a época das incertezas.[902] [903] Resumidamente, pode-se dizer que há três principais mudanças no direito chamado pós-moderno. Primeiro, que o mundo da segurança cedeu lugar à insegurança; segundo, que a ética da autonomia ou da liberdade foi enriquecida pela ética da solidariedade ou da responsabilidade; e terceiro, que a tutela da autonomia do indivíduo se relativizou diante da proteção à dignidade da pessoa humana. Isso é relevante ao presente estudo na medida em que os efeitos dessas mudanças impõem o primado da pessoa humana em cada interpretação e aplicação normativa.[904]

Claro está que nas situações que importam em atos de disposição sobre direitos fundamentais da personalidade, onde manifesta-se nitidamente uma colisão de direitos fundamentais na mesma pessoa, legitima-se o ato dispositivo ou não

---

[901] SARLET, Ingo Wolfgang. *Dignidade da pessoa humana e direitos fundamentais na Constituição Federal de 1988*, p. 137/138.

[902] Época anunciada na obra de: IRTI, Natalino. *L'etá della decodificazione*. In: *Diritto e societá*, 1978, p. 613.

[903] Não é por acaso que a marca da certeza da modernidade encerra-se com o fim da segunda guerra mundial, na medida em que tal certeza e segurança não foram suficientes para evitar que o ser humano fosse vítima de tamanha atrocidade. A barbárie do século XX teve como contrapartida a valorização da pessoa como titular de sua própria esfera de personalidade, considerando que a dignidade humana passou a ser o valor que permeia todo o Direito. Abandonou-se, assim, a legalidade em sentido estrito, a qual dava espaço para as arbitrariedades e ditaduras, para se fazer uma opção pela democracia, com seus princípios de liberdade, solidariedade e necessidade de efetivação dos direitos humanos. Conforme, MORAES, Maria Celina Bodin de. *Danos à pessoa humana:* uma leitura civil-constitucional dos danos morais, p. 66/67. Na verdade, tratava-se de uma suposta segurança.

[904] Idem, p. 72/74.

240   *Fernanda Borghetti Cantali*

dependendo das circunstâncias do caso concreto. Os casos não são de fáceis soluções e exigem a atuação hermenêutica do intérprete, o qual deverá socorrer-se dos princípios para que uma solução ponderada seja alcançada. Em linhas gerais,[905] é isso que se pretende demonstrar neste último tópico.

4.3.1. A necessária atividade hermenêutica do intérprete no caso concreto

O direito como objeto da ciência jurídica, centrado no positivismo jurídico de matriz kelseniana, foi reduzido à exegese do seu significado sintático e semântico, articulado no enunciado de suas normas, racionalmente concebidas, as quais, nesta perspectiva, significavam todo o direito, ficando completamente infenso aos valores. Para além do elemento normativo não havia direito, reducionismo cuja gravidade se intensificou no campo dos direitos humanos e fundamentais.

O direito pós-moderno deixa de lado esta perspectiva hermética, pautada na lógica formal e na neutralidade dos enunciados jurídicos, para permitir a abertura do sistema, já que a incompletude é sua característica básica para acompanhar a evolução e a modificabilidade dos próprios valores fundamentais da ordem jurídica.[906] Neste sistema aberto, os princípios jurídicos desempenham papel fundamental, já que são eles que garantem a unidade e a coerência valorativa do sistema, pois localizados no topo da hierarquia normativa, e permitem a interação do sistema com os fundamentos éticos, sociais e culturais. Conforme Paulo Bonavides, no direito pós-positivista, os princípios ganham hegemonia axiológica e conformam a base sobre a qual se assenta todo o sistema jurídico.[907]

Nesse sentido, Canotilho afirma que "o direito do Estado Democrático de Direito do século XIX e da primeira metade do século XX é o direito das regras e

---

[905] Diz-se em linhas gerais, eis que foge ao escopo do presente trabalho o aprofundamento teórico sobre a interpretação constitucional e a teoria dos direitos fundamentais principalmente no que toca aos limites e às restrições que podem ocorrer. O presente trabalho se dedica mais à questão dos direitos da personalidade do que propriamente à atividade hermenêutica, muito embora sobre esta não se possa escapar de tecer breves comentários. Ademais, farta é a literatura nacional que se destina ao tratamento da temática, destacando-se as seguintes obras no trato de tema conexo à presente dissertação: PEREIRA, Jane Reis Gonçalves. *Interpretação constitucional e direitos fundamentais*: uma contribuição ao estudo das restrições aos direitos fundamentais na perspectiva da teoria dos princípios; ÁVILA, Humberto. *Teoria dos Princípios*: da definição à aplicação dos princípios jurídicos. São Paulo: Malheiros, 2003; BARCELLOS, Ana Paula de. *Ponderação, Racionalidade e Atividade Jurisdicional*. Rio de Janeiro: Renovar, 2005.

[906] Conforme Canaris, "entende-se por abertura a incompletude, a capacidade de evolução e a modificabilidade do sistema". CANARIS, Claus-Wilhelm. *Pensamento Sistemático e Conceito de Sistema na Ciência do Direito*, p. 104. No mesmo sentido, Canotilho define que o sistema normativo aberto de regras e princípios é um sistema, porque é um sistema dinâmico de normas; é um sistema aberto, porque tem uma estrutura dialógica que se traduz na disponibilidade e capacidade de aprendizagem das normas constitucionais para captarem a mudança da realidade e estarem abertas às concepções cambiantes da verdade e da justiça; é um sistema normativo, porque a estruturação das expectativas referente a valores, programas, funções e pessoas é feita através de normas; é um sistema de regras e princípios, já que as normas do sistema se revelam tanto sob a forma de princípios como sob a forma de regras. CANOTILHO, Joaquim José Gomes. *Direito constitucional e teoria da Constituição*, p. 1159.

[907] Paulo Bonavides, explica ainda que na fase jusnaturalista os princípios eram emanações de um direito ideal, abstratos e metafísicos e, no contexto positivista, eram considerados fontes subsidiárias. BONAVIDES, Paulo. *Curso de Direito Constitucional*, p. 232/238.

dos códigos; o direito do Estado Constitucional Democrático e de Direito leva a sério os princípios, é um direito de princípios".[908]

O Direito civil-constitucional segue dessa nova leitura do ordenamento, reconhecendo a importância normativa dos princípios como instrumentos que permitem a aproximação da realidade fática da realidade jurídica. São os princípios que permitem a mobilidade necessária para que o Direito Civil não fique alheio aos fatos sociais, buscando atender às exigências da sociedade. Na medida em que os princípios são responsáveis pela unificação do sistema, mormente o princípio da dignidade humana que é o fundamento da República, toda a normativa infraconstitucional deve ser lida à luz da principiologia constitucional. Para usar a expressão de Maria Celina Bodin de Moraes, os princípios devem estar presentes em todos os "recantos do tecido normativo".[909]

Se a normativa constitucional ocupa posição hierarquicamente superior no sistema, através de seus princípios informativos e reveladores dos valores que fundamentam o verdadeiro Estado Democrático de Direito, há hierarquia entre os princípios constitucionais e infraconstitucionais. Os primeiros gozam de superioridade hierárquica, até porque são considerados fundamentos de validade dos demais.

Ao contrário, considerando apenas os princípios constitucionais, não há como visualizar hierarquia entre os mesmos, já que, por exemplo, o princípio da isonomia não é hierarquicamente superior ao da liberdade. Partindo de um critério axiológico, se pode dizer que há hierarquia, não se concebendo que a proteção da propriedade seja hierarquicamente superior ao princípio da dignidade da pessoa humana, até porque todos os princípios decorrem deste princípio fundante. Entretanto, partindo de um critério epistemológico, é forçoso admitir que não há hierarquia entre os princípios constitucionais.

Canotilho é esclarecedor nesse tocante afirmando que, por ser o ordenamento um sistema de princípios e regras de unidade hierárquico-normativa, todas as normas constitucionais têm igual dignidade, não havendo normas meramente formais, nem hierarquia de supra ou infra-ordenação dentro da Constituição.[910]

Continua a explicação sustentando que o que existe são "princípios com diferentes níveis de concretização e densidade semântica", mas nem por isso se pode dizer que possuem hierarquia e, em decorrência do princípio da unidade da Constituição, não podem existir normas de conteúdo antinômico ou inconstitucionais, mas pode sim, portanto, haver tensão entre tais normas. A tensão existe justamente pelo fato de que não se pode pretender a validade absoluta de um determinado princípio sacrificando outro, já que isso iria de encontro ao princípio da unidade axiológico-normativa da Constituição. Por isso que os princípios, em caso de conflitos, não seguem a lógica do "tudo ou nada"; devem, sobretudo, ser

---

[908] CANOTILHO, Joaquim José Gomes. *Direito constitucional e teoria da Constituição*, p. 226.

[909] MORAES, Maria Celina Bodin de. *A caminho de um Direito Civil Constitucional*, p. 24.

[910] CANOTILHO, Joaquim José Gomes. *Op. cit.*, p. 1183.

objeto de ponderação e concordância prática, levando-se em consideração o seu peso e as circunstâncias do caso concreto.[911]

A lógica da aplicação tudo ou nada (*all-or-nothing*) para as regras e a dimensão de peso (*dimension of weight*) dos princípios são formulações do pensamento de Ronald Dworkin quando este se propôs a distinguir as regras dos princípios. Para o autor, as regras são normas de grau de generalidade baixo e são aplicadas através da lógica do tudo ou nada, ou seja, no conflito de regras, uma delas deverá sempre ser inválida. Já os princípios, normas de alto grau de generalidade, possuem uma dimensão de peso e importância, vale dizer que, para a solução da colisão, deve-se levar em conta o peso relativo de cada um. Na colisão de princípios se dá um valor decisório ao princípio que, no caso concreto, tenha um peso relativamente maior, sem que com isso se invalide o princípio de peso menor ou de menor importância.[912] Vale ressaltar, maior ou menor importância no caso concreto, já que abstratamente todos os princípios constitucionais possuem idêntica hierarquia e igual peso. Daí a importância da análise tópica para a solução da problemática de colisão de princípios constitucionais.

Para não adentrar na discussão em torno das teorias e critérios que se destinam a distinguir os princípios das regras,[913] já que o que importa para o presente trabalho é a solução que se possa dar aos casos de colisão de direitos fundamentais, haja vista que a disponibilidade relativa dos direitos fundamentais da personalidade importa na colisão entre o direito fundamental da autonomia e o outro direito fundamental que se pretende restringir, para além da distinção traçada por Dworkin, merece saliência ainda o pensamento de Robert Alexy na sua teoria dos princípios, para quem mais nítida é a distinção entre princípios e regras quando se está analisando a colisão de princípios e o conflito de regras.[914]

Para Alexy, as regras são normas que exigem cumprimento pleno, são *mandamentos definitivos*, somente exigem uma determinada medida de seu cumprimento, ou seja, ou são cumpridas ou não. Em sendo uma regra válida e aplicável, somente se autoriza que se faça exatamente o que ela exige, nem mais nem menos, portanto, sequer é suscetível de ponderação. Em contrapartida, os princípios são *mandamentos de otimização*, ou seja, são normas que ordenam que algo seja realizado na maior medida possível, de acordo com as possibilidades fáticas e jurídicas. Isso significa dizer que podem ser satisfeitos em graus diferentes, e que a medida ordenada de sua satisfação depende essencialmente de princípios opos-

---

[911] CANOTILHO, Joaquim José Gomes. *Direito Constitucional e teoria da Constituição*, p. 1182/1183.

[912] DWORKIN, Ronald. *Levando os direitos a sério*. São Paulo: Martins Fontes, 2002, p. 35/46.

[913] Muitos autores se propuseram a definir as diferentes espécies normativas, regras e princípios, como Josef Esser, Karl Larenz, Claus-Wilhelm Canaris, Ronald Dworkin e Robert Alexy. Este por certo não é o objetivo do presente trabalho. Para além das obras dos próprios autores, bom resumo de seus principais pensamentos pode ser encontrado na já citada obra de: ÁVILA, Humberto. *Teoria dos Princípios*: da definição à aplicação dos princípios jurídicos. Paralelo e pontos de confluência bastante detalhados entre Dworkin e Alexy também pode ser encontrado na já citada obra de: NOVAIS, Jorge Reis. *As restrições aos direitos fundamentais não expressamente autorizadas pela constituição*, p. 322/361.

[914] ALEXY, Robert. *Teoria de los Derechos Fundamentales*, p. 87

tos. Isso implica que os princípios, diante da colisão no caso concreto, necessitam de ponderação. A forma de aplicação do direito característica dos princípios é a ponderação, onde um deverá prevalecer sobre o outro pelo seu maior peso, diante das circunstâncias concretas.[915]

Muito embora brilhantes as contribuições de Dworkin e Alexy, não há como não considerar que tanto as regras como os princípios possuem um dimensão axiológica. Tal dimensão é inerente a qualquer espécie normativa, como explica Humberto Ávila. Nessa medida, o autor explica que a ponderação não é exclusivamente destinada à aplicação dos princípios, mas inerente a qualquer processo interpretativo. É uma "qualidade geral de qualquer aplicação de normas", já que "qualquer norma possui um caráter provisório que poderá ser ultrapassado por razões havidas como mais relevantes pelo aplicador diante do caso concreto".[916]

Para a solução de *hard cases*, necessário lançar mão de critérios de solução, o que perpassa, inevitavelmente, pelo esforço hermenêutico dos operadores do direito. Portanto, lança-se mão de uma forma interpretativa básica, qual seja, a necessária interpretação sistemática do direito, a qual foi anunciada por Canaris.[917] Todavia, aliando a interpretação sistemática à interpretação tópica, Juarez Freitas formula uma forma mais abrangente de interpretação: a interpretação tópico e sistemática do direito. A formulação determina que

> (...) a interpretação sistemática deve ser entendida como uma operação que consiste em atribuir, topicamente, a melhor significação, dentre várias possíveis, aos princípios, às normas estritas (ou regras) e aos valores jurídicos, hierarquizando-os num todo aberto, fixando-lhes o alcance e superando antinomias em sentido amplo, tendo em vista bem solucionar os casos sob apreciação.[918]

Muito embora a solução dos casos concretos imponha uma interpretação necessariamente tópica e sistemática do Direito, tem-se que na colisão de direitos fundamentais surgem os *hard cases*, ou seja, os casos de difícil solução, haja vista que, para a composição dos interesses, necessariamente uma norma que colide com outra sofrerá restrição para que a outra se sobreponha.

Nessa toada, emerge a importância do princípio da hierarquização axiológica, outra grande e talvez a maior contribuição do pensamento de Juarez Freitas. O

---

[915] ALEXY, Robert. *Teoria de los Derechos Fundamentales*, p. 86 e *Sistema Jurídico, Princípios Jurídicos e Razón Práctica*. Cuadernos de Filosofia del Derecho, n.5, Alicant: Doxa, 1988. Pode-se ver que Alexy, levando em consideração a dimensão de peso dos princípios e da aplicação das regras de forma que se resolve um conflito com a invalidade de uma delas, concorda em grande parte com o pensamento de Dworkin. No entanto, Dworkin não é muito claro ao indicar o caminho através do qual se alcançaria "a resposta correta" no caso concreto e, nesse sentido, buscando uma posição mais precisa sobre tal caminho, inscreve-se o pensamento de Alexy, que colabora através da formulação do método da ponderação dos interesses postos em causa e da precedência de um princípio em detrimento do outro, para se chegar à melhor resposta possível no caso concreto.

[916] ÁVILA, Humberto. *Teoria dos Princípios*: da definição à aplicação dos princípios jurídicos, p. 50.

[917] Claus-Wilhelm Canaris na obra *Pensamento Sistemático e Conceito de Sistema na Ciência do Direito*.

[918] FREITAS, Juarez. *A interpretação sistemática do Direito*, p. 80.

autor explicita que tal princípio é "uma espécie de metacritério que permite arbitrar a disputa entre princípios, regras e valores no seio do Direito Positivo".[919]

Através do princípio da hierarquização axiológica é que se ordena, diante da necessidade de se dar solução jurídica a um caso concreto que envolva a colisão de princípios constitucionais, a prevalência do princípio axiologicamente superior, visando a uma interpretação que impeça a autocontradição do sistema, preservando-se, assim, a sua unidade.

Em outras palavras, com base nas circunstâncias relevantes do caso concreto, já que são estas as determinantes do peso relativo a cada um dos princípios, um dos princípios precede ao outro ou cede ante o outro. Nestes casos, o esforço interpretativo envolve uma medida de valor a partir da qual se possa realizar a ponderação dos interesses. Um dos critérios para a solução dos conflitos está no postulado da proporcionalidade, como ensina Humberto Ávila.[920] Jorge Miranda afirma que "as restrições a direitos, liberdades e garantias devem limitar-se ao necessário para salvaguardar outros direitos ou interesses constitucionalmente protegidos" e estes são os momentos mais sensíveis dos direitos fundamentais, onde se manifesta a proporcionalidade como medida de valor a partir da qual se procede a ponderação dos bens postos em causa.[921]

No âmbito específico dos direitos de personalidade, mas em consonância, Elimar Szaniawski sustenta que "os limites do direito geral de personalidade são fixados, em cada caso concreto, através da ponderação de bens e interesses postos em litígio, aplicando-se o princípio da proporcionalidade".[922]

Segundo a lógica da teoria dos direitos fundamentais enquanto princípios, os quais abstratamente têm idêntica hierarquia e igual peso, não há dúvidas de que se estabelece uma convivência colidente entre os mesmos, e a forma de equacionar, dependendo da circunstância do caso concreto, é, como já dito, a precedência de um ao outro. Partindo de um critério axiológico, se pode dizer que há hierarquia; daí que se afirma que no caso concreto os princípios têm diferentes pesos, prevalecendo aquele de maior peso.[923]

Ora, não há como negar que a precedência de um princípio é condicionada às circunstâncias do caso concreto. Tal atitude de identificação e valoração que fundamenta o porquê de em determinadas situações um princípio deve preceder outro é o método de ponderação de bens.[924]

---

[919] FREITAS, Juarez. *A interpretação sistemática do Direito*, p. 54.

[920] ÁVILA, Humberto. *Teoria dos Princípios*: da definição à aplicação dos princípios jurídicos, p. 104/117.

[921] MIRANDA, Jorge. *Manual de Direito Constitucional*, t. IV, p. 216/217.

[922] SZANIAWSKI, Elimar. *Direitos de personalidade e sua tutela*, p. 106.

[923] ALEXY, Robert. *Teoria de los Derechos Fundamentales*, p. 89.

[924] A tese da relação de precedência condicionada, formalizada na lei de colisão, e a ponderação de bens, estruturada no princípio da proporcionalidade, referem-se a dois elementos fundamentais da teoria dos princípios de Robert Alexy, como se pode depreender da obra *Teoria de los Derechos Fundamentales*, p. 90/5 e do artigo *Sistema Jurídico, Princípios Jurídicos e Razón Práctica*, p. 146/7.

Diante dessa convivência colidente dos princípios é que se preconiza a necessidade da atividade hermenêutica do intérprete diante do caso concreto, o qual deverá, quando da aplicação normativa, ponderar os bens, os valores e os interesses postos em causa, lançando mão de critérios de solução de conflitos que basicamente são encontrados nos postulados de proporcionalidade e razoabilidade. A partir da ponderação, guiada pela proporcionalidade e razoabilidade, privilegia-se um direito fundamental em detrimento do outro quando evidenciada a colisão, procurando desrespeitar o mínimo daquele que resta sobreposto, já que não se pode faltar, ainda que minimamente, com o respeito, isto é, ferindo-lhe seu núcleo essencial, onde se encontra entronizado o valor da dignidade humana.

4.3.2. A necessária ponderação para a solução dos casos concretos

O verbo *ponderar* significa, no português, pesar os prós e os contras; avaliar; sopesar.[925] Assim também inicia Ana Paula de Barcellos no seu estudo sobre a ponderação, dizendo que toda a decisão humana minimamente racional envolve algum tipo de ponderação. Essa ponderação em sentido genérico é também própria de toda a decisão judicial, muito embora na doutrina e na jurisprudência se podem encontrar as mais variadas formas de compreensão sobre a ponderação, referindo-se basicamente a três desses formatos. Ponderação como forma de aplicação dos princípios, na esteira do pensamento de Dworkin e Alexy, ponderação como uma técnica genérica de solucionar qualquer conflito normativo, e não somente relacionado aos princípios, além de ponderação no sentido de avaliação de todas as razões e argumentos relevantes, para além dos enunciados normativos, com o que a ponderação é identificada com a atividade de interpretação jurídica como um todo. Por sua vez, a autora propõe uma quarta forma de compreensão da ponderação, descrevendo-a como "a técnica jurídica de solução de conflitos normativos que envolvem valores ou opções políticas em tensões insuperáveis pelas formas hermenêuticas tradicionais".[926]

A tese que equipara a ponderação com a interpretação é defendida por Humberto Ávila na sua teoria dos princípios, na qual desenvolve a tese de que a atividade interpretativa pressupõe sempre ponderação de qualquer categoria de normas, e que a solução dos conflitos existentes entre as normas deve ser resolvida a partir dos postulados da proporcionalidade e razoabilidade, os quais não são princípios, mas sim critérios para a solução dos conflitos normativos.[927]

Outros autores, a exemplo de Jane Reis Gonçalves Pereira, separando a ponderação de razões, a qual comporta conceito amplo equivalente à interpretação, e a ponderação de bens e interesses, que se revela na técnica interpretativa destinada a estabelecer uma relação de precedência condicionada entre os bens jurídicos em

---

[925] *Míni Houaiss Dicionário da Língua Portuguesa*. Rio de Janeiro: Objetiva, 2003, p. 411.

[926] BARCELLOS, Ana Paula de. *Ponderação, Racionalidade e Atividade Jurisdicional*, p. 23/27 e 296.

[927] ÁVILA, Humberto. *Teoria dos Princípios*: da definição à aplicação dos princípios jurídicos.

confronto, entendem que ponderar e interpretar não podem ser considerados como sinônimos, já que ponderar é tão somente uma das formas de interpretar. A partir destas considerações, a autora adota a tese de que a ponderação é uma técnica de decisão que se identifica com a aplicação do princípio da proporcionalidade em sentido estrito, a partir do qual serão equacionados "os ônus e as vantagens que defluem da tutela total ou parcial de cada um dos bens jurídicos em conflito". A autora, conforme os ensinamentos de Alexy, identifica que o princípio da proporcionalidade em sentido estrito estabelece o comando de ponderação, a partir do qual se estabelece qual o princípio terá preferência relativa no caso concreto.[928]

O princípio da proporcionalidade é fundamental para a garantia dos direitos fundamentais e do próprio Estado Democrático de Direito e, portanto, assume *status* de princípio essencial da Constituição,[929] mas também é método de solução de colisão entre os demais princípios. Tal princípio, portanto, é concebido sob uma dupla perspectiva.[930] Uma, normativa, eis que é norma constitucional que vincula os poderes públicos, sobretudo o Poder Judiciário que, ao fim e ao cabo, concretiza o exame da proporcionalidade; e outra, metodológica, na medida em que o princípio da proporcionalidade é um método, uma estrutura racional de argumentação, um parâmetro técnico através do qual se verifica se as restrições levadas a efeito são adequadas à realização dos direitos colidentes, eis que o fim último é a garantia aos indivíduos de uma esfera composta por alguns direitos fundamentais, que não podem ser menosprezados a qualquer título.[931]

Nesta última função, partindo da concepção de Alexy, ante uma colisão de princípios, a relação de precedência condicionada é o resultado de uma ponderação. A partir da premissa de que os princípios são mandamentos de otimização que ordenam que algo seja realizado na maior medida possível de acordo com as possibilidades fáticas e jurídicas, identifica-se que as possibilidades fáticas são determinadas através das máximas da adequação e da necessidade, e as jurídicas,

---

[928] PEREIRA, Jane Reis Gonçalves. *Interpretação constitucional e direitos fundamentais:* uma contribuição ao estudo das restrições aos direitos fundamentais na perspectiva da teoria dos princípios, p. 261/267.

[929] Muito embora o princípio da proporcionalidade não esteja expressamente contido na Constituição, é uma exigência inafastável da própria forma adotada por nosso constituinte, a do Estado Democrático de Direito, pois sem a sua utilização não se concebe como bem realizar o mandamento básico dessa forma, de respeito simultâneo dos interesses individuais, coletivos e públicos. Ademais, inequívoco seu status constitucional, eis que flui da profundidade do parágrafo 2º do artigo 5º da Constituição Federal Brasileira, o qual abrange os princípios não expressos, mas que decorrem da essência do Estado de Direito, consagrando a inviolável unidade da Constituição. SARLET, Ingo Wolfgang. *A Eficácia dos Direitos Fundamentais*, p. 90/94.

[930] Sobre esta dupla perspectiva do princípio da proporcionalidade, *vide*: BONAVIDES, Paulo. *Curso de Direito Constitucional*, p. 395/6 e STEINMETZ, Wilson Antonio. *Princípio da proporcionalidade e atos de autonomia privada restritivos de direitos fundamentais.* In: SILVA, Virgílio Afonso da. (org.) *Interpretação Constitucional: Teoria e Direito Público*. São Paulo: Malheiros, 2005, p. 12.

[931] Conforme Paulo Bonavides, no *Curso de Direito Constitucional,* p. 425, uma das aplicações mais proveitosas contidas potencialmente no princípio da proporcionalidade é aquela que o faz instrumento de interpretação toda vez que ocorrem antagonismos entre direitos fundamentais e se busca daí solução conciliatória, para a qual o princípio é indubitavelmente apropriado. As Cortes constitucionais europeias, nomeadamente o Tribunal de Justiça da Comunidade Europeia, já fizeram uso frequente do princípio para dirimir ou eliminar a colisão de tais direitos.

DIREITOS DA PERSONALIDADE

pela máxima de proporcionalidade em sentido estrito, ou melhor, o mandamento de ponderação propriamente dito.[932] A máxima da proporcionalidade é, pois, conexa, a essas três máximas parciais.[933] São os também chamados subprincípios do princípio da proporcionalidade: a adequação, a necessidade e a proporcionalidade em sentido estrito.[934]

Como visto, muitas são as compreensões empregadas à ponderação e mesmo diversas são as concepções acerca da proporcionalidade. O que se buscou com as informações traçadas acima é mostrar a complexidade que o tema envolve e, por este motivo, não há espaço na presente pesquisa para a análise aprofundada desses tópicos.

O que importa ao presente estudo é simplesmente a necessidade de que a resolução de cada situação que envolva a incidência de direitos fundamentais na esfera privada dependa da ponderação, principalmente porque no caso concreto que envolve disposição de direitos fundamentais pelo titular do direito se está diante de uma colisão entre o princípio da autonomia e o direito fundamental que se pretende restringir. Nem que para isso seja necessário adotar a perspectiva ampla de que toda a interpretação pressupõe ponderação.

Deve ser referido ainda que a técnica de ponderação também já sofreu muitas críticas, principalmente no sentido que por ser noção vaga não traz ideia clara sobre o conteúdo da técnica, e que isso admite, via de consequência, um excessivo subjetivismo na interpretação que pode ensejar arbitrariedades e divisionismos casuísticos.[935] Todavia, junto com Reis Novais, conclui-se que a ponderação é inevitável, eis que, no contexto dos direitos fundamentais e suas colisões, diante dos critérios metodológicos existentes, não há alternativa preferível à ponderação dos interesses envolvidos.[936]

É nessa medida que os autores buscam criar critérios que orientem a atividade interpretativa que lança mão do método da ponderação. Nesse sentido Humberto Ávila afirma que a atividade da ponderação de bens pressupõe a orientação que os postulados da razoabilidade e da proporcionalidade exigem como critérios de solução de conflitos.[937]

---

[932] Conforme Robert Alexy na obra *Teoria de los Derechos Fundamentales*.

[933] STEINMETZ, Wilson Antonio. *Princípio da proporcionalidade e atos de autonomia privada restritivos de direitos fundamentais*, p. 38/39. Pode-se dizer que Adequação, necessidade e proporcionalidade em sentido estrito são elementos constitutivos daquilo que se chama Princípio da Proporcionalidade, o qual ordena que a relação entre o fim que se pretende alcançar e o meio utilizado deve ser adequada, necessária e proporcional.

[934] Para análise detalhada dos subprincípios da proporcionalidade, *vide:* BONAVIDES, Paulo. *Curso de Direito Constitucional*. p. 396/398 e STEINMETZ, Wilson Antonio. *Colisão de Direitos Fundamentais e o Princípio da Proporcionalidade*. Porto Alegre: Livraria do Advogado, 2001, p. 152/153 e *Princípio da proporcionalidade e atos de autonomia privada restritivos de direitos fundamentais*, p. 40/41.

[935] Sobre as críticas à técnica da ponderação, *vide:* BARCELLOS, Ana Paula de. *Ponderação, Racionalidade e Atividade Jurisdicional*, p. 49/75.

[936] NOVAIS, Jorge Reis. *As restrições aos direitos fundamentais não expressamente autorizadas pela constituição*, p. 693/998.

[937] ÁVILA, Humberto. *Teoria dos Princípios*: da definição à aplicação dos princípios jurídicos.

A solução para as situações de colisão de direitos fundamentais ou colisão de princípios exige a ponderação dos bens postos em causa e, portanto, a sua hierarquização, para que se consiga na prática equacionar o dever de promoção e proteção da dignidade humana. Isso porque a graduação do comprometimento de determinados sujeitos com a realização dos direitos fundamentais, bem como a busca de um equilíbrio nas situações de colisão, apenas pode ser vislumbrada por meio de uma ponderação em face ao caso concreto, orientada pela razoabilidade e pela proporcionalidade.

Cuidando da ponderação dos direitos fundamentais e a necessária hierarquização de valores postos em causa, o princípio da dignidade da pessoa humana, nos casos de colisão, exerce um importante papel, vez que garante ou impõe limitações a outros direitos constitucionalmente tutelados. Isso porque não há como olvidar da primazia que a dignidade goza na prática, sem que isto implique uma hierarquização das normas e princípios constitucionais.

Diante da época das incertezas, inicialmente anunciada, só a análise ponderada do caso concreto, partindo da premissa da unidade do ordenamento, é que tem o condão de restabelecer a segurança que se quer. A segurança está em preservar o melhor interesse da pessoa humana.

Conclusões

Do presente trabalho, resultado da pesquisa sobre a tutela dos direitos da personalidade, problematizando primordialmente a característica da indisponibilidade dos direitos da personalidade, é possível compendiar as principais ideias desenvolvidas. Para cumprir este desiderato, seguem-se, de modo analítico, as conclusões que podem ser extraídas, as quais serão apresentadas, na medida do possível, na ordem em que os assuntos foram tratados ao longo do texto.

1. No pensamento jusfilosófico grego, colocou-se a pessoa como a origem e a finalidade do Direito. No entanto, muito embora se possam verificar algumas manifestações isoladas da proteção da pessoa na antiguidade, principalmente através da *hybris* grega e da *iniuria* romana, que, para alguns autores, constituem o embrião do direito geral de personalidade, não se pode afirmar que tal proteção se assemelha ao que hoje concebemos a partir da tutela dos direitos da personalidade, haja vista que neste período histórico a posição que a pessoa ocupava na sociedade influenciava o tratamento a ela dispensado.

2. Na Idade Média, com o cristianismo, verificaram-se os primeiros passos efetivos para o desenvolvimento da noção de pessoa e dos direitos da personalidade, principalmente porque é nesse período que a ideia de dignidade humana e valorização do indivíduo enquanto pessoa, já que considerado como a personificação da imagem de Deus, começa a ser desenvolvida. Embora a pessoa comece a ser valorizada na sua individualidade e dignidade, não foi neste período que se conferiu relevo aos direitos da personalidade.

3. O período renascentista mostra algumas noções que provocaram uma renovada leitura sobre a pessoa e os direitos da personalidade. O humanismo que emerge no século XVI traz importante contribuição no sentido de reconhecer a personalidade humana como um valor próprio, inato, expresso na ideia de dignidade do homem. Também é neste período que se erige a construção da teoria do direito sobre a própria pessoa, a teoria do *ius in se ipsum*, a partir da qual permitia-se que a pessoa fizesse de si o que melhor lhe conviesse, ressalvadas algumas limitações calcadas em proibições legais, tais como a proibição de suicídio e de automutilação.

4. No século XVII, exaltam-se os direitos da personalidade a partir da construção da Escola do Direito Natural, que, em perspectiva racional e laica, afirma

a existência de direitos naturais, inalienáveis e inatos, os quais por esta razão são indissoluvelmente ligados à pessoa e preexistentes ao seu reconhecimento pelo Estado. O pensamento jusnaturalista contribuiu para a consagração da ideia de igualdade de todos os homens em dignidade e liberdade, bem como formou as bases para a formulação dos direitos fundamentais individuais.

5. No contexto de reconhecimento dos direitos individuais e inatos e do desenvolvimento da ideia de dignidade humana, revela-se bastante importante o pensamento de Immanuel Kant, o qual firmou posicionamento de que a dignidade, inerente e inata a toda e qualquer pessoa humana, tem como fundamento a autonomia ética do ser humano, que engloba a liberdade de que a pessoa dispõe para optar de acordo com a razão e de agir conforme o seu entendimento e opção.

6. A teoria dos direitos inatos também estava atrelada a um sentimento de reivindicações políticas que inspirou a Revolução Francesa e contribuiu para a conformação do constitucionalismo moderno e do Estado de Direito. A Declaração Universal dos Direitos do Homem e do Cidadão pela Assembleia Constituinte francesa em 1789 afirmou a existência de direitos naturais e instituiu o Estado liberal. Nessa medida, a Revolução Francesa contribuiu para a conformação do constitucionalismo moderno e do Estado de Direito, já que os direitos naturais inatos acabaram sendo incorporados em diversas Constituições como direitos fundamentais individuais.

7. Muito embora a teoria dos diretos inatos tenham formado a base para a consagração dos direitos fundamentais individuais, os direitos da personalidade não contaram com efetiva proteção ao longo do século XIX. A forte dicotomia entre o Direito Público e o Direito Privado nesta época, bem como um Direito Privado identificado com o conteúdo dos Códigos Civis, caracteristicamente patrimonialistas, voluntaristas e individualistas, destinavam-se basicamente a regular a atividade econômica do indivíduo. Os sistemas jurídicos centrados nos valores liberais estavam voltados para a proteção do patrimônio do homem burguês, o que impossibilitou a proteção do ser simplesmente, porque dotado de dignidade, o respeito à igualdade material e à justiça distributiva. Assim, não há como falar em proteção efetiva dos direitos fundamentais da personalidade nesta época.

8. Mesmo que já se falasse na doutrina jurídica sobre um direito geral de personalidade na esteira do *ius in se ipsum*, este ficou absolutamente adormecido no século XIX, principalmente em função da Escola Histórica que deu origem às teorias que negavam a existência dos direitos da personalidade, bem como em função do Positivismo Jurídico, o qual não negava a existência dos direitos da personalidade; no entanto, encarnando o pressuposto de que a tutela jurídica somente era destinada aos direitos tipificados em lei, admitiam a proteção dos direitos da personalidade tipificados, fracionando a sua tutela e contestando veementemente qualquer posicionamento favorável a uma tutela geral.

9. Sob a influência do positivismo surgiu a teoria que apenas considerava a existência de uma série fechada de direitos da personalidade. Somente eram con-

siderados como tais os direitos tipificados em lei. Buscando uma maior abrangência, surge a teoria que considerava os direitos da personalidade como uma série aberta de direitos, admitindo que dos direitos expressamente tipificados decorrem outros atípicos. Tais teorias, chamadas atomísticas, concebem os direitos da personalidade como uma pluralidade de direitos. A partir delas, surgem diversas tentativas de classificação dos direitos da personalidade, as quais não conseguiram dar conta das inúmeras situações em que a personalidade se manifesta. Mesmo assim, para os adeptos de tais teorias, não há que se falar em um direito geral de personalidade.

10. A emergência do direito geral de personalidade se verificou efetivamente no curso do século XX. As atrocidades cometidas contra o ser humano no início daquele século levaram as pessoas a exigir uma maior proteção de sua esfera pessoal. A proteção efetiva dos direitos da personalidade vem junto com a evolução do Estado de Direito para um Estado social e democrático de Direito. A publicização do Direito Privado, com uma maior intervenção estatal nas relações privadas; a constitucionalização do Direito Privado, com a absorção de matérias privadas na Constituição e a necessária leitura de todo o Direito Privado à luz dos ditames constitucionais e, enfim, a repersonalização do Direito, que restaurou a primazia da tutela da pessoa em função da consagração da dignidade da pessoa humana como valor fundante das ordens jurídicas, são os fenômenos que importaram na mudança paradigmática que efetivamente recoloca a pessoa enquanto ser dotado de dignidade como sendo a finalidade e a função dos ordenamentos jurídicos.

11. Com a inserção do valor dignidade humana nas Constituições do século XX, das quais se pode extrair a cláusula geral de tutela e promoção da pessoa humana, aponta-se para o efetivo reconhecimento da tutela geral da personalidade. Portanto, o marco da consagração dos direitos da personalidade é a modificação que se operou nos sistemas jurídicos do pós-guerra do século XX. Muito embora se possa dizer que a construção dos direitos da personalidade se confunde com a construção dos direitos fundamentais, a tutela efetiva somente vem a ser conquistada a partir da consagração da dignidade da pessoa humana como valor fundante dos Estados democráticos.

12. Diante da valorização da pessoa humana, o próprio conceito de personalidade sofreu um alargamento, passando a ser considerado, para além da identificação com a capacidade de ser sujeito de direitos, como valor que emana da própria pessoa. Se a personalidade deve ser considerada como uma expressão da própria pessoa, está ela inexoravelmente ligada à dignidade e, assim, é também valor.

13. Na medida em que a personalidade passa a ser encarada também como valor, constatou-se que não há como restringir a tutela apenas a uma pluralidade de direitos tipificados em lei, ou mesmo a uma série atípica decorrente dos já expressamente considerados. Nessa perspectiva que a teoria monista, a qual defende a existência de um direito geral de personalidade, ganhou força em detrimento

das teorias atomísticas. Somente o direito geral de personalidade é suficiente para garantir a elasticidade que a tutela da personalidade exige, já que sua abertura permite a proteção de novos bens, face às renovadas ameaças à pessoa humana, principalmente em função do desenvolvimento tecnológico, bem como tutela a personalidade na sua perspectiva dinâmica, permitindo o seu desenvolvimento.

14. Realmente importante é a percepção de que os direitos da personalidade especiais consagrados expressamente na legislação civil, além dos direitos fundamentais individuais expressos na Constituição, bem como outros consagrados em leis esparsas, devem ser entendidos e operacionalizados em conjunto com o direito geral de personalidade, cuja expressão está na cláusula geral de tutela e promoção da pessoa humana extraída do princípio da dignidade humana.

15. No Brasil, com a consagração da dignidade da pessoa humana na Constituição Federal de 1988, aliada à garantia residual e aberta do § 2º do artigo 5º, que garante a tutela aos direitos fundamentais não incorporados expressamente, configura-se a verdadeira cláusula geral de tutela e promoção da pessoa humana, tomada como valor máximo do ordenamento. Essa tutela geral tem o intuito primordial de abarcar qualquer situação em que a personalidade se manifeste, garantindo tutela a todas as situações previstas ou não, para atender à elasticidade de tutela pretendida pelo direito geral de personalidade e combater as lacunas que o fracionamento da tutela poderia ocasionar, deixando sem proteção hipóteses em que a personalidade pudesse vir a ser esgrimida.

16. Na esteira da necessidade de uma tutela verdadeiramente ampla dos direitos da personalidade, também foi necessária a consagração dos direitos da personalidade como direitos subjetivos, para o que tal categoria mereceu adequação para abarcar também os bens ligados à personalidade, os quais não são exteriores ao sujeito, verificando-se que os direitos de personalidade estão na base de uma infinidade de situações jurídicas existenciais. As situações jurídicas subjetivas, entendidas como a posição da pessoa frente ao direito, exprimem-se de diversas formas: como direito subjetivo, poder, faculdade, ônus, ou seja, qualquer circunstância jurídica que se afigure relevante é, portanto, merecedora de tutela. Nas situações jurídicas existenciais, os bens ligados à personalidade são tutelados enquanto valor expresso na própria situação, e não como objeto de direito. Isso porque a pessoa vale pelo que *é,* e não pelo que *tem.* É nesse contexto que se afirma que as situações jurídicas existenciais não se amoldam ao mesmo modelo de tutela dispensado às situações jurídicas patrimoniais.

17. No que toca ao Código Civil de 2002, muito embora não se possa negar o seu avanço, na medida em que, diferentemente do Código Civil de 1916, consagrou expressamente alguns direitos da personalidade, bem como veiculou no artigo 12 uma cláusula geral protetiva que abrange a esfera ressarcitória e preventiva contra violações e ameaças de violação aos direitos da personalidade, críticas merecem ser realizadas. Ressalvado o artigo 12, que em verdade tem um caráter mais pedagógico do que efetivamente inovador, na medida em que a cláusula

geral de tutela e promoção da pessoa humana já era garantida pela Constituição Federal de 1988, sua regulação é tímida e tipificadora, traz algumas incongruências estipulando soluções pré-moldadas inadequadas frente a tutela geral que tais direitos merecem, além de ainda ser este novo diploma muito permeado pela lógica patrimonialista da "era da codificação", dispensando proteção basicamente no que toca ao binômio dano-reparação. Assim, restou clara a importância de sua atualização metodológica com base nos princípios constitucionais, para enfatizar também a função promocional destes direitos, até porque somente assim se conseguirá manter o movimento de repersonalização do Direito. Daí a importância da metodologia civil-constitucional que propõe a releitura do Direito Civil à luz dos princípios constitucionais.

18. A tarefa que se afigura relevante no caminhar do século XXI é a de conferir aos institutos civilísticos uma interpretação conforme a tábua axiológica da Constituição. Portanto, para além do capítulo destinado aos direitos da personalidade no Código Civil, importa que os operadores do direito, preservando a unidade do ordenamento jurídico, reconheçam a publicização, constitucionalização e repersonalização do Direito como fenômenos informadores de toda a ordem jurídica, além do reconhecimento no sentido de que as normas constitucionais possuem eficácia direta e imediata nas relações entre particulares.

19. Para além das características incontroversas dos direitos da personalidade, a consideração desses direitos como direitos absolutos, indisponíveis, intransmissíveis e irrenunciáveis mereceu ser problematizada. Direitos da personalidade como direitos absolutos restringe-se, como afirmação, à questão de sua oponibilidade *erga omnes*, na medida em que em conteúdo não há qualquer direito que seja garantido ilimitadamente. Isso porque, diante da necessidade de consideração de uma perspectiva intersubjetiva, do ser com os outros que gozam dos mesmos direitos, evidencia-se a possibilidade de restrição destes direitos. Mesmo a dignidade é passível de relativização; não fosse assim, não se falaria em proteção do núcleo essencial da dignidade, este sim intangível.

20. No que toca à transmissibilidade, verificou-se que não há como transferir o direito em si, já que o vínculo de qualquer direito da personalidade com seu titular é orgânico. Todavia, não descaracterizando a intransmissibilidade essencial desses direitos, há que se considerar a possibilidade da transmissibilidade dos efeitos patrimoniais, o que fica claro a partir da legitimação dos sucessores a postularem indenização por danos morais em caso de violação de um direito da personalidade de pessoa falecida.

21. Em relação à característica da indisponibilidade, a partir da qual os direitos da personalidade seriam irrenunciáveis e não poderiam sofrer limitações voluntárias, restou claro, principalmente através dos casos concretos analisados, que há possibilidade de renúncia ou limitação voluntária dos direitos da personalidade pelo seu titular. Admitir uma esfera de disponibilidade não os descaracteriza enquanto direitos essencialmente indisponíveis. Todavia, negar a possibilidade

de restrição do direito é posição que não se sustenta diante das evidências fáticas e, por isso, aproximando a realidade social da realidade jurídica, a construção da teoria dos direitos da personalidade admite algumas relativizações a partir da desconstrução de alguns critérios absolutos de caracterização. Diante disso é que se pode afirmar que a indisponibilidade essencial e a disponibilidade relativa no caso concreto não são posições contraditórias; convivem e conferem um caráter ambivalente aos direitos da personalidade.

22. A dignidade humana, para além da sua dimensão ontológica, histórico-cultural e intersubjetiva, é também concebida em uma dupla dimensão: uma negativa, em que se manifesta através do imperativo de proteção dos cidadãos contra o arbítrio estatal e a guarda eficaz dos direitos fundamentais e uma positiva, promocional, de onde se extrai a atribuição à pessoa humana de uma capacidade de autodeterminação dos interesses existenciais, a qual é a mais pura expressão da autonomia privada e da liberdade que as pessoas têm para a conformação e desenvolvimento de seus interesses pessoais.

23. Na medida em que se garante a capacidade de autodeterminação ao titular do direito para que este possa agir conforme seu entendimento e opção, não há como negar que a autonomia possui trânsito nas situações jurídicas existenciais conferindo ao titular do direito um poder de disposição sobre os bens ligados à própria personalidade humana. Assim, pode-se afirmar que a vontade exerce papel relevante também nesta sede, a qual teve seu conteúdo redefinido para se harmonizar com o valor unificador do sistema que é a dignidade humana, eis que elemento necessário ao pleno desenvolvimento da personalidade.

24. Os direitos da personalidade não estão apenas garantidos por uma tutela negativa, através da qual se garantem a esfera ressarcitória em caso de lesão e a esfera preventiva em caso de ameaça de lesão. Na medida em que a tutela da personalidade deve ser a mais ampla possível, estendendo-a para atingir qualquer situação jurídica em que envolvido algum direito da personalidade, tem-se que tais situações não se restringem ao dever de proteção, abarcam também poderes e faculdades e, nessa medida, tutelam-se positivamente tais direitos. A tutela positiva é aquela que garante o direito de exercício cotidiano desses direitos; neste exercício o titular tem o direito de dispor dos direitos fundamentais da personalidade.

25. A plena realização de um direito fundamental da personalidade inclui a possibilidade de o titular dele dispor, mesmo que este ato importe em restrição do direito, já que tal restrição é a expressão do direito de autodeterminação pessoal, o qual, além de ser fundamental para o livre desenvolvimento da personalidade, é uma das dimensões da própria dignidade humana.

26. O poder de disposição é o pressuposto para a renúncia e para a limitação. Se é possível dispor, é possível limitar o exercício ou até renunciar ao direito em si, desde que a restrição seja voluntária, o que se externa através do consentimento livre e esclarecido do titular, e que a possibilidade se legitime diante das circunstâncias do caso concreto. A decisão voluntária é elemento essencial do ato dispo-

sitivo e, por isso, se pode afirmar que, qualquer ato de disposição que recaia sobre um direito fundamental da personalidade, tem como pressuposto o consentimento, livre e voluntário, do titular do direito.

27. O consentimento foi tradicionalmente concebido para a prática de atos de natureza patrimonial, assim como o poder de disposição, o qual era tradicionalmente afeito apenas aos interesses patrimoniais. Admitindo-se o poder de disposição sobre os interesses existenciais, permitindo-se a disposição de bens ligados à personalidade, o consentimento mereceu ser repensado para ser considerado como instrumento para o exercício da autodeterminação dos interesses pessoais. Na mesma medida, a autonomia privada, na sua acepção clássica, era destinada apenas ao campo da iniciativa econômica, identificada com a autonomia contratual em sentido estrito. No entanto, os atos de autonomia não se restringem a este campo, podem ter fundamentos diversos. Assim, quando a pessoa toma atitude autônoma em relação aos interesses existenciais, dispondo de seus direitos fundamentais da personalidade, consentindo com alguma restrição que recaia sobre um bem da personalidade, está-se falando de uma autonomia fundada diretamente na garantia da dignidade da pessoa humana. A autonomia, portanto, deve ter uma acepção mais abrangente do que aquela que possuía tradicionalmente.

28. Quando se fala em atos de disposição, permitindo-se que a vontade defina as direções e os efeitos de uma determinada situação, está-se, ao fim e ao cabo, falando de negócios jurídicos. Nessa medida, o titular do direito de personalidade pode dispor de tais direitos para a realização de negócios jurídicos. Estes negócios jurídicos podem ser unilaterais, como ocorre com a disposição da vida na busca de uma morte digna a partir da eutanásia consentida, bem como com a disposição sobre o próprio corpo, mas também podem ser negócios jurídicos bilaterais, explorando-se, através de contratos, os efeitos patrimoniais que podem surgir da disposição da vida privada e da imagem. Portanto, o consentimento não está ligado estritamente à atividade econômica, mas isso não significa que não seja um ato negocial.

29. As situações jurídicas existenciais devem receber um tratamento diferenciado em relação ao tratamento dispensado às situações meramente patrimoniais. Nestas, o consentimento dado é irrevogável; naquelas será sempre revogável, já que quando se está tratando de direitos que são ligados à própria personalidade humana, há que se considerar que o particular, mesmo depois de ter consentido com a limitação, tem também o poder de revogar tal manifestação, já que não há como obrigar a pessoa a dispor do direito se não há mais a voluntariedade do ato. No entanto, mesmo sendo a revogabilidade a qualquer tempo considerada como um pressuposto de legitimação do ato dispositivo restritivo de um direito da personalidade, cujo fundamento é a proteção da própria personalidade, há que se considerar que, nos casos dos negócios jurídicos bilaterais, há também o interesse da outra parte que recebeu a autorização para utilização dos bens da personalidade alheios. Esta pessoa, muito embora corra o risco da revogação, pode vir a ser inde-

DIREITOS DA PERSONALIDADE

nizada pela frustração de suas legítimas expectativas em função do consentimento dado e revogado. Para além da reparação pela frustração das expectativas, o titular do direito ainda pode vir a ser penalizado em função de seu comportamento contraditório, em caso de abuso do direito.

30. A conformação dos interesses pessoais e o pleno desenvolvimento da personalidade são garantidos pelo direito fundamental ao livre desenvolvimento da personalidade. O direito ao livre desenvolvimento da personalidade reflete a dimensão dinâmica dos direitos da personalidade, a qual é tutelada positivamente pelo direito de exercício desses direitos e é garantida também pelo direito geral de liberdade. A tutela geral da personalidade impõe o direito geral de personalidade e o direito geral de liberdade, onde se encontra a possibilidade de livre desenvolvimento.

31. O direito ao livre desenvolvimento da personalidade é direito fundamental extraído do princípio da dignidade humana, já que não é reconhecido expressamente na ordem constitucional brasileira, como o é em outros países. Trata-se de um direito fundamental garantido, ainda que implicitamente. E mais, o direito ao livre desenvolvimento da personalidade, diante da vinculação à liberdade e capacidade de autodeterminação pessoal, é também uma das dimensões da dignidade.

32. A dignidade humana, na sua dimensão promocional, garante o direito de autodeterminação sobre os interesses existenciais das pessoas, revelando que a autonomia privada incide sobre os bens extrapatrimoniais, onde se garante o poder de disposição sobre os bens ligados à personalidade, já que estes também são tutelados no plano positivo, ou seja, no plano do exercício para garantir o pleno desenvolvimento da personalidade. Assim, como a dignidade funciona como fundamento para esta esfera de disponibilidade relativa, funciona também como limite a estes atos.

33. O poder de disposição sobre os bens ligados à personalidade sofre limitações diante dos interesses de terceiros, já que a dignidade possui uma dimensão intersubjetiva que percebe o homem na sua perspectiva relacional com os outros, sofrendo limitações em face da ordem pública, na qual encontra-se a mesma dignidade em sua mais alta hierarquia, e sofre limitações no que toca à proteção do núcleo mínimo do direito que está sendo restringido, haja vista que neste núcleo encontra-se entronizado o valor da dignidade humana. Além disso, a dignidade funciona também como limite dos limites, haja vista que, embora sujeita a relativizações, o núcleo mínimo da dignidade humana deve ser preservado, já que este sim é intangível. Tanto é assim que a legitimação para a renúncia à titularidade do direito à vida encontra fundamento, no caso concreto, no direito a uma morte digna. O ato de disposição se legitima para proteger a própria dignidade.

34. Nesse contexto, o exercício dos direitos fundamentais da autonomia privada e da liberdade não são absolutos como outrora já concebidos; sua abrangência encontra limitações, justamente em função de uma perspectiva socializante e igualitária característica do direito contemporâneo, a qual vem funcionalizando

todos os institutos jurídicos. A dignidade humana, portanto, é fundamento e limite para os atos de disposição que recaiam sobre bens da personalidade. Admite-se a vontade, a autonomia e a liberdade para a conformação dos interesses pessoais que envolvam bens da personalidade, mas desde que não ultrapasse os limites estabelecidos e esteja em consonância com os valores constitucionais.

35. Na mesma medida em que é possível extrair da dignidade humana o direito fundamental ao livre desenvolvimento da personalidade, tem-se que a possibilidade de disponibilidade relativa deve atender à finalidade do desenvolvimento e formação da personalidade, mas não pode chegar ao extremo da objetificação da pessoa humana. A pessoa existe como um fim em si mesma, jamais podendo ser utilizada como meio para atingir determinado fim. Assim, qualquer ato, seja ele advindo do Estado, de outra pessoa ou mesmo do próprio titular no exercício de auto-limitação, que intente à mercantilização dos direitos da personalidade e à objetificação da pessoa humana, deve ser coibido, porque atentatório à dignidade.

36. Aqueles que defendem a indisponibilidade absoluta dos direitos da personalidade temem a mercantilização da pessoa humana, reduzindo-a a mero objeto de direito. No entanto, tal temor não é suficiente para a negação do direito fundamental ao livre desenvolvimento da personalidade. Os direitos da personalidade são essencialmente indisponíveis, mas esta característica não é absoluta, já que o titular do direito pode, em maior ou menor medida, dispor voluntariamente sobre os bens protegidos por tais direitos num exercício de liberdade e autonomia que constitui também expressão da própria personalidade e da dignidade.

37. Diante da indisponibilidade essencial e da disponibilidade relativa no caso concreto, verifica-se que o problema das limitações voluntárias aos direitos da personalidade é um problema de limites e medidas, principalmente porque, neste tipo de situação em concreto, evidencia-se uma colisão de direitos fundamentais sobre o mesmo titular. Autonomia privada de um lado e, do outro lado, o direito fundamental da personalidade que se pretende renunciar ou limitar.

38. A sintonia, portanto, somente se dá no caso concreto e por esse motivo é necessária a utilização da ponderação como método para a solução de conflitos normativos, para que o intérprete, em sua atividade hermenêutica, possa sopesar os direitos e interesses contrapostos e, assim, encontrar a justa medida entre a vontade pessoal, a autonomia e o direito da personalidade que o titular tem intenção de restringir, buscando, ao fim e ao cabo, a proteção da dignidade da pessoa humana.

39. A partir da ponderação, guiada pelos postulados da proporcionalidade e razoabilidade, privilegia-se um direito fundamental em detrimento do outro quando evidenciada a colisão, procurando desrespeitar o mínimo daquele que resta sobreposto, já que não se pode faltar, ainda que minimamente, com o respeito, sob pena de ferir seu núcleo essencial, onde se encontra o valor da dignidade humana.

DIREITOS DA PERSONALIDADE

40. Portanto, a solução dos casos concretos que se apresentam perpassa pela necessária interpretação tópico e sistemática do direito, a qual consiste em atribuir, topicamente, a melhor significação possível às normas e valores jurídicos, hierarquizando-os num todo aberto, para fixar o seu alcance e, assim, solucionar os casos difíceis que se apresentam.

Obras consultadas

ALMEIDA NETO, Amaro Alves de. *Dano existencial a tutela da dignidade humana.* Revista de Direito Privado, n. 24, p. 21-53, out.-dez., 2005.

ALEXY, Robert. *Sistema Jurídico, Principios Jurídicos e Razón Práctica.* Alicant: Doxa, Cuadernos de Filosofía del Derecho, n.5, 1988.

——. *Teoría de los derechos fundamentales.* Madrid: Centro de Estudios Constitucionales, 1997.

AMARAL, Francisco. *Direito civil:* introdução. 6.ed. rev., atual. e aum. Rio de Janeiro: Renovar, 2006.

ANDRADE, Manuel A. Domingues de. *Teoria geral da relação jurídica:* sujeitos e objecto. 2.ed. Coimbra: Almedina, 1997.

ARENHART, Sérgio Cruz. *A tutela inibitória da vida privada.* São Paulo: Revista dos Tribunais, 2000.

ARRUDA, José Nelson de; PILETTI, Nelson. *A crise do antigo Regime:* o iluminismo e o despotismo esclarecido. São Paulo: Ática, 1995.

ASCENSÃO, José de Oliveira. *Direito civil:* teoria geral: introdução, as pessoas, os bens. Coimbra: Coimbra, 1997. v.1.

——. *Pessoa, direitos fundamentais e direitos da personalidade.* Revista Trimestral de Direito Civil, Rio de Janeiro, n. 26, p. 43-66, abr.-jun., 2006.

ÁVILA, Humberto. *Teoria dos Princípios:* da definição à aplicação dos princípios jurídicos. São Paulo: Malheiros, 2003.

BARBOSA, Heloisa Helena. *Bioética x Biodireito:* insuficiência dos conceitos jurídicos. In: ——; BARRETTO, Vicente de Paulo (orgs.). *Temas de Biodireito e Bioética.* Rio de Janeiro: Renovar, 2001.

BARCELLOS, Ana Paula de. *A Eficácia dos Princípios Constitucionais.* Rio de Janeiro: Renovar, 2002.

——. *Ponderação, Racionalidade e Atividade Jurisdicional.* Rio de Janeiro: Renovar, 2005.

BARCHIFONTAINE, Christian de Paul de; PESSINI, Leo. *Problemas atuais de Bioética.* São Paulo: Loyola, 2002.

BARRETO, Vicente de Paulo. (coord.) *Dicionário de Filosofia do Direito.* Rio de Janeiro: Renovar, 2006.

BARROSO, Luis Roberto. *Colisão entre liberdade de expressão e direitos da personalidade.* Revista trimestral de direito civil, Rio de Janeiro, v.16, p. 59-102, out.-dez. 2003.

——. *Interpretação e Aplicação da Constituição.* São Paulo: Saraiva, 2006.

BERLINGUER, Giovanni; GARRAFA, Volnei. *O mercado humano:* estudo bioético da compra e venda de partes do corpo. Traduzido por Isabel Regina Augusto. Brasília: Editora Universidade de Brasília, 1996.

BEVILÁQUA, Clóvis. *Teoria Geral do Direito Civil.* Campinas: Red Livros, 2001.

BITTAR, Carlos Alberto. *Os Direitos da Personalidade.* 7.ed. Rio de Janeiro: Forense Universitária, 2004.

BOBBIO, Norberto. *Teoria do Ordenamento Jurídico.* 10.ed. Brasília: Universidade de Brasília, 1999.

——. *O Positivismo Jurídico:* Lições de Filosofia do Direito. Traduzido por Márcio Pugliesi, Edson Bini, Carlos E. Rodrigues. São Paulo: Ícone, 1999.

BONAVIDES, Paulo. *Curso de Direito Constitucional.* 15.ed. atual. São Paulo: Malheiros, 2004.

BORGES, Roxana Cardoso Brasileiro. *Disponibilidade dos Direitos da Personalidade e Autonomia Privada.* São Paulo: Saraiva, 2005.

CANARIS, Claus-Wilhelm. *Pensamento Sistemático e Conceito de Sistema na Ciência do Direito.* Traduzido por António Menezes Cordeiro. 3.ed. Lisboa: Calouste Gulbenkian, 2002.

——. *Direitos Fundamentais e Direito Privado.* Traduzido por Ingo Wolfgang Sarlet e Paulo Mota Pinto. Coimbra: Almedina, 2003.

CANOTILHO, Joaquim José Gomes. *Direito constitucional e teoria da constituição.* 7.ed. Coimbra: Almedina, 2003.

——. *Dogmática dos direitos fundamentais e direito privado.* In: SARLET, Ingo Wolfgang (org.). *Constituição, Direitos Fundamentais e Direito Privado.* 2.ed. rev. e ampl. Porto Alegre: Livraria do Advogado, 2006.

——; MACHADO, Jonatas. *"Reality Shows" e liberdade de programação.* Coimbra: Coimbra Editora, 2003.

CANTALI, Fernanda Borghetti; CARDOSO, Simone Tassinari. *Por uma tutela geral dos direitos da personalidade:* breve ensaio. Revista da Escola Superior da Advocacia da OAB/RS, Porto Alegre, a. 2, n. 2, p. 75-101, jul.-set., 2005.

CAPELO DE SOUZA, Rabindranath Valentino Aleixo. *O Direito Geral de Personalidade.* Coimbra: Coimbra, 1995.

CARDOSO, Simone Tassinari. *Do contrato parental à socio-afetividade.* In: ARONNE, Ricardo (org.). *Estudos de direito civil-constitucional.* Porto Alegre: Livraria do Advogado, 2004.

CARPENA, Heloisa. *O abuso de direito no Código Civil de 2002:* relativização dos direitos na ótica civil-constitucional. In: TEPEDINO, Gustavo (coord.). *A parte geral do novo código civil:* estudos na perspectiva civil-constitucional. 2.ed. Rio de Janeiro: Renovar, 2003.

CARVALHO, Orlando de. *A teoria geral da relação jurídica:* seu sentido e limites. 2.ed. atual. Coimbra: Centelha, 1981.

CAVALIERI FILHO, Sergio. *Programa de Responsabilidade Civil.* 6.ed. São Paulo: Malheiros, 2005.

CHAVES, Antônio. *Direito à vida e ao próprio corpo:* intersexualidade, transexualidade, transplantes. 2.ed., rev. e ampl. São Paulo: Revista dos Tribunais, 1994.

CLOTET, Joaquim. *Bioética:* uma aproximação, Porto Alegre: EDIPUCRS, 2003.

——; FRANCISCONI, Carlos Fernando; GOLDIM, José Roberto (orgs.). *Consentimento informado e a sua prática na assistência e pesquisa no Brasil.* Porto Alegre: EDIPUCRS, 2000.

COLNAGO, Cláudio de Oliveira Santos. *Interpretação conforme a Constituição:* decisões interpretativas do STF em sede de controle de constitucionalidade. São Paulo: Editora Método, 2007.

COMPARATO, Fábio Konder. *O papel do juiz na efetivação dos direitos humanos.* Disponível em http://www.dhnet.org.br/direitos/militantes/comparato/comparato_juiz.html, acesso em 5 de março de 2007.

CORTIANO JUNIOR, Eroulths. *Alguns apontamentos sobre os chamados direitos da personalidade.* In: FACHIN, Luiz (org.). Repensando Fundamentos do Direito Civil Brasileiro Contemporâneo. Rio de Janeiro: Renovar, 1999.

CUNHA, Alexandre dos Santos. *Dignidade da pessoa humana:* conceito fundamental do direito civil. In: MARTINS-COSTA, Judith. (org.). *A reconstrução do direito privado:* reflexos dos princípios, diretrizes e direitos fundamentais constitucionais no direito privado. São Paulo: Editora Revista dos Tribunais, 2002.

CUPIS, Adriano de. *I diritti della personalità.* Milano: Giuffrè, 1950.

DANTAS, San Tiago. *Programa de Direito Civil:* teoria geral. 3.ed. Rio de Janeiro: Forense, 2001.

DIMOULIS, Dimitri; MARTINS, Leonardo. *Teoria Geral dos Direitos Fundamentais.* São Paulo: Revista dos Tribunais, 2007.

DINIZ, Maria Helena. *Curso de Direito Civil Brasileiro.* 18.ed. São Paulo: Saraiva, 2002. v. I.

DONEDA, Danilo. *Da privacidade à proteção de dados pessoais.* Rio de Janeiro: Renovar, 2006.

——. *Os direitos da personalidade no novo Código Civil.* In: TEPEDINO, Gustavo (org.). *A parte geral do novo Código Civil:* estudos na perspectiva civil-constitucional. 2.ed. Rio de Janeiro: Renovar, 2003.

DWORKIN, Ronald. *Levando os direitos a sério.* Traduzido por Nelson Boeira. São Paulo: Martins Fontes, 2002.

——. *Domínio da vida:* aborto, eutanásia e liberdades individuais. Traduzido por Jefferson Luiz Camargo. São Paulo: Martins Fontes, 2003.

ENGISCH, Karl. *Introdução ao pensamento jurídico.* 9.ed. Lisboa: Fundação Caloustre Gulbenkian, 2004.

ENNECCERUS, Ludwig. *Tratado de Derecho Civil:* Parte general. Barcelona: Bosch, 1947. v. I.

ESPÍNOLA, Eduardo. *Sistema do Direito Civil.* Rio de Janeiro: Editora Rio, 1977.

ESTEVES, Luciana Batista. *(In)Disponibilidade da vida?* Revista de Direito Privado, São Paulo, n. 24, p. 89-111, out.-dez., 2005.

FACCHINI NETO, Eugênio. *Da responsabilidade civil no novo Código.* In: SARLET, Ingo Wolfgang (org.). *O novo Código Civil e a Constituição.* Porto Alegre: Livraria do Advogado, 2003.

——. *Reflexões histórico-evolutivas sobre a constitucionalização do direito privado*. In: SARLET, Ingo Wolfgang (org.). *Constituição, Direitos Fundamentais e Direito Privado*. Porto Alegre: Livraria do Advogado, 2003.

FACHIN, Luiz Edson. *Limites e possibilidades da nova teoria geral do direito civil*. Revistas de Estudos Jurídicos, v. II, n. 1, p. 99-107, ago., 1995.

——. *Estatuto Jurídico do Patrimônio Mínimo*. Rio de Janeiro: Renovar, 2001.

——. *Teoria Crítica do Direito Civil*. 2.ed. rev. e atual. Rio de Janeiro: Renovar, 2003.

——. *A "reconstitucionalização" do direito civil brasileiro*: lei nova e velhos problemas à luz de dez desafios. Revista Jurídica, a. 52, n. 324, p. 16-19, out., 2004.

——. *Direitos da Personalidade no Código Civil Brasileiro*: elementos para uma análise de índole constitucional da transmissibilidade. Texto gentilmente cedido pelo autor.

——. *Questões do Direito Civil Brasileiro Contemporâneo*. Rio de Janeiro: Renovar, 2008.

FERNANDES, Milton. *Os direitos de personalidade*. In: Estudos jurídicos em homenagem ao Professor Caio Mário. Rio de Janeiro: Forense, 1984.

FERRAZ JÚNIOR, Tércio Sampaio. *Sigilo de dados*: direito à privacidade e os limites à função fiscalizadora do Estado. Revista da faculdade de Direito da USP, São Paulo, n. 88, p. 439-458, 1993.

FERRI, Luigi. *L'Autonomia Privata*. Milano: Giuffrè, 1959.

FRANÇA, Rubens Limongi. *Direitos da Personalidade*. Revista dos Tribunais, São Paulo, n° 567, p. 9-16, jan-1979.

FREITAS, Juarez. *A interpretação sistemática do Direito*. 4.ed. São Paulo: Malheiros, 2004.

——. *O controle dos atos administrativos e os princípios fundamentais*. 3.ed. atual. e ampl. São Paulo: Malheiros, 2004.

——. *Discricionariedade Administrativa e o Direito Fundamental à Boa Administração Pública*. São Paulo: Malheiros, 2007.

FREITAS, Luiz Fernando Calil de. *Direitos Fundamentais*: limites e restrições. Porto Alegre: Livraria do Advogado, 2007.

GALEANO, Eduardo. *O livro dos abraços*. Traduzido por Eric Nepomuceno. 5.ed. Porto Alegre: L&PM, 1997.

GEDIEL, José Antônio Peres. *Os transplantes de órgãos e a tutela da personalidade*. Curitiba: UFPR, 1997. Tese (Doutorado em Direito das Relações Sociais), Faculdade de Direito, Universidade Federal do Paraná, 1997.

——. *Tecnociência, dissociação e patrimonialização jurídica do corpo humano*. In: FACHIN, Luiz Edson (coord.). Repensando Fundamentos do Direito Civil Brasileiro Contemporâneo. Rio de Janeiro: Renovar, 1998.

——. *Os transplantes de órgãos e a invenção moderna do corpo*. Curitiba: Moinho do verbo, 2000.

——. *A irrenunciabilidade a direitos da personalidade pelo trabalhador*. In: SARLET, Ingo Wolfgang (org.). Constituição, Direitos Fundamentais e Direito Privado. Porto Alegre: Livraria do Advogado, 2003.

GIORGIANNI, Michele. *O direito privado e suas atuais fronteiras*. Revista dos Tribunais, São Paulo, v. 747, ano 87, p. 35-55, jan. 1998.

GOMES, Orlando. *A reforma do Código Civil*. Bahia: Publicações da Universidade da Bahia, 1965.

——. *Introdução ao direito civil*. Rio de Janeiro: Forense, 2001.

HECK, Luís Afonso. *Direitos Fundamentais e a sua influência no Direito Civil*. Revista da faculdade de Direito da UFRGS, n. 16, p. 111-125, 1999.

HESSE, Konrad. *Derecho constitucional e derecho privado*. Madrid: Civitas, 2001.

HIRONAKA, Giselda Maria Fernandes Novaes. *Bioética e Biodireito*: Revolução Biotecnológica, Perplexidade Humana e Prospectiva Jurídica Inquietante. Revista Brasileira de Direito Comparado, Rio de Janeiro, n. 21, p. 107-128, 2002.

IRTI, Natalino. *L'età della decodificazione*. Milano: Giuffrè, 1976.

KANT, Immanuel. *Fundamentação da Metafísica dos Costumes*. Traduzido por Paulo Quintela. Lisboa: Ed. 70, 1986.

KLOEPFER, Michael. *Vida e Dignidade da Pessoa Humana*. In: SARLET, Ingo (org.). Dimensões da Dignidade: ensaios de Filosofia do Direito e Direito Constitucional. Porto Alegre: Livraria do Advogado, 2005.

KONDER, Carlos Nelson. *O consentimento no Biodireito*: Os casos dos transexuais e dos *wannabes*. Revista Trimestral de Direito Civil, Rio de Janeiro, n. 15, p. 41-71, jul.-set., 2003.

LARENZ, Karl. *Metodologia da Ciência do Direito*. Traduzido por José Lamego. 4.ed. Lisboa: Calouste Gulbenkian, 2005.

LEITE DE CAMPOS, Diogo. *A vida, a morte e a sua indenização*. Revista de Direito Comparado Luso-brasileiro, n° 7, Rio de Janeiro: Forense, 1985.

DIREITOS DA PERSONALIDADE

——. *Lições de Direitos da Personalidade.* Boletim da Faculdade de Direito da Universidade de Coimbra. v. LXVIII. Coimbra, 2.ed., 1992.

LEWICKI, Bruno. *Realidade refletida*: privacidade e imagem na sociedade vigiada. Revista Trimestral de Direito Civil, Rio de Janeiro, n. 27, p. 211-219, jul.-set., 2006.

LORENZETTI, Ricardo Luis. *Fundamentos do Direito Privado.* São Paulo: Revista dos Tribunais, 1998.

LUDWIG, Marcos de Campos. *O direito ao livre desenvolvimento da personalidade na Alemanha e possibilidades de sua aplicação no Direito Privado brasileiro.* In: MARTINS-COSTA, Judith. (org.). *A reconstrução do direito privado*: reflexos dos princípios, diretrizes e direitos fundamentais constitucionais no direito privado. São Paulo: Editora Revista dos Tribunais, 2002.

MARINHO, Josaphat. *Os direitos da personalidade no projeto de novo Código Civil brasileiro.* In: Portugal-Brasil Ano 2000. Coimbra: Coimbra Editora, 1999.

MARINONI, Luiz Guilherme. *Tutela inibitória:* individual e coletiva. 3.ed. São Paulo: Revista dos Tribunais, 2003.

MARTINS-COSTA, Judith. *A boa-fé no direito privado*: sistema e tópica no processo obrigacional. São Paulo: Revista dos Tribunais, 1999.

——. *As interfaces entre a Bioética e o Direito.* In: CLOTET, Joaquim (org.). *Bioética.* Porto Alegre: EDIPUCRS, 2001.

——. *Os danos à pessoa no direito brasileiro e a natureza da sua reparação.* In: ——. (org.). *A reconstrução do direito privado:* reflexos dos princípios, diretrizes e direitos fundamentais constitucionais no direito privado. São Paulo: Editora Revista dos Tribunais, 2002.

MATTIA, Fabio Maria de. *Direitos da Personalidade:* aspectos gerais. In: CHAVES, Antonio (coord.). *Estudos de Direito Civil.* São Paulo: Revista dos Tribunais, 1979.

MEIRELES, Rose Melo Vencelau. *Apontamentos sobre o papel da vontade nas situações jurídicas existenciais.* Revista Trimestral de Direito Civil, Rio de Janeiro, n. 25, p. 217-241, jan.-mar. 2006.

——. *O Poder de Disposição nas Relações Familiares*: a adoção e a separação ou o divórcio consensual. In: FACHIN, Luiz; TEPEDINO, Gustavo (orgs.). *Diálogos sobre direito civil.* v.2. Rio de Janeiro: Renovar, 2008.

MEIRELLES, Jussara. *O ser e o ter na codificação civil brasileira:* do sujeito virtual à clausura patrimonial. In: FACHIN, Luiz Edson. *Repensando Fundamentos do Direito Civil Contemporâneo.* Rio de Janeiro: 1998.

——. *Bioética e Biodireito.* In: BARBOZA, Heloísa Helena; BARRETTO, Vicente de Paulo (orgs.). *Temas de Biodireito e Bioética.* Rio de Janeiro: Renovar, 2001.

MELLO, Cláudio Ari. *Contribuição para uma teoria híbrida dos direitos de personalidade.* In: SARLET, Ingo Wolfgang Sarlet (org.). O novo Código Civil e a Constituição. Porto Alegre: Livraria do Advogado, 2003.

MENDES, Gilmar Ferreira. *Direitos Fundamentais e Controle de Constitucionalidade.* São Paulo: Saraiva, 2004.

MENDES, Gilmar Ferreira; COELHO, Inocêncio Mártires; BRANCO, Paulo Gustavo Gonet. *Hermenêutica Constitucional e Direitos Fundamentais.* Brasília: Brasília Jurídica, 2000.

MIRAGEM, Bruno. *Responsabilidade civil da imprensa por dano à honra.* Porto Alegre: Livraria do Advogado, 2005.

MIRANDA, Jorge. *Manual de Direito Constitucional.* 2.ed. Coimbra: Coimbra Editora, 1998. t. IV.

——; MEDEIROS, Rui. *Constituição Portuguesa Anotada.* Coimbra: Coimbra Editora, 2005. t. I.

MIRANDOLA, Giovani Pico della. *Della dignitá dell'uomo.* [s.l.]: Il Basilico, [s.d.]

MONTEIRO, Washington de Barros. *Curso de Direito Civil.* 33.ed. São Paulo: Saraiva, 1997. v. III.

MORAES, Maria Celina Bodin de. *Constituição e direito civil*: tendências. Revista dos Tribunais, n. 779, p. 47-63, 2000.

——. *A tutela do nome da pessoa humana.* Revista Forense, v. 364, p. 217 e ss., 2002.

——. *Danos à pessoa humana:* uma leitura civil-constitucional dos danos morais. Rio de Janeiro: Renovar, 2003.

——. *O conceito de dignidade humana:* substrato axiológico e conteúdo normativo. In: SARLET, Ingo Wolfgang (org.). *Constituição, Direitos Fundamentais e Direito Privado.* Porto Alegre: Livraria do Advogado, 2003.

——. *A constitucionalização do direito civil e seus efeitos sobre a responsabilidade civil.* In: SOUZA NETO, Cláudio Pereira de; SARMENTO, Daniel. *A constitucionalização do direito:* fundamentos teóricos e aplicações específicas. Rio de Janeiro: Lumen Júris, 2007.

——. *O princípio da dignidade humana.* In: ——. (coord.). *Princípios do Direito Civil Contemporâneo.* Rio de Janeiro: Renovar, 2006.

MORAES, Walter. *Direito da Personalidade:* estado da matéria no Brasil. In: CHAVES, Antonio (coord.). *Estudos de Direito Civil.* São Paulo: Revista dos Tribunais, 1979.

MOREIRA ALVES, José Carlos. *A parte Geral do Projeto do Código Civil Brasileiro*. Disponível em: http://www.cjf.gov. br/revista/numero9/artigo1.htm, acesso em 20 de fevereiro de 2007.

NEGREIROS, Tereza. *Teoria do contrato*: novos paradigmas. 2.ed. Rio de Janeiro: Renovar, 2002.

NORONHA, Fernando. *Os danos à pessoa, corporais (ou biológicos) e anímicos (ou morais em sentido estrito), e suas relações com os danos patrimoniais e extrapatrimoniais*. Revista de Direito Privado, n. 22, p. 81-95, abr.-jun., 2005.

NOVAIS, Jorge Reis. *As restrições aos direitos fundamentais não expressamente autorizadas pela constituição*. Coimbra: Coimbra, 2003.

_____. *Renúncia a direitos fundamentais*. In: MIRANDA, Jorge (org.). *Perspectivas Constitucionais*. Coimbra: Coimbra Editora, 1996.

NUNES, Luiz Antonio Rizzatto. *O princípio constitucional da dignidade da pessoa humana*. São Paulo: Saraiva, 2002.

OLIVEIRA, José Lamartine Corrêa de; MUNIZ, Francisco José Ferreira. *O Estado de Direito e os Direitos da Personalidade*. Revista dos Tribunais, São Paulo, v. 532, p. 12-23, fev., 1980.

ORWELL, George. *1984*. Traduzido por Wilson Velloso. 29.ed. São Paulo: Companhia Editora Nacional, 2005.

OST, François. *O tempo do direito*. Traduzido por Élcio Fernandes. Bauru: Edusc, 2005.

PÁDUA, João Pedro Chaves Valladares. *Eutanásia e a Igualdade*. Revista Trimestral de Direito Civil, Rio de Janeiro, v. 23, p. 259-277, jul.-set. 2005.

PEREIRA, Caio Mário da Silva. *Instituições do Direito Civil*. 21.ed. Rio de Janeiro: Forense, 2006.

PEREIRA, Jane Reis Gonçalves. *Interpretação constitucional e direitos fundamentais*: uma contribuição ao estudo das restrições aos direitos fundamentais na perspectiva da teoria dos princípios. Rio de Janeiro: Renovar, 2006.

PEREIRA, Karin Cristina Kramer. *O Direito Privado e a Ortotanásia*: um Caminho para a Repersonalização. In: SILVA FILHO, José Carlos Moreira da; PEZZELLA, Maria Cristina Cereser. *Mitos e Rupturas no Direito Civil Contemporâneo*. Rio de Janeiro: Lumen Juris, 2008.

PEREZ LUÑO, Antonio Henrique. *Derechos Humanos, Estado de Derecho y Constitución*. 6.ed. Madrid: Tecnos, 1999.

PERLINGIERI, Pietro. *La Personalitá Umana nell Ordinamento Giurídico*. [s.l.]: Iovene, [s.d.]

_____. *Perfis de Direito Civil*. Traduzido por Maria Crstina de Cicco. 2.ed. Rio de Janeiro: Renovar, 2002.

PETTERLE, Selma Rodrigues. *O Direito Fundamental à identidade genética na Constituição brasileira*. Porto Alegre: Livraria do Advogado, 2006.

PIERANGELI, José Henrique. *O consentimento do ofendido na teoria do delito*. 3.ed. rev. e atual. São Paulo: RT, 2001.

PINTO, Carlos Alberto da Mota. *Teoria Geral do Direito Civil*. 3.ed. atual. Coimbra: Coimbra, 1985.

PINTO, Paulo Mota. *O direito ao livre desenvolvimento da personalidade*. In: Portugal-Brasil Ano 2000, Coimbra Editora, 1999.

_____. *A limitação voluntária do direito à reserva sobre a intimidade da vida privada*. Revista Brasileira de Direito Comparado, n. 21, p. 19-62, 2000.

_____. *Notas sobre o direito ao livre desenvolvimento da personalidade e os direitos de personalidade no direito português*. In: SARLET, Ingo Wolfgang (org.). *A constituição concretizada*: Construindo pontes com o público e o privado. Porto Alegre: Livraria do Advogado, 2000.

_____. *Autonomia privada e discriminação*: algumas notas. In: SARLET, Ingo Wolfgang (org.). *Constituição, Direitos Fundamentais e Direito Privado*. 2.ed. rev. e ampl. Porto Alegre: Livraria do Advogado, 2006.

PONTES DE MIRANDA, Francisco Cavalcanti. *Tratado de Direito Privado*. v. 7, t. II. Rio de Janeiro: Borsoi, 1971.

_____. *Tratado de Direito Privado*. Campinas: Bookseller, 2000.

RAMOS, Carmem Lucia Silveira. *A constitucionalização do direito privado e o homem sem fronteiras*. In: FACHIN, Luiz Edson. Repensando Fundamentos do Direito Civil Contemporâneo. Rio de Janeiro: 1998.

REIS, Mauricio Martins. *Para uma compreensão hermenêutica do controle de constitucionalidade*: A Resposta Correta no Caso x Única resposta Correta. Repertório de Jurisprudência n. 24. São Paulo: Informações Objetivas Publicações Jurídicas Ltda. – IOB, 2007.

RODOTÀ, Stefano. *Il problema della responsabilità civile*. Milano: Dott. A. Giuffrè, 1967.

RODRIGUES, Rafael Garcia. *A pessoa e o ser humano no novo Código Civil*. In: TEPEDINO, Gustavo (coord.). *A parte geral do novo código civil*: estudos na perspectiva civil-constitucional. 2ª ed. Rio de Janeiro: Renovar, 2003.

RODRIGUES, Silvio. *Direito Civil*: Parte Geral. 32.ed. atual. de acordo com o novo Código Civil. São Paulo: Saraiva, 2002.

DIREITOS DA PERSONALIDADE

SARLET, Ingo Wolfgang. *Direitos Fundamentais e Direito Privado:* algumas considerações em torno da vinculação dos particulares aos direitos fundamentais. In: ──. (org.). *A constituição concretizada – Construindo pontes com o público e o privado.* Porto Alegre: Livraria do Advogado, 2000.

──. *Dignidade da pessoa humana e direitos fundamentais na Constituição Federal de 1988.* 3.ed. rev. atual. e ampl. Porto Alegre: Livraria do Advogado, 2004.

──. *A eficácia dos direitos fundamentais.* 4.ed. rev. atual e ampl. Porto Alegre: Livraria do Advogado, 2005.

──. *As dimensões da dignidade da pessoa humana:* construindo uma compreensão jurídico-constitucional necessária e possível. In: ──. (org.). *Dimensões da Dignidade:* ensaios de Filosofia do Direito e Direito Constitucional. Porto Alegre: Livraria do Advogado, 2005.

──. *A influência dos direitos fundamentais no Direito Privado:* o caso brasileiro. In: MONTEIRO, António Pinto; NEUNER, Jörg; SARLET, Ingo Wolfgang. (orgs.). *Direitos fundamentais e Direito Privado:* uma perspectiva de direito comparado. Coimbra: Almedina, 2007.

SARMENTO, Daniel. *Direitos Fundamentais e Relações Privadas.* Rio de Janeiro: Lúmen Júris, 2004.

SCHÄFER, Jairo Gilberto. *Direitos Fundamentais:* proteção e restrições. Porto Alegre: Livraria do Advogado, 2001.

SCHREIBER, Anderson. *Novas tendências da Responsabilidade Civil brasileira.* Revista Trimestral de Direito Civil, Rio de Janeiro, n. 22, p. 45-69, abr.-jun. 2000.

──. *A proibição de comportamento contraditório:* tutela da confiança e venire contra factum proprium. Rio de Janeiro: Renovar, 2005.

──. *Novos Paradigmas da Responsabilidade Civil:* da erosão dos filtros da reparação à diluição dos danos. São Paulo: Atlas, 2007.

──. *Os Direitos da Personalidade e o Código Civil de 2002.* In: FACHIN, Luiz; TEPEDINO, Gustavo (orgs.). Diálogos sobre direito civil. Rio de Janeiro: Renovar, 2008. v.2.

SEVERO, Sergio Viana. *Os danos extrapatrimoniais.* São Paulo: Saraiva, 1996.

SILVA FILHO, José Carlos Moreira da. *Hermenêutica Filosófica e Direito:* o exemplo privilegiado da boa-fé objetiva no direito contratual. 2. ed. rev. e ampl. Rio de Janeiro: Lumen Juris, 2006.

──. *Pessoa humana e Boa-Fé Objetiva nas Relações Contratuais:* a Alteridade que emerge da *Ipseidade.* In: ──; PEZZELLA, Maria Cristina Cereser. *Mitos e Rupturas no Direito Civil Contemporâneo.* Rio de Janeiro: Lumen Juris, 2008.

──. *A repersonalização do direito civil em uma sociedade de indivíduos:* o exemplo da questão indígena no Brasil. In: MORAES, José Luiz Bolzan de; STRECK, Lenio Luiz. (orgs.). *Constituição, sistemas sociais e hermenêutica:* programa de pós-graduação em direito da UNISINOS: Mestrado e Doutorado: Anuário 2007. Porto Alegre: Livraria do Advogado, 2008.

SILVA, De Plácido e. *Vocabulário Jurídico.* 20.ed. Rio de Janeiro: Forense, 2002.

SILVA, Denis Franco. *O princípio da autonomia:* da Invenção à Reconstrução. In: MORAES, Maria Celina Bodin de (coord.). *Princípios do Direito Civil Contemporâneo.* Rio de Janeiro: Renovar, 2006.

SILVA, José Afonso da. *A dignidade da Pessoa Humana como Valor Supremo da Democracia.* Revista de Direito Administrativo, n. 212, p. 93-107, 1998.

SILVA, Virgílio Afonso da. *A Constitucionalização do Direito:* Os Direitos Fundamentais nas relações entre particulares. São Paulo: Malheiros, 2005.

SOUZA, Maria Isabel de Azevedo. *O princípio da exclusividade como nota distintiva do direito privado.* In: MARTINS-COSTA, Judith (org.). *A reconstrução do direito privado:* reflexos dos princípios, diretrizes e direitos fundamentais constitucionais no direito privado. São Paulo: Revista dos Tribunais, 2002.

STEINMETZ, Wilson Antônio. *Direitos fundamentais e relações entre particulares:* anotações sobre a teoria dos imperativos de tutela. Revista de Direito Privado, n. 23, p. 291-303, jul.-set. 2005.

──. *Princípio da proporcionalidade e atos de autonomia privada restritivos de direitos fundamentais.* In: SILVA, Virgilio Afonso da. (org.) Interpretação Constitucional: Teoria e Direito Público. São Paulo: Malheiros, 2005.

SZANIAWSKI, Elimar. *Limites e Possibilidades do Direito de Redesignação do Estado Sexual:* estudo sobre o transexualismo: aspectos médicos e jurídicos. São Paulo: Revista dos Tribunais, 1998.

──. *Direitos de personalidade e sua tutela.* 2.ed. rev., atual. e ampl. São Paulo: Editora Revista dos Tribunais, 2005.

TEPEDINO, Gustavo. *A Tutela da Personalidade no Ordenamento Civil-constitucional Brasileiro.* In: ──. Temas de direito civil. 3.ed. Rio de Janeiro: Renovar, 2004.

———. *Direitos Humanos e Relações Jurídicas Privadas.* Revista do Ministério Público, Rio de Janeiro, v.4, n. 7, p. 103-116, 1998.

———. *O Código Civil, os chamados microssistemas e a Constituição:* premissas para uma reforma legislativa. In: ———. (coord.) *Problemas de direito Civil-constitucional.* Rio de Janeiro: Renovar, 2000.

———. *Premissas Metodológicas para a Constitucionalização do Direito Civil.* In: ———. Temas de direito civil. 3.ed. Rio de Janeiro: Renovar, 2004.

———. *O Futuro da Responsabilidade Civil.* Revista Trimestral de Direito Civil, Rio de Janeiro, n. 24, out.-dez. 2005.

———. *O Código Civil e o Direito Civil Constitucional.* In: ———. Temas de direito civil. t. II. Rio de Janeiro: Renovar, 2006.

———. *Solidariedade e alteridade na superação do individualismo.* In: ———. Temas de direito civil. t. II. Rio de Janeiro: Renovar, 2006.

TEPEDINO, Maria Celina Bodin de Moraes. *A caminho de um Direito Civil Constitucional.* Revista de Direito Civil, São Paulo, n. 65, p. 21-32, jul.-set. 1993.

TOBEÑAS, José Castan. *Los Derechos de la Personalidad.* Madrid: Réus, 1952.

———. *Los Derechos del Hombre.* Madrid: Réus, 1969.

UBILLOS, Juan María Bilbao. *La Eficacia de los Derechos Fundamentales frente a Particulares.* Madrid: Centro de Estudios Constitucionales, 1997.

———. *¿En qué medida vinculan a los particulares los derechos fundamentales?* In: SARLET, Ingo Wolfgang (org.). Constituição, Direitos Fundamentais e Direito Privado. Porto Alegre: Livraria do Advogado, 2003.

VENCELAU, Rose Melo. *O negócio jurídico e seus modalidades.* In: TEPEDINO, Gustavo (coord.). *A parte geral do novo código civil:* estudos na perspectiva civil-constitucional. 2.ed. Rio de Janeiro: Renovar, 2003.

VIEIRA DE ANDRADE, José Carlos. *Os direitos, liberdades e garantias no âmbito das relações entre particulares.* In: SARLET, Ingo Wolfgang (org.). Constituição, Direitos Fundamentais e Direito Privado. Porto Alegre: Livraria do Advogado, 2003.

WATANABE, Kazuo. *Da Cognição no Processo Civil.* 2.ed. Campinas: Bookseller, 2000.

WIEACKER, Franz. *História do direito privado moderno.* 3.ed. Lisboa: Fundação Calouste Gulbenkian, 1980.

ZWEIGERT, Konrad; KÖTZ, Hein. *Introduzione al Diritto Comparato.* Edizione Italiana a cura di Adolfo di Majo e Antonio Gambaro. Traduzione di Estella Cigna. Milano: Giuffrè Editore, 1995. v. II: Instituti.

IMPRESSÃO:

Santa Maria - RS - Fone/Fax: (55) 3220.4500
www.pallotti.com.br